Bibliothek des Bank- und Kapitalmarktrechts

Band 6

Reihe herausgegeben von

Peter Derleder
Bremen, Deutschland

Kai-Oliver Knops
Universität Hamburg
Hamburg, Deutschland

Heinz Georg Bamberger
Neuwied-Segendorf, Deutschland

Das Bank- und Kapitalmarktrecht durchläuft eine dynamische Entwicklung, die auf nationaler, europäischer und internationaler Ebene grundlegende Probleme und Fragen aufwirft. In den Publikationen der „Bibliothek des Bank- und Kapitalmarktrechts" findet eine Auseinandersetzung mit den aktuellen Tendenzen, dem Wandel und den komplexen Sachverhalten der aktuellen Rechtsentwicklung und deren wirtschaftlichen Auswirkungen statt. Die Herausgeber der Schriftenreihe sind zugleich die Herausgeber des Handbuchs „Deutsches und europäisches Bank- und Kapitalmarktrecht". Ihre Intention ist es, mit der „Bibliothek des Bank- und Kapitalmarktrechts" ein Forum für vertiefende Einzeldarstellungen zu bieten. Zielgruppe der Schriftenreihe sind Rechtsanwälte, Richter, Bankjustiziare, Verbraucherverbände, Unternehmen, Wissenschaftler und Bibliotheken.

Weitere Bände in dieser Reihe: http://www.springer.com/series/11759

Wiebke Wesser

Die Verbriefung von Darlehensforderungen – Risiken des Anlegers

Springer

Wiebke Wesser
Bremen, Deutschland

ISSN 2197-3776 ISSN 2197-3784 (electronic)
Bibliothek des Bank- und Kapitalmarktrechts
ISBN 978-3-662-58812-3 ISBN 978-3-662-58813-0 (eBook)
https://doi.org/10.1007/978-3-662-58813-0

Die Deutsche Nationalbibliothek verzeichnet diese Publikation in der Deutschen Nationalbibliografie; detaillierte bibliografische Daten sind im Internet über http://dnb.d-nb.de abrufbar.

Springer

Springer ist ein Imprint der eingetragenen Gesellschaft Springer-Verlag GmbH, DE und ist ein Teil von Springer Nature.
Die Anschrift der Gesellschaft ist: Heidelberger Platz 3, 14197 Berlin, Germany

Vorwort

Die vorliegende Arbeit wurde im Frühjahr 2018 an der Fakultät für Rechtswissenschaft der Universität Hamburg eingereicht und im September 2018 als Dissertation angenommen. Die Arbeit berücksichtigt die tatsächlichen und rechtlichen Entwicklungen bis April 2018.

Dank gebührt meinem Doktorvater und Erstgutachter Herrn Prof. Dr. Kai-Oliver Knops für Kritik und Anregungen sowie die Erstellung des Erstgutachtens, Herrn Prof. Dr. Robert Koch LL.M. (McGill) für die Erstellung des Zweitgutachtens, aber auch Herrn Prof. Dr. Peter Derleder (†) für das über viele Jahre zusammen mit meinem Doktorvater und zuletzt mit Herrn PD Dr. Gerrit Hölzle geführte Doktorandenseminar an der Universität Bremen, das es uns Teilnehmern ermöglichte, die eigenen wissenschaftlichen Ansätze auf den Prüfstand zu stellen und weiterzuentwickeln.

Dank geht darüber hinaus in besonderem Maße an meine Familie und meine Freunde für Geduld, emotionalen Zuspruch und jegliche weitere Form der Unterstützung. Ganz besonders möchte ich dabei meine Eltern Jutta Förster und Dr. Karsten Förster hervorheben. Ohne die beiden wäre mir das Promotionsstudium – wenn überhaupt – nur zu stark erschwerten Bedingungen möglich gewesen.

Bremen, im Dezember 2018 Wiebke Wesser

Inhaltsverzeichnis

Abkürzungsverzeichnis

a. A.	anderer Ansicht
a. a. O.	am angegebenen Ort
Abs.	Absatz
ABS	Asset Backed Securities
AcP	Archiv für civilistische Praxis (Zeitschrift)
AG	Aktiengesellschaft
AG	Die Aktiengesellschaft (Zeitschrift)
APuZ	Aus Politik und Zeitgeschichte (Zeitschrift)
Art.	Artikel
AuslInvestmG	Gesetz über d. Vertrieb ausländischer Investmentanteile und über d. Besteuerung d. Erträge aus ausländischen Investmentanteilen (Auslandsinvestmentgesetz)
Az.	Aktenzeichen
BaFin	Bundesanstalt für Finanzdienstleistungsaufsicht
BaKred	Bundesaufsichtamt für das Kreditwesen
BB	Betriebsberater – Zeitschrift für Recht, Steuern und Wirtschaft (Zeitschrift)
Beschl. v.	Beschluss vom
BGB	Bürgerliches Gesetzbuch
BGH	Bundesgerichtshof
BGHZ	Entscheidungssammlung des Bundesgerichtshofs für Zivilsachen
BGBl.	Bundesgesetzblatt
BKR	Zeitschrift für Bank- und Kapitalmarktrecht (Zeitschrift)
BMJ	Bundesministerium für Justiz
BörsG	Börsengesetz
BR	Bundesrat
BR-Drs.	Bundesrat-Drucksache

BT	Bundestag
BT-Drs.	Bundestag-Drucksache
BVerfG	Bundesverfassungsgericht
bzw.	beziehungsweise
CEBS	Committee of European Banking Supervisors; Ausschuss für europäische Bankenaufseher
CBO	Collateralized Bond Obligation
CDO	Collateralized Debt Obligation
cic	culpa in contrahendo (Verschulden bei Vertragsschluss)
CLO	Collateralized Loan Obligation
CMBS	Commercial Mortgage Backed Securities
CMO	Collateralized Mortgage Obligation
CRD IV	Capital Requirements Directive IV, Richtlinie 2013/36/EU des Europäischen Parlaments und des Rates vom 26. Juni 2013 über den Zugang zur Tätigkeit von Kreditinstituten und dic Beaufsichtigung von Kreditinstituten und Wertpapierfirmen, zur Änderung der Richtlinie 2002/87/EG und zur Aufhebung der Richtlinien 2006/48/EG und 2006/49/EG
CRR-VO	Verordnung (EU) 575/2013/EU des Europäischen Parlaments und des Rates vom 26. Juni 2013 über Aufsichtsanforderungen an Kreditinstitute und Wertpapierfirmen und zur Änderung der Verordnung (EU) Nr. 6486/2012 (Capital Requirements Regulation; berichtigte Fassung)
DB	Der Betrieb (Zeitschrift)
ders.	derselbe/derselben
Die Bank	Zeitschrift für Bankpolitik und Praxis (Zeitschrift)
DiskE	Diskussionsentwurf
DStR	Deutsches Steuerrecht (Zeitschrift)
DZWIR	Deutsche Zeitschrift für Wirtschafts- und Insolvenzrecht (Zeitschrift)
EBA	European Banking Authority; Europäische Bankaufsichtsbehörde
ebd.	ebenda/ebendort
EG	Europäische Gemeinschaft
EU	Europäische Union
EU-Kommission	Europäische Kommission
EURIBOR	Euro InterBank Offered Rate (Referenzzinssatz für Termingelder in Euro im Interbankengeschäft)
EWG	Europäische Wirtschaftsgemeinschaft
EWiR	Entscheidungen zum Wirtschaftrecht (Zeitschrift)
f.	folgende
ff.	fortfolgende
Fn.	Fußnote
FR	Finanz-Rundschau (Zeitschrift)

FRUG	Gesetz zur Umsetzung der Richtlinie über Märkte für Finanzinstrumente und der Durchführungsrichtlinie der Kommission (Finanzmarktrichtlinie-Umsetzungsgesetz), BGBl. 2007, Teil 1 Nr. 31, S. 1330–1381
GBO	Grundbuchordnung
GmbH	Gesellschaft mit beschränkter Haftung
GmbHR	GmbH-Rundschau (Zeitschrift)
HGB	Handelsgesetzbuch
h. M.	herrschende Meinung
i. d. R.	in der Regel
i. e. S.	im engen Sinne
i. S. d.	im Sinne des
InsO	Insolvenzordnung
InvG	Investmentgesetz
IRZ	Zeitschrift für internationale Rechnungslegung (Zeitschrift)
JURA	Juristische Ausbildung (Zeitschrift)
KAG	Gesetz über Kapitalanlagegesellschaften
KG	Kommanditgesellschaft
Kreditwesen	Zeitschrift für das gesamte Kreditwesen (Zeitschrift)
KWG	Gesetz über das Kreditwesen (Kreditwesengesetz)
LG	Landgericht
MBS	Mortgage Backed Securities
MiFID	Richtlinie 2004/39/EG des Europäischen Parlaments und des Rates vom 21. April 2004 über Märkte für Finanzinstrumente, zur Änderung der Richtlinien 85/611/EWG und 93/6/EWG des Rates und der Richtlinie 2000/12/EG des Europäischen Parlaments und des Rates und zur Aufhebung der Richtlinie 93/22/EWG des Rates (Markets in Financial Instruments Directive)
MiFID II	Richtlinie 2014/65/EU des Europäischen Parlaments und des Rates vom 15. Mai 2014 über Märkte für Finanzinstrumente sowie zur Änderung der Richtlinien 2002/92/EG und 2011/61/EU (Neufassung)
NJW	Neue Juristische Wochenschrift (Zeitschrift)
NJW-RR	NJW – Rechtsprechungs-Report (Zeitschrift)
m. w. N.	mit weiteren Nachweisen
OLG	Oberlandesgericht
RDG	Gesetz über außergerichtliche Rechtsdienstleistungen
RG	Reichsgericht
RGZ	Reichsgericht in Zivilsachen (Entscheidungssammlung)
RIW	Recht der internationalen Wirtschaft (Zeitschrift)
RL	Richtlinie
Rn.	Randnummer
RMBS	Residential Mortgage Backed Securities
SchVG	Schuldverschreibungsgesetz

SolvV	Solvabilitätsverordnung
sog.	sogenannt
SPV	Special Purpose Vehicle
STS-VO	Verordnung (EU) 2017/2402 des Europäischen Parlaments und des Rates vom 12. Dezember 2017 zur Festlegung eines allgemeinen Rahmens für Verbriefungen und zur Schaffung eines spezifischen Rahmens für einfache, transparente und standardisierte Verbriefung und zur Änderung der Richtlinien 2009/65/EG, 2009/138/EG, 2011/61/EU und der Verordnungen (EG) Nr. 1060/2009 und (EU) Nr. 648/2012
u. a.	unter Anderem/und Andere
UmwG	Umwandlungsgesetz
UCC L.J.	Uniform Commercial Code Law Journal (Zeitschrift)
Univ.	Universität
Urt. v.	Urteil vom
VerbrKrRL	Verbraucherkreditrichtlinie; Richtlinie 2007/48/EG des Europäischen Parlaments und des Rates vom 23. April 2008 über Verbraucherkreditverträge und zur Aufhebung der Richtlinie 87/102/EWG des Rates
VerkaufsProspG	Wertpapier-Verkaufsprospektgesetz
VermAnlG	Vermögensanlagengesetz
VersR	Versicherungsrecht (Zeitschrift)
VIZ	Zeitschrift für Vermögens- und Immobilienrecht
VO	Verordnung
VuR	Verbraucher und Recht (Zeitschrift)
VW	Versicherungswirtschaft (Zeitschrift)
WiB	Wirtschaftsrechtliche Beratung (Zeitschrift)
wistra	wistra-Zeitschrift für Wirtschafts- und Steuerstrafrecht (Zeitschrift)
WM	Wertpapiermitteilungen – Zeitschrift für Wirtschaft und Bankrecht (Zeitschrift)
WPg	Die Wirtschaftsprüfung (Zeitschrift)
WpHG	Wertpapierhandelsgesetz
WpPG	Wertpapierprospektgesetz
WuM	Wohnungswirtschaft und Mietrecht (Zeitschrift)
z. B.	zum Beispiel
ZBB	Zeitschrift für Bankrecht und Bankwirtschaft (Zeitschrift)
ZfbF	Schmalenbachs Zeitschrift für betriebswirtschaftliche Forschung (Zeitschrift)
ZfPW	Zeitschrift für die gesamte Privatrechtswissenschaft (Zeitschrift)
ZGS	Zeitschrift für das gesamte Schuldrecht (Zeitschrift)
ZHR	Zeitschrift für das gesamte Handelsrecht und Wirtschaftsrecht (Zeitschrift)
ZInsO	Zeitschrift für das gesamte Insolvenzrecht (Zeitschrift)

ZIP	Zeitschrift für Wirtschaft (Zeitschrift)
ZNER	Zeitschrift für neues Energierecht (Zeitschrift)
ZPO	Zivilprozessordnung
z. T.	zum Teil

Soweit Abkürzungen verwandt werden, die zuvor nicht genannt sind, richten sich diese nach folgenden Werken:
Kirchner, Hildebert, Abkürzungsverzeichnis der Rechtssprache, 8. Aufl., Berlin/Boston 2015
Duden, Konrad, Die deutsche Rechtschreibung, 26. Aufl., Berlin 2013

Kapitel 1: Einleitung

Die Finanzmärkte sind geprägt durch ständigen Wandel und Innovationen. Die Verbriefung i. S. d. angelsächsischen *True Sale Securitization*,[1] die ihre Ursprünge Anfang der 70er-Jahre in den USA hatte,[2] hat sich seit Beginn dieses Jahrhunderts auch am Finanzstandort Deutschland als Finanzinstrument etabliert.[3] Eine solche Verbriefung vollzieht sich in mehreren Schritten: Durch einen als Originator bezeichnetes Unternehmen werden Vermögenswerte auf eine eigens hierfür gegründete Zweckgesellschaft (*Special Purpose Verhicle*, SPV) übertragen. Diese zahlt im Gegenzug einen Geldbetrag an den Originator. Die Zweckgesellschaft emittiert Wertpapiere am Kapitalmarkt, die je nach konkreter Ausgestaltung der Konditionen erst in der Zukunft zu erbringenden Zahlungsansprüche gewähren und für dessen Erwerb Anleger ihrerseits einen Geldbetrag an die Zweckgesellschaft zahlen.

[1] In Abgrenzung zum klassischen deutschen Verbriefungsbegriff, vgl. *Knops*, BB 2008, 2535, Fn. 2; *Fleckner*, DB 2005, 2733; in Abgrenzung zur sog. synthetischen Verbriefung vgl. *Zeising*, BKR 2007, 311 (313); *Auerbach/Roth*, WM 2003, 230 (231); *Jeantin/Le Cannu/Granier*, S. 476.

[2] Zur historischen Entwicklung siehe Deutsche Bundesbank, Monatsbericht Juli 1997, 57 (58 f.), abrufbar im Internet unter https://www.bundesbank.de/resource/blob/691424/a5c7a588449d387e08b609e5ebcb436f/mL/1997-07-asset-backed-securities-data.pdf (zugegriffen am 15.12.2018); *Baums*, WM 1993, 1 (2 f.); *AK Finanzierung*, ZfbF 44, 495 (498 f.); *Bhattacharya/Fabozzi*, S. 2 f.; Zweig/*Bryan*, S. 3 ff.

[3] Deutsche Unternehmen wirkten bereits Anfang der 80er-Jahre an US-amerikanischen Verbriefungen mit, vgl. Bonsall/*Smallman/Selby*, S. 255 ff. Die erste deutsche Verbriefung erfolgte im November 1990 durch die damalige KKB, vgl. Deutsche Bundesbank, Monatsbericht Juli 1997, 57 (59), vgl. Fn. 2; *Engellandt/Lütje*, WPg 1996, 517; *Pollock/Stadum/Holtermann*, RIW 1991, 275; Bhattacharya/Fabozzi/*Taylor*, S. 54; näher zu dieser Transaktion *AK Finanzierung*, ZfbF 44, 495 (525 f.); *Schneider/Eichholz/Ohl*, ZIP 1992, 1452 (1453 f.); *Kürn*, S. 49 ff. Aufgrund der durch das BaKred im Jahr 1990 geäußerten Bedenken, es könnte durch Verbriefungen von Darlehensforderungen zu einer verstärkten Verlagerung von Finanzbeziehungen in den Nichtbankenbereich kommen, dass Vertrauensverhältnis zwischen Bank und Bankkunden gestört werden und die Kreditqualität insgesamt leiden, erfolgte eine weitere Verbriefung erst im April 1995, vgl. Deutsche Bundesbank, Monatsbericht Juli 1997, 57 (60 f.), vgl. Fn. 2; Bhattacharya/Fabozzi/*Taylor*, S. 55.

W. Wesser, *Die Verbriefung von Darlehensforderungen – Risiken des Anlegers*,
Bibliothek des Bank- und Kapitalmarktrechts 6,
https://doi.org/10.1007/978-3-662-58813-0_1

Die Zweckgesellschaft verfügt im Wesentlichen nur über die von dem Originator an sie übertragenen Vermögenswerte. Die Werthaltigkeit der Wertpapiere hängt also maßgeblich von diesen Vermögenswerten ab, denn nur hieraus können die Zahlungsansprüche der Anleger befriedigt werden. Sie sind entsprechend dieser Abhängigkeit auf den Finanzmärkten als *Asset Backed Securities* (im weiteren Sinne) – frei übersetzt „Vermögenswert-besicherte Wertpapiere" – erhältlich und handelbar.[4] Eine dingliche Besicherung durch die Vermögenswerte erfolgt jedoch nicht.[5] Hiermit kommt lediglich zum Ausdruck, dass die Vermögenswerte die alleinige Haftungsgrundlage darstellen, nur sie „sichern" die Befriedigung der Zahlungsansprüche.[6]

Grundsätzlich kann nahezu jeder Vermögenswert zum Gegenstand einer Verbriefung gemacht werden, solange sich aus hieraus Zahlungsströme (*Cash Flow*) generieren lassen, aus denen die Zahlungsansprüche der Anleger – wenigstens prognostisch – beglichen werden können.[7] Überwiegend handelt es sich hierbei um Forderungen,[8] weshalb *Asset Backed Securities* im Deutschen als „forderungsbesicherte Wertpapiere" bezeichnet werden. In Betracht kommen z. B. Darlehens-, Ratenzahlungs-, Miet- oder Leasingforderungen, d. h. solche Forderungen, die regelmäßig und wiederkehrend zu zahlen sind.

Für die Anbieterseite leitet sich die Attraktivität einer Verbriefung im Wesentlichen aus den folgenden Aspekten her: Insbesondere Banken, die als Originatoren auftreten, können über sie andernfalls nur schwer handelbare Aktivposten wie Darlehen liquidieren,[9] indem sie sie an Dritte übertragen. Hierfür erhalten sie das Geld sofort, d. h. sie müssen nicht erst auf den Eingang der Zahlungsströme zuwarten.[10] Mithilfe dieses Kapitals können sie etwa neue Darlehen vergeben oder andere Geschäfte tätigen, die risikoärmer oder ertragsreicher sind.[11] Regelmäßig

---

[4] Vgl. BaKred Rundschreiben 4/97 vom 20.05.1997, WM 1997, 1821 f. = WiB 1997, 782 ff. mit Anm. *Willburger*; *Früh*, BB 1995, 105.

[5] *Bartsch*, NJW 2008, 3337.

[6] Vgl. Bundesaufsichtsamt für das Kreditwesen, Rundschreiben 4/97 vom 20.05.1997 – Veräußerung von Kundenforderungen im Rahmen von Asset-Backed-Securities-Transaktionen durch deutsche Kreditinstitute, GZ: I3-21-3/95, abgedruckt in WM 1997, 1821 f. = WiB 1997, 782 ff. mit Anm. *Willburger*; *Früh*, BB 1995, 105; *Eichholz/Nelgen*, DB 1992, 793; das Portfolio ist indes auch einzige Finanzquelle für die Zahlungen an die Anleger, vgl. *Pollock/Stadum/Holtermann*, RIW 1991, 275 (277).

[7] *Zeising*, BKR 2007, 311 (312); *Schmeisser/Leonhardt*, DStR 2007, 169 (170); *Caliebe*, BB 2000, 236.

[8] *Gehring*, S. 1 f.

[9] *Auerbach/Roth*, WM 2003, 230; *Früh*, WM 2000, 497 (499); *Caliebe*, BB 2000, 2369 (2370); *Häuselmann*, DStR 1998, 826; *Früh*, BB 1995, 105 (106); *Peters*, Kreditwesen 1995, 750 (752); *Baums*, WM 1993, 1 (3); Zweig/*Bryan*, S. 11, *Zweig*, S. 551.

[10] Vgl. Schimansky/Bunte/Lwowski/*Sethe*, § 114a Rn. 9, 24; *Pollock/Stadum/Holtermann*, RIW 1991, 275 (280); *Bhattacharya/Fabozzi*, S. 2.

[11] Deutsche Bundesbank, Monatsbericht Juli 1997, 57 (58), vgl. Fn. 2; *Fleckner*, ZIP 2004, 585; *Langner*, ZfbF 2002, 656 (669); *Caliebe*, BB 2000, 2369 (2370); *Waschbusch*, ZBB 1998, 408 (415); *Früh*, BB 1995, 105 (106); *Baums*, WM 1993, 1 (3); *Schneider/Eichholz/Ohl*, ZIP 1992, 1452 (1453); *AK Finanzierung*, ZfbF 44, 495 (497, 519 f.); vgl. auch Bonsall/*Cox*, S. 4.

stellt sich für sie diese Art, Kapital zu erhalten, als kostensparender gegenüber einer klassischen Refinanzierung durch eine eigene Darlehensaufnahme dar.[12] Bei dieser bedarf es eines Intermediärs, nämlich eines Darlehensgebers, der seinerseits kostendeckend und zugleich gewinnbringend arbeiten muss, wodurch zusätzliche Kosten entstehen, die über die Verzinsung zum Ausdruck kommen. Bei einer Verbriefung hingegen entfallen diese Zusatzkosten, weshalb die Verbriefung auch als „*reduced-cost financing through disintermediation*“ beschrieben wird.[13] Des Weiteren erlaubt die Verbriefung der Bank oder dem sonstigen Unternehmen auch dann eine Refinanzierung, wenn klassische Darlehen etwa aufgrund – aus Sicht des sonst erforderlichen Darlehensgebers – ungenügender Bonität des Unternehmens[14] oder bei allgemein schlechteren Rahmenbedingungen für Refinanzierungen[15] zu teuer werden, also höhere Zinsen gezahlt werden müssten.

Die Verbriefung bringt für den Originator zudem bilanzielle Vorteile mit sich: Er kann z. B. das vorzeitig eingenommene Kapital zum Abbau seiner Verbindlichkeiten und einer daraus folgenden Verkürzung seiner Bilanz nutzen.[16] Die damit einhergehende verbesserte Bewertung der Finanzlage des Originators kann sich in einem positiveren Rating ausdrücken und erleichtert so den Zugang zu neuem Kapital zu niedrigeren Zinsen, führt also wiederum zu sinkenden Refinanzierungskosten.[17] Zudem bietet sich für Kreditinstitute die Möglichkeit, durch die Auslagerung Eigenkapital freizusetzen, das sie ansonsten weiter für die eingegangenen Kreditrisiken vorhalten müssten.[18] Schließlich begründet sich die Attraktivität der Verbriefung aus Sicht des Originators schon in der Auslagerung der Risiken selbst.[19] Andere Beteiligte erhalten über die ihnen zugedachte Funktion eine Vergütung für eine Leistung, wie etwa Beratungsentgelte (sog. *Advising Fee*), Stukturierungsentgelte

---

[12] *Schmeisser/Leonhardt*, DStR 2007, 169 (170); *Dreyer/Schmid/Kronat*, BB 2003, 91; *Caliebe*, BB 2000, 2369 (2370); *Küppers/Brause*, AG 1998, 413 (414); *Schwarcz*, DB 1997, 1289 (1290); *Baums*, WM 1993, 1 (4); *Pollock/Stadum/Holtermann*, RIW 1991, 275 (279); *Dombret*, Kreditwesen 1987, 692 (694); Zweig/*Bryan*, S. 11.

[13] Vgl. Bonsall/*Smallman/Selby*, S. 246; siehe dazu auch *Klee/Butler*, UCC L.J. 35 (2002), 23 (24); ausführlich bereits *Dombret*, Kreditwesen 1987, 640 ff.; *ders.* Kreditwesen 1987, 326 (328); vgl. auch *Früh*, WM 2000, 497 (499) und für Anleihen im Allgemeinen *Pierson*, ZfPW 2017, 325 (329 m. w. N.).

[14] Vgl. *Klee/Butler* a. a. O.

[15] Vgl. *Wulfken/Weller*, Die Bank 1992, 644 (646).

[16] Deutsche Bundesbank, Monatsbericht Juli 1997, 57 (58), vgl. Fn. 2; Schimansky/Bunte/Lwowski/*Sethe*, § 114a Rn. 9; *Früh*, WM 2000, 497 (499); *Häuselmann*, DStR 1998, 826; *Peters*, Kreditwesen 1995, 750 (752); *Früh*, BB 1995, 105 (106); Bonsall/*Cox*, S. 4.

[17] *Zeising*, BKR 2007, 311 (315); *Pollock/Stadum/Holtermann*, RIW 1991, 275 (280).

[18] BFS-KWG/*Tollmann*, Vorb. zu §§ 22a ff. Rn. 9; *Knops*, BB 2008, 2535 (2536); *ders.* WM 2008, 2185 (2192 f.); *Baums*, WM 1993, 1 (3 f.); *AK Finanzierung*, ZfbF 44, 495 (497); *Lerbinger*, Die Bank 1987, 310 (314); *Klee/Butler*, UCC L.J. 35 (2002), 23 (29); Bonsall/*Wildig*, S. 225; Bonsall/*Smallman/Selby*, S. 245; Zweig/*Bryan*, S. 17. Ausführlich BFS-CRR/*Gerth*, Art. 243 Rn. 1 ff.

[19] Schimansky/Bunte/Lwowski/*Sethe*, § 114a Rn. 9; *Schneider/Eichholz/Ohl*, ZIP 1992, 1452; *Rosenthal/Ocampo*, S. 5.

(sog. *Structuring Fee*) oder Dokumentationsentgelte (sog. *Documentation Fee*), je nach verrichteter Tätigkeit.[20]

Anleger hingegen erhoffen sich von den forderungsbesicherten Wertpapieren im Vergleich zu anderen Produkten, wie etwa herkömmlichen Unternehmensanleihen, bessere Renditen als bei vergleichbaren oder gar geringer eingeschätzten Risiken.[21] Ob sich diese Erwartung erfüllt, hängt von der tatsächlichen Wertentwicklung des Forderungsportfolios ab. Bei schlechter Wertentwicklung des Forderungsportfolios kann die Rendite entfallen und der Anleger durch eine Verringerung des Rückzahlungsbetrags am Verlust beteiligt werden.[22]

Während institutionellen Anlegern gegenüber Privatanlegern regelmäßig aufgrund ihres allgemeinen kapitalmarktspezifischen Wissensvorsprungs die größere Fähigkeit zugeschrieben werden kann, solche Verlustpotentiale zu kalkulieren, ergeben sich auch für sie in der Verbriefung besondere Gefahren, so insbesondere, wenn bestimmte Strukturierungen hinzutreten und es nicht bei der Erstverbriefung von Forderungen bleibt. Ein wichtiges Instrument der Strukturierung ist die sog. Subordination.[23] Dabei wird auf der Grundlage eines Forderungsportfolios nicht nur ein Wertpapier emittiert, sondern es werden verschiedene Wertpapiertranchen herausgegeben, die verschiedene Konditionen, so auch eine unterschiedliche Verzinsung aufweisen. Aus den Zahlungsströmen des Forderungsportfolios werden diese Wertpapiere nach dem sog. Wasserfall-Prinzip in einer bestimmten Rangfolge bedient, so dass für das Wertpapier im obersten Rang noch die vollständigen Zahlungsströme zur Verfügung stehen, für die nachfolgenden Wertpapiere jedoch nur das, was hiernach übrig bleibt.[24] Die zuerst zu befriedigende Wertpapiertranche birgt demnach ein vergleichsweise geringes und die letzte Wertpapiertranche ein vergleichsweise hohes Ausfallrisiko,[25] obwohl alle Tranchen auf demselben Forderungsportfolio basieren. Zusätzlich wird das Forderungsportfolio durch verschiedene Absicherungsmaßnahmen wie Garantien oder kurzfristige Kreditlinien aufgewertet (sog. *Credit Enhancement*), die durch den Originator selbst oder Dritte

---

[20] *Früh*, WM 2000, 497; Bonsall/*Smallman/Selby*, S. 245; Zweig/*Bryan*, S. 18; zum wachsenden Provisionsinteresse bereits *Dombret*, Kreditwesen 1987, 640 (642).

[21] *Knops*, BB 2008, 2535 f.; *Früh*, BB 1995, 105 (106).

[22] *Zeising*, BKR 2007, 311 (312, 314).

[23] Nach Art. 2 Nr. 1 STS-VO nunmehr tatbestandlich in den Begriff der „Verbriefung" fest integriert.

[24] Vgl. zum Ganzen *Baums*, WM 1993, 1 (4); *AK Finanzierung*, ZfbF 44, 495 (506); *Pollock/Stadum/Holtermann*, RIW 1991, 275 (277); zu verschiedenen Variationen vgl. Bonsall/*Marsland-Shaw/Selzer*, S. 165; *Muñoz*, Rn. 1.14; *Klee/Butler*, UCC L.J. 35 (2002), 23 (28); *Pavel*, S. 29. Siehe auch Zahlenbeispiel zum Wasserfall-Prinzip innerhalb einer CMO Bonsall/*Terrington*, S. 205.

[25] Das Risiko der untergeordneten Tranchen wird dementsprechend mit höheren Risikoaufschlägen verzinst, vgl. *Langner*, ZfbF 2002, 656 (661); *Findeisen*, DB 1998, 483 (488); *Waschbusch*, ZBB 1998, 408 (413); *Schwarcz*, DB 1997, 1289 (1293); Bonsall/*Weir*, S. 78.

gestellt werden.[26] Im Falle einer Wiederverbriefung kann nun etwa eine der niederen Tranchen in das Portfolio eines weiteren forderungsbesicherten Wertpapiers aufgenommen werden, das seinerseits tranchiert und durch Absicherungsmaßnahmen aufgewertet wird. Dies kann auf dritter und vierter Stufe und jedenfalls theoretisch unbegrenzt wiederholt werden. Das restliche Portfolio mag dabei aus anderen Forderungen oder ausgewählten Tranchen anderer forderungsbesicherter Wertpapiere bestehen; auf diese Art können Forderungen immer wieder neu zusammengesetzt und verbrieft werden.[27] Im Falle solcher Umstrukturierungen und Wiederverbriefungen ist mithin eine Vielzahl von Faktoren bei der Bewertung der Ausfallrisiken zu berücksichtigen, die über das reine Ausfallrisiko des ursprünglichen Forderungsportfolios weit hinausgeht. Es entsteht die Gefahr, dass selbst gut informierte Investoren nicht mehr sicher wissen, welche Risiken seinen Papieren tatsächlich innewohnen.[28]

Maßgeblich für ein funktionierendes Verbriefungsgeschäft ist demzufolge auch die vorsichtige und gründliche Bewertung der Risiken, wie sie in der Vergangenheit teils stark vernachlässigt wurde. Im Rahmen der im Frühsommer 2007 begonnenen US-amerikanischen Immobilienkrise (sog. *Subprime*-Krise) wurden forderungsbesicherte Wertpapiere von Marktteilnehmern aus aller Welt gekauft, die über den damit einhergehenden Erwerb der sich nun bei ihnen realisierenden Ausfallrisiken zur Ausweitung einer regionalen Krise zu einer weltweiten Banken-, Finanz- und Wirtschaftskrise beigetragen haben.[29] Insbesondere wird denjenigen

---

[26] Solche Maßnahmen zielen auf die Verbesserung des Ratings ab, vgl. Bonsall/*Smallman/Selby*, S. 250 und 252 f.; *Klee/Butler*, UCC L.J. 35 (2002), 23 (28), und damit auf eine Reduzierung zu entrichtender Risikoaufschläge, vgl. *Rinze/Klüwer*, BB 1998, 1697 (1699). Ein schlechtes Rating erhöht insoweit die Finanzierungskosten, vgl. *Dreyer/Schmid/Kronat*, BB 2003, 91; *Rinze/Klüwer* a. a. O.

[27] Vgl. auch *Grundmann/Hofmann/Möslein*, S. 11; *Gorton*, NBER Working Paper Nr. 14358, S. 34; *Vries Robbé*, S. 7; vgl. z. B. eine Transaktion von Lehman Brothers aus dem Jahr 2005, bei der zwei Zweckgesellschaften – genauer Gemstone CDO III Ltd. (Cayman Islands) und Gemstone CDO III Corp. – durch ein Portfolio verschiedenster Asset Backed bzw. Collateral Debt Securities „besichert" war, vgl. das *Offering Circular*, abrufbar unter http://www.ise.ie/debt_documents/gem_3256.pdf (zugegriffen am 15.12.2018). Nach eben diesem Vorbild verlief auch die Transaktion der Deutschen Bank Securities Inc. aus dem Jahr 2007, mit ihren Zweckgesellschaften Gemstone CDO VII Ltd. (Cayman Islands) und Gemstone CDO VII Corp., die Anlegern Anlass zur Klageerhebung gab, nachzulesen beim Tagesspiegel, „Das dunkle Erbe des Josef Ackermann", Artikel vom 22.05.2012, S. 4, abrufbar unter https://www.tagesspiegel.de/politik/deutsche-bank-dumme-deutsche-die-glauben-noch-an-die-regeln/6648514-4.html (zugegriffen am 15.12.2018).

[28] *Gorton*, NBER Working Paper Nr. 14358, S. 3, 45 ff. und 61.

[29] Die Finanzkrise ist freilich auf das Zusammenspiel vieler Umstände zurückzuführen, auf die hier im Einzelnen nicht in voller Breite eingegangenen werden kann; einen anschaulichen Überblick bieten die Veröffentlichungen des Jackson Hole Symposium 2007 und 2008, abrufbar im Internet unter https://econpapers.repec.org/article/fipfedkpr/default2.htm (zugegriffen am 15.12.2018), vor allem in 2007 *Shiller*, S. 89 ff. Vgl. zudem *Rudolph*, ZfbF 2008, 713–741 mit zahlreichen weiterführenden Hinweisen, umfassend auch *Gorton*, NBER Working Paper Nr. 14358. Zur Chronologie siehe *Gorton*, a. a. O., Appendix A, S. 79 ff.; *Muñoz*, R. 1.40.

Wertpapieren, die mit Immobiliarkrediten unterlegt waren (sog. *Mortgage Backed Securities* – MBS), eine tragende Rolle in den zur Finanzkrise führenden Entwicklungen zugeschrieben.[30] US-amerikanische Banken nutzten MBS zunehmend zur Refinanzierung der steigenden Nachfrage nach Darlehen zur Eigenheim-Finanzierung, indem sie die aus der Verbriefung eingenommen Gelder zur Vergabe neuer Darlehen einsetzten.[31] Aufgrund der zwischenzeitlich positiven Entwicklung der Werte der US-amerikanischen Immobilien, die diese Darlehen besicherten, erhielten dabei Darlehensnehmer immer schlechterer Bonität Darlehen (sog. *Subprime Loans*),[32] die wiederum verbrieft wurden (sog. *Originate-to-Distribute*-Modell).[33] Nachdem jedoch der vormals sehr niedrige variable Zinssatz für diese Darlehen anstieg,[34] konnten viele Darlehensnehmer die Darlehen nicht mehr bedienen und die zur Darlehensbesicherung herangezogenen Immobilien wurden verwertet.[35] Durch das plötzlich vorhandene Übermaß an Immobilienangeboten brachen die Immobilienpreise ein.[36] Somit verloren auch die zur Unterlegung der forderungsbesicherten Wertpapiere genutzten Immobilien ihre Werthaltigkeit, infolgedessen

---

[30] Vgl. Vermittlungsausschuss zum Gesetz zur Umsetzung der geänderten Bankenrichtlinie und der geänderten Kapitaladäquanzrichtlinie, BT-Drs. 17/3037, Begründung, S. 1.; Schriftliche Stellungnahme der Deutschen Bundesbank vom 10.06.2010 zum Entwurf eines Gesetzes zur Umsetzung der geänderten Bankenrichtlinie und der geänderten Kapitaladäquanzrichtlinie, S. 2.

[31] *Glebe*, S. 114; *Gorton*, NBER Working Paper Nr. 14358, S. 3.

[32] US-amerikanische Wortschöpfung, die eine negative Aussage mit einer Positivaussage verbindet; mit *Gorton's* Worten: „*Subprime borrowers are, by definition, riskier than „prime" borrowers […]*", vgl. NBER Working Paper Nr. 14358, S. 6. Die hier gemeinten Darlehensnehmer werden auch als „Lender NI/NA" bezeichnet (*No Income, No Assets*), vgl. *Claussen*, DB 2009, 999, ebenso ist die Rede von „NINJA-Loans" (*No Income, No Job or Asset* = kein Einkommen, keine Arbeit und auch kein Vermögen), vgl. *Kofner*, S. 31. Alleiniges Haftungsobjekt ist damit die Immobilie, vgl. *Claussen*, a. a. O., das Haus wurde zum „unerschöpflichen Geldautomat", vgl. *Bechthold*, Kreditwesen 2009, 924. Dieses Prinzip basiert indes auf steigenden Immobilienpreisen – hierzu und weitere Informationen zu Subprime Loans siehe *Gorton*, NBER Working Paper Nr. 14358, S. 12 ff. Banken erwarteten insoweit, im Falle der Zahlungsunfähigkeit auf die werthaltigen Immobilien zurückgreifen zu können, vgl. *Claussen*, DB 2009, 999; *Kümpel/Piel*, DStR 2009, 1222 (1223); *Beck/Wienert*, APuZ 2009, 7 (10); *Kofner*, WuM 2008, 653. So wurden aufgrund der positiven Entwicklung des Immobilienmarkts sogar Nachfinanzierungen bis zur neuen Wertgrenze der jeweiligen Immobilien gewährt, vgl. BFS-KWG/*Tollmann*, Vorb. zu §§ 22a ff. Rn. 10.

[33] *Bechthold*, Kreditwesen 2009, 924 (925); *Kümpel/Piel*, DStR 2009, 1222 (1223); *Gorton*, NBER Working Paper Nr. 14358, S. 3; *Muñoz*, Rn. 1.47. „*Originate to Distribute*" heißt frei übersetzt „erzeugen, um zu verteilen", auch „*Originate to Repackage and Sell*" (erzeugen, um zu verpacken und verkaufen), im Gegensatz zu „*Originate to Hold*" (erzeugen, um zu halten), vgl. auch *Rudolph*, ZfbF 2008, 713 (715); kritisch dagegen *Gorton*, NBER Working Paper Nr. 14358, S. 67 ff.

[34] Der US-Leitzins wurde auf im Juni 2006 bis zu 5,25 % angehoben, vgl. *Glebe*, S. 115; *Schön/Cortez*, IRZ 2009, 11 (12).

[35] *Kümpel/Piel*, DStR 2009, 1222 (1223).

[36] *Glebe*, S. 115; *Kofner*, S. 42; *Bechthold*, Kreditwesen 2009, 924 (925). Ein Tiefpunkt folgte schon im Juli 2006, vgl. *Glebe* a. a. O.

auch die Wertpapiere selbst.[37] Zweckgesellschaften mussten aufgrund der ausbleibenden Zahlungsströme aus dem verbrieften Portfolio zunehmend auf die Liquiditätszusagen der Banken zurückgreifen.[38] Die Refinanzierung durch Ausgabe neuer Wertpapiere kam schließlich zum Erliegen; die verunsicherten Anleger verloren ihre Risikobereitschaft und zogen ihr Kapital aus dem Marktsegment der forderungsbesicherten Wertpapiere endgültig ab.[39] Weltweit haben sich Akteure an den Verbriefungstransaktionen beteiligt und wurden über diese Entwicklungen in Mitleidenschaft gezogen.[40] Der mit den bestehenden Informationsdefiziten einhergehende Vertrauensverlust griff auf den Interbankenmarkt über,[41] vertiefte somit die Liquiditätskrise und wirkte sich hierüber letztlich massiv auf die Wirtschaft aus.[42]

An die Subprime- und Finanzkrise schloss sich eine internationale Debatte an, die bisher vornehmlich auf dem Gebiet der Regulierungspolitik geführt wurde.[43] In Deutschland reagierte der Gesetzgeber u. a. mit der Einführung eines Selbstbehalts i. H. v. 10 % für Kreditinstitute, die demnach einen Teil der über die Verbriefung

---

[37] *Kofner*, S. 48; *Beck/Wienert*, APuZ 2009, 7 (10); *Rudolph*, ZfbF 2008, 713 (722). Der vorläufige Höhepunkt der Krise wird auf den Frühjahr 2007 datiert, als die Zahlungsausfälle in den USA das größte Ausmaß annahmen, vgl. *Glebe*, S. 115; im Sommer 2007 folgten zahlreiche Abwertungen von mit Wohnungsbauhypotheken unterlegten Wertpapieren durch Moody's und Standard & Poor's sowie Ankündigungen weiterer Überprüfungen, was den Abwärtskurs zusehends verstärkte, vgl. *Rudolph*, ZfbF 2008, 713 (722 f.).

[38] *Glebe*, S. 116; *Kümpel/Piel*, DStR 2009, 1222 (1223).

[39] *Glebe*, S. 116; *Rudolph*, ZfbF 2008, 713 (722 f.).

[40] BT-Drs. 17/1720, S. 29; In Deutschland gerieten die Deutsche Industriebank IKB und SachsenLB im Sommer 2007 aufgrund der plötzlichen Illiquidität des Marktes der forderungsbesicherten Wertpapiere in existenzbedrohende Krisen, vgl. *Rudolph*, ZfbF 2008, 713 (723) – Näheres zum Zusammenbruch der SachsenLB vgl. *Hellwig*, FS Maier-Reimer, 201 (210 f.) – ebenso waren die BayernLB, die WestLB und die HSH Nordbank durch Milliardenbelastungen betroffen und auch deutsche Privatbanken mussten erhebliche Abschreibungen vornehmen, vgl. *Hellwig*, FS Maier-Reimer, 201 (210); *Glebe*, S. 119; siehe auch *Gorton*, NBER Working Paper Nr. 14358, Appendix A, S. 79 ff. Die IKB etwa hatte für eine am US-Hypothekenmarkt investierende Zweckgesellschaft eine Kreditlinie in Höhe von 8,1 Mrd. Euro gestellt, vgl. *Kofner*, S. 1; *Beck/Wienert*, APuZ 2009, 7 (10); die damit einhergehenden Verluste übernahmen die Kreditanstalt für Wiederaufbau (KfW) als Hauptaktionärin und weitere Banken, vgl. *Gorton* a. a. O. (siehe Einträge zu Juli, August und Oktober 2007); zu strafrechtlichen Aspekten im Fall „IKB" siehe *Gallandi*, wistra 2009, 41 ff.; zum Sachverhalt vgl. LG Düsseldorf, Urt. v. 14.07.2010, Az.: 14 KLs 6/09, 14 KLs – 130 Js 54/07 – 6/09, AG 2011, 722 f. Parallel geriet auch die deutsche Hypo Real Estate in existenzbedrohende finanzielle Schwierigkeiten und konnte nur durch Verstaatlichung gerettet werden, vgl. *Glebe*, S. 119 f.

[41] *Glebe*, S. 116; *Beck/Wienert*, APuZ 2009, 7 (10); *Gorton*, NBER Working Paper Nr. 14358, S. 3; *ders.*, NBER Working Paper Nr. 14649, S. 1 und 7 ff.

[42] *Beck/Wienert*, APuZ 2009, 7 (11).

[43] Vgl. z. B. *Helleiner*, Internationale Politikanalyse der Friedrich Ebert Stiftung Januar 2009; siehe auch Übersicht bei *Hüther/Jäger-Ambrozewicz*, Kreditwesen 2010, 1012 (1013); *Prüm/Thomas*, BKR 2011, 133 ff.; ein frühe Übersicht über die sich damals noch in Vorbereitung befindenden Reformansätze gewährt auch *Rudolph*, ZfbF 2008, 713 (730 ff.).

entstehenden Ausfallrisiken behalten müssen.[44] Zusätzlich sind eine Reihe zivilrechtlicher Regelungen umgesetzt worden, die auf den Schutz von Darlehensnehmern abzielen, die über die Verbriefung der gegen sie gerichteten Forderungen betroffen sind.[45] Mit diesen Maßnahmen soll den möglichen Auswirkungen einer allzu leichtfertigen Kreditvergabe entgegengewirkt und daneben die Transparenz erhöht werden.[46] Vergleichbare Ziele stehen im Fokus europarechtlicher Regulierungspolitik. Diese betrifft die Aufsicht über die Finanzmärkte insgesamt,[47] aber auch Verbriefungen im Speziellen. So wurden in Bezug auf Verbriefungen z. B. die Eigenkapitalanforderungen an Kreditinstitute schrittweise erhöht, mit dem Ziel, bestehende Risiken besser abfedern zu können, aufsichtsrechtliche Offenlegungs- und spiegelbildliche Due Diligence-Pflichten für bestimmte Anlegergruppen eingeführt, um für einen besseren Austausch von Informationen zu sorgen, und ein ab dem 01.01.2019 geltendes, begrenzt Ausnahmen zulassendes Verbot für Wiederverbriefungen eingeführt; daneben wurden Voraussetzungen für die Errichtung sog. Verbriefungsregister geschaffen und Standards für eine (optionale) sog. STS-Verbriefung entwickelt („*simple, transparent and standardised*“).[48]

Die Auslagerung der den Forderungen immanenten Ausfallrisiken bleibt damit grundsätzlich weiterhin möglich, wenngleich zu strengeren, regulatorischen Rahmenbedingungen. Gefahren, die sich aus einer Unterbewertung bestehender Risiken ergeben, werden daher ggf. nicht eingedämmt. Ziel der regulatorischen Maßnahmen

---

[44] Mit dem Ziel, eine verantwortungsbewusste Kreditvergabe und Kreditüberwachung zu gewährleisten, vgl. BT-Drs. 17/1720, S. 30 und 41; BFS-KWG/*Tollmann*, Vorb. zu §§ 22a ff. Rn. 14; *Prüm/Thomas*, BKR 2011, 133 (139).

[45] „Gesetz zur Begrenzung der mit Finanzinvestitionen verbundenen Risiken“, BGBl. 2008, Teil 1 Nr. 36, S. 1666, vgl. hierzu auch *Schalast*, BB 2008, 2190 ff.; kritisch dagegen *Knops*, VuR 2009, 286 ff.

[46] Vgl. BT-Drs. 16/7438, S. 9.; BT-Drs. 17/1720, S. 30 und 41.

[47] Zuletzt durch „MiFID II“, die am 03.01.2018 in Kraft getretene Richtlinie 2014/65/EU, die eine Stärkung des Anlegerschutzes und eine Neustrukturierung der Wertpapier- und Derivatemärkte zum Ziel hat.

[48] Als Reaktion auf die Finanzkrise sowie die sich anschließenden Weiterentwicklungen zu Basel II (umgangssprachlich „Basel II plus“) wurden u. a. die Bankenrichtlinie und die Kapitaladäquanzrichtlinie im Jahr 2009 durch die Richtlinien 2009/27/EG, 2009/83/EG, 2009/44/EG und 2009/111/EG (zusammen die „Capital Requirements Directive“; „CRD II“) geändert. Ihre Umsetzung erfolgte größtenteils über das überwiegend am 25.11.2010 in Kraft getretene Gesetz zur Umsetzung der geänderten Bankenrichtlinie und der geänderten Kapitaladäquanzrichtlinie vom 19.11.2010, vgl. BGBl. 2010, Teil 1 Nr. 58, S. 1592. Ziel des Umsetzungsgesetzes ist es, die Kompetenzen der Bankenaufsicht zu stärken; hierzu wurden hinsichtlich der Verbriefung neue Anforderungen sowie verschärfte Offenlegungspflichten eingeführt, vgl. BT-Drs. 17/1720, S. 2; für einen umfassenden Überblick vgl. Prüm/Thomas, BKR 2011, 133 ff. Weitere Änderungen folgten; insbesondere ist zum 01.01.2014 das „CRD IV“-Paket in Kraft getreten, das sich aus der „Capital Requirements Directive“ („CRD IV“; Richtlinie 2013/36/EU) und der „Capital Requirements Regulation“ („CRR“; Verordnung (EU) Nr. 575/2013) zusammensetzt und national mit dem CRD IV-Umsetzungsgesetz, vgl. BGBl. 2013, Teil 1 Nr. 53, S. 3395, umgesetzt wurde. Zuletzt ist die sog. „STS-Verordnung“ („*simple, transparent and standardised*“), Verordnung (EU) 2017/2402, sowie die entsprechende Anpassungen an die CRR-VO vornehmende Verordnung (EU) 2017/2401 in Kraft getreten, deren Änderungen jedoch erst ab dem 01.01.2019 anzuwenden sind.

ist hierbei keineswegs, Verbriefungen zu erschweren. Im Gegenteil sollen die europäischen Verbriefungsmärkte ausdrücklich wiederbelebt werden.[49] Schlüsselwörter wie Risikostreuung und Effizienz des Finanzsystems stehen weiterhin im Fokus.[50]

Wenig Beachtung hat bisher die Frage der zivilrechtlichen Behandlung des Anlegerschutzes gefunden.[51] Zwar ist eine Investition überwiegend für institutionelle Anleger interessant. Wie die Vergangenheit gezeigt hat, sind auch diese nicht vor dem Gefahrenpotential geschützt. Zudem sind Privatanleger am Verbriefungsgeschäft zwar seltener direkt,[52] aber zum Beispiel über Anteile an Fondsgesellschaften, die forderungsbesicherte Wertpapiere halten oder über Zertifikate, die sich am Verlauf forderungsbesicherter Wertpapiere orientieren, beteiligt.[53] Gelingt die beabsichtigte Wiederbelebung des Verbriefungsmarktes, so ist von einem Zuwachs auch solcher Angebote auszugehen. Es besteht also ein Bedarf, die Rechtstellung der Anleger sowie ihre Handlungsmöglichkeiten im Falle der Risikorealisierung einer genaueren Aufklärung zuzuführen. Die vorliegende Arbeit greift diesen Aspekt der Verbriefung auf und untersucht sie anhand einer aus der Praxis abgeleiteten Beispieltransaktion, die so gewählt wird, dass sich die Erkenntnisse möglichst auch für andere Verbriefungstransaktionen verallgemeinern lassen. Angesichts der besonderen Gefahr von Informationsdefiziten bei Verbriefungen fokussiert sich die Arbeit dabei im Schwerpunkt auf den Bereich einer ggf. notwendigen Risikoaufklärung. Des Weiteren soll die Möglichkeit einer etwaigen außerordentlichen Kündbarkeit der forderungsbesicherten Wertpapiere einer genaueren Klärung zugeführt

---

[49] Vgl. z. B. die Informationen auf der Internetseite der Europäischen Kommission zu Verbriefungen, http://ec.europa.eu/finance/securities/securitisation/index_de.htm (zugegriffen am 15.12.2018) oder auch die Erwägungsgründe der STS-VO, insbesondere Erwägungsgrund Nr. 2.

[50] STS-VO, Erwägungsgrund Nr. 4.

[51] Hierzu etwa *Knops*, BB 2008, 2535 ff.

[52] Vgl. aber *Knops*, BB 2008, 2535 (2536, in Fn. 12 unter Hinweis auf die Pressemitteilung „Deutsche Bank platziert weltweit erste Verbriefung von nachrangigen Mikrofinanz-Krediten mit externem Rating“ v. 19.09.2007, abrufbar unter https://cdn.lifepr.de/a/69ce9df3c9b83b2a/attachments/0017514.attachment/filename/db+Microfinance-invest+19.9.+dt.pdf (zugegriffen am 15.12.2018)); nach der STS-VO soll dies ausdrücklich möglich bleiben, wenngleich unter strengen, in Art. 3 geregelten Voraussetzungen und unter der Maßgabe, dass Verbriefungsinstrumente für den Kleinanleger im Sinne der Richtlinie 2014/65/EU „in der Regel“ nicht geeignet seien, vgl. Erwägungsgrund Nr. 15.

[53] Vgl. z. B. den Fonds Pioneer Dynamic T, ISIN: AT0000634977 (http://www.finanzen.net/fonds/ABS_DYNAMIC_T, zugegriffen am 15.12.2018), den Julius-Bär-ABS-Fonds ISIN: LU0189451189 (http://www.finanzen.net/fonds/Julius_Baer_ABS_Fund_EUR_A, zugegriffen am 15.12.2018) oder den Oppenheim Asset Backed Securities Fonds, ISIN: AT0000648589 (https://www.comdirect.de/inf/fonds/detail/uebersicht.html?ID_NOTATION=8221177, zugegriffen am 15.12.2018); zu Zertifikaten vgl. Pressemitteilung verschiedener, auf Schadensersatzansprüche spezialisierter Rechtsanwaltskanzleien, z. B. https://www.kwag-recht.de/taetigkeitsfelder/zertifikate/artikel/news/detail/News/preps-zertifikate-auf-junior-income-notes.html oder https://rrlaw.de/2010/aktuelles/preps-zertifikate-pruefung-von-schadensersatzansprueche-gegen-die-credit-suisse-deutschland-ag-u/ (zugegriffen jeweils am 15.12.2018); PREPS Junior Note Zertifikat auf PREPS Junior Note (http://www.ariva.de/A0GUSG, http://www.ariva.de/A0LL8F u. a., zugegriffen am 15.12.2018).

werden, die bisher in der Literatur und Rechtsprechung nur am Rande behandelt wurde. Der Gang der Untersuchung gestaltet sich dabei wie folgt:

Die Arbeit gliedert sich einschließlich der vorliegenden Einleitung in sieben Kapitel. Im zweiten Kapitel wird die Struktur der Forderungsverbriefung dargestellt. Hierbei erfolgt zunächst eine vertiefende Beschreibung des generellen Ablaufs einer Verbriefungstransaktion. Sodann wird anhand vorhandener Praxisfälle eine im Weiteren konkret zu untersuchende Beispieltransaktion herausgearbeitet. Das dritte Kapitel widmet sich den rechtlichen Beziehungen in dieser Transaktion. Das vierte Kapitel untersucht anhand der Beispieltransaktion die sich aus der Verbriefung ergebenden Risiken. Im fünften Kapitel werden die wesentlich in Betracht kommenden Aufklärungspflichten und ggf. möglichen Schadensersatzansprüche des Anlegers untersucht. Der Schwerpunkt liegt hierbei auf der Aufklärung des Anlegers über die zuvor herausgearbeiteten Risiken der Verbriefung. Im sechsten Kapitel werden schließlich mögliche Kündigungsrechte des Anlegers untersucht. Hierbei geht es sowohl um generelle Anwendbarkeitsfragen, als auch um die wiederum angesichts der die zuvor herausgearbeiteten Risiken etwaig bestehenden, konkreten Kündigungsrechte. Die Untersuchungsergebnisse werden im siebten Kapitel thesenartig zusammengefasst; die Arbeit schließt mit einem Ausblick auf zukünftige Entwicklungen.

Kapitel 2: Ablauf der Verbriefung

Verbriefungstransaktionen können im Detail sehr verschiedenen ausfallen und variieren dabei auf äußerst komplexem Niveau. Ebenso unterschiedlich kann die Motivation der Beteiligten ausfallen; die Verbriefungstransaktion wird auf diese Bedürfnisse abgestimmt. Aufgrund der Komplexität, die in einer meist mehrere hundert Seiten langen Dokumentation zum Ausdruck kommt,[1] kann die Struktur der Verbriefungstransaktion vorab durch einen eigens hiermit beauftragten sog. Arrangeur, i. d. R. eine Bank, erarbeitet werden.[2] In der Konzeption wird festgelegt, wie die Verbriefungstransaktion im Einzelnen ablaufen soll, wer welche Funktionen übernimmt, ob und wie das Portfolio strukturiert wird und inwieweit Dritte zur Absicherung des Portfolios oder von Zahlungsansprüchen aus dem forderungsbesicherten Wertpapier sowie von einzelnen Wertpapiertranchen hinzugezogen werden sollen.[3] Es geht dabei auch um die Organisation, Koordinierung und Kontaktaufnahme zu den zahlreichen Beteiligten, zu denen neben dem Originator und der Zweckgesellschaft etwa der Forderungsverwalter, Ratingagenturen, Sicherheits- und Liquiditätsgeber, Treuhänder, etwaige externe Emittenten, ein Platzeur, fremdfinanzierende Banken, Rechtsanwälte, Steuerberater und Wirtschaftsprüfer zählen können.[4] Die Verbriefungstransaktion muss dabei so angelegt werden, dass deren Kosten gedeckt sind. Daher ist vorab auch das spätere Emissionsvolumen der forderungsbesicherten Wertpapiere entsprechend festzulegen,

---

[1] Die Dokumentation kann 300 bis 400 Seiten umfassen, vgl. Grundmann/Hofmann/Möslein/*Lutter*, S. 78 = ZIP 2009, 197 (198).

[2] *Kronenberg*, ZBB 2010, 241 (245); *Zimmermann*, WM 2008, 569 (570); *Zeising*, BKR 2007, 311 (313); *Langner*, ZfbF 2002, 656 (657); *Früh*, BB 1995, 105 (106); Bonsall/*Weir*, S. 73; *Vries Robbé*, S. 13.

[3] Weitere Aufgaben siehe Bonsall/*Weir*, S. 73.

[4] *Zimmermann*, WM 2008, 569 (570 f.); *Langner*, ZfbF 2002, 656 (657); *Waschbusch*, ZBB 1998, 408 (410).

W. Wesser, *Die Verbriefung von Darlehensforderungen – Risiken des Anlegers*, Bibliothek des Bank- und Kapitalmarktrechts 6,
https://doi.org/10.1007/978-3-662-58813-0_2

gleichwohl es vorrangig als Refinanzierungsquelle dienen soll.[5] Die Vorbereitung einer Verbriefungstransaktion ist mithin sehr zeit- und kostenintensiv, so dass diese erst ab einem großen verbriefbaren Forderungsvolumen realisierbar und lohnend ist.[6]

Trotz der soeben angesprochenen Komplexität und Variationsbreite gleichen sich Verbriefungstransaktionen jedoch in ihrem grundlegenden Ablauf und oftmals zur Anwendung gelangenden Mechanismen, die im Überblick wie folgt dargestellt werden können:

A. Zusammensetzung des zu verbriefenden Portfolios

In einem ersten Schritt geht es um die Auswahl zu verbriefender Vermögenswerte, mithilfe derer sich der Originator refinanzieren möchte. Diese werden in einem Portfolio zusammengefasst. Es besteht üblicherweise aus Forderungen und ggf. mit ihnen verbundenen Rechten, kann aber auch ganze Verträge enthalten. Nahezu alle – insbesondere auch zukünftige – übertragbare Forderungen bzw. aus übertragbaren Verträgen resultierende Forderungen können für die Verbriefung ausgewählt werden.[7] Maßgeblich ist dabei, dass diese möglichst regelmäßige und prognostizierbare Zahlungsströme (sog. *Cash Flow*) generieren.[8] In Betracht kommen ganz regelmäßig etwa hypothekarisch oder durch Grundschulden gesicherte Forderungen, deren Sicherheiten mit übertragen werden, Forderungen aus Konsumentendarlehen oder aus Leasingverträgen, sowie aus anderen Vermögensgegenständen, Lieferungen und Leistungen.[9] Neben Forderungen können auch immaterielle Vermögensgegenstände oder Sachanlagen zur Besicherung verwendet werden; die erforderlichen Zahlungsströme werden etwa im „*Sale and lease back*-Verfahren" oder durch Vermietung oder Verpachtung an Dritte generiert.[10]

---

[5] *Zeising*, BKR 2007, 311 (314); zu den Kosten siehe *Waschbusch*, ZBB 1998, 408 (417).

[6] Zweig/*Bryan*, S. 12 und 20. *Geiger* geht von einem mindestens erforderlichen Anleihebetrag von rund 250 bis 300 Mio. Euro aus, vgl. Habersack/Mülbert/Schlitt/*Geiger*, § 22 Rn. 7.

[7] *Rinze/Klüwer*, BB 1998, 1697; *Schwarcz*, DB 1997, 1289 (1297); *Wulfken/Weller*, Die Bank 1992, 644 (645).

[8] Habersack/Mülbert/Schlitt/*Geiger*, § 22 Rn. 10; *Zeising*, BKR 2007, 311 (312); *Schmeisser/Clausen*, DStR 2007, 169; *Caliebe*, BB 2000, 236; *Wulfken/Weller*, Kreditwesen 1992, 644 (645); *AK Finanzierung*, ZfbF 44, 495 (510); *Lerbinger*, Die Bank 1987, 310; *Klee/Butler*, UCC L.J. 35 (2002), 23 (26); mit den Worten von Mark McCoy, Salomon Brothers Spezialist für ABS: „*If it flows, securise it!*", vgl. Bonsall/*Smallman/Selby*, S. 242. Auch für neue Betätigungsfelder, wie etwa dem der erneuerbaren Energien, kommen Verbriefungen in Betracht, vgl. *Stiller*, ZNER 2005, 35 ff.; ebenso z. B. Einnahmen aus dem Musikgeschäft, so etwa durch 1997 in den USA emittierte „Bowie Bonds", vgl. *Fabozzi/Kothari*, S. 3.

[9] *Böhm*, BB 2004, 1641; *Waschbusch*, ZBB 1998, 408 (410).

[10] *Rinze/Klüwer*, BB 1998, 1697; zu „*Sale and lease-back*" siehe auch Habersack/Mülbert/Schlitt/*Geiger*, § 22 Rn. 25.

Oftmals wird ein statischer Pool verbrieft, d. h. es erfolgt ausschließlich eine Verbriefung der zu Beginn der Transaktion ausgewählten Forderungen.[11] Klauseln in der Dokumentation zur Verbriefung können jedoch vorsehen, dass einzelne Forderungen auch innerhalb der bereits laufenden Transaktion noch ausgetauscht werden dürfen (sog. *Substitution*).[12] Daneben können auch vor dem Laufzeitende der Transaktion zurückgezahlte Darlehensforderungen durch neue ersetzt werden (sog. *Replenishment*); der Kaufpreis für die neuen Forderungen wird dann in der Anfangsphase aus den Tilgungsleistungen der zuvor verbrieften Forderungen bestritten und zunächst nur die Zinsleistung an die Anleger weitergeleitet.[13]

B. Übertragung des Portfolios

Im nächsten Schritt geht es darum, das zuvor gebildete Portfolio auf die Zweckgesellschaft zu übertragen. Hierfür stehen verschiedene rechtliche Möglichkeiten zur Verfügung. So werden die Forderungen, Rechte oder Verträge üblicherweise an die Zweckgesellschaft verkauft und im Wege der Zession übertragen. Die Übertragung kann aber auch aus der Umwandlung von Unternehmen resultieren, etwa durch eine Ausgliederung zur Neugründung der Zweckgesellschaft.[14]

Die eigens für die konkrete Verbriefungstransaktion genutzte Zweckgesellschaft verfolgt regelmäßig keine selbständigen Interessen, sie übernimmt i. d. R. weder Risiken, noch – über den Erwerb der Vermögenswerte und die Begebung der Wertpapiere hinausgehende – operative Aufgaben und hat keine eigene Gewinnerzielungsabsicht.[15] Sie dient allein der Isolierung des Forderungsportfolios vom Originator, insbesondere in bilanzieller und insolvenzrechtlicher Hinsicht.[16] Durch die Übertragung auf die Zweckgesellschaft soll auch erreicht werden, dass das Portfolio im Falle der Insolvenz des Originators nicht durch dessen Gläubiger beansprucht werden kann.[17] Diese Gestaltung wirkt sich positiv auf das Rating der forderungsbesicherten Wertpapiere aus, so dass für diese geringere Risikoaufschläge zu entrichten sind, ein Umstand, der die Transaktion aus Sicht des Originators vergünstigt.[18] Die Zweckgesellschaft ist mithin, wie der Name schon sagt, nur „Mittel zum Zweck". Angesichts dessen wird es in der Praxis nicht für erforderlich gehalten, sie mit über die

---

[11] Vgl. *Hagen*, Kreditwesen 2006, 1045 (1046).

[12] Und zwar auch „bessere" gegen „schlechtere" Forderungen, vgl. *Lutter*, ZIP 2009, 197 (198).

[13] Vgl. *Ricken*, S. 40.

[14] *Bredow/Vogel*, BKR 2008, 271 (272 f.); *Nobbe*, ZIP 2008, 97 (98).

[15] *Zeising*, BKR 2007, 311 (313); *Waschbusch*, ZBB 1998, 408 (410); *Kamlah*, WM 1998, 1429 (1432); vgl. auch *Caliebe*, BB 2000, 2369 (2370).

[16] BFS-KWG/*Tollmann*, Vorb. zu §§ 22a ff. Rn. 7, 21; vgl. auch *Klee/Butler*, UCC L.J. 35 (2002), 23 (26); Zweig/*Bryan*, S. 14.

[17] Zur bilanziellen Motivation siehe bereits Kap. 1.

[18] Vgl. *Rinze/Klüwer*, BB 1998, 1697 (1699).

gesetzlichen Anforderungen hinausgehendem Eigenkapital auszustatten.[19] Folglich kann sie den Kaufpreis für das Portfolio vor der Emission der Wertpapiere regelmäßig nur über eine Zwischenfinanzierung durch den Originator oder durch Dritte erbringen.[20] Dabei ist zu berücksichtigen, dass mit den Zahlungsströmen aus dem Portfolio dann meist zunächst die Zwischenfinanzierung bedient werden muss, so dass im Ergebnis nur ein geringerer Betrag für die Befriedigung der Anleger zur Verfügung steht.[21]

Die Übertragung der Forderungen sowie hierfür bestellter Sicherheiten kann in Absprache mit den Forderungsschuldnern erfolgen, so etwa, wenn die Verbriefung der Refinanzierung von an mittelständische Unternehmen vergebenem Mezzanine-Kapital, etwa in Form von Genussrechten und Nachrangdarlehen, dient. Diese groß aufgelegten Programme erfolgen meist in Kooperation mit den involvierten Unternehmen, für die die Verbriefung eine Vergünstigung der Bedingungen ihrer Finanzierung bedeutet.[22]

In den überwiegenden Fällen beabsichtigt der Originator jedoch, die Transaktion vor seinen Vertragspartnern verdeckt zu halten. Die Offenlegung ist aus Sicht des Originators unerwünscht, wenn etwa Imageschäden zu befürchten sind. Dies spielt vorrangig eine Rolle auf dem Gebiet der Darlehensvergabe durch die Hausbank, die das Vertrauen ihrer Vertragspartner verlieren kann, wenn diese sich aufgrund der Verbriefung unerwartet einem neuen Gläubiger oder gar Vertragspartner gegenüber sehen.[23] Hinsichtlich etwaig zur Sicherheit bestellter Buchgrundschulden sieht sich der Originator dabei mit dem Problem konfrontiert, dass dem Sicherungsgeber die mit der Übertragung einhergehende Grundbuchänderung mitgeteilt wird.[24] Hinzu tritt die Problematik, dass die Übertragung der Buchgrundschulden mit einem enormen Zeit- und Kostenaufwand verbunden ist.[25] In der Praxis wird hierauf regelmäßig auf zwei Wegen reagiert: Zum einen übernimmt der Originator selbst die Verwaltung des Portfolios und tritt somit weiterhin allein gegenüber seinen Vertragspartners auf; hierauf wird im Folgenden noch eingegangen.[26] Zum anderen hat sich eine Vorgehensweise herausgebildet, bei der der Originator ggf. die Forderungen, vor allem aber die Sicherheiten treuhänderisch

[19] Insoweit böte sich auch die Gründung einer UG (haftungsbeschränkt) mit einem Euro Stammkapital an. Aber auch die ggf. aus Reputationsgründen oftmals vorgenommene Wahl einer GmbH bietet mit 25.000,00 Euro Stammkapital insoweit keine hinreichende Deckung für den Kaufpreis des Portfolios als wesentlich höheren Betrag.

[20] *Lindemann/Schlikker/Omar*, FR 2009, 711 (712); *Knops*, BB 2008, 2535 (2536). Diese Möglichkeit ließ *Kürn* außer Acht, vgl. S. 77 ff.

[21] *Knops*, BB 2008, 2535 (2536).

[22] Vgl. auch *Kokemoor/Küntzer*, BB 2006, 1869 (1872).

[23] *Bredow/Vogel*, BKR 2008, 271 (272); *Rinze/Klüwer*, BB 2000, 2483 f.; daneben könnte die Veräußerung als finanzielle Schwäche gedeutet werden, vgl. *Fleckner*, ZIP 2004, 585.

[24] Die Grundbuchänderung wird dem Schuldner gemäß § 55 GBO mitgeteilt, vgl. *Zeising*, BKR 2007, 311 (317); *Fleckner*, ZIP 2004, 585 (587).

[25] *Tollmann*, WM 2005, 2017 (2019).

[26] Nachfolgend unter C.

für die Zweckgesellschaft hält.[27] Hierbei handelt es sich um rein schuldrechtliche Treuhandmodelle, bei denen die Übertragung der Buchgrundschulden unter eine aufschiebende Bedingung, etwa den Eintritt einer Ratingverschlechterung beim Originator,[28] gestellt wird und der Originator diese sodann ohne dinglichen Übertragungsakt treuhänderisch für die Zweckgesellschaft hält.[29] Die oben angesprochene Zession erfolgt somit nicht im unmittelbaren Zusammenhang mit der Kaufpreiszahlung, sondern erst zu einem wesentlich späteren Zeitpunkt. Um diese Konstruktion in insolvenzrechtlicher Hinsicht abzusichern, besteht seit 2005 zumindest für Kreditinstitute nach dem Kreditwesengesetz die Möglichkeit, in- und ausländische, durch Grundpfandrechte, anderweitig oder nicht besicherte Forderungen oder Sicherungsgrundschulden[30] in ein privates Refinanzierungsregister einzutragen, auf deren Übertragung ein Anspruch besteht, ohne dass jedoch tatsächlich eine Übertragung stattfinden muss.[31] In der Folge statuiert das Gesetz ein Aussonderungsrecht der Zweckgesellschaft. Der Zeit-, Verwaltungs- und Kostenaufwand werden somit vermieden oder zumindest bis zum Bedingungseintritt hinausgezögert.[32] Zudem entsteht die Kenntnis von der Übertragung bei den betroffenen Vertragspartnern erst im Falle einer Insolvenz des Originators und der aufgrund des Aussonderungsrechts erfolgenden späteren Übertragung,[33] wenn daher ohnehin bereits ein Imageschaden eingetreten ist.

Eine Verbriefungstransaktion verursacht schließlich Kosten, die für kleinere Unternehmen allein zu hoch ausfallen können. Ihnen wird die Teilnahme am Verbriefungsgeschäft über sogenannte Multi-Seller-Strukturen ermöglicht, bei denen mehrere Unternehmen je Forderungen auf eine Zweckgesellschaft übertragen oder bei der zunächst ein Refinanzierungsmittler die Vermögenswerte aufkauft

---

[27] Deutsche Bundesbank, Monatsbericht Juli 1997, 57 (58), abrufbar im Internet unter https://www.bundesbank.de/resource/blob/691424/a5c7a588449d387e08b609e5ebcb436f/mL/1997-07-asset-backed-securities-data.pdf (zugegriffen am 15.12.2018); *Kronenberg*, ZBB 2010, 241 (245); *Tollmann*, WM 2005, 2017; *Witzani*, BB 2000, 2125 f.; *Wiese*, BB 1998, 1713 (1714); *Rinze/Klüwer*, BB 1998, 1697 (1698); *Früh*, BB 1995, 105 (106); *Schneider/Eichholz/Ohl*, ZIP 1992, 1452 (1453); *Bonsall*, S. 13; *Muñoz*, Rn. 1.15.

[28] *Tollmann*, WM 2005, 2017 (2019).

[29] Vgl. *Witzani*, BB 2000, 2125 f.; *Pannen/Wolff*, ZIP 2006, 52 (53); *Stöcker*, Kreditwesen 2005, 997 f.

[30] *Kokemoor/Küntzer*, BB 2006, 1869 (1871). Grundsätzlich nicht eintragungsfähig sind dagegen selbständige Garantieversprechen Dritter, zur Sicherheit zedierte Forderungen oder Sicherungseigentum, vgl. *Brocker*, BKR 2007, 60 (62 f.).

[31] *Zeising*, BKR 2007, 311 (317); *Schuster/Sester*, ZBB 2004, 481 (483). Eine gleichwohl erfolgte Übertragung ist indes unschädlich, vgl. *Kokemoor/Küntzer*, BB 2006, 1869 (1871); *Pannen/Wolff*, ZIP 2006, 52 (56); zum Ganzen *Fleckner*, DB 2005, 2733; *ders.* WM 2007, 2272 ff.; *Kokemoor/Küntzer*, BB 2006, 1869 (1870); *Tollmann*, ZHR 169, 595 ff.; *Schmalenbach/Sester*, WM 2005, 2025 ff.; *Obermüller*, ZInsO 2005, 1079 ff.; *Tollmann*, WM 2005, 2017 ff.

[32] *Kokemoor/Küntzer*, BB 2006, 1869 (1870); kritisch *Stürner*, NZI 2005, 597 ff. Bei tatsächlicher Insolvenz entfällt der Kostenvorteil. Ratingagenturen könnten mithin bei Verschlechterung der Bonität eine Vorsorge verlangen, vgl. *Fleckner*, WM 2007, 2272 (2275).

[33] *Kokemoor/Küntzer*, BB 2006, 1869 (1870).

und bündelt, um sie anschließend auf die Zweckgesellschaft zu übertragen.[34] Die jeweiligen Übertragungen können ebenso wie bei herkömmlichen Verbriefungen als Kauf oder Umwandlung ausgestaltet sein. Ebenso kommt auch hier eine Nutzung von Refinanzierungsregistern in Betracht, wobei auch der Refinanzierungsmittler dann der Bankaufsicht unterstellt sein muss.[35] Oftmals überträgt die Zweckgesellschaft das Forderungsportfolio sowie die ihr gegen den Originator oder Dritte zustehenden Ansprüche des Weiteren auf einen Treuhänder, der die eingehenden Zahlungsströme kontrolliert und hierbei die Interessen der Anleger wahrnimmt.[36]

C. Verwaltung des Portfolios

Das Portfolio wird nach der Übertragung durch einen Forderungsverwalter, den sog. Servicer oder Service Agent, verwaltet.[37] Im Gegenzug erhält dieser eine Service-Gebühr oder, wenn es sich hierbei um den Originator handelt, ggf. auch einen Aufschlag auf den Kaufpreis.[38] Die Forderungsverwaltung umfasst die datentechnische Bearbeitung, die Einziehung der Forderungen, das Mahnwesen und die Debitorenbuchhaltung.[39] Um die Forderungsverwaltung auch für den Fall sicherzustellen, dass der Servicer in finanzielle oder wirtschaftliche Schwierigkeiten gerät, kann ein sog. Back-Up-Servicer bestimmt werden, der für diesen Fall die Verwaltung weiterführt.[40]

Ganz überwiegend übernimmt der Originator aus oben genannten Erwägungen selbst die Funktion des Servicers.[41] Hieraus resultiert, dass der Originator weiterhin

---

[34] Vgl. *Zeising*, BKR 2007, 311 (314); *Schmeisser/Leonhardt*, DStR 2007, 169 (172); *Bosak/Weller*, Kreditwesen 2006, 1026; *Rinze/Klüwer*, BB 1998, 1697 (1697 und 1701); *Schwarcz*, DB 1997, 1289 (1291); *Klee/Butler*, UCC L.J. 35 (2002), 23 (27).

[35] BT-Dr. 15/58, S. 17; über Refinanzierungsmittler können zudem Nichtbanken von den Vorteilen des Refinanzierungsregisters profitieren, zu dessen Führung sie selbst nicht berechtigt sind, vgl. zu beiden Aspekten *Kokemoor/Küntzer/Küntzer*, BB 2006, 1869 (1872).

[36] Deutsche Bundesbank, Monatsbericht Juli 1997, 57 (58), abrufbar im Internet unter https://www.bundesbank.de/resource/blob/691424/a5c7a588449d387e08b609e5ebcb436f/mL/1997-07-asset-backed-securities-data.pdf (zugegriffen am 15.12.2018); *Früh*, BB 1995, 105 (106); *Wiese*, BB 1998, 1713 (1714); *Bonsall* in: Bonsall, S. 13; *Muñoz*, Rn. 1.15.

[37] *Zeising*, BKR 2007, 311 (313); *Langner*, ZfbF 2002, 656 (657); *Caliebe*, BB 2000, 2369 (2370); *Wiese*, BB 1998, 1713 (1715); *Früh*, BB 1995, 105; *Muñoz*, Rn. 1.12.

[38] *Caliebe*, BB 2000, 2369 (2373); *Wiese*, BB 1998, 1713 (1715).

[39] *Zeising*, BKR 2007, 311 (313); *Caliebe*, BB 2000, 2369 (2370); *Früh*, BB 1995, 105 f.; *Muñoz*, Rn. 1.12.

[40] *Caliebe*, BB 2000, 2369 (2370); *Früh*, BB 1995, 105 (106); dabei kann es sich auch um die Zweckgesellschaft selbst handeln, vgl. *Rinze/Klüwer*, BB 2000, 2483, was sich jedoch allein angesichts mangelnder personeller Strukturen nicht als zweckdienlich erweisen dürfte.

[41] Vgl. vorstehend unter B; BFS-KWG/*Tollmann*, Vorb. zu §§ 22a ff. Rn. 7; *Fleckner*, ZIP 2004, 585; *Langner*, ZfbF 2002, 656 (664); *Wiese*, BB 1998, 1713 (1714); *Rinze/Klüwer*, BB 1998, 1697 f.; *Waschbusch*, ZBB 1998, 408 (411), *Baums*, WM 1993, 1 (11); *AK Finanzierung*, ZfbF 44,

gegenüber den Forderungsschuldnern auftritt und die Verbriefungstransaktion somit verdeckt bleibt.[42] Der Originator verfügt zudem bereits über die erforderlichen Informationen und die Strukturen für ihre Verwaltung.[43] Des Weiteren liegt es meist nicht im Interesse des Originators, die Verbriefungstrankaktion oder auch nur die Übertragung der betreffenden Forderungen auf Dritte gegenüber seinem Schuldner offenzulegen, da dies als finanzielle Schwäche ausgelegt werden,[44] es das Vertrauensverhältnis der Vertragspartner nachhaltig beeinträchtigen[45] und insgesamt zu Imageschäden beim Originator führen könnte. Schließlich bestehen hinsichtlich einer anderen Vorgehensweise auch in rechtlicher Hinsicht Zweifelsfragen, etwa in Bezug auf die Einhaltung des Bankgeheimnisses, denen mit dem Verbleib der Forderungsverwaltung beim Originator vorgebeugt werden soll.[46]

D. Rating und Absicherungsmaßnahmen

Ausschlaggebend für die Bewertung der Qualität der im Weiteren zu emittierenden forderungsbesicherten Wertpapiere ist die Bewertung der gesamten Verbriefungstransaktion, die meist durch eine oder oft mehrere namhafte Ratingagenturen wie Standard & Poor's, Moody's oder Fitch erfolgt.[47] Durch das Rating wird die Wertpapierunterlegung, also die Qualität der übertragenen Forderungen, unter Berücksichtigung der Struktur der Verbriefung und der Kompetenz der Beteiligten, bewertet.[48] Die Bonität der Emittentin spielt dann nur noch eine untergeordnete Rolle,[49]

495 (500); *Bonsall*, S. 15 und 35; Bonsall/*Terrington*, S. 205. *Klee/Butler*, UCC L.J. 35 (2002), 23 (28). Auch der Originator erhält für diese Tätigkeit eine Vergütung, die sich nach Angaben von *Reifner* auf 1 % der Zinsen beläuft, vgl. BKR 2008, 142 (143). Obgleich dies zum Teil, wohl auch aufgrund der Nähe zwischen Originator und Zweckgesellschaft, als befremdlich erachtet wird („*robbing Peter to pay Paul*"), wird die Vergütung des Originators für seiner Verwaltungstätigkeiten auch durch die Ratingagenturen als wichtiger Anreiz erachtet, diese Aufgabe ernst zu nehmen, vgl. Bonsall/*Terrington*, S. 215.

[42] *Waschbusch*, ZBB 1998, 408 (411).

[43] *Zimmermann*, WM 2008, 569 (571); *Fleckner*, ZIP 2004, 585 (586); *Caliebe*, BB 2000, 2369 (2370); *Früh*, BB 1995, 105 (106); *Klee/Butler*, UCC L.J. 35 (2002), 23 (28); hierdurch werden zugleich die Transaktionskosten gesenkt, vgl. *Caliebe*, BB 2000, 2369 (2371).

[44] *Fleckner*, ZIP 2004, 585.

[45] *Rinze/Klüwer*, BB 2000, 2483; *Früh*, BB 1995, 105 (108, m. w. N.).

[46] *Zeising*, BKR 2007, 311 (313); *Fleckner*, ZIP 2004, 585; *Rinze/Klüwer*, BB 2000, 2483; *Caliebe*, BB 2000, 2369 (2370); *Witzani*, BB 2000, 2125.

[47] *Bonsall*, S. 15; *Muñoz*, Rn. 1.17; *Bund/Morlok*, Kreditwesen 2005, 969; *Klee/Butler*, UCC L.J. 35 (2002), 23 (29); *Everling*, Die Bank 1993, 82 (86).

[48] *Bund/Morlok*, Kreditwesen 2005, 969 ff.; *Kokemoor/Küntzer*, BB 2006, 1869 (1872); *Langner*, ZfbF 2002, 656 (662); *Waschbusch*, ZBB 1998, 408 (413); *Früh*, BB 1995, 105 (106); *AK Finanzierung*, ZfbF 44, 495 (507 f.); *Klee/Butler*, UCC L.J. 35 (2002), 23 (29); *Fabozzi/Davis/Choudhry*, S. 479 ff.; *Pavel*, S. 33 f.

[49] *Pollock/Stadum/Holtermann*, RIW 1991, 275 (276); *Klee/Butler*, UCC L.J. 35 (2002), 23 (25).

die des Originators bei insolvenzferner Übertragung quasi gar keine mehr.[50] Bei der Bewertung der Wertpapierunterlegung erfolgt durch die Ratingagentur grundsätzlich keine Einzelprüfung der Forderungen oder Forderungsschuldner, sondern die Prüfung statistisch-historischer Daten über das Gesamtverhalten der betreffenden Forderungsart, ggf. auch unter Rückgriff auf bereits durch den Originator erstellte, interne Bonitätsratings.[51] Bestellte Sicherheiten werden markt- oder fachspezifisch bewertet und ebenfalls anhand statistisch-historischer Daten hinsichtlich ihrer Werthaltigkeit beurteilt.[52] Im Rahmen des Bewertungsprozesses werden zudem sog. Stresstests durchgeführt und „*worst case*"-Szenarien simuliert; umso höher das Rating sein soll, desto höher sind die Anforderungen an diese Tests.[53] Hierbei soll nicht nur das aktuelle Marktumfeld berücksichtigt werden, sondern auch mögliche extreme Veränderungen.[54]

Die exakten Bewertungsmethoden werden durch die jeweiligen Ratingagenturen ähnlich, aber im Detail verschieden aufgestellt und erfordern ein enormes finanzmathematisches Know How.[55] Angesichts dessen werden die Ratingagenturen bereits vorab beratend tätig, um das gewünschte Zielrating zu erreichen.[56]

Zu diesem Zweck werden verschiedene Maßnahmen empfohlen, die darauf abzielen, die Kredit- und Liquiditätsqualität des Portfolios sowie der forderungsbesicherten Wertpapiere selbst oder Tranchen hiervon bereits vor oder bei der Emission zu erhöhen, um so ein besseres Rating gegenüber dem Ausgangsrating zu erreichen[57] und damit zugleich die mit der Rendite zu zahlenden Risikoaufschläge zu senken.[58] Solche Absicherungsmaßnahmen werden hergeleitet aus der englischen Bezeichnung *Credit Enhancement* auch als sog. „Kreditverbesserungen" bezeichnet.[59] Sie können sehr verschiedener Natur und sowohl transaktionsextern, als auch transaktionsintern ausgestaltet sein. Bei transaktionsexternen Absicherungsmaßnahmen handelt es sich um vertragliche Absicherungen, etwa in Form von Versicherungen, Garantien,

---

[50] *Brocker*, BKR 2007, 60 (61); die Insolvenzferne ist ein maßgebliches Bewertungskriterium der Ratingagenturen, vgl. *Bund/Morlok*, Kreditwesen 2005, 969 (970).

[51] *Bund/Morlok*, Kreditwesen 2005, 969; *Langner*, ZfbF 2002, 656 (659); *Häuselmann*, DStR 1998, 826; vgl. auch Bonsall/*Marsland-Shaw/Selzer*, S. 150. Zu früheren Ratingkriterien bei Moody's in Bezug auf ausgewählte Forderungsarten vgl. Bonsall/*Marsland-Shaw/Selzer*, S. 152 ff.

[52] *Bund/Morlok*, Kreditwesen 2005, 969; Zweig/*Bryan*, S. 16.

[53] Bonsall/*Marsland-Shaw/Selzer*, S. 138.

[54] Bonsall/*Marsland-Shaw/Selzer*, S. 151.

[55] Allgemeine Einblicke in frühere Bewertungsmethoden für Verbriefungen gewährten Standard & Poor's und Moody's 1990 in Bonsall/*Marsland-Shaw/Selzer*, S. 131 ff. Zu einem allgemeinen finanzmathematischen Ansatz siehe auch *Fabozzi/Kothari*, Appendix B, S. 325 ff.

[56] Bonsall/*Marsland-Shaw/Selzer*, S. 145; Bonsall/*Smallman/Selby*, S. 250 f.; Lederman/*Barmat*, S. 12.

[57] Bonsall/*Smallman/Selby*, S. 250 und 252 f.; *Klee/Butler*, UCC L.J. 35 (2002), 23 (28).

[58] *Rinze/Klüwer*, BB 1998, 1697 (1699). Ein schlechtes Rating erhöht die Finanzierungskosten, vgl. *Dreyer/Schmid/Kronat*, BB 2003, 91; *Rinze/Klüwer* a. a. O.

[59] Unter diesem Begriff zuvor auch in § 1b KWG a. F. legal definiert; die aufsichtsrechtlich für Verbriefungen geltende Verordnung (EU) Nr. 575/2013 des Europäischen Parlaments und des Rates vom 26. Juni 2013 über Aufsichtsanforderungen an Kreditinstitute und Wertpapierfirmen und zur Änderung der Verordnung (EU) Nr. 646/2012 (CRR) und die sie ablösende STS-VO verwenden diesen Begriff nicht mehr.

Ausfallbürgschaften, zweckgebundenen kurzfristigen Kreditlinien und Nachrangdarlehen.[60] Transaktionsinterne Absicherungsmaßnahmen erfolgen hingegen durch den Originator selbst oder über eine Anpassung der Struktur, der in ihrer Variationsbreite kaum Grenzen gesetzt sind.[61] Gängig sind etwa die folgenden internen und externen Maßnahmen, die oftmals miteinander kombiniert werden:

I. Diversifikation des Portfolios

Das zur Verbriefung bestimmte Portfolio unterliegt regelmäßig einer stark ausgeprägten Diversifikation, mithilfe derer Ausfallrisiken gestreut werden können.[62] Hierzu werden dem ggf. hinsichtlich seiner Qualität eher als schlecht oder durchschnittlich zu bewertenden Portfolio z. B. Forderungen beigemischt, deren ordnungsgemäße Bedienung mit höherer Wahrscheinlichkeit zu erwarten ist oder etwa im Falle von Immobiliarkrediten, deren zur Besicherung genutzten Immobilien als besonders werthaltig eingestuft werden, da sie sich in regional bevorzugter Lage und besonders gutem Zustand befinden oder sie aus anderen Gründen eine entsprechende Nachfrage auf dem Markt erwarten lassen. Ebenso trägt eine hohe Anzahl von demographisch und geographisch gestreuten Schuldnern dazu bei, den Verzug einzelner Schuldner zu kompensieren und die Wertpapiere gleichwohl termingerecht zu bedienen.[63] Dabei sollten die Forderungssummen recht gleichmäßig verteilt sein, um die Transaktion nicht durch den Ausfall einzelner größerer Schuldner zu gefährden (sog. *Obligor Concentration Risk*).[64]

II. „Übersicherungen“

Üblich ist zudem die Herbeiführung einer sog. „Übersicherung“ (*Overcollateralization*). Eine solche entsteht dann, wenn das Emissionsvolumen der Wertpapiere geringer ist, als das Volumen des verbrieften Portfolios.[65] Somit sind die Zahlungsströme aus dem Portfolio höher, als sie bei planmäßigem Verlauf zur Deckung der Zahlungsansprüche aus den Wertpapieren erforderlich wären. Zu erwartende

---

[60] Schimansky/Bunte/Lwowski/*Sethe*, § 114a Rn. 43; *Rinze/Klüwer*, BB 1998, 1697 (1699); *Früh*, BB 1995, 105 (106); *Pollock/Stadum/Holtermann*, RIW 1991, 275 (277).

[61] Schimansky/Bunte/Lwowski/*Sethe*, § 114a Rn. 42, 44; Bhattacharya/Fabozzi/*Blum/Di Angelo*, S. 252 f.

[62] *Rinze/Klüwer*, BB 1998, 1697 (1699); *Klee/Butler*, UCC L.J. 35 (2002), 23 (26).

[63] *Waschbusch*, ZBB 1998, 408 (415); *Peters*, Kreditwesen 1995, 750.

[64] *Gehring*, S. 21; *Schmeisser/Leonhardt*, DStR 2007, 169 (170); *Schwarcz*, DB 1997, 1289.

[65] *Findeisen*, DB 1998, 483 (488); *Häuselmann*, DStR 1998, 826 (831); *Waschbusch*, ZBB 1998, 408 (412 f.); *Schwarcz*, DB 1997, 1289 (1292); *Früh*, BB 1995, 105 (106); *Peters*, Kreditwesen 1995, 750; *AK Finanzierung*, ZfbF 44, 495 (506); *Lerbinger*, Die Bank 1987, 310 (312); *Klee/Butler*, UCC L.J. 35 (2002), 23 (28); *Gorton*, NBER Working Paper Nr. 14358, S. 21; *Fabozzi/Kothari*, S. 89; *Pavel*, S. 29. So bereits genutzt durch die Franklin Savings Association of Ottawa, Ks. im September 1985, vgl. Zweig/*Bryan*, S. 15.

Ausfälle bei den Zahlungsströmen werden somit kompensiert.[66] Üblich sind „Übersicherungen“ um 10 %.[67] Zu beachten ist dabei, dass auch der Kaufpreis für das Portfolio die aus der Emission resultierenden Finanzmittel übersteigt. Der übersteigende Betrag kann etwa gestundet werden, unter Umständen verbunden mit einer Nachrangabrede.[68]

III. Reservekonto

Reservekonten sind ebenso ein Instrument, Verluste oder Unterdeckungen aufzufangen.[69] Ein Reservekonto kann etwa aus den Emissionserlösen zu Beginn der Transaktion (sog. *Cash Account*) oder später z. B. durch Nettozinsmargen (sog. *Excess Spread Account*) aufgebaut werden.[70] Daneben kann auch der soeben angesprochene, aus der „Übersicherung“ entstehende Differenzbetrag auf dieses Konto eingezahlt werden. In diesem Fall kann der Originator zum Transaktionsende oder einem festgelegten Stichtag den verbleibenden positiven Saldo häufig in Form einer Bonifikation erstattet verlangen; die Anleger erhalten somit einen Risikopuffer, während der Originator bei positivem Verlauf der Transaktion, also prognosenahem Tilgungsverhalten, letztlich den vollen Kaufpreis erhält. Dasselbe gilt für den Fall, dass der Originator eine vom Kaufpreis unabhängige Anfangseinlage auf das Konto gewährt; nicht verbrauchte Beträge fließen regelmäßig an den Originator zurück.[71]

IV. Subordination

Bei der Subordination handelt es sich um eine spezielle, mit der Verbriefung verbundene Strukturierung. Dabei werden hinsichtlich der zu emittierenden forderungsbesicherten Wertpapiere zwei oder mehr Tranchen gebildet, die in einer bestimmten Reihenfolge, jeweils unter Abzug verschiedener Transaktionskosten nach

---

[66] *Findeisen*, DB 1998, 483 (488); *Baums*, WM 1993, 1 (4).

[67] *Findeisen*, DB 1998, 483 (488); *Kamlah*, WM 1998, 1429 (1432); und zwar bei einer erwarteten Ausfallquote von etwa 1,5 %, vgl. *Lerbinger*, Die Bank 1987, 310 (312).

[68] *Häuselmann*, DStR 1998, 826 (831); ähnlich *Waschbusch*, ZBB 1998, 408 (412). Zu weiteren Alternativen vgl. *Schwarcz*, DB 1997, 1289 (1292).

[69] *Rinze/Klüwer*, BB 1998, 1697 (1700); *Früh*, BB 1995, 105 (108).

[70] *Findeisen*, DB 1998, 483 (488); *Waschbusch*, ZBB 1998, 408 (413); *Peters*, Kreditwesen 1995, 750; *AK Finanzierung*, ZfbF 44, 495 (507); *Gorton*, NBER Working Paper Nr. 14358, S. 24; *Fabozzi/Kothari*, S. 86 ff.; *Pavel*, S. 30.

[71] Vgl. für verschiedene Konstellationen *Dreyer/Schmid/Kronat*, BB 2003, 91; *Langner*, ZfbF 2002, 656 (658, 661); *Rinze/Klüwer*, BB 1998, 1697 (1700); *Häuselmann*, DStR 1998, 826 (831); *Waschbusch*, ZBB 1998, 408 (413); *AK Finanzierung*, ZfbF 44, 495 (506); *Lerbinger*, Die Bank 1987, 310 (312); *Gorton*, NBER Working Paper Nr. 14358, S. 21 und 27; siehe z. B. auch Sachverhalt zum Urteil des BFH vom 26.08.2010, Az.: I R 17/09, juris Rn. 5 ff. = BFHE 231, 210 ff.

dem sog. Wasserfall-Prinzip (*Waterfall*), bedient werden.[72] Zunächst erhalten die Wertpapierinhaber der höchsten Tranche, der sog. Senior-Tranche, Zahlungen aus dem verbrieften Portfolio.[73] Nicht verbrauchte Zahlungsströme fließen erst dann an die jeweils nächste Tranche.[74] Am Ende des Wasserfalls steht die sog. Junior-Tranche, die auch als Erstverlustposition (*First-Loss*) bezeichnet und zuletzt bedient wird.[75] Hierin kommt zum Ausdruck, dass Verluste zuerst durch die Junior-Tranche zu tragen sind.[76] Im Gegenzug werden hier entsprechend dem höheren Risiko die attraktivsten Renditen gezahlt.[77] Möglich ist auch die gesonderte Absicherung dieser Tranche gegen die höheren Ausfallrisiken.[78] Die Subordination ermöglicht, aus einem Forderungsportfolio mittlerer oder sogar sehr schlechter Qualität – also mit hohen Liquiditäts- und Ausfallrisiken – Wertpapiere zu erzeugen, die über ein überdurchschnittlich gutes Rating verfügen.[79] Die Senior Tranche macht dabei meist 80 bis 90 % des Transaktionsvolumens aus.[80]

Nicht selten übernimmt der Originator selbst die *First-Loss*-Position (sog. *Subordinated Participation*),[81] was neben der ratingbezogenen Kreditverbesserung zudem durch Anleger als positives Signal dahingehend gewertet werden kann, dass sich der Originator selbst nicht scheut, die riskanteste Tranche zu behalten und in seine eigene Transaktion vertraut.[82] Der Originator wird für das Einbehalten der größten Ausfallrisiken faktisch durch die Ersparnis höherer Risikoaufschläge entschädigt, die bei der Emission der Wertpapiere aus dieser Tranche zu entrichten wären. Möglich ist daneben aber auch, dass etwa der Arrangeur, hierauf spezialisierte Banken oder institutionelle Anleger im Rahmen einer Privatplatzierung die *First-Loss*-Position erwerben.[83]

---

[72] *Baums*, WM 1993, 1 (4); *AK Finanzierung*, ZfbF 44, 495 (506); *Pollock/Stadum/Holtermann*, RIW 1991, 275 (277); zu Variationen vgl. Bonsall/*Marsland-Shaw/Selzer*, S. 165; *Muñoz*, Rn. 1.14; *Klee/Butler*, UCC L.J. 35 (2002), 23 (28); *Pavel*, S. 29. Siehe auch Zahlenbeispiel zum Wasserfall-Prinzip innerhalb einer CMO Bonsall/*Terrington*, S. 205.

[73] *Zeising*, BKR 2007, 311 (314); *Rinze/Klüwer*, BB 1998, 1697 (1700); *Findeisen*, DB 1998, 483 (488); *Peters*, Kreditwesen 1995, 750; *Früh*, BB 1995, 105 (106); *Klee/Butler*, UCC L.J. 35 (2002), 23 (28); beschrieben auch bei Zweig/*Bryan*, S. 14 f.

[74] *Zeising*, BKR 2007, 311 (314); *Baums*, WM 1993, 1 (4); *Pollock/Stadum/Holtermann*, RIW 1991, 275 (278); *Bonsall*, S. 15.

[75] *Kümpel/Piel*, DStR 2009, 1222 (1224); *Zeising*, BKR 2007, 311 (314); *Rinze/Klüwer*, BB 1998, 1697 (1700); *Früh*, BB 1995, 105 (106).

[76] Vgl. *Gorton*, NBER Working Paper Nr. 14358, S. 24.

[77] *Langner*, ZfbF 2002, 656 (661); *Findeisen*, DB 1998, 483 (488); *Waschbusch*, ZBB 1998, 408 (413); *Schwarcz*, DB 1997, 1289 (1293); Bonsall/*Weir*, S. 78.

[78] *Klee/Butler*, UCC L.J. 35 (2002), 23 (28 f.).

[79] „Gold aus Müll", vgl. *Kofner*, WuM 2007, 429.

[80] *Kümpel/Piel*, DStR 2009, 1222 (1224); nach *Beck/Wienert* sogar bis zu 97 %, vgl. APuZ 2009, 7 (9).

[81] *Kümpel/Piel*, DStR 2009, 1222 (1224); *Findeisen*, DB 1998, 483 (488); *Waschbusch*, ZBB 1998, 408 (413); *Baums*, WM 1993, 1 (5); *AK Finanzierung*, ZfbF 44, 495 (506); *Fabozzi/Kothari*, S. 91; *Langner*, ZfbF 2002, 656 (661) unter Hinweis auf bilanzielle Gefahren für Banken.

[82] Ähnlich *Stockmann/Zeller*, BB 2007, 1249 (1250).

[83] *Langner*, ZfbF 2002, 656 (661).

V. Externe Absicherungsmaßnahmen; insbesondere Liquiditätsfazilität und Zinsswap

Schließlich stehen eine Reihe von externen Absicherungsmaßnahmen sowohl gegen Kredit- als auch Liquiditätsrisiken zur Verfügung, etwa in Form von Garantien oder Kreditversicherungen, die mit außenstehenden Dritten, dem Originator oder mit ihm verbundenen Unternehmen vereinbart werden.[84] Als Sicherungsgeber werden oftmals Banken oder spezialisierte Versicherungsunternehmen eingesetzt.[85]

Liquiditätsgeber gewähren sog. Liquiditätsfazilitäten[86] und zwar für bis zu 100 % der angekauften Forderungen.[87] Hierbei handelt es sich um die vertraglich vereinbarte Bereitstellung finanzieller Mittel, die eine fristgerechte Weiterleitung der Zahlungsströme an die Anleger sicherstellen sollen.[88] Ziel ist es also, z. B. durch eine kurzfristige zweckgebundene Kreditlinie einen vorübergehenden Liquiditätsbedarf abzudecken. Häufig bestehen Liquiditätsgeber auf eine Kombination mit anderen Absicherungsmaßnahmen, um sich gegen den endgültigen Ausfall abzusichern; sie garantieren nur die Pünktlichkeit, nicht die Zahlung selbst.[89]

Eine der gängigsten Absicherungsmaßnahmen ist neben der Liquiditätsfazilität der Abschluss eines Zinsswap-Geschäfts (*Interest Swap*). Hierbei wird ein Vertrag zwischen der Zweckgesellschaft und einem Vertragspartner (*Counterparty*) geschlossen, aufgrund dessen Zahlungen ausgetauscht werden, die sich an einem gemeinsamen Nominalbetrag orientieren.[90] Zur Absicherung einer Verbriefung wird der Swap eingesetzt, indem der Nominalbetrag des Swaps dem Emissionsvolumen der Transaktion entspricht. Die Zweckgesellschaft entrichtet hieran orientiert prozentuale Zahlungen in fester Höhe. Der Vertragspartner entrichtet variable Zahlungen, die den an die Wertpapierinhaber zu entrichtenden Zinszahlungen entsprechen, da sie sich nach denselben Parametern berechnen (regelmäßig ein Referenzzinssatz zzgl. einer Marge; sog. *Floater*). Die Zweckgesellschaft zahlt somit einen festen Zinssatz, während sie die aus dem Swapgeschäft erlangten Zahlungen zur Tilgung der Zinsansprüche aus den Wertpapieren einsetzt. Der Zinsswap wird somit zur Kompensation des Zinsänderungsrisikos eingesetzt.[91]

---

[84] *Rinze/Klüwer*, BB 1998, 1697 (1699 ff.); *Baums*, WM 1993, 1 (4); *Pollock/Stadum/Holtermann*, RIW 1991, 275 (276); *Bonsall*, S. 15; Bonsall/*Weir* ebd., S. 77; *Klee/Butler*, UCC L.J. 35 (2002), 23 (28); z. B. auch in Form einer sog. Finanzgarantie-Versicherung, vgl. hierzu *Carl*, VW 1992, 178 ff.

[85] *Früh*, BB 1995, 105 (106).

[86] *Rinze/Klüwer*, BB 1998, 1697 (1699). Verbriefungsspezifischer Fachbegriff, vgl. auch nachfolgende Fn. Hergeleitet wohl aus dem Englischen „*credit facility*", so bei *Bonsall*, S. 13.

[87] *Früh*, BB 1995, 105 (106).

[88] Vgl. Legaldefinition in Art. 242 CRR-VO (zukünftig Art. 2 Nr. 14 STS-VO); zuvor im nationalen Aufsichtsrecht geregelt in § 1b Abs. 3 Satz 3 KWG a. F.

[89] *Schwarcz*, DB 1997, 1289 (1292).

[90] *Maulshagen/Maulshagen*, BB 2000, 243.

[91] Näher zu Zinsswaps siehe *Maulshagen/Maulshagen*, BB 2000, 243 ff.

E. Emission der Wertpapiere

Nach diesen vorbereitenden Maßnahmen erfolgt die eigentliche Verbriefung der in dem Portfolio zusammengefassten Vermögenswerte durch die Emission der forderungsbesicherten Wertpapiere. Diese vollzieht die Zweckgesellschaft selbst oder ein hiermit beauftragter Emittent, der die Vermögenswerte entweder seinerseits von der Zweckgesellschaft erwirbt oder durch diese einen Emissionsauftrag erhält (sog. *Comissioning Agreement*).[92] Meist übernimmt ein Platzeur, oft ein Bankenkonsortium, das Anbieten der Wertpapiere,[93] zumindest, soweit es sich um eine öffentliche Platzierung handelt.[94] Die Wertpapiere können als Kapitalanteil an der Zweckgesellschaft, als Schuldverschreibung, demnach in Kreditform sowie als Genussschein in Mischform ausgestaltet sein.[95] Angesichts ihrer besseren Absetzbarkeit sowie flexiblerer Gestaltungsmöglichkeiten erfolgt die Ausgestaltung heutzutage regelmäßig als Teilschuldverschreibungen,[96] die in einer Globalurkunde zusammengefasst und bei einer Wertpapiersammelbank hinterlegt werden.[97] Die Auszahlung der Zins- und Rückzahlungsansprüche aus der Inhaberschuldverschreibung erfolgt direkt oder strukturiert über eine Zahlstelle; bei Mitwirkung eines Treuhänders übernimmt dieser regelmäßig die vorstehend benannte Funktion.[98]

Die Wertpapiere können sowohl privat, als auch öffentlich platziert werden.[99] Infolgedessen sind forderungsbesicherte Wertpapiere grundsätzlich für sämtliche Anlegerschichten zugänglich. Als Anleger kommen demnach sowohl institutionelle

---

[92] *Rinze/Klüwer*, BB 1998, 1697 (1698 f.).

[93] *Kronenberg*, ZBB 2010, 241 (245); *Zimmermann*, WM 2008, 569 (571); *Früh*, BB 1995, 105 (106); *AK Finanzierung*, ZfbF 44, 495 (500).

[94] *Pavel*, S. 25.

[95] *Eichholz/Nelgen*, DB 1992, 793 (796 f.); *AK Finanzierung*, ZfbF 44, 495 (497); *Pollock/Stadum/Holtermann*, RIW 1991, 275 f.; *Klee/Butler*, UCC L.J. 35 (2002), 23 (29). Teils werden Beteiligungen an der Zweckgesellschaft, bei der die Zahlungsströme unverändert je nach Anteil an die Anleger fließen, auch als „*Pass Through*" bezeichnet, während Strukturierungen, die mithilfe von Schuldverschreibungen möglich sind, zu einer Einordnung als „*Pay Through*" führen, vgl. *AK Finanzierung*, ZfbF 44, 495 (504); *Fabozzi/Kothari*, S. 10; Lederman */Barmat*, S. 7 f.; weitere Unterscheidungsmöglichkeiten siehe daneben *Pavel*, S. 4 ff. Ausschlaggebend für sämtliche Bezeichnungen sind aber die Natur des Anspruchs einerseits und die Nutzung einer Strukturierung andererseits.

[96] Dagegen besteht etwa für Genussscheine als Mischform nur ein eingeschränkter Markt, vgl. *Eichholz/Nelgen*, DB 1992, 793 (796); sie gewähren lediglich nachrangige Ansprüche, was ihre Attraktivität etwa gegenüber anderen Schuldverschreibungen i. S. d. 793 ff. BGB verringert. Viele Autoren beziehen sich in ihrer Darstellung allein auf Schuldverschreibungen, vgl. nur *Bartsch*, NJW 2008, 3337; *Caliebe*, BB 2000, 2369; *Rinze/Klüwer*, BB 1998, 1697 (1698); *Engellandt/Lütje*, WPg 1996, 517; *Früh*, BB 1995, 105 (108).

[97] *Knops*, BB 2008, 2535 (2536).

[98] *Waschbusch*, ZBB 1998, 408 (411 f.).

[99] *Caliebe*, BB 2000, 2369; *Rinze/Klüwer*, BB 1998, 1697 (1699); *Waschbusch*, ZBB 1998, 408 (409); *Früh*, BB 1995, 105 (106); Bhattacharya/Fabozzi/*Blum/Di Angelo*, S. 261; während Privatplatzierungen kostengünstiger sind, eröffnen sie allerdings auch nur einen kleineren Adressatenkreis, vgl. *Pavel*, S. 25.

Anleger sowie Publikumsfonds und hierüber beteiligte Privatanleger, als auch direkt investierende Privatanleger in Betracht.[100] Bei den Fonds handelt es sich zum einen um spezielle ABS Fonds, zum anderen können auch herkömmliche Geldmarkt- und Rentenfonds zumindest partiell forderungsbesicherte Wertpapiere erwerben.[101] Die Fonds können dabei entweder als geschlossene Fonds oder als börsennotierte Investmentfonds ausgestaltet sein. In Betracht kommt auch der Vertrieb von Zertifikaten an Privatanleger, denen Zahlungsströme aus forderungsbesicherten Wertpapiere als Basiswert zugrundegelegt werden.[102] Vorbenannte Konzepte indirekter Investitionen vereinfachen den Zugang zu Verbriefungen selbst für vergleichsweise weniger vermögende Privatanleger immens, da die Partizipation am Investitionsobjekt mit wesentlich geringeren Nennwerten im Vergleich zum Investitionsobjekt selbst möglich ist.

Ein gewisser Nettoanteil an der Verbriefungstransaktion ist von dem Vertrieb an die Anleger ausgenommen. Dieser Selbstbehalt ist aufsichtsrechtlich auf der Grundlage europarechtlicher Verordnung grundsätzlich zwingend vorgeschrieben.[103] Sinn und Zweck des Selbstbehaltes ist die Vermeidung eines Moral Hazard: Die Auslagerung der Ausfallrisiken der verbrieften Vermögenswerte soll insbesondere bei Darlehensvergabe und Darlehensüberwachung nicht zu einem Absenken der Qualität führen.[104] Durch den anteiligen Selbstbehalt der in der Transaktion verbrieften Risikopositionen soll ein größeres Eigeninteresse hervorgerufen werden, diese Aufgaben auch weiterhin verantwortungsvoll zu erfüllen.

Für die zum Vertrieb an die Anleger freigegebenen forderungsbesicherten Wertpapiere entrichten diese einen Geldbetrag an die Zweckgesellschaft, die sich bzw. durch Weiterleitung über die eigene Kaufpreiszahlung für das Portfolio den

---

[100] *Knops*, BB 2008, 2535 (2536); *Rinze/Klüwer*, BB 1998, 1697 (1699); *Baums*, WM 1993, 1 (2); so schon Zweig/*Bryan*, S. 14.

[101] Vgl. z. B. Handelsblatt, „Risikoaufschläge bleiben gering – Verbriefungen liegen im Trend", Artikel vom 12.01.2007; FAZ, „Geldmarktfonds als ABS-Investoren", Artikel vom 23.04.2003, abrufbar unter http://www.faz.net/aktuell/wirtschaft/asset-backed-securities-geldmarkt-fonds-als-abs-investoren-1104922.html (zugegriffen am 15.12.2018); z. B. den Fonds Pioneer Dynamic T, ISIN: AT0000634977 (http://www.finanzen.net/fonds/ABS_DYNAMIC_T, zugegriffen am 15.12.2018), den Julius-Bär-ABS-Fonds ISIN: LU0189451189 (http://www.finanzen.net/fonds/Julius_Baer_ABS_Fund_EUR_A, zugegriffen am 15.12.2018) oder den Oppenheim Asset Backed Securities Fonds, ISIN: AT0000648589 (https://www.comdirect.de/inf/fonds/detail/uebersicht.html?ID_NOTATION=8221177, zugegriffen am 15.12.2018).

[102] Z. B. vgl. Pressemitteilung verschiedener, auf Schadensersatzansprüche spezialisierter Rechtsanwaltskanzleien, z. B. https://www.kwag-recht.de/taetigkeitsfelder/zertifikate/artikel/news/detail/News/preps-zertifikate-auf-junior-income-notes.html oder https://rrlaw.de/2010/aktuelles/preps-zertifikate-pruefung-von-schadensersatzanspruechen-gegen-die-credit-suisse-deutschland-ag-u/ (zugegriffen jeweils am 15.12.2018); PREPS Junior Note Zertifikat auf PREPS Junior Note (http://www.ariva.de/A0GUSG, http://www.ariva.de/A0LL8F u. a., zugegriffen am 15.12.2018).

[103] Zuletzt neu geregelt mit Art. 6 STS-VO als „Risikobehalt" für den Originator, den Sponsor oder den ursprünglichen Darlehensgeber, wenn es sich hierbei nicht um den Originator handelt.

[104] Begründung zum Entwurf eines Gesetzes zur Umsetzung der geänderten Bankenrichtlinie und der geänderten Kapitaladäquanzrichtlinie, BT-Drs. 17/1720, S. 30 und 41.

Originator refinanziert. Das forderungsbesicherte Wertpapier verbrieft schließlich den Anspruch auf wiederkehrende Zinszahlungen und eine Rückzahlung zum Laufzeitende, die über eine Zahlstelle, ggf. den Treuhänder, direkt oder strukturiert gezahlt werden.[105] Maßgeblich für die Zahlungen ist in beiden Fällen der tatsächliche Kapitalfluss aus dem Portfolio, demnach also, in welcher Höhe die Tilgung der an die Zweckgesellschaft übertragenen Forderungen tatsächlich erfolgt.[106] Diese stehen den Anlegern damit als alleinige Haftungsgrundlage zur Verfügung[107]; andere Quellen für die Zahlungen an die Anleger bestehen nicht, dementsprechend sollte das Emissionsvolumen die erwarteten Zahlungsströme aus dem Portfolio – unter Berücksichtigung der Transaktionskosten sowie etwaiger Kosten einer Fremdfinanzierung – nicht übersteigen.[108] Je nach konkreter Struktur und zusätzlichen Absicherungsmaßnahmen ist der Anleger mehr oder weniger an den Verlusten aus dem verbrieften Portfolios beteiligt, denen entsprechende Renditechancen gegenüberstehen.[109]

Dieser zuvor dargestellte Ablauf liegt grundsätzlich allen forderungsbesicherten Wertpapieren zugrunde; verschiedene Bezeichnungen solcher Wertpapiere resultieren im Wesentlichen aus der zur Verbriefung ausgewählten Forderungsart und ihrer Strukturierung. So werden meist kurz- bis mittelfristig laufende sog. Asset Backed Securities (ABS) im engeren Sinne durch ein Portfolio gleichartiger Vermögenswerte besichert, ausgenommen grundpfandrechtlich besicherter Darlehen.[110] Solche werden dann als Mortgage Backed Securities (MBS) bezeichnet.[111] Diese im Gegensatz zu ABS i. e. S. eher langfristigen Papiere[112] werden weiter unterteilt in Residential MBS (RMBS) und Commercial MBS (CMBS). RMBS werden dabei mit privaten Wohnungsbaudarlehen unterlegt, wohingegen CMBS durch Darlehen für Gewerbe- und Mehrfamilienimmobilien wie etwa Wohnanlagen, Einzelhandels- und Bürogebäude unterlegt werden.[113] Sog. Collateralized Debt Obligations (CDO) werden hingegen etwa durch Darlehen (Collateralized Loan Obligation (CLO)),[114]

---

[105] *Waschbusch*, ZBB 1998, 408 (411 f.).

[106] *Caliebe*, BB 2000, 2369; *Früh*, BB 1995, 105; *AK Finanzierung*, ZfbF 44, 495 (496); *Pollock/Stadum/Holtermann*, RIW 1991, 275.

[107] Vgl. Bundesaufsichtsamt für das Kreditwesen, Rundschreiben 4/97 vom 20.05.1997 – Veräußerung von Kundenforderungen im Rahmen von Asset-Backed-Securities-Transaktionen durch deutsche Kreditinstitute, GZ: I3-21-3/95, abgedruckt in WM 1997, 1821 f. = WiB 1997, 782 ff. mit Anm. *Willburger*; *Früh*, BB 1995, 105; *Eichholz/Nelgen*, DB 1992, 793; das Portfolio ist einzige Finanzquelle für die Zahlungen an die Anleger, vgl. *Pollock/Stadum/Holtermann*, RIW 1991, 275 (277).

[108] *Pollock/Stadum/Holtermann*, RIW 1991, 275 (277).

[109] So insbesondere bei Subordination, vgl. vorstehend D.IV.

[110] *Pollock/Stadum/Holtermann*, RIW 1991, 275, Fn. 7; *Jeantin/Le Cannu/Granier*, S. 347; *AK Finanzierung*, ZfbF 44, 495 (508).

[111] *Pollock/Stadum/Holtermann*, RIW 1991, 275, Fn. 7; *Jeantin/Le Cannu/Granier*, S. 347.

[112] *AK Finanzierung*, ZfbF 44, 495 (508).

[113] *Knops*, BB 2008, 2535, Fn. 10; *Vries Robbé*, S. 6 f.; zu CMBS siehe Hayre/*Wheeler*, S. 402 f.; *Hayre*, S. 61.

[114] BFS-KWG/*Tollmann*, Vorb. zu §§ 22a ff. Rn. 6; *Stockmann/Zeller*, BB 2007, 1249; *Fabozzi/Kothari*, S. 213; *Jeantin/Le Cannu/Granier*, S. 347.

Wertpapiere (Collateralized Bond Obligation (CBO))[115] oder einem Portfolio von Immobiliarkrediten oder Tranchen anderer durch solche besicherte Wertpapiere (Collateralized Mortgage Obligation (CMO))[116] unterlegt. Mischformen oder andere Unterlegungen sind möglich.[117] Typischerweise begibt die Zweckgesellschaft bei CDOs mindestens zwei unterschiedlich geratete Klassen von Wertpapieren, die die Anleger nach dem bereits oben erläuterten Prinzip der Subordination[118] zum Bezug der Zahlungsströme aus dem Portfolio berechtigen.[119] Unabhängig von der konkreten Unterlegung weisen die jeweiligen Klassen einer CDO stets ein sehr unterschiedliches Risiko- und Renditeprofil auf, obwohl sie auf dem gleichen Portfolio basieren. Regelmäßig werden über diese Technik auch andere forderungsbesicherte Wertpapiere (ABS im weiteren Sinne) weiterverbrieft.[120] Handelt es sich um eine Wiederverbriefung von CDOs, ist von CDO^2 (CDO *squared*) die Rede[121]; solche Wiederverbriefungen werden jedoch nach der zum 01.01.2019 abzuwendenden STS-Verordnung vorbehaltlich im Ausnahmefall zu erteilender Genehmigung künftig untersagt, vgl. Art. 8 STS-VO.[122]

F. Beispieltransaktion

Wie bereits angesprochen, können Verbriefungstransaktionen sehr verschieden ausgestaltet sein. Besonderheiten ergeben sich schon aus der Art der ausgewählten Forderungen, da insoweit etwa bei Immobiliarkrediten andere Vorteile und Risiken bestehen, als z. B. beim Autoleasing. Je nachdem, wie die Wertpapierbedingungen festgelegt werden, ergeben sich Unterschiede auch hinsichtlich der Rechte und Ansprüche des Anlegers. Jede Verbriefungstransaktion birgt im Ergebnis ihr ganz eigenes Chancen-Risiko-Profil.

Da im Rahmen dieser Arbeit nicht sämtliche in Betracht kommenden Variationen berücksichtigt werden können, wird im Folgenden eine Beispieltransaktion dargestellt, anhand derer im Wesentlichen die weitere Untersuchung erfolgt.

---

[115] BFS-KWG/*Tollmann*, Vorb. zu §§ 22a ff. Rn. 6; *Stockmann/Zeller*, BB 2007, 1249; *Fabozzi/Kothari*, S. 213; *Fabozzi/Davis/Choudhry*, S. 119; *Jeantin/Le Cannu/Granier*, S. 347.

[116] Vgl. auch *Knops*, BB 2008, 2535, Fn. 10; *Hayre*, S. 45; *Fabozzi/Kothari*, S. 212; *Jeantin/Le Cannu/Granier*, S. 347; Graphiken und Zahlenbeispiel bei Bonsall/*Terrington*, S. 205 f.

[117] Für Mischformen bildet CDO den Überbegriff; weiter in Betracht kommen bei gleichartiger Unterlegung etwa mit synthetischen Produkten unterlegte *Collateralized Synthetic Obligations* (CSO), mit Fonds unterlegte *Collateralized Fund Obligations* (CFO), mit Rohstoff-Derivaten unterlegte *Collateralized Commodity Obligations* (CCO) oder mit Währungskurs-Derivaten unterlegte *Collateralized Exchange Obligations* (CXO), vgl. *Fabozzi/Kothari*, S. 213.

[118] Siehe oben D.IV.

[119] *Stockmann/Zeller*, BB 2007, 1249; *Fabozzi/Davis/Choudhry*, S. 122.

[120] *Grundmann/Hofmann/Möslein*, S. 11; *Gorton*, NBER Working Paper Nr. 14358, S. 34; *Vries Robbé*, S. 7.

[121] *Fabozzi/Kothari*, S. 216.

[122] Siehe hierzu auch Kap. 4, B. III.

Die Beispieltransaktion[123] wird als eine Art „Grundtypus der Verbriefung" so gebildet, dass sie in den meisten Verbriefungen typischerweise vorkommende Elemente beinhaltet. Die nachfolgende Untersuchung soll daher bestenfalls in weiten Teilen auf andere Verbriefungstransaktionen übertragbar sein.

I. Auswahl der Forderungen und Arrangement

Eine in Form der Aktiengesellschaft deutschlandweit tätige Bank ist Darlehensgeberin hinsichtlich zahlreicher unbesicherter Konsumentendarlehen. Die Darlehensnehmer wurden hinsichtlich ihrer Bonität bewertet, es wurden Einkommensnachweise angefordert und SCHUFA-Einträge angefordert. Im Gegenzug für die mangelnde Besicherung weisen diese Darlehen eine hohe Verzinsung auf, in der das erhöhte Risiko in Form eines Aufschlags eingepreist wurde. Es ist eine Laufzeit bestimmt, die max. 84 Monate beträgt und über die das Darlehen fest zu verzinsen sind. Für die Darlehen wurden z. T. Restschuldversicherungen auf den Todesfall abgeschlossen, für einige andere Darlehen eine Versicherungen für Arbeitslosigkeit oder Arbeitsunfähigkeit. Die Darlehen lauten auf EUR und unterliegen deutschem Recht.

Um an liquides Kapital zwecks Neuvergabe zu gelangen, plant die Bank, knapp 80.000 dieser Darlehen, deren ausstehende Beträge sich hochgerechnet auf etwas mehr als eine Milliarde Euro belaufen, zu verbriefen. Das Arrangement der Transaktion übernimmt sie selbst. Zugleich tritt sie als Konsortialführer (*Lead Manager*) auf, das heißt sie wird die spätere Emission begleiten, den Prospekt erstellen, das Emissionsvolumen bestimmen und weitere Funktionen in diesem Zusammenhang ausüben. Weitere für das Wertpapiergeschäft erforderliche Funktionen, wie etwa die der Hauptzahlstelle (*Principal Paying Agent*) und die der Liquiditätssicherung (*Cash Management*) übernehmen andere, zum Teil ausländische Banken. Die Transaktion wird durch die Ratingagentur Moody's Deutschland GmbH bewertet. Die Vertragsdokumentation erfolgt, wie typisch, in englischer Sprache, die Transaktion unterliegt aber ausdrücklich deutschem Recht. Sämtliche Transaktionsbeteiligten verpflichten sich, keinen Insolvenzantrag gegen die Zweckgesellschaft zu stellen.

II. Übertragung des Portfolios

Die Zweckgesellschaft wird als GmbH gegründet mit einem Stammkapital in Höhe von EUR 25.000,00. Das Portfolio, bestehend aus Zins- und Rückzahlungsansprüchen aus den Konsumentendarlehen, wird an sie unter Ausschluss der gesetzlichen Haftung verkauft und abgetreten (*True Sale*). Zwei Wochen nach dem Abschluss des

---

[123] Die Beispieltransaktion orientiert sich an einer echten Transaktion, wird jedoch zu Untersuchungszwecken vereinfacht und zum Teil geändert dargestellt.

Kaufvertrages soll das Portfolio nach bestimmten Auswahlkriterien (*Eligibility Criteria*) zusammengestellt worden sein (*Cut-Off* oder *Closing Date*). Die Auswahlkriterien regeln umfassend die Merkmale der zugrundeliegenden Darlehensverträge. So sollen die Darlehen insbesondere voll valutiert, wirksam, durchsetzbar, einredefrei, abtretbar, ungekündigt und unter Berücksichtigung des geltenden Verbraucherdarlehensrechts abgeschlossen worden sein. Bei den Darlehensnehmern soll es sich um Privatpersonen mit Sitz in Deutschland handeln, die keine negativen SCHUFA-Einträge haben und denen eine Abschrift ihres Vertrages zzgl. einer Widerrufsinformation ausgehändigt wurde; die Bank soll die alleinige Darlehensgeberin sein. Die Einhaltung dieser und weiterer Auswahlkriterien am *Cut-Off Date* wird durch die Bank garantiert. Die Abtretung, die wiederum einen Monat nach der Auswahl der Forderungen erfolgen soll (*Date of Economic Transfer*), umfasst neben diesen auch zugehörige Ansprüche und Rechte, wie sie zum Zeitpunkt der Übertragung entstanden sind. Der Vertrag verpflichtet die Zweckgesellschaft zur Zahlung des Kaufpreises am *Closing Date*. Das Portfolio ist statisch, d. h. es werden über die Laufzeit der Transaktion keine Forderungen ausgetauscht oder dazu gekauft.

Die Bank hat unter der Voraussetzung, dass die noch ausstehenden Wertpapiere sich nur noch auf 10 % des Emissionsvolumen belaufen, das Recht, das Portfolio zurückzukaufen (*Clean-Up Call*); der hierfür zu entrichtende Rückkaufpreis muss dabei zumindest auf einen Betrag lauten, der dazu ausreicht, die fälligen Zins- und Rückzahlungsansprüche aus den Wertpapieren, insbesondere der Senior Tranche sowie deren Kosten zu befriedigen. Die Bank hat sich zudem verpflichtet, einzelne Forderungen aus dem Portfolio zurückzukaufen, die zum vereinbarten Stichtag nicht den Auswahlkriterien entsprechen. Dasselbe gilt für Forderungen aus Darlehensverträgen, die durch Darlehensnehmer widerrufen werden. Für den Fall der Aufrechnung durch Darlehensnehmer aus dem Darlehensverhältnis oder anderen Vertragsbeziehungen ist die Bank verpflichtet, einen dem Aufrechnungsbetrag entsprechenden Betrag mit den übrigen Zahlungsströmen an die Zweckgesellschaft weiterzuleiten und bei einer Ratingverschlechterung nach Kenntnis des Aufrechnungsrisikos innerhalb von 5 Tagen bereits zuvor einen entsprechenden Betrag auf einem separaten Konto (*Set-Off Reserve Account*) einzustellen.

III. Verwaltung des Portfolios

Die Forderungsverwaltung verbleibt bei der Bank. Diese leitet die gesammelten Zahlungseingänge monatlich auf das Transaktionskonto der Zweckgesellschaft weiter. Im Falle der Ratingverschlechterung der Bank erfolgt die Weiterleitung früher. Die Abtretung bleibt vor den Darlehensnehmern verdeckt. Unter bestimmten Voraussetzungen, wie etwa bei Moratorium oder Insolvenz (*Notification Event*), ist die Bank jedoch verpflichtet, die Zweckgesellschaft bei Unterlassen berechtigt, die Darlehensnehmer zur direkten Zahlung auf das Transaktionskonto der Zweckgesellschaft aufzufordern und die Abtretung somit offenzulegen. Damit die Zweckgesellschaft die hierfür erforderlichen Daten erhält, ohne dass die Bank im Vorfeld das Bankgeheimnis verletzt, werden diese verschlüsselt zusammen mit einem Code zur

Entschlüsselung bei einem Treuhänder hinterlegt und bei Vorliegen der Voraussetzungen sowie dem Unterlassen der Bank, die Darlehensnehmer selbst zu unterrichten, der Zweckgesellschaft zur Verfügung gestellt. Im Einzelfall erfolgt eine Offenlegung der Abtretung gegenüber dem Darlehensnehmer und die Aufforderung, direkt an die Zweckgesellschaft zu leisten, wenn die Bank der Verpflichtung im Falle ihrer Ratingverschlechterung innerhalb von 30 Tagen nicht nachkommen kann, 5 Tage nach Kenntniserlangung eines Aufrechnungsrisikos eine entsprechende Rücklage auf einem eigens hierfür eingerichteten Reservekonto einzustellen.

Ein Back-Up Servicer ist nicht bestellt, soll aber unter bestimmten Voraussetzungen, wie etwa der Insolvenz der Bank oder bei Vertragsverletzung, innerhalb von 15 Tagen identifiziert werden. Durch die Ratingagentur wird dieser Umstand nicht negativ bewertet, da die Bank über ein gutes Rating verfügt, viele potentielle Back-Up Servicer, die die erforderlichen Software-Kenntnisse haben, zur Verfügung stehen und die Vergütung für diese Tätigkeit mit 0,60 % des Forderungsvolumens als verhältnismäßig hoch eingeordnet wird. Als Back-Up Servicer darf nur ein deutsches Kreditinstitut oder ein europäisches Kreditinstitut, das seinen Sitz in einem EU-Mitgliedsstaat oder dem europäischen Wirtschaftsraum hat, ausgewählt werden.

IV. Gestaltung der Wertpapiere und Absicherungsmaßnahmen

Um den Kaufpreis für das Portfolio aufzubringen, begibt die Zweckgesellschaft forderungsbesicherte Wertpapiere. Diese werden in acht verschiedene Tranchen Klasse A-F unterteilt. Die Wertpapiere der Klasse A (*Senior Tranche*), die etwa 90 % der Gesamtemission ausmacht, erhalten das beste Rating (Aaa; *Prime, Triple A*), jede nachfolgende Klasse fällt jeweils in eine tiefere Ratingkategorie bis in die Kategorie der spekulativen Anlagen (Ba; *Non Investmentgrade*). Klasse F wird als Erstverlusttranche (*First Loss Piece*) nicht bewertet (N.R.) und geht als Selbstbehalt an die Bank. Die Transaktion ist auf 15 Jahre ausgelegt; die Laufzeit verkürzt sich jedoch bei Ausübung der auf das Portfolio bezogenen Rückkaufsoption (*Clean-Up Call*) durch den Originator. Die monatliche Verzinsung richtet sich im Übrigen nach dem Ein-Monats-EURIBOR als Referenzzinssatz zzgl. einer Marge in Höhe von 1,25 % für die Wertpapiere der Klasse A, in der Klasse B 2,50 %, in Klasse C 4,00 %, in Klasse D 5,50 %, in Klasse E 9,50 % und in Klasse F (N.R.) 1 % (*Floater*). Die Wertpapiere der Klasse A-F können an der Frankfurter Börse gehandelt werden und belaufen sich je auf einen Nennwert in Höhe von EUR 100.000,00. Zahlungen aus dem Portfolio, die – im weitesten Sinne – aus einer vorzeitigen Beendigung des Darlehens resultieren oder die Zahlung eines Rückkaufpreises für eine zum Stichtag nicht den Auswahlkriterien entsprechende Forderung durch die Bank oder für Forderungen aus widerrufenen Darlehen, werden nicht zur Befriedigung der Zinsansprüche verwendet, sondern führen zu einer teilweisen Tilgung der Rückzahlungsansprüche. Hierdurch verringert sich der ausstehende Rückzahlungsanspruch, wodurch sich auch die zukünftig zu entrichtenden Zinszahlungen, die sich an diesem orientieren, verringern.

In der Bewertung durch die Ratingagentur und den sich daran orientierenden Risikoaufschlägen in der Verzinsung der jeweiligen Klassen kommen verschiedene Beurteilungskriterien zum Tragen. So verfügt die Bank selbst über ein Rating im „High Grade"-Bereich und Erfahrungen in der Verbriefung von Konsumentendarlehen durch eine vorangegangene Transaktion. Verbrieft wird ein statischer Pool von Forderungen, d. h. es werden im Verlauf der Transaktion keine Forderungen durch solche ersetzt, die ein ggf. noch nicht bewertbares Risiko bergen. Daneben werden die folgenden Absicherungsmaßnahmen berücksichtigt:

Das Emissionsvolumen beläuft sich insgesamt auf etwas weniger als eine Milliarde Euro, so dass eine „Übersicherung" in Höhe von ca. 10 % entsteht (*Overcollateralization*). Zur Liquiditätssicherung wird ein Reservekonto eingerichtet, dass über die Laufzeit durch Überschüsse aus den Zahlungsströmen des Portfolios gegenüber den durch die Zweckgesellschaft zu entrichtenden Zahlungen aufgebaut wird (*Excess Spread Account*). Zusätzlich stellt die Bank eine Liquiditätsfazilität. Die Transaktion ist daneben durch ein „*Interest Swap*"-Geschäft abgesichert, dessen Vertragspartner ebenfalls die Bank ist (*Interest Swap Counterparty*). Das Portfolio weist zudem eine gute geographische Diversifikation über alle deutschen Bundesländer auf. Die 25 größten Schuldner machen dabei nur 0,15 % der Gesamtschuldner aus (geringes *Obligor Concentration Risk*). Die Zweckgesellschaft verpflichtet sich, mit keinen anderen als den Transaktionsbeteiligten im Sinne der Vertragsdokumentation zu kontrahieren und hierbei Verpflichtungen einzugehen.

Die aus dem Portfolio resultierenden Zahlungen werden jeweils über einen Zeitraum von einem Monat gesammelt und im Anschluss der Zweckgesellschaft zur Verfügung gestellt. Die Verwendung dieser Gelder sowie weiterer Mittel, wie etwa aus dem Swap-Geschäft, richtet sich nach einem zuvor festgelegten „Wasserfall", nach dem die Zweckgesellschaft zunächst Verpflichtungen gegenüber anderen Beteiligten zu erfüllen hat, wie etwa der Servicer-Vergütung und die Bezahlung der Swap-Prämie. Erst dann werden die Ansprüche der Wertpapierinhaber befriedigt, hierbei zunächst die Zahlungsansprüche der Klasse A, dann die Zahlungsansprüche der Klasse B und so fortgesetzt bis zu den Zahlungsansprüchen der Klasse F. Hiernach kommen weitere Kosten zum Abzug. Zuletzt erhält der Originator, also die Bank, eine Erfolgsprämie (*Success Fee*). Die letzte Position des Wasserfalls ist der Gewinn der Transaktion, die den Gesellschaftern der Zweckgesellschaft zu Gute kommt (*Transaction Gain*).[124] Die Wertpapierbedingungen enthalten zudem die Bestimmung, dass die Zweckgesellschaft keine weiteren Zahlungen mehr schuldet, soweit sie keine weiteren Zahlungseingänge mehr zu erwarten hat und sich die zur Verfügung stehenden Mittel daher als „endgültig unzureichend" erweisen.

[124] Meist werden mehrere Wasserfälle etabliert, z. B. ein Wasserfall für vereinnahmte Zinsen, ein Wasserfall für vereinnahmte Tilgungen und im Falle der vorzeitigen Beendigung der Transaktion oder anderer besonderer Ereignisse ein gemeinsamer Wasserfall, vgl. auch „Asset Backed Securities leicht gemacht! Ein praktischer Leitfaden" der HVB, S. 67, abrufbar im Internet unter https://www.true-sale-international.de/fileadmin/tsi_downloads/ABS_Research/Informationsmaterial_und_Literatur/Einfuehrende_Handbuecher_und_Leitfaeden/ABS_Factbook_GERMAN.pdf (zugegriffen am 15.12.2018). Zur besseren Veranschaulichung wird vorliegend zunächst nur von einem Wasserfall ausgegangen.

Neben den Stärken der Transaktion werden bei der Bewertung durch die Ratingagentur auch ihre Schwächen berücksichtigt: Hierzu zählt, dass die gesammelten Zahlungseingänge nicht taggenau, sondern nur monatlich von der Bank auf das Transaktionskonto der Zweckgesellschaft eingezahlt werden. Positiv wird jedoch bewertet, dass im Falle einer Ratingverschlechterung der Bank oder bei einem Moratorium die Weiterleitung ausnahmsweise deutlich früher zu erfolgen hat. Das Aufrechnungsrisiko, insbesondere aus anderen Vertragsbeziehungen, wird negativ bewertet, ebenso wie der Umstand, dass die Liquiditätsfazilität nur für zwei Monate zur Verfügung gestellt wird. Dieser Zeitraum wird jedoch wiederum auf drei Monate verlängert, wenn bei der Bank eine Ratingverschlechterung eintritt.

Den Wertpapierinhabern steht im Übrigen gemäß den Wertpapierbedingungen ein Kündigungsrecht zu, wenn die Zweckgesellschaft insolvent wird, wenn sie einen Großteil der in der Senior Tranche (Klasse A) fälligen Zinszahlungen mehr als fünf Tage lang nicht befriedigt oder bei wesentlicher Vertragsverletzung. Die Kündigung kann nur für alle Wertpapiere einheitlich erfolgen, d. h. die Kündigungserklärung des Einzelnen wirkt für alle Wertpapiere. In der Folge wird der Rückzahlungsanspruch aller Wertpapiere fällig.

Die Beispieltransaktion bedient sich im Ergebnis klassischer Verbriefungsmechanismen. Die Bank übernimmt selbst eine Vielzahl von Funktionen; da hierzu auch Absicherungsmaßnahmen zählen, verbleibt ein Teil der wirtschaftlichen Risiken des Portfolios bei ihr. Die Transaktion lässt sich in ihren wesentlichen Eckpunkten bildlich wie in Abb. 1 gezeigt zusammenfassen.

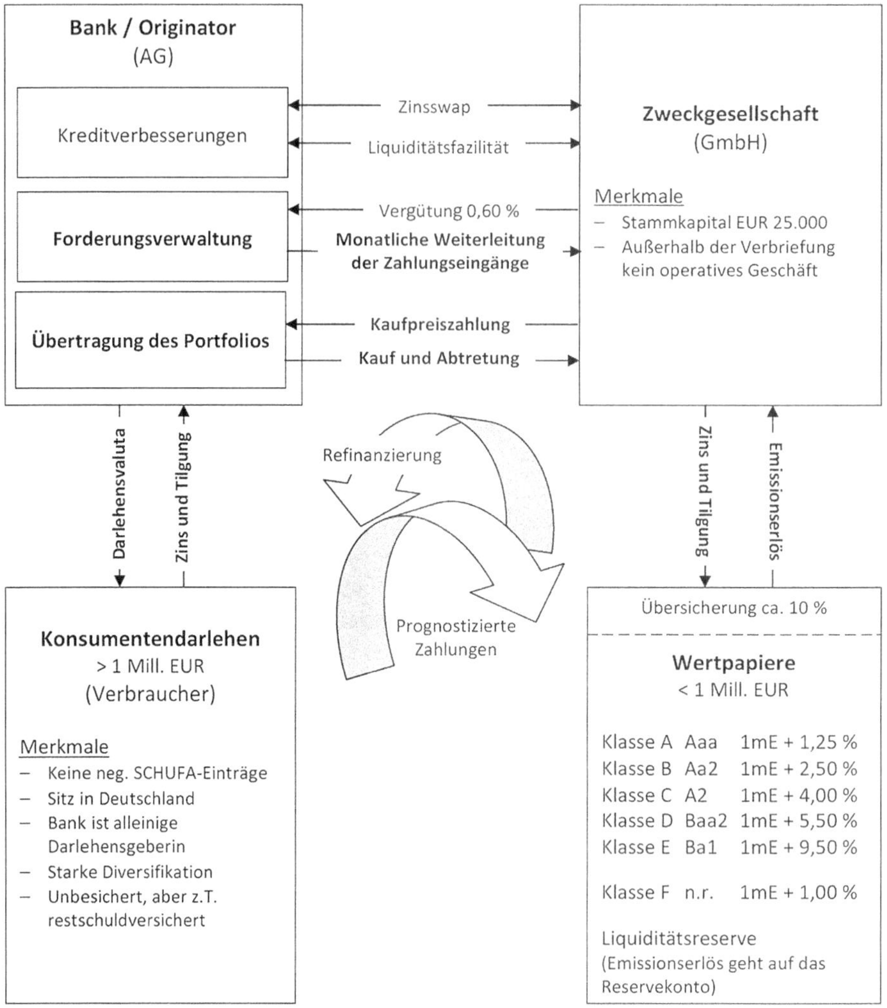

Abb. 1 Beispieltransaktion

Kapitel 3: Rechtliche Struktur

In diesem Kapitel wird exemplarisch die rechtliche Struktur der zuvor gebildeten Beispieltransaktion dargestellt und untersucht. Die Untersuchung konzentriert sich auf die wesentlichen Eckpunkte, um die Grundlage der Zahlungsströme (Refinanzierung und prognostizierte Zahlungsströme, vgl. vorstehende Abb. 1 unter „Kapitel 2: Ablauf der Verbriefung", F. a. E., hervorgehobener Kreislauf) und das damit einhergehende Haftungskonzept zu verdeutlichen. Externe Absicherungsmaßnahmen werden von der rechtlichen Untersuchung ausgenommen, da die Anleger, auf die der Fokus in dieser Arbeit gesetzt wird, diesbezüglich keine direkten Rechtsbeziehungen unterhalten. Dagegen gebietet sich die Berücksichtigung der rechtlichen Beziehungen zwischen der Zweckgesellschaft als direkter Vertragspartnerin einerseits und der Bank in ihrer Funktion als Originatorin und Forderungsverwalterin, da diese einen maßgeblichen und unmittelbaren Einfluss auf den Charakter des durch den Anleger erworbenen Wertpapiers sowie dessen Chancen-Risiko-Profil haben. Die für den Anleger bestehenden Vorteile und Risiken aus zusätzlichen Absicherungsmaßnahmen beeinflussen dieses Profil zwar auch, sind im Übrigen aber allgemeiner Natur und unterscheiden sich nicht von den Absicherungsmaßnahmen, die auch im Rahmen anderer Finanztransaktionen getroffen werden können, so dass auf ihre genauere rechtliche Untersuchung zur Darstellung des speziellen Haftungskonzepts der Verbriefung verzichtet wird. Solche Absicherungsmaßnahmen werden somit erst wieder im Rahmen der Risikountersuchung („Kapitel 4: Risiken des Anlegers") thematisiert. Die nachfolgende Untersuchung folgt im Übrigen dem bisherigen chronologischen Aufbau.

W. Wesser, *Die Verbriefung von Darlehensforderungen – Risiken des Anlegers*,
Bibliothek des Bank- und Kapitalmarktrechts 6,
https://doi.org/10.1007/978-3-662-58813-0_3

A. Verbriefungsgegenstand

Bei den in der Beispieltransaktion gewählten Konsumentendarlehen handelt es sich um Darlehen, die an private Haushalte vergeben werden, um den Güterverbrauch zu finanzieren. Vorliegend handelt es sich ausschließlich um Ratendarlehen mit einer festen Laufzeit und einer über diese andauernden Sollzinsabrede. Die Darlehen sind unbesichert, jedoch zum Teil restschuldversichert. Der Erfolg einer Verbriefung solcher Darlehensforderungen, d. h. die Erreichung der prognostizierten Zahlungsströme, setzt die wirksame Entstehung der Ansprüche aus dem Darlehensvertrag, die Vermeidung der Geltendmachung von Einwendungen und Einreden sowie die Durchsetzbarkeit der Forderungen voraus. Risiken können sich zudem sowohl aus dem Widerruf des Darlehensnehmers, als auch durch die vorzeitige Tilgung des Darlehens, etwa aufgrund von erlaubten Sondertilgungen oder einer berechtigten Kündigung ergeben. Es gilt schon bei der Kreditvergabe möglichst sicherzustellen, dass unabhängig von der tatsächlichen Leistungsfähigkeit und dem Leistungswillen des Darlehensnehmers die rechtlichen Voraussetzungen geschaffen werden, dass Zahlungen in voller Höhe und zum hierfür vorgesehenen Zeitpunkt zu leisten sind. Kommt der Originator dieser Obliegenheit nicht nach, droht ihm die Veritätshaftung.[1] Im Folgenden werden die Grundzüge des einschlägigen Verbraucherdarlehensrechts unter Bezugnahme auf eine sich anschließende Verbriefung und insbesondere die möglichen Quellen der drohenden Abweichung von Zahlungsprognosen untersucht. Die Untersuchung des auf solche Abweichungen reagierenden gesetzlichen Haftungskonzepts, das dieses modifizierende vertragliche Haftungskonzept sowie die Rechtstellung der Zweckgesellschaft als neuer Forderungsgläubigerin erfolgt dagegen unter B.

I. Entstehung der Darlehensforderungen

Bei den Darlehensverträgen handelt es sich Dauerschuldverhältnisse, die auf die Gebrauchsüberlassung und Zurückgewährung von Geld gerichtet sind.[2] Die Hauptpflicht des Darlehensgebers gemäß § 488 Abs. 1 Satz 1 BGB besteht in der Überlassung des Kapitals auf Zeit, wobei dies das Verschaffen einerseits und andererseits auch das Belassen umfasst.[3] Nach § 488 Abs. 1 Satz 2 BGB hat der Darlehensnehmer diesen Kapitalbetrag zurückzuzahlen. Hierbei handelt es sich um eine „Wertverschaffungspflicht".[4] Daneben schuldet er den vertraglich vereinbarten oder mangels einer solchen Vereinbarung den gesetzlich vorgegebenen Zins.[5] Die Rückzahlung

---

[1] Hierzu im Weiteren unten B.I.1.

[2] *Derleder*/Knops/Bamberger, § 12 Rn. 1; Jauernig/*Berger*, § 488 Rn. 1.

[3] *Derleder*/Knops/Bamberger, § 12 Rn. 8 f.

[4] *Derleder*/Knops/Bamberger, § 12 Rn. 8.

[5] *Derleder*/Knops/Bamberger, § 12 Rn. 9, 12; ausführlich Derleder/*Knops*/Bamberger, § 13 „Zinsrechtliche Grundlagen" und Derleder/Knops/Bamberger/*Nagel*, § 14 „Zinsberechnung".

und Verzinsung der Darlehen bilden das Herzstück der späteren Verbriefung. Mit ihnen steht und fällt der Verbriefungserfolg.

Die Zahlungsansprüche setzen jedoch zunächst die Wirksamkeit des Darlehensvertrags voraus; diese richtet sich zum einen nach den allgemeinen Vorschriften des BGB. So kann etwa ein überteuerter Zins zur Nichtigkeit nach § 138 BGB führen.[6] Zum anderen kann die Existenz oder der konkrete Inhalt des Darlehensvertrags durch die besonderen Vorschriften für Allgemein-Verbraucherdarlehensverträge i. S. v. § 491 Abs. 1 Satz 1 BGB (nachfolgend nur Verbraucherdarlehensverträge) beeinflusst werden: Bei der Bank handelt es sich um eine juristische Person, die bei Vertragsschluss mit den Darlehensnehmern in Ausübung ihrer gewerblichen Tätigkeit handelt, mithin um einen Unternehmer i.S.d. § 14 BGB. Bei den Darlehensnehmern handelt es sich vorliegend ausschließlich um natürliche Personen, die den Darlehensvertrag zu privaten Zwecken, die weder einer gewerblichen noch einer selbständigen beruflichen Tätigkeit zugeordnet werden kann, also um Verbraucher i. S. d. § 13 BGB. Für die Darlehensverträge gelangen mithin neben den allgemeinen Vorschriften des Darlehensrechts auch die Vorschriften für Verbraucherdarlehensverträge i.S.d. § 491 Abs. 1 und Abs. 2 Satz 1 BGB zur Anwendung. Die demnach anzuwendenden Vorschriften der §§ 491 ff. BGB sehen eine Reihe von Regelungen vor, die die Bank als Darlehensgeber zu beachten hat. Hierzu zählen insbesondere Pflichtangaben und Unterrichtungspflichten. Deren Missachtung kann verschiedene Folgen nach sich ziehen.

Für die Verbriefung zunächst augenscheinlich unschädlich ist die Verletzung vorvertraglicher Informationspflichten sowie zum Teil der Unterrichtungspflichten im laufenden Vertragsverhältnis. Diese können Schadensersatzansprüche des Darlehensnehmers gegen den Darlehensgeber begründen, hinsichtlich derer der Darlehensgeber jedoch zunächst den Nachweis eines tatsächlich eingetretenen Schadens erbringen muss. Wenn ihm ein solcher Nachweis gelingt, droht dem Darlehensgeber jedoch die Aufrechnung.[7] Der Vollständigkeit halber sei erwähnt, dass § 491a Abs. 1 BGB i. V. m. Art. 247 § 1 Abs. 3 Satz 2 EGBGB für die Verbriefungen von Immobiliardarlehen vorsieht, dass der Darlehensgeber auch deutlich darauf hinzuweisen hat, wenn dessen Forderungen aus dem Darlehensvertrag ohne Zustimmung des Darlehensnehmers abgetreten und das Vertragsverhältnis auf einen Dritten übertragen werden darf, soweit nicht die Abtretung im Vertrag ausgeschlossen wird oder der Darlehensnehmer der Übertragung zustimmen muss.[8] Eine vergleichbare Hinweispflicht besteht für

---

[6] MüKo-BGB/*Armbrüster*, § 138 Rn. 118 ff.; *Derleder*/Knops/Bamberger, § 12 Rn. 45 ff.

[7] Zur Aufrechnung und ihren Auswirkungen auf die Verbriefung siehe unten A.II.

[8] Ob von der Hinweispflicht auch die gesetzlichen Übertragungstatbestände nach dem UmwG umfasst sind, ist umstritten (so MüKo-BGB/*Schürnbrand*, § 491a Rn. 51; a. A. *Schalast*, BB 2008, 2190 (2192) zu § 492 Abs. 1a BGB a. F.). Durch den Wortlaut der Norm werden diese nicht ausgeschlossen; angesichts der bei solchen Übertragungstatbeständen erhöhten Schutzbedürftigkeit des Darlehensnehmers, der für diesen Fall weder ein Abtretungsverbot aushandeln, noch im Falle einer Vertragsübernahme seine Zustimmung verweigern kann – vgl. *Kuhlmann/Ahnis*, Rn. 922; BT-Drs. 16/2919, S. 12 und 19 zu § 132 UmwG a. F. – ist zumindest die Hinweispflicht als Schutzmechanismus zu befürworten. Ein Verstoß führt nicht zur Nichtigkeit, kann aber Schadensersatzansprüche begründen, vgl. *Schalast*, BB 2008, 2190 (2192).

nicht grundpfandrechtlich besicherte Verbraucherdarlehensverträge nicht. Dagegen kann auch bei diesen die Missachtung des Schriftformerfordernisses sowie vertraglicher Pflichtangaben zur Nichtigkeit des Vertrages führen. Zumindest kann es zu einer Modifizierung des Vertragsinhalts kommen und damit zu einer Verringerung der prognostizierten Zahlungsströme. Daneben kann sich der Wegfall des Vertrags auch aus einem wirksamen Widerruf ergeben.

1. Schriftform und Pflichtangaben

Der Darlehensvertrag ist gemäß § 494 Abs. 1 BGB nichtig, wenn die in § 492 Abs. 1 BGB normierte Schriftform nicht eingehalten ist oder Angaben des Art. 247 §§ 6 und 10 bis 13 BGB fehlen. Zu diesen Angaben zählen u. a. etwa die Art des Darlehens, der effektive Jahreszins, die Laufzeit, die Fälligkeit einzelner Zahlungen, die sonstigen Kosten und Angaben zum Widerrufsrecht.

§ 494 Abs. 2 Satz 1 BGB ermöglicht die teilweise Heilung der Nichtigkeitsfolge, soweit der Darlehensnehmer das Darlehen empfängt oder in Anspruch nimmt.[9] Der Darlehensvertrag ist in der Folge wirksam, jedoch nur unter der Maßgabe des § 494 Abs. 2 Satz 2 bis Abs. 6 BGB. Hiernach gelangen je nachdem, welche Angabe fehlt oder unrichtig ist, günstigere Bedingungen für den Darlehensnehmer zur Anwendung. So reduziert sich der Sollzinssatz bei Fehlen der Angabe des effektiven Jahreszinses oder des Gesamtbetrags auf den gesetzlichen Zinssatz, vgl. § 494 Abs. 2 Satz 2 BGB. Nach § 494 Abs. 3 BGB führt ein zu gering angegebener effektiver Jahreszins zu einer Verringerung des Sollzinssatzes. Nicht angegebene Kosten werden nicht geschuldet und die Teilzahlungen sind entsprechend anzupassen, vgl. § 494 Abs. 4 und 5 BGB. Fehlen Angaben zur Laufzeit oder zum Kündigungsrecht, so ist der Darlehensnehmer gemäß § 494 Abs. 6 Satz 1 BGB zur jederzeitigen Kündigung berechtigt. Durch die Heilung werden auf § 280 BGB gestützte Ansprüche des Darlehensnehmers aufgrund der unzureichenden Pflichtangaben nicht ausgeschlossen.[10] Soweit der Darlehensvertrag wirksam geworden ist, kann durch die Nachholung der fehlenden Pflichtangaben i. S. d. § 492 Abs. 2 BGB in der nach § 492 Abs. 7 BGB vorgegeben Form eine abweichend von §§ 495 Abs. 1, 355 Abs. 2 BGB einmonatige Widerrufsfrist in Gang gesetzt werden, vgl. §§ 492 Abs. 6 Satz 4, 356b BGB.[11]

Art. 247 §§ 7 und 8 EGBGB sind von der Regelung des § 494 Abs. 1 BGB nicht umfasst, da sich die Nichtigkeitsfolge sich hier für den Verbraucher nachteilig auswirken könnte.[12] Hierzu zählt u. a. die Berechnungsmethode der Vorfälligkeitsentschädigung. Fehlen Angaben hierzu, folgt daraus nicht die Nichtigkeit des Vertrages, allerdings kann die Vorfälligkeitsentschädigung nicht verlangt werden, vgl. § 502 Abs. 2 Nr. 2 BGB.[13]

---

[9] Zu den Voraussetzungen siehe Palandt/*Weidenkaff*, § 494 Rn. 4.

[10] BT-Drs. 17/1394, S. 15.

[11] Palandt/*Weidenkaff*, § 492 Rn. 8.

[12] BT-Drs. 16/11643, S. 81.

[13] BT-Drs. 16/11643, S. 81.

Eine Heilung der Nichtigkeitsfolge ist im Rahmen der Verbriefung grundsätzlich von Vorteil, da nicht die gesamten Zahlungen entfallen. Allerdings führen auch die Modifikationen nach § 494 Abs. 2 Satz 2 bis Abs. 6 BGB zu Nachteilen des Darlehensgebers und somit bei Weitergabe über die Verbriefung zu Nachteilen der Anleger. Dasselbe gilt für eine Verletzung der Pflichtangaben nach Art. 247 §§ 7 und 8 EGBGB. So verringert sich entweder der tatsächliche Zahlungsstrom oder es entstehen Unsicherheiten, etwa wenn der Darlehensnehmer nach § 494 Abs. 6 Satz 1 BGB jederzeit kündigen darf. Unsicherheiten entstehen auch, wenn die Verletzung der Pflichtangaben zunächst unentdeckt bleibt und der Darlehensgeber dem Darlehensnehmer keine korrigierte Abschrift des Vertrages zur Verfügung stellt, da der Darlehensnehmer dann weiterhin widerrufen kann.

2. Widerrufsrecht des Darlehensnehmers

Gemäß § 495 Abs. 1 BGB steht dem Darlehensnehmer ein grds. 14tätiges Widerrufsrecht nach § 355 BGB zu, wobei für Verbraucherdarlehensverträge zu berücksichtigende Besonderheiten hinsichtlich der Fristbemessung und ihres Beginns in § 356b BGB geregelt sind.[14] Dem Darlehensnehmer ist eine Widerrufsinformation auszuhändigen, die zudem die besonderen Pflichtangaben des Art. 247 § 6 Abs. 2 EGBGB enthält. Hierzu bietet die Anlage 7 zu Art. 247 EGBGB ein Muster, bei dessen Verwendung sich der Darlehensgeber gemäß Art. 247 § 6 Abs. 2 S. 3 EGBGB auf die Schutzwirkung des Gesetzes berufen kann. Unterbleibt die Widerrufsinformation jedoch, ist sie unzureichend oder sind die Voraussetzungen des § 356b BGB für einen Fristbeginn nicht erfüllt und erfolgt auch keine ordnungsgemäße Nachbelehrung, besteht das Widerrufsrecht grundsätzlich ohne zeitliche Begrenzung fort.[15]

Die Rechtsfolgen des Widerrufs richten sich nach §§ 355 Abs. 3, 357a Abs. 3 BGB,[16] wonach die beiderseits empfangenen Leistungen innerhalb von 30 Tagen zurückzugewähren sind. Gemäß § 357a Abs. 3 Satz 1 BGB schuldet der Darlehensnehmer dem Darlehensgeber zudem den vertraglich vereinbarten Sollzins für die Zeit zwischen Auskehr und Rückzahlung der Darlehensvaluta. Ein Anspruch auf Nutzungsersatz des Darlehensnehmers gegen den Darlehensgeber ist nach neuerer Rechtslage nicht mehr vorgesehen.[17] Dieser folgte zuvor aus §§ 357 a. F., 346 Abs. 1 BGB. Hinsichtlich der an eine Bank geleisteten Ratenzahlungen bestand nach höchstrichterlicher Rechtsprechung die tatsächliche Vermutung, dass sie Nutzungen

[14] So bis zum 13.06.2014 noch in § 495 Abs. 2 BGB a. F., geändert durch das Gesetz zur Umsetzung der Verbraucherrechterichtlinie und zur Änderung des Gesetzes zur Regelung der Wohnungsvermittlung, BGBl. 2013, Teil 1 Nr. 58, S. 3642.

[15] BT-Drs. 17/1394, S. 20; ggf. bis zur Verwirkung gemäß § 242 BGB, str., so z. B. OLG Köln, Urt. v. 25.01.2012, Az.: 13 U 30/11, BKR 2012, 162 (163 f.); hieran ändert auch die zwischenzeitliche Überarbeitung der Widerrufsrechte mit den zum 13.06.2014 in Kraft getretenen Änderungen (BGBl. 2013, Teil 1 Nr. 58, S. 3642) nichts, da eine inhaltliche Änderung des Widerrufsrechts nach § 495 BGB nicht beabsichtigt war, vgl. BT-Drs. 17/12637, S. 62.

[16] Diese ergaben sich bereits nach früherer Rechtslage aus den §§ 357 a. F., 346 BGB.

[17] BT-Drs. 17/12637, S. 65; BeckOK-BGB/*Müller-Christmann*, § 357a Rn. 15.

im Wert des üblichen Verzugszinses in Höhe von fünf Prozentpunkten über dem Basiszinssatz gezogen habe.[18] Solche Ansprüche standen sich gemäß § 387 BGB aufrechenbar gegenüber.

Konsumentendarlehen dienen der Finanzierung von Gütern. Handelt es sich bei dem Darlehensvertrag und dem finanzierten Vertrag um verbundene Verträge i. S. d. § 358 Abs. 3 Satz 1 BGB, so ist der Darlehensnehmer bei Widerruf des finanzierten Vertrags auch an den Darlehensvertrag nicht mehr gebunden, vgl. § 358 Abs. 1 BGB. Die Widerrufsinformation muss auch hierüber belehren, vgl. Art. 247 § 12 Abs. 1 Satz 1 Nr. 2b BGB. Liegen die Voraussetzungen des § 358 Abs. 3 Satz 1 BGB vor, kann der Darlehensnehmer zudem von dem Einwendungsdurchgriff nach § 359 Abs. 1 Satz 1 BGB Gebrauch machen, soweit die Einwendungen nicht auf einer nach Abschluss des Verbraucherdarlehensvertrags vereinbarten Vertragsänderung beruhen, vgl. § 359 Abs. 1 Satz 2 BGB. Auch aus dem finanzierten Geschäft können sich somit Umstände ergeben, aufgrund derer es in der Verbriefung zu einer Verringerung der Zahlungsströme zulasten der Anleger kommt. Dasselbe gilt eingeschränkt für den Fall, dass es sich zwar nicht um verbundene Geschäfte handelt, das Darlehen jedoch ausschließlich der Finanzierung des widerrufenen Vertrags dient und die Leistung im Verbraucherdarlehensvertrag genau benannt ist, vgl. § 360 Abs. 2 Satz 2. Nach § 360 Abs. 1 Satz 1 BGB erstreckt sich ein erklärter Widerruf insoweit auch auf zusammenhängende Verträge. § 360 Abs. 1 Satz 2 BGB erklärt § 358 BGB für partiell anwendbar; ausgenommen ist jedoch der Einwendungsdurchgriff des § 359 BGB.

Nach § 360 Abs. 2 Satz 1 BGB liegt ein zusammenhängender Vertrag des Weiteren vor, wenn er einen Bezug zu dem widerrufenen Vertrag aufweist und eine Leistung betrifft, die von dem Unternehmer des widerrufenen Vertrags oder einem Dritten auf der Grundlage einer Vereinbarung zwischen dem Dritten und dem Unternehmer des widerrufenen Vertrags erbracht wird. Hierzu zählen auch Verträge über eine Restschuldversicherung,[19] wie sie auch in der Beispieltransaktion abgeschlossen wurden. Es kann sich allerdings bei der Restschuldversicherung auch um ein mit dem Verbraucherdarlehensvertrag verbundenes Geschäft i. S. d. § 358 Abs. 3 Satz 1 BGB handeln.[20] Dies setzt voraus, dass die Prämie der Restschuldversicherung zweckgebunden aus dem Darlehen erbracht wird. Daneben ist das Vorliegen einer wirtschaftlichen Einheit erforderlich. Dies ist z. B. dann der Fall, wenn Darlehens- und Restschuldvertrag wechselseitig aufeinander Bezug nehmen, der Versicherungsbetrag im Darlehensvertrag selbständig neben dem Nettodarlehensbetrag angegeben wird, der Restschuldversicherungsvertrag seine Wirksamkeit von dem Zustandekommen des Darlehensvertrags abhängig macht und durch die Gestaltung der Verträge der Eindruck einer geschäftsmäßigen Verbundenheit entsteht, so dass davon auszugehen ist, dass der eine Vertrag nicht ohne den anderen, der Darlehensvertrag zumindest

---

[18] Vgl. BGH, Urt. v. 10.03.2009, Az.: XI ZR 33/08, NJW 2009, 3572 (3574).

[19] MüKo-BGB/*Habersack*, § 360 Rn. 14.

[20] Vgl. BGH, Urt. v. 15.12.2009, Az.: XI ZR 45/09, NJW 2010, 531.

nicht in Höhe der Finanzierung der Restschuldversicherung, abgeschlossen worden wäre.[21] Belehrt die Widerrufsinformation nicht ordnungsgemäß über die verbundenen Geschäfte, so bleibt der Darlehensvertrag weiterhin widerruflich, ggf. bis zum Ablauf der Frist nach einer etwaigen Nachbelehrung. Folgerichtig muss aber auch der Widerruf der Restschuldversicherung nach § 358 Abs. 1 BGB wegen der Verbundenheit der Geschäfte überwiegend ganz oder im Einzelfall zumindest teilweise auf den Darlehensvertrag durchgreifen.[22] Auch aus dem Vorhandensein einer Restschuldversicherung können sich insoweit für die Verbriefung Unwägbarkeiten ergeben.

II. Einwendungen und Einreden, insbesondere Aufrechnung

Neben den bereits angesprochenen Einwendungen wie Sittenwidrigkeit, Formunwirksamkeit und Widerruf sowie den im Folgenden noch zu erläuternden Einwendungen, die aus der Kündigung und vorzeitigen Erfüllung des Darlehens resultieren, stehen dem Darlehensnehmer weitere Einwendungen und Einreden des allgemeinen Rechts zur Verfügung. Unter den entsprechenden Umständen kann er etwa den Vertrag anfechten, sich auf eine Stundungsvereinbarung oder die Verjährung berufen. Hierbei wird es sich jedoch eher um Einzelfälle handeln. Dagegen ist im Bereich der Einreden die wirksame Aufrechnung des Darlehensnehmers gemäß den §§ 387 ff. BGB von besonderer Relevanz, da diese zu einem endgültigen Wegfall von Zahlungsströmen führen kann und angesichts des streng reglementierten Verbraucherdarlehensrechts insbesondere bei Verstößen gegen vorvertragliche oder vertragliche Pflichtangaben häufig droht. So können etwaige Schadensersatzansprüche ebenso aufgerechnet werden, wie bereicherungsrechtliche Rückerstattungsansprüche, die z. B. aus einem falsch angegebenen effektiven Jahreszins oder nicht angegebene Kosten resultieren können, soweit die folglich nicht geschuldeten Zinsen oder Kosten bereits geleistet wurden. Vor allem aber erlaubt die Aufrechnung auch einen Rückgriff auf andere mit dem Darlehensgeber bestehende Rechtsgeschäfte, soweit im Übrigen neben der Gegenseitigkeit auch die Gleichartigkeit der Forderungen, ihre Durchsetzbarkeit und Erfüllbarkeit gegeben sind.[23] Damit kann der Darlehensnehmer auch mit Forderungen gegen die verbrieften Zins- und Tilgungsansprüche aufrechnen, die ihm etwa aus einem weiteren mit der Bank als Darlehensgeberin abgeschlossenen Darlehensvertrag entstanden sind. Soweit Konsumentendarlehen bei der Hausbank abgeschlossen werden, eröffnet sich damit hierfür ein weites Risikopotential.

---

[21] BGH, Urt. v. 15.12.2009, Az.: XI ZR 45/09, NJW 2010, 531 (533 f.).

[22] Näher hierzu *Schürnbrand*, BKR 2011, 309 (311 ff.).

[23] Allgemein zur Aufrechnungslage siehe MüKo-BGB/*Schlüter*, § 387 Rn. 6 ff.; die Konnexität der Forderungen ist nicht erforderlich, vgl. BGH, Urt. v. 12.05.1993, Az.: VIII ZR 110/92, NJW 1993, 2753 (2754); MüKo-BGB/*Schlüter*, § 387 Rn. 29.

III. Vorzeitige Erfüllung

Gemäß § 500 Abs. 2 Satz 1 BGB hat der Darlehensnehmer das Recht, seine Verbindlichkeiten aus dem Darlehensvertrag jederzeit ganz oder teilweise vorzeitig zu erfüllen. Die vorzeitige Erfüllung ist an keine besonderen Voraussetzungen geknüpft, wie etwa die Laufzeit oder die Verzinsung und bedarf keiner Begründung.[24] Die Rechtsfolgen ergeben sich aus den §§ 501 und 502 BGB. Gemäß § 501 BGB vermindern sich die Gesamtkosten um die Zinsen und sonstigen laufzeitabhängigen Kosten, die bei gestaffelter Berechnung auf die Zeit nach der Erfüllung entfallen. Im Gegenzug gewährt § 502 BGB dem Darlehensgeber unter bestimmten Voraussetzungen den Anspruch auf Zahlung einer Vorfälligkeitsentschädigung, die im gesetzlich begrenzten Rahmen – je nach Laufzeit max. 1 bzw. 0,5 % des vorzeitig zurückbezahlten Betrags, vgl. § 502 Abs. 3 Nr. 1 BGB – die enttäuschte Gewinnerwartung des Darlehensgebers für einen bei Vertragsschluss vereinbarten Sollzinssatz kompensieren soll.[25] Zum Zwecke erleichterter Entschuldungsmöglichkeiten des Darlehensnehmers wird dem Darlehensgeber nur ein teilweiser Ausgleich zugestanden.[26] Damit ergibt sich im Rahmen der Verbriefung der Forderungen aus solchen Darlehensverträgen ein stetiges Risiko verminderter Zahlungsströme durch die vorzeitige Erfüllung (*Prepayment Risk*). Unsicherheiten entstehen zudem, wenn der Darlehensnehmer die konkrete Berechnung moniert und eine zeitaufwendige gerichtliche Klärung sucht.[27] Damit kommt der vorfälligen Zahlung durch den Darlehensnehmer nach dem deutschen Recht gleichwohl eine andere Bedeutung zu, als etwa bei einer US-amerikanischen Hypothek; hier sehen die vertraglichen Regelungen überwiegend eine vorfälligkeitsentschädigungsfreie Rückzahlungsmöglichkeit vor.[28] Die Nutzung dieser Möglichkeit durch den Darlehensnehmer kann mithin zu einem erheblichen Zinsverlust führen, der im deutschen Rechtssystem durch die zu entrichtende Vorfälligkeitsentschädigung jedoch durchaus entschärft wird.

Ausgeschlossen ist die Vorfälligkeitsentschädigung gemäß § 502 Abs. 2 BGB, wenn die Rückzahlung aus den Mitteln einer Versicherung bewirkt wird, die auf Grund einer entsprechenden Verpflichtung im Darlehensvertrag abgeschlossen wurde, um die Rückzahlung zu sichern oder der Darlehensgeber seine vertraglichen Informationspflichten hinsichtlich der Laufzeit des Vertrags, das Kündigungsrecht des Darlehensnehmers oder die Berechnung der Vorfälligkeitsentschädigung verletzt hat. Der Ausschluss gilt mithin auch für die Fälle, in denen das Darlehen aus der Restschuldversicherung getilgt wird.[29]

---

[24] MüKo-BGB/*Schürnbrand*, § 500 Rn. 11.

[25] MüKo-BGB/*Schürnbrand*, § 502 Rn. 1; BeckOK-BGB/*Möller*, § 502 Rn. 1.

[26] MüKo-BGB/*Schürnbrand*, § 500 Rn. 1 und § 502 Rn. 1.

[27] So etwa aufgrund des Streits, ob der Darlehensgeber hierbei auch die Aktiv/Passiv-Berechnungsmethode zugrundelegen darf, siehe MüKo-BGB/*Schürnbrand*, § 502 Rn. 12 m. w. N.

[28] Statt vieler *Fabozzi/Kothari*, S. 31.

[29] Palandt/*Weidenkaff*, § 502 Rn. 4.

IV. Kündigung des Darlehensnehmers

Die Konsumentendarlehen der Beispieltransaktion weisen eine feste Laufzeit von max. 84 Monaten auf und sind über diese insgesamt fest verzinst. Eine Kündigung des Darlehensnehmers gemäß § 489 Abs. 1 Nr. 1 BGB scheidet aus, da die Sollzinsbindungsfrist nicht vor dem für die Rückzahlung bestimmten Zeitpunkt endet. Da die Darlehen auf max. 84 Monate begrenzt sind, kommt auch das Kündigungsrecht des § 489 Abs. 1 Nr. 2 BGB nicht zum Tragen. Eine Kündigung aufgrund § 489 Abs. 2 BGB kommt nicht in Betracht, da die Darlehen nicht variabel verzinslich sind. Dem Darlehensnehmer steht auch nicht das grundsätzlich jederzeitige Kündigungsrecht des § 500 Abs. 1 BGB (in Abweichung von § 488 Abs. 3 Satz 2 BGB) zu, da eine Zeit für die Rückzahlung bestimmt ist. Damit hat der Darlehensnehmer grundsätzlich kein ordentliches Kündigungsrecht. Das Fehlen einer ordentlichen Kündigungsmöglichkeit sichert den Verbriefungserfolg jedoch nur partiell ab, da der Darlehensnehmer ungeachtet dessen – wenngleich regelmäßig nur gegen eine Vorfälligkeitsentschädigung – vorzeitig erfüllen kann.[30] Zudem hat der Darlehensnehmer ausnahmsweise dann ein jederzeitiges ordentliches Kündigungsrecht nach § 494 Abs. 6 Satz 1 BGB, wenn Angaben zur Laufzeit oder zum Kündigungsrecht im Vertrag fehlen. Gemäß § 502 Abs. 2 Nr. 2 BGB muss der Darlehensnehmer dann keine Vorfälligkeitsentschädigung leisten.

Unbenommen bleibt dem Darlehensnehmer daneben auch stets das Recht zur außerordentlichen Kündigung gemäß den §§ 490 Abs. 3, 313, 314 BGB. Im Falle der Kündigung aus wichtigem Grund kann der Darlehensgeber ebenfalls keine Vorfälligkeitsentschädigung verlangen.[31] Ebenso wie bei den üblichen US-amerikanischen Hypothekenkrediten besteht insoweit ein *Prepayment Risk*.[32] Allerdings wird dieses Risiko dadurch beschränkt, dass der Darlehensnehmer das Vorliegen der in § 314 BGB genannten Voraussetzungen nach den allgemeinen Darlegungs- und Beweislastregeln nachweisen muss.[33]

In Betracht kommt eine Kündigung nach §§ 490 Abs. 3, 314 BGB insbesondere auch dann, wenn die Bank als Darlehensgeber im Rahmen einer Abtretung im besonders schweren Maße gegen das Bankgeheimnis verstößt.[34] Zwar soll eine Verletzung des Bankgeheimnisses im Rahmen der Beispieltransaktion dadurch verhindert werden, dass die Zweckgesellschaft grundsätzlich nur einen verschlüsselten Zugriff auf die Eckdaten der verbrieften Darlehen erhält. Allerdings hat sie unter gewissen Voraussetzungen das Recht, den Code zur Entschlüsselung einzufordern,

---

[30] Vgl. vorstehend A.III.

[31] *Schwintowski* in: jurisPK-BGB, § 490 Rn. 4; OLG Karlsruhe, Urt. v. 25.06.2001; Az.: 9 U 143/00, NJW-RR 2001, 1492 f; sie ist weder wie für den Fall der Kündigung eines grundpfandrechtlich besicherten Darlehensvertrags aufgrund eines berechtigten Interesses, § 490 Abs. 2 BGB, ausdrücklich normiert; noch ergibt sie sich – mangels Verschuldens des Darlehensnehmers – aus allgemeinen Schadensersatzregelungen wie in §§ 280 Abs. 1, Abs. 2, 286, 249 Abs. 1, 252 BGB.

[32] Siehe oben A.III.

[33] MüKo-BGB/*Berger*, § 490 Rn. 66.

[34] *Bredow/Vogel*, BKR 2008, 271 (275 f.); MüKo-BGB/*Berger*, § 490 Rn. 49 m. w. N.

um die Transaktion gegenüber den Darlehensnehmern offenzulegen und sie zur direkten Zahlung an die Zweckgesellschaft aufzufordern. Der Darlehensnehmer muss dann jedoch darlegen und beweisen, dass es ihm in dem konkreten Einzelfall unzumutbar ist, die Geschäftsbeziehung mit der Bank fortzusetzen; hiervon wird nicht schon per se aufgrund der Verletzung des Bankgeheimnisses auszugehen sein.[35] Praktisch wird eine solche Kündigung nur selten vorkommen, zumal für die Begleichung der sodann fälligen Restschuld auch hinreichende Eigenmittel oder die Möglichkeit einer günstigeren oder zumindest vergleichbaren Finanzierung vorhanden sein müssen.[36]

V. Kündigung des Darlehensgebers

Der Darlehensgeber hat kein gesetzlich normiertes, ordentliches Kündigungsrecht; § 488 Abs. 3 BGB greift hier nicht, da vorliegend eine Laufzeit bestimmt ist. Dies steht gemäß § 499 Abs. 1 BGB auch einer vertraglichen Vereinbarung entgegen.

Grundsätzlich kann der Darlehensgeber somit nur gemäß den §§ 490 Abs. 3, 313, 314 BGB außerordentlich kündigen. Gerät der Darlehensnehmer in Zahlungsverzug, so kann er nur unter den einschränkenden Voraussetzungen des § 498 Satz 1 BGB kündigen, wenn also der Darlehensnehmer mit mindestens zwei aufeinander folgenden Teilzahlungen ganz und bei einer Vertragslaufzeit bis zu drei Jahren mit mindestens 10 Prozent oder bei einer Vertragslaufzeit von mehr als drei Jahren mit mindestens 5 Prozent des Nennbetrags des Darlehens – ohne die Berücksichtigung von Zinsen, Disagio und Nebenkosten –[37] in Verzug ist und der Darlehensgeber erfolglos eine zweiwöchige Frist zur Zahlung des rückständigen Betrags mit der Erklärung gesetzt hat, dass er bei Nichtzahlung innerhalb der Frist die gesamte Restschuld verlange. Nach § 498 Satz 2 BGB soll der Darlehensgeber dem Darlehensnehmer spätestens mit der Fristsetzung ein Gespräch über die Möglichkeiten einer einvernehmlichen Regelung anbieten. Gemäß § 497 Abs. 1 Satz 1 kann der Darlehensgeber einen nach § 288 Abs. 1 BGB zu bemessenden Verzugszins verlangen; § 497 Abs. 1 Satz 2 BGB ermöglicht dem Darlehensgeber den Nachweis eines höheren, dem Darlehensnehmer dem Nachweis eines geringeren Schadens.

Umstritten ist, inwieweit § 498 BGB eine Sperrwirkung gegenüber § 490 Abs. 1 BGB für Verbraucherdarlehensverträge entfaltet.[38] Grundsätzlich steht

---

[35] *Bredow/Vogel*, BKR 2008, 271 (276).

[36] *Bredow/Vogel*, BKR 2008, 271 (276).

[37] *Derleder*/Knops/Bamberger, 2. Aufl. 2009, § 16 Rn. 59 zu § 498 Abs. 3 BGB a. F.

[38] Nach der wohl herrschenden Ansicht ist § 490 Abs. 1 BGB außer für den Fall des Zahlungsverzugs neben § 498 BGB anwendbar, vgl. OLG Stuttgart, Urt. v. 29.03.2017, Az.: 9 U 223/16, ZIP 2017, 1897 ff = juris Rn. 32 m. w. N., u. a. unter Bezugnahme auf BGH, Urt. v. 27.09.2000, Az.: VIII ZR 155/99 , NJW 2001, 292 (298), dort allerdings zu Teilzahlungsgeschäften, bei denen der Gesetzgeber den Schutz des Verbrauchers vor einem Entzug der Sache bei auch nur kurzfristigen, vorübergehenden Zahlungsschwierigkeiten im Blick hatte (vgl. BT-Drs. 11/5462, S. 28); a.A. jedenfalls für eine Vermögensverschlechterung im Vorfeld des Zahlungsverzugs *Knops*, WM 2012, 1649 (1650 f.); *Schwintowski* in: jurisPK-BGB, § 490 Rn. 2; MüKo-BGB/*Schürnbrand*, § 498 Rn. 24.

dem Darlehensgeber nach § 490 Abs. 1 BGB ein außerordentliches Kündigungsrecht zu, wenn eine wesentliche Verschlechterung in den der Zwangsvollstreckung unterliegenden Vermögensverhältnissen des Darlehensnehmers oder in der Werthaltigkeit einer für das Darlehen gestellten Sicherheit eintritt oder mit einiger Wahrscheinlichkeit eintreten wird („droht"),[39] vorausgesetzt die Rückzahlung des Darlehens ist, auch unter Verwertung der Sicherheit, gefährdet.[40] Jedenfalls bei unbesicherten Allgemein-Verbraucherdarlehensverträgen ist zu berücksichtigen, dass sich die Vermögensverschlechterung kaum anders als in einem Zahlungsausfall zu realisieren vermag. Für diesen hat der Gesetzgeber jedoch das Kündigungsrecht insoweit ausgeschlossen, als dies mit den Interessen des Darlehensgebers an einem den Totalausfall abwendenden, zügigen Zugriff auf das Vermögen des Darlehensnehmers gerade noch vereinbar erscheint.[41]

Aus Sicht des Originators gehen damit zumindest höchstrichterlich noch nicht geklärte Unwägbarkeiten einher, die Einfluss auf die bestmögliche Verwertung der Forderungen haben können. Hierbei liegt es im Rahmen der Verbriefung grundsätzlich im Interesse der Zweckgesellschaft bzw. der Anleger, dass eine angemessene einvernehmliche Lösung oder die Kündigung zeitnah erfolgt, um einen tiefergehenden Schaden abzuwenden.

B. Übertragung des Portfolios

Die Übertragung des Portfolios auf die Zweckgesellschaft erfolgt, wie auch in der Beispieltransaktion, regelmäßig im Wege des Rechtskaufs mit stiller Zession.[42]

I. Rechtskaufvertrag

Auf Rechte sind nach § 453 Abs. 1 BGB grundsätzlich alle Vorschriften des Kaufrechts anwendbar, es sei denn, dass die Sonderregelungen des § 453 Abs. 2 und 3 BGB vorgehen oder die Vorschriften nicht derart auf Sachen zugeschnitten sind,

---

[39] Palandt/*Weidenkaff*, § 490 Rn. 3.

[40] Grds. lex specialis zu §§ 490 Abs. 3, 313, 314 BGB, vgl. MüKo-BGB/*Berger*, § 490 Rn. 49.

[41] MüKo-BGB/*Schürnbrand*, § 498 Rn. 1 unter Bezugnahme auf BT-Drs. 11/5462, S. 27 („besondere Kreditgefährdung"); anders dagegen wohl BT-Drs. 16/9821, S. 16, für die erst später in § 498 BGB mit aufgenommenen Immobiliar-Verbraucherverträgen.

[42] Vgl. Schimansky/Bunte/Lwowski/*Sethe*, § 114a Rn. 33; *Zimmermann*, BKR 2008, 95; *Caliebe*, BB 2000, 2369 (2370); *Früh*, BB 1995, 105 (106); *Baums*, WM 1993, 1 (11). Seltener kommt wohl die Übertragung im Wege der Umwandlung vor. Dasselbe gilt für die auf einem Rechtskauf basierende dingliche Übertragung im Wege der Übernahme ganzer Verträge, bei der es durch das Zustimmungserfordernis (§ 415 Abs. 2 BGB analog, vgl. BGHZ 137, 255; *Rosch* in: jurisPK-BGB, § 398 Rn. 135: *Reifner*, BKR 2008, 141 (149, 152); *Kristen/Kreppel*, BKR 2005, 123 (124)) der Mitwirkung der einzelnen Darlehensnehmer bedarf, da dieser insoweit nicht nur Schuldner, sondern auch Gläubiger aus dem insgesamt zu übertragenden Darlehensverhältnis ist.

dass sie auf ein Recht nicht angewendet werden können.[43] Die Zweckgesellschaft schuldet der Bank demnach die Zahlung des vereinbarten Kaufpreises gemäß §§ 453 Abs. 1, 433 Abs. 2 BGB. Der Originator schuldet der Zweckgesellschaft dagegen die mangelfreie Verschaffung des Kaufgegenstands gemäß §§ 453 Abs. 1, 433 Abs. 1 Satz 1 BGB, hier also der Forderungen.

Ein Recht wird dem Käufer nach §§ 453 Abs. 1, 433 Abs. 1 Satz 1 BGB verschafft, indem der Verkäufer es unmittelbar für den Käufer begründet oder ein bereits begründetes Recht auf ihn überträgt. Daher schuldet der Originator der Zweckgesellschaft aus dem Kaufvertrag die Abtretung der Forderung gemäß § 398 BGB nach den jeweils anwendbaren Vorschriften.[44]

Die Forderungen müssen zum Zeitpunkt des Vertragsschlusses noch nicht entstanden sein, es genügt die Existenz der Forderungen zum Zeitpunkt der Abtretung als Verfügungsgeschäft.[45] Auch Rechtsgesamtheiten können zusammenhängend verkauft werden, so dass ein Kaufvertrag über das gesamte Forderungsportfolio möglich ist.[46] Die einzelnen Forderungen sind zum Zeitpunkt des Vertragsschlusses noch unbestimmt, wenngleich nach generellen Merkmalen bestimmbar. Es handelt sich daher um eine Gattungsschuld i. S. d. § 243 BGB analog.[47] Die für die Forderungen vereinbarten Auswahlkriterien (*Eligibility Criteria*) bilden dabei eine zu § 243 Abs. 1 BGB analog abweichende Qualitätsvereinbarung; die Gattungsschuld ist dadurch zugleich faktisch auf den Bestand der Bank gegrenzt, da diese alleinige Darlehensgeberin der geschuldeten Forderungen sein soll.[48] Die den Auswahlkriterien entsprechenden Forderungen müssen zum vereinbarten Zeitpunkt (*Cut-Off Date*) zusammengesetzt worden sein. Ab diesem Zeitpunkt konkretisiert sich die Gattungsschuld gemäß § 243 Abs. 2 BGB zur Stückschuld bzw. ist als solche zu behandeln.[49] Die einzelnen Forderungen sind somit zum Zeitpunkt der späteren Abtretung (*Date of Economic Transfer*) auch dinglich hinreichend bestimmt.

Im Folgenden wird das gesetzliche Haftungskonzept in seinen Grundzügen dargestellt, um sodann auf das in der Beispieltransaktion gewählte vertragliche Haftungskonzept einzugehen. Je nachdem, wie mit dem einzelnen in Betracht kommenden Störfall umgegangen werden soll, ändern sich demgemäß die Chancen und Risiken des forderungsbesicherten Wertpapiers.

---

[43] Palandt/*Weidenkaff*, § 453 Rn. 1.

[44] BeckOK-BGB/*Faust*, § 453 Rn. 9.

[45] BeckOK-BGB/*Faust*, § 453 Rn. 2.

[46] Vgl. Jauernig/*Berger*, § 453 Rn. 2.

[47] Zur Anwendbarkeit der Norm auf Forderungen vgl. *Toussaint* in: jurisPK-BGB, § 243 Rn. 6; Palandt/*Grüneberg*, § 243 Rn. 1. In Abgrenzung zur Gattungsschuld sind Stückschulden individuell festgelegt, vgl. BeckOK-BGB/*Sutschet*, § 243 Rn. 9.

[48] Vgl. Auswahlkriterien der Beispieltransaktion, Kap. 2, F.II.

[49] Vgl. BeckOK-BGB/*Sutschet*, § 243 Rn. 17; MüKo-BGB/*Emmerich*, § 243 Rn. 31.

1. Gesetzliches Haftungskonzept

Nach § 453 BGB gelten grundsätzlich die Käuferrechte der §§ 437 ff. BGB analog, die zu einer Modifizierung des allgemeinen Leistungsstörungsrechts führen. Dieses solle allerdings direkt zur Anwendung gelangen, wenn die Leistung i. S. d. § 275 Abs. 1 BGB unmöglich ist, das fragliche Recht bzw. die Rechtsgesamtheit also von Beginn an nicht besteht oder untergegangen ist und nicht verschafft werden kann.[50] Der Grund hierfür liege in der mangelnden Übertragung des Kaufgegenstands, die Mindestvoraussetzung für die Käuferrechte der §§ 453, 437 ff. BGB sei.[51] Wenn der Vertragsgegenstand überhaupt nicht erbracht werde, liege insoweit kein Fall der Schlechtleistung vor, der durch die kaufrechtlichen Gewährleistungsrechte geregelt werde.[52]

Ein solcher Fall ist in der Verbriefung nur in Ausnahmefällen denkbar. Hier ist der Kaufgegenstand nicht die einzelne Forderung und es werden – außerhalb der Rückkaufvereinbarungen[53] – auch keine Einzelkaufverträge über die Forderungen des Portfolios geschlossen.[54] Kaufgegenstand ist vielmehr das Forderungsportfolio insgesamt. Wird demnach auch nur ein geringer Teil des Forderungsportfolios übertragen, müssen auch nach vorstehend benannter Ansicht die speziellen Käuferrechte zur Anwendung gelangen. Eine umfassende Unmöglichkeit i. S. d. § 275 Abs. 1 BGB würde dagegen erfordern, dass das gesamte geschuldete Forderungsportfolio nicht verschafft werden kann. Konstellationen, in denen nicht einmal mehr die Übertragung auch nur einer Forderung aus dem Portfolio möglich ist, sind theoretischer Natur. Denn selbst ein gegen die Bank verhängtes Moratorium gemäß § 46g Abs. 1 Nr. 1 KWG führt nicht zur Unmöglichkeit der Leistung für die Bank, da dieses lediglich einen Aufschub für die Erfüllung der Verbindlichkeit begründet.

In Anbetracht des Vorgenannten ist in der Verbriefung regelmäßig allein die Haftungsverteilung nach dem kaufrechtlichen Mangelgewährleistungsrecht von praktischer Relevanz. Anknüpfungspunkt für die Mangelhaftigkeit ist dabei, wie zuvor erwähnt, nicht die einzelne Forderung, sondern das Forderungsportfolio insgesamt. Eine Mangelhaftigkeit liegt demnach etwa dann vor, wenn einzelne Forderungen nicht oder nicht in dem geschuldeten Umfang entstanden sind, nachträglich ganz oder zum Teil untergehen, nicht voll durchsetzbar sind oder ihnen Rechte Dritter, insbesondere solche des Darlehensnehmers, entgegenstehen. Insoweit besteht Einigkeit, dass den Verkäufer eines Rechts die sogenannte Veritätshaftung trifft,[55] d. h. er steht für den rechtlichen Bestand des Rechts bis zum maßgeblichen Zeitpunkt ein.

---

[50] Palandt/*Weidenkaff*, § 437 Rn. 49 und § 453 Rn. 19; *Leible/Müller* in: jurisPK-BGB, § 453 Rn. 16 m. w. N.; Jauernig/*Berger*, § 453 Rn. 7; *Eidenmüller*, NJW 2002, 1625 (1626).

[51] Palandt/*Weidenkaff*, § 453 Rn. 19.

[52] *Leible/Müller* in: jurisPK-BGB, § 453 Rn. 15.

[53] Vgl. Beispieltransaktion, Kap. 2, F.II.

[54] A.A. wohl *Bosak*, vgl. S. 60 f.

[55] Palandt/*Weidenkaff*, § 453 Rn. 21; BeckOK-BGB/*Faust*, § 453 Rn. 10.

Diese Rechtslage ergab sich vor der Schuldrechtsmodernisierung eindeutig aus § 437 Abs. 1 BGB a. F. Dagegen gestaltet sich die rechtliche Einordnung von Mängeln an Rechten seit der Schuldrechtsmodernisierung zum Teil schwieriger. § 435 BGB regelt das Entgegenstehen Rechte Dritter. Geht es jedoch um den Umfang der Forderungen, die etwa aufgrund fehlerhafter Pflichtangaben nur im reduzierten Ausmaß entstanden sind, scheidet § 435 BGB schon dem Wortlaut nach aus. In Betracht käme dann § 434 Abs. 1 BGB. Dessen Anwendbarkeit wird entgegen gehalten, dass ein Recht schon rein begrifflich keinen Sachmangel aufweisen könne.[56] Allerdings wird zutreffend eine Analogie in Betracht gezogen, soweit es um die Beschaffenheit eines Rechts geht.[57] Eine Forderung weist dabei zumindest die übliche Beschaffenheit auf und eignet sich für die gewöhnliche Verwendung i. S. d. § 434 Abs. 1 Satz 2 Nr. 3 BGB, wenn sie grundsätzlich im geschuldeten Umfang, gemessen an den jeweiligen rechtlichen Voraussetzungen, einziehbar ist. Alternativ ermöglicht § 434 Abs. 3 BGB analog auch die Einordnung als „Zuweniglieferung", die insoweit § 434 Abs. 1 BGB gleichgestellt wird.[58]

Anders als die Veritätshaftung wird eine Haftung für die Bonität von Forderungsschuldnern allgemein verneint.[59] Demnach zählt die Einbringlichkeit von Forderungen nicht zur üblichen Beschaffenheit i. S. d. § 434 Abs. 1 Satz 2 Nr. 3 BGB,[60] sondern bringt lediglich ihren wirtschaftlichen Wert zum Ausdruck.[61] Soll den Originator neben der Veritätshaftung ausnahmsweise doch auch eine Bonitätshaftung treffen, kann dies aber zwischen den Kaufparteien vertraglich vereinbart werden.[62]

Im Falle der Mangelhaftigkeit stellt sich zunächst die Frage nach der Behandlung des kaufrechtlichen Nacherfüllungsanspruch nach §§ 453 Abs. 1, 437 Nr. 1, 439 Abs. 1 BGB. Dieser setzt die Behebbarkeit des Mangels entweder im Wege der Nachbesserung oder im Wege der Nachlieferung voraus, die somit möglich und daneben dem Originator auch wirtschaftlich zumutbar sein muss, vgl. §§ 439 Abs. 3 und 275 BGB. Ist die betreffende Forderung etwa aufgrund einer Einrede nur vorübergehend ganz oder teilweise nicht durchsetzbar, z. B. aufgrund eines geltend gemachten Zurückbehaltungsrechts, kann der Verkäufer die Pflicht zur Forderungsabtretung aus §§ 453 Abs. 1, 433 Abs. 1 Satz 1 BGB grundsätzlich noch erfüllen.[63]

---

[56] Palandt/*Weidenkaff*, § 453 Rn. 17; *Leible/Müller* in: jurisPK-BGB, § 453 Rn. 13; *Schellhammer*, MDR 2002, 485 (488); auch in der Gesetzesbegründung wird nur der Rechtsmangel genannt, vgl. BT-Drs. 14/6040, S. 242.

[57] Palandt/*Weidenkaff*, § 453 Rn. 21b; BeckOK-BGB/*Faust*, § 453 Rn. 10.

[58] Vgl. auch Flaschenbeispiel in der Gesetzesbegründung zur Schuldrechtsmodernisierung, BT-Drs. 14/6040, S. 187.

[59] BGH, Urt. v. 10.11.2004, Az.: VIII ZR 186/03, NJW 2005, 359 zu § 437 BGB a. F.; Palandt/*Weidenkaff*, § 453 Rn. 21; *Leible/Müller* in: jurisPK-BGB, § 453 Rn. 2 (außer bei Falschangaben des Verkäufers); *Kristen/Kreppel*, BKR 2005, 123 (127); *Schellhammer*, MDR 2002, 485 (488); a. A. *Bosak*, S. 66.

[60] *Pahlow*, JA 2006, 385 (388); BeckOK-BGB/*Faust*, § 453 Rn. 20.

[61] *Pahlow*, JA 2006, 385 (388), auch unter Hinweis auf die alte Rechtslage nach den §§ 437, 438 BGB a. F.

[62] Vgl. Palandt/*Weidenkaff*, § 453 Rn. 21.

[63] *Bosak*, S. 61.

Ist die Nachbesserung dagegen ganz oder zum Teil (vgl. § 275 Abs. 1 BGB „soweit“) unmöglich, z. B. da einige Forderungen aus dem Portfolio nicht im vollem Umfang entstanden sind, beschränkt sich der Nacherfüllungsanspruch der Zweckgesellschaft auf die Nachlieferung in Form der Abtretung gleichwertiger Forderungen, soweit diese nicht ihrerseits unmöglich ist.[64]

Im Falle der fehlgeschlagenen oder unmöglichen Nacherfüllung kann die Zweckgesellschaft gemäß den §§ 453 Abs. 1, 437 Nr. 2, 323 BGB bzw. im Falle der Unmöglichkeit der Nacherfüllung i. S. d. § 275 Abs. 1 bis 3 BGB nach §§ 453 Abs. 1, 437 Nr. 2, 326 Abs. 5, 323 BGB vom Vertrag zurücktreten, soweit die Pflichtverletzung durch die Bank nicht unerheblich ist, vgl. § 323 Abs. 5 Satz 2 BGB. Angesichts der großen Forderungsvolumen in Verbriefungen wird dieser Fall jedoch oftmals nicht vorliegen. Statt zurückzutreten, kann die Zweckgesellschaft den Kaufpreis unter den Voraussetzungen des Rücktritts jedoch auch gemäß §§ 453 Abs. 1, 437 Nr. 2, 441 Abs. 1 BGB mindern und dies gemäß des Ausschlusses des § 323 Abs. 5 Satz 2 BGB in § 441 Abs. 1 Satz 2 BGB auch bei unerheblicher Pflichtverletzung. Gemäß § 441 Abs. 4 besteht dann ein Erstattungsanspruch hinsichtlich des gezahlten Mehrbetrags. Entsprechend des soeben Ausgeführten entfällt gemäß §§ 453 Abs. 1, 437 Nr. 3, 280 Abs. 1 und 3, 281 Abs. 1 Satz 3 BGB mangels Erheblichkeit der Pflichtverletzung regelmäßig auch der Schadensersatzanspruch statt der ganzen Leistung, so dass – unter der Voraussetzung der mangelnden Exkulpationsfähigkeit des Originators – nur ein kleiner Schadenersatzanspruch in Bezug auf den durch den Mangel verursachten Minderwert in Betracht kommt. Dasselbe gilt im Falle der anfänglichen Unmöglichkeit der Nacherfüllung (bei Vertragsschluss) im Rahmen des Schadensersatzanspruchs nach §§ 453 Abs. 1, 437 Nr. 3, 311a BGB sowie bei nachträglicher Unmöglichkeit der Nacherfüllung (nach Vertragsschluss, aber vor Abtretung des Portfolios) im Rahmen des Schadensersatzanspruchs nach §§ 453 Abs. 1, 437 Nr. 3, 280 Abs. 1 und 3, 283 BGB.

Statt Schadensersatz kann die Zweckgesellschaft grundsätzlich auch den Ersatz vergeblicher Aufwendungen gemäß § 453 Abs. 1, 437 Nr. 3, 284 BGB verlangen. Die Kosten für die Begründung und Übertragung des Forderungsportfolios trägt gemäß § 453 Abs. 2 BGB dabei der Originator als Verkäufer der Rechte, berücksichtigungsfähig sind aber ggf. solche Kosten, die im Zusammenhang mit anderen für die Verbriefungstransaktion abgeschlossenen Verträge entstehen.[65]

Die Mängelansprüche aus § 437 Nr. 1 und 3 BGB verjähren gemäß § 438 Abs. 1 Nr. 3 BGB nach zwei Jahren. Gemäß §§ 438 Abs. 4 Satz 1 und Absatz 5, 218 BGB können nach Ablauf dieser Zeit auch der Rücktritt und die Minderung nicht mehr

---

[64] Für eine Nachlieferungspflicht trotz Konkretisierung der Gattungs- zur Stückschuld BGH, Urt. v. 07.06.2006, Az.: VIII ZR 209/05, NJW 2006, 2839 (2841) = BB 2006, 1984 (1985 m. w. N.); OLG Braunschweig, Beschl. v. 04.02.2003, Az.: 8 W 83/02 = NJW 2003, 1053 (1054); LG Ellwangen, Urt. v. 13.12.2003, Az.: 3 O 219/02, NJW 2003, 517; *Oechsler*, NJW 2004 1825 (1829); Palandt/*Weidenkaff*, § 439 Rn. 4; Jauernig/*Berger*, § 439 Rn. 9; a.A. *Huber*, NJW 2002, 1004 (1006).

[65] Dies gilt insbesondere auch für den Fall, dass die Kaufpreiszahlung über ein Darlehen zwischenfinanziert wurde. Die Darlehensaufnahme zur Kaufpreiszahlung ist als vergebliche Aufwendung ersatzfähig, vgl. Jauernig/*Stadler*, § 284 Rn. 4.

ausgeübt werden. In der Verbriefung kann sich der Beginn der Verjährungsfrist als problematisch erweisen: Diese beginnt normalerweise mit der Abtretung der Forderungen, § 438 Abs. 2, Halbs. 2 BGB analog, da der Käufer ab diesem Zeitpunkt die Möglichkeit hat, die Forderungen als Kaufgegenstand zu untersuchen. Da der Zweckgesellschaft die Daten zu den Forderungen jedoch lediglich codiert zur Verfügung gestellt werden, entfällt diese tatsächliche Untersuchungsmöglichkeit. Allerdings könnte sich die Zweckgesellschaft angesichts des Wertungsgedankens aus § 166 BGB die Kenntnis bzw. Möglichkeit zur Kenntnisnahme des Servicers zurechnen lassen müssen. In diesem kommt zum Ausdruck, dass sich derjenige, der sich zur Erledigung eigener Angelegenheiten (hier: Forderungsverwaltung) Dritter bedient, sich dessen Wissen auch zurechnen lassen muss.[66] Dass es sich vorliegend bei dem Servicer zugleich um den Verkäufer handelt, birgt wiederum eine eigene Problematik in sich. Hier ist aber in Betracht zu ziehen, der Bank im Zweifelsfall die Einrede der Verjährung gestützt auf Treu und Glauben, § 242 BGB, zu versagen.

2. Vertragliches Haftungskonzept

Häufig werden im Rahmen von Verbriefungen, wie auch in der gewählten Beispieltransaktion, eigene Haftungsregelungen aufgestellt, um vorbenannte rechtliche Unwägbarkeiten zu verringern, die Haftung praktikabler zu machen und die Transaktion – vor allem im Interesse eines besseren Ratings – abzusichern.[67] Dies gestaltet sich in der Beispieltransaktion wie folgt:

a) Haftung für die Einhaltung der Auswahlkriterien

In der Beispieltransaktion wird vereinbart, dass die Bank zum *Cut-Off Date* für die Einhaltung der Auswahlkriterien (*Eligibility Criteria*) einzustehen hat.[68] Da die Abtretung selbst erst zu einem späteren Zeitpunkt erfolgt (*Date of Economic Transfer*), geht das Risiko, dass die Auswahlkriterien nicht mehr vorliegen, bereits vor der Abtretung auf die Zweckgesellschaft über. Bei den Auswahlkriterien handelt es sich um eine Beschaffenheitsvereinbarung i. S. d. § 434 Satz 1 BGB, so dass ihre Missachtung zum maßgeblichen Zeitpunkt, hier dem *Cut-Off Date*, einen Mangel begründet. Die Auswahlkriterien sichern dabei regelmäßig auch gewisse Bonitätsanforderungen an die Forderungen, wie etwa, dass keine negativen Schufa-Einträge der Darlehensnehmer vorhanden sein dürfen.[69] Halten die Forderungen den Auswahlkriterien stand, erweisen sie sich aber gleichwohl als uneinbringlich, so führt

[66] Statt vieler BGH, Urt. v. 25.03.1982, Az.: VII ZR 60/81, NJW 1982, 1585 (1586); BeckOK-BGB/*Schäfer*, § 166 Rn. 17 m. w. N.

[67] Zu vertraglichen Haftungsmodellen siehe auch *Bosak*, S. 62 ff.; Klüwer, S. 6 und S. 121 ff.; *Toth-Feher/Schick*, ZIP 2004, 491 (492).

[68] Vgl. Beispieltransaktion, Kap. 2, F.II.

[69] Vgl. Beispieltransaktion, Kap. 2, F.II.

dies nicht zur Mangelhaftigkeit, so dass die vertragliche Regelung nicht als Fall einer echten Bonitätshaftung gewertet werden kann. Ob die Auswahlkriterien neben einer Beschaffenheitsvereinbarung auch eine Beschaffenheitsgarantie i. S. d § 443 Abs. 1, 1. Alt. BGB darstellen sollen, unterliegt der Vertragsauslegung nach den §§ 133, 157 BGB. In der Beispieltransaktion wurde vereinbart, dass solche Forderungen, die zum *Cut-Off Date* nicht den Auswahlkriterien entsprochen haben, ungeachtet eines etwaigen Verschuldens durch die Bank zurückzukaufen sind. Diese Vereinbarung erschöpft sich nicht darin, einen verschuldensunabhängigen Anspruch, wie im Falle der Garantieübernahme nach § 276 BGB, zu schaffen, sondern regelt somit einen über die Gewährleistungsrechte der §§ 453, 434, 437 BGB hinausgehenden Sachverhalt und statuiert eine eigene Rechtsfolge.[70] Dies spricht für eine Einordnung als selbständige Beschaffenheitsgarantie. Im Gegensatz zur gesetzlichen Regelung hat die Bank keine Exkulpationsmöglichkeit. Die Bank trägt zudem die Beweislast für die Einhaltung der Auswahlvorgabe.[71]

Der Anspruch der Zweckgesellschaft auf Rückkauf der Forderungen unterläge grundsätzlich der kenntnisabhängigen Verjährung nach §§ 195, 199 BGB. Hier ist jedoch aufgrund der Vertragsauslegung davon auszugehen, dass der Anspruch nicht vor dem Ende der Transaktionslaufzeit verjährt oder sich die Bank in dieser Zeit zumindest nicht auf die Einrede berufen können soll. Insoweit ist anzunehmen, dass beide Parteien bei Vertragsschluss davon ausgingen, dass keine anfängliche oder spätere Überprüfung der Forderungen erfolgen solle, die Zweckgesellschaft aber trotzdem jederzeit auf den Rückkauf bestehen kann, sobald eine Missachtung der Auswahlkriterien evident und der Rückkauf der betroffenen Forderungen zur Schadloshaltung erforderlich wird.

b) Haftung für Forderungen aus widerrufenen Darlehensverträgen

Für Forderungen aus wirksam widerrufenen Darlehensverträgen ist ebenfalls vereinbart, dass die Bank diese von der Zweckgesellschaft zurückkauft.[72] Dies betrifft Fälle, in denen die 14tätige, bei Nachbelehrungen einmonatige Widerrufsfrist[73] noch nicht abgelaufen ist und der Darlehensnehmer innerhalb dieser Frist am *Cut-Off Date* oder auch noch nach diesem Zeitpunkt widerruft. Fälle, in denen der Darlehensnehmer auch noch später widerrufen kann, sind bereits durch die Auswahlkriterien abgedeckt, nach denen eine Widerrufinformation ausgehändigt und auch im Übrigen das Verbraucherdarlehensrecht berücksichtigt worden sein muss.[74] Auch bei der vorliegenden Regelung handelt es sich um eine solche über die Haftung nach den §§ 453, 434, 437 BGB hinaus; sie führt zu einer verschuldensunabhängigen Haftung

---

[70] Zu den Voraussetzungen der Garantie i. S. d. § 443 BGB und Abgrenzung zu § 276 BGB vgl. MüKo-BGB/*Westermann*, § 443 Rn. 5.

[71] Bis zur Annahme als Erfüllung gemäß § 363 BGB, vgl. Palandt/*Weidenkaff*, § 453 Rn. 33.

[72] Vgl. Beispieltransaktion, Kap. 2, F.II.

[73] Vgl. oben A.I.2.

[74] Vgl. Beispieltransaktion, Kap. 2, F.II.

mit eigener Rechtsfolge und kann somit ebenfalls als selbständige Beschaffenheitsgarantie i. S. d. § 443 Abs. 1, 1. Alt. BGB eingeordnet werden. Im Übrigen gilt auch hier das zuvor zu der Missachtung von Auswahlkriterien Ausgeführte entsprechend.

c) Haftung bei Aufrechnung

Daneben unterliegen auch die Fälle der Aufrechnung durch einen Darlehensnehmer[75] einer speziellen Vertragsregelung. Die Bank soll einem der Aufrechnung entsprechenden Betrag an die Zweckgesellschaft weiterleiten.[76] Diese Regelung ist neben der bereits durch die Auswahlkriterien zum *Cut-Off Date* garantierte Einredefreiheit erforderlich, da sich eine Aufrechnung auch zu einem späteren Zeitpunkt aus anderen Geschäftsbeziehungen der Bank zum Darlehensnehmer ergeben kann. Die Regelung trägt dem bei Konsumentendarlehen regelmäßig besonders hohem Aufrechnungsrisiko Rechnung.[77] Ein Rückkauf ist hierbei nicht vorgesehen; die Regelung kann als vertraglicher Schadensersatzanspruch eingeordnet werden, die Aufrechnungsfreiheit zugleich als Beschaffenheitsvereinbarung i. S. d. § 453, 434 Abs. 1 Satz 1 BGB. Auch hierbei handelt es sich nicht nur um eine reine Garantieübernahme i. S. d. § 276 BGB, die einen etwaigen Anspruch aus §§ 453 Abs. 1, 437 Nr. 3, 280 Abs. 1 und 3, 281 Abs. 1 Satz 3 BGB modifiziert, sondern um eine über die Verbriefungslaufzeit andauernde, selbständige Beschaffenheitsgarantie i. S. d. § 443 Abs. 1, 1. Alt. BGB. Es wird insoweit nicht allein der Verschuldensgrad geregelt (verschuldensunabhängig), sondern auch die übrigen Folgen der gesetzlichen Haftung durch eigene Regelungen ersetzt; die Bank ist darüber hinaus unter gewissen Voraussetzungen zur Offenlegung der Abtretung gegenüber dem betreffenden Darlehensnehmer verpflichtet.

d) Ausschluss der gesetzlichen Mangelgewährleistungsrechte

Im Übrigen wird die gesetzliche Haftung der Bank für die Forderungen ausdrücklich oder konkludent ausgeschlossen. Die generelle Möglichkeit eines solchen Haftungsausschlusses ergibt sich aus dem Umkehrschluss aus § 444 BGB.[78] Fraglich ist jedoch, ob sich die Bank vorliegend hierauf berufen kann oder ob der Zweckgesellschaft gleichwohl zusätzlich zu den vertraglichen Regelungen auch die Käuferrechte der §§ 453, 434 Abs. 1 Satz 1, 437 BGB zur Verfügung stehen. Insofern hat der BGH im Jahr 2006 festgestellt, dass ein Vertrag, der zugleich eine Beschaffenheitsvereinbarung und einen pauschalen Haftungsausschluss vorsieht, dahingehend ausgelegt werden kann, dass der Haftungsausschluss sich lediglich

---

[75] Vgl. oben A.II.

[76] Vgl. Beispieltransaktion, Kap. 2, F.II.

[77] Vgl. oben A.II.

[78] *Pammler* in: jurisPK-BGB, § 444 Rn. 4; MüKo-BGB/*Westermann*, § 444 Rn. 1.

auf Mängel i. S. d. § 434 Abs. 1 Satz 2 BGB bezieht, nicht aber auf eine Missachtung der Beschaffenheitsvereinbarung i. S. d. § 434 Abs. 1 Satz 1 BGB.[79] Faktisch würde dies vorliegend zu einem vollumfänglichen Wiederaufleben der gesetzlichen Haftung führen, da die Bank und die Zweckgesellschaft im Wesentlichen alle in Betracht kommenden Mängel umfassend über Beschaffenheitsvereinbarungen geregelt haben. Allerdings lag der Entscheidung des BGH ein Fall zugrunde, in der Beschaffenheitsvereinbarung und Haftungsausschluss gleichwertig nebeneinander standen, ohne für den Fall der Verletzung der Beschaffenheitsvereinbarung spezielle Folgen zu regeln. Die Beschaffenheitsvereinbarung wäre daher bei Erstreckung des Haftungsausschlusses ohne eigene Bedeutung gewesen, so dass der BGH im Wege der Vertragsauslegung zu einer dahingehenden Beschränkung des Haftungsausschlusses gelangte.[80] Hiervon ist im vorliegenden Fall jedoch nicht auszugehen; die Beschaffenheitsvereinbarungen laufen nicht ins Leere, sondern erlangen durch die jeweilig vertraglich geregelten Rechtsfolgen eine eigene Bedeutung.[81] Die Beschaffenheitsvereinbarungen stehen damit der Reichweite des Haftungsausschlusses in Bezug auf die gesetzlichen Mangelgewährleistungsrechte auch für Mängel i. S. d. § 434 Abs. 1 Satz 1 BGB nicht entgegen.

Es handelt sich bei den Beschaffenheitsvereinbarungen jedoch, wie oben festgestellt, zugleich auch um Beschaffenheitsgarantien i. S. d. § 443 Abs. 1, 1. Alt. BGB. Die Reichweite des Haftungsausschlusses könnte somit gemäß § 444 BGB beschränkt sein, der bestimmt, dass sich der Verkäufer im Falle der Beschaffenheitsgarantie nicht auf den Haftungsausschluss berufen kann. § 444 BGB versteht sich als Ausprägung des Verbots widersprüchlichen Verhaltens aus Treu und Glauben (*venire contra factum proprium*); der Verkäufer, der eine Beschaffenheit garantiert, soll nicht andererseits seine Haftung hierfür beschränken oder ausschließen können.[82] Ein solch widersprüchliches Verhalten, vor dem der Normgeber den Käufer schützen wollte, ist aber in der vorliegenden Konstellation nicht ersichtlich; insoweit regelt der Vertrag zwischen Bank und Zweckgesellschaft eigene Rechtsfolgen, die Haftung an sich wird nicht beschränkt oder ausgeschlossen, sondern vertraglich ersetzt.[83]

Der Haftungsausschluss greift im Ergebnis weitreichend ein, so dass die Zweckgesellschaft auf die vertraglich vorgesehenen Ansprüche gegen die Bank wegen Missachtung der Auswahlkriterien, bei Widerruf oder Aufrechnung durch Darlehensnehmer begrenzt ist.

---

[79] BGH, Urt. v. 29.11.2006, Az.: VIII ZR 92/06, BB 2007, 573 (576).

[80] Vgl. BGH a. a. O.; ebenso OLG München, Urt. v. 13.03.2013, Az.: 7 U 3602/11, juris.

[81] Auch das OLG Frankfurt stellt allein darauf ab, ob die Beschaffenheitsvereinbarung auch bei umfassenden Haftungsausschluss für sich genommen einen „Sinn und Wert“ hat, so etwa im Falle der Beschaffenheitsgarantie durch einen Dritten, vgl. Urt. v. 28.03.2007, Az.: 19 U 235/06, NJW-RR 2007, 1423 (1424).

[82] *Pammler* in: jurisPK-BGB, § 444 Rn. 61 f.

[83] Gegen die Anwendbarkeit von § 444 BGB auf selbständige Garantien siehe auch *Pammler* in: jurisPK-BGB, § 444 Rn. 65 m. w. N.

II. Abtretung der Darlehensforderungen

Die Abtretung der aufgrund des Rechtskaufvertrags geschuldeten Forderungen erfolgt unter Maßgabe der §§ 398 ff. BGB.[84] Hierbei handelt es sich regelmäßig um eine Mantelzession von Forderungen, die listenmäßig bestimmt werden können.[85] Über den Übergang der Gläubigerstellung muss eine wirksame vertragliche Einigung zwischen dem bisherigen und dem neuen Gläubiger bestehen. Zudem muss der bisherige Gläubiger berechtigt sein, das heißt er muss Forderungsinhaber sein; dieser Umstand wird in der Beispieltransaktion über die Auswahlkriterien durch die Bank garantiert.[86]

1. Abtretungshindernisse

Des Weiteren darf die Abtretung nicht ausgeschlossen sein.[87] Ein Ausschluss liegt etwa vor, wenn die Forderung nach § 400 BGB unpfändbar ist oder wenn ein Abtretungsverbot nach § 399 BGB besteht.[88] Nach der Ausnahmeregelung des § 354a Abs. 2 HGB können auch Kaufleute in Darlehensverträgen mit Kreditinstituten im Sinne des KWG wirksam solche Abtretungsverbote vereinbaren. Soweit die ausdrückliche Vereinbarung überhaupt angeboten wird, muss der Darlehensnehmer jedoch meist einen höheren Risikoaufschlag entrichten.[89] Des Weiteren ist zu bezweifeln, dass sich die regelmäßig praktizierte Abtretung von Darlehensforderungen jeglicher Art bereits in dem Bewusstsein der Verbraucher manifestiert hat; die Möglichkeit, über ein Abtretungsverbot zu verhandeln, setzt jedoch eben dieses Bewusstsein voraus. Die vertragliche Vereinbarung von Abtretungsverboten stellt daher in der Verbraucherpraxis bisher wohl eher die Ausnahme dar.

a) Bankgeheimnis und Datenschutz

In der Vergangenheit wurde diskutiert, ob sich ein Abtretungsverbot gemäß § 399 Alt. 2 BGB aus dem Bankgeheimnis oder aus datenschutzrechtlichen Aspekten herleiten ließe und es deshalb der Zustimmung des Darlehensnehmers zur Abtretung

---

[84] *Zimmermann*, BKR 2008, 95; *Caliebe*, BB 2000, 2369 (2370); *Wiese*, BB 1998, 1713 (1715); *Baums*, WM 1993, 1 (11).

[85] *Wiese*, BB 1998, 1713 (1715); dagegen kommt eine Globalzession, wie zumindest für revolvierende Modelle von *Früh* vorgeschlagen, vgl. BB 1995, 105(107), überwiegend nicht in Betracht, da der Originator, insbesondere als Bank, regelmäßig nicht seinen gesamten Forderungsbestand auslagern will.

[86] Vgl. Beispieltransaktion, Kap. 2, F.II.

[87] *Küppers/Brause*, AG 1998, 413 (416); *Früh*, BB 1995, 105 (106); *Baums*, WM 1993, 1 (11).

[88] *Früh*, BB 1995, 105 (106).

[89] *Schalast*, BB 2008, 2190 (2192); *Zimmermann*, BKR 2008, 95 (101); *Bredow/Vogel*, BKR 2008, 271 (278); dies nicht hinreichend berücksichtigend OLG Frankfurt, Urt. v. 16.12.2010, Az.: 3 U 11/10, BKR 2011, 330 (331); LG Nürnberg-Fürth, Urt. v. 25.02.2008, Az.: 10 O 11030/06, juris Rn. 34.

bedürfe.[90] Dem neuen Gläubiger steht insoweit gemäß § 402 BGB ein Auskunftsanspruch zu. § 402 BGB könne mit dem Bankgeheimnis kollidieren, das sich aus dem Bankvertrag, dem hiermit verbundenen besonderen Vertrauensverhältnis und dem Recht auf informationelle Selbstbestimmung ergebe und regelmäßig formularmäßig vereinbart wird.[91] Des Weiteren könnten die Vorgaben des Bundesdatenschutzgesetzes verletzt werden.[92]

Der BGH hat im Jahr 2007 ein solches Abtretungsverbot verneint.[93] Der BGH führte in seiner Begründung aus, dass die Abtretbarkeit angesichts § 399 Alt. 2 BGB der Regelfall sei und es somit einer zumindest konkludenten Vereinbarung über ihren Ausschluss bedürfe.[94] Ungeachtet des Willens des Darlehensnehmers sei der innere Wille der Bank auf die Abtretbarkeit zu Refinanzierungszwecken gerichtet; dies sei auch für den Kunden erkennbar. Auch das Bankgeheimnis stehe der Abtretung nicht entgegen. Die daraus resultierende Verschwiegenheitsverpflichtung kollidiere zwar mit dem Auskunftsrecht der Zedentin nach § 402 BGB, allerdings bliebe der Verstoß rein schuldrechtlicher Natur und begründe allenfalls einen Schadensersatzanspruch nach §§ 280 Abs. 1, 241 Abs. 2 BGB.[95] § 402 BGB sei zudem dispositiv, so dass die Bank weiterhin zur Einziehung der Forderungen verpflichtet werden könne, ohne dass eine Informationsweitergabe erforderlich sei. Auch ergebe sich kein Abtretungsverbot aus dem Bundesdatenschutzgesetz. Dieses sei gegenüber dem Bankgeheimnis subsidiär und nur ergänzend heranzuziehen, sollten Fragen durch das Bankgeheimnis nicht abschließend geklärt werden können. Daneben führe eine anderweitige Auslegung zu dem ungerechtfertigten Ergebnis, dass sich angesichts § 3 Abs. 1 BDSG (a. F.) nur natürliche Personen auf ein Abtretungsverbot berufen könnten. Es käme allenfalls auch hier ein zivilrechtlicher Schadensersatz in Frage; zudem griffen bei einem Verstoß die Bußgeld- und Strafvorschriften der §§ 43, 44 BDSG (a. F.).[96]

---

[90] Bejahend OLG Frankfurt, Urt. v. 25.05.2004, Az.: 8 U 84/04, BB 2004, 1650; *Stoll*, DZWIR 2010, 139 ff.; differenzierend zwischen gekündigten und ungekündigten Darlehensverhältnissen *Domke/Sperlich*, BB 2008, 342 ff.; weiter differenzierend *Reifner*, BKR 2008, 142 (145 ff.); ablehnend dagegen OLG Celle, Urt. v. 10.09.2003, Az.: 3 U 137/03, ZInsO 2004, 924 f.; OLG Stuttgart, Urt. v. 06.04.2005, Az.: 9 U 188/04, ZIP 2005, 1777; OLG Köln, Urt. v. 15.09.2005, Az.: 8 U 21/05, BKR 2005, 450; *Zimmermann*, BKR 2008, 95 ff.; *Nobbe*, WM 2005, 1537 ff.; *Stiller*, ZIP 2004, 2027 ff.; *Cahn*, WM 2004, 2042 ff.; *Böhm*, BB 2004, 1641 ff.; *Bruchner*, BKR 2004, 394 ff.; vgl. insgesamt auch die ausführliche Darstellung bei *Becken*, S. 127 ff.

[91] OLG Frankfurt, Urt. v. 25.05.2004, Az.: 8 U 84/04, BB 2004, 1650.

[92] Dafür wären einzelne Bestimmungen des BDSG als Verbotsnorm i. S. d. § 134 BGB einzuordnen; dagegen OLG Celle, Urt. v. 10.09.2003, Az.: 3 U 137/03, ZInsO 2004, 924 f.

[93] BGH, Urt. v. 27.02.2007, Az.: XI ZR 195/05, BGHZ 171, 180. Das im Anschluss angerufene Bundesverfassungsgericht billigte diese Entscheidung, indem es die Beschwerde nicht annahm, vgl. BVerfG, Nichtannahmebeschl. v. 11.07.2007, Az.: 1 BvR 1025/07, WM 2007, 1694.

[94] Vgl. auch BGH, Urt. v. 26.06.2002, Az.: VIII ZR 327/00, WM 2002, 1845 (1846).

[95] Zu solchen Schadensersatzansprüchen vgl. *Möhlenkamp*, BB 2007, 1126 ff.

[96] Zu dem zuvor Ausgeführten insgesamt BGH, Urt. v. 27.02.2007, Az.: XI ZR 195/05, BGHZ 171, 180 ff.

Der BGH blieb auch im Weiteren dieser Rechtsprechung treu. Im Jahr 2009 lehnte der BGH eine Herleitung des Abtretungsverbots für als öffentliche Anstalt organisierte Sparkassen oder Landesbanken aus § 134 BGB i. V. m. § 203 Abs. 2 Satz 1 Nr. 1 StGB ab.[97] 2010 verneinte der BGH ein Abtretungsverbot aus der formularmäßigen Verschwiegenheitsverpflichtung auch hinsichtlich einer getrennt übertragenen Sicherungsgrundschuld.[98]

b) Zession an eine „Nichtbank"

Höchstrichterlich noch nicht geklärt ist dagegen, ob mit der Abtretung einer Darlehensforderung von einer Bank an eine Nichtbank eine Inhaltsänderung i. S. v. § 399, Alt. 1 BGB einhergeht, die u. a. dann vorliegen kann, wenn der Schuldner ein besonderes Interesse daran hat, an einen bestimmten Gläubiger zu leisten oder wenn die Forderung durch die Abtretung aus ihrem rechtlichen Zusammenhang gelöst werden würde.[99] Die Zweckgesellschaft verfügt in aller Regel über keine Banklizenz i. S. v. §§ 1 Abs. 1 oder Abs. 1a, 32 Abs. 1 Satz 1 KWG und untersteht auch sonst nicht denselben aufsichtsrechtlichen Regelungen des KWG wie eine Bank. Sowohl Kontrolle, als auch Handlungsmöglichkeiten der Zessionarin, etwa im Hinblick auf eine Neukreditierung, sind unter diesen Vorzeichen begrenzt, worauf im Folgenden näher einzugehen sein wird.

In der bereits angesprochenen Entscheidung des BGH aus 2010 wurde die Einschlägigkeit von § 399 Alt. 1 BGB nicht ausdrücklich behandelt, da hier eine Abtretung vertraglich vereinbart war.[100] Im Jahr 2011 bestätigte der BGH die ebenso wie die Abtretung zustimmungsfrei mögliche Ausgliederung von Darlehensforderungen auf eine Nichtbank nach dem Umwandlungsgesetz und lehnte hiermit sowohl eine Nichtigkeit gemäß § 314 BGB i. V. m. § 32 Abs. 1 Satz 1 KWG ab, als auch – wenngleich nur in zwei Sätzen – einen aus einer Inhaltsänderung folgenden Abtretungsausschluss gemäß § 399 Alt. 1 BGB.[101]

Offengeblieben ist angesichts der diesbezüglich knappen Entscheidungsgründe, ob der BGH mit letztbenannter Entscheidung auch einen Abtretungsausschluss gemäß § 399 Alt. 1 BGB bei Übertragung auf eine Nichtbank im Hinblick auf das besondere Vertrauensverhältnis zwischen Bank und Bankkunden sowie dem Vertrauen auf gewisse, nur durch Banken zu leistende Funktionen ablehnen wollte.[102] Ein Anlass, dies eingehender zu hinterfragen, bestand nicht, soweit die Revision

---

[97] BGH, Urt. v. 27.10.2009, Az.: XI ZR 225/08, WM 2009, 2307 ff.

[98] BGH, Urt. v. 03.12.2010, Az.: V ZR 200/09, BKR 2011, 291 ff.

[99] MüKo-BGB/*Roth/Kieninger*, § 399 Rn. 7 f.

[100] Hier zur Grundschuld, vgl. BGH im Urt. v. 03.12.2010, Az.: V ZR 200/09, BKR 2011, 291 ff.

[101] BGH, Urt. v. 19.04.2011, Az.: XI ZR 256/10, juris Rn. 25 = NJW 2011, 3024 ff.

[102] Eingehend *Becken*, S. 164 ff.; so vertreten durch *Maier*, VuR 2011, 383; *Knops*, WM 2008, 2185 (2186); *Schwintowski/Schantz*, NJW 2008, 472 (472); *Schwintowski* in: jurisPK-BGB, § 493 Rn. 27; MüKo-BGB/*Roth*, 6. Aufl. 2012, § 399 Rn. 29a f.; a.A. *Reuter/Buschmann*, ZIP 2008, 1003 (1004 f.); *Stürner*, ZHR 173 (2009), 363 (369 f.).

sich nicht gegen die ablehnenden Erwägungen des OLG Frankfurt am Main richtete.[103] Im Fokus der Entscheidung stand vielmehr die Frage einer Nichtigkeit gemäß § 134 BGB wegen des Verstoßes gegen § 32 Abs. 1 Satz 1 KWG; hierbei könne laut BGH dahinstehen, ob eine dementsprechende Erlaubnis überhaupt erforderlich sei.[104] Ein Verstoß lasse die zivilrechtliche Wirksamkeit ebenso unberührt, wie dies bei ohne Bankerlaubnis abgeschlossenen Darlehensverträgen der Fall sei.[105] Ob auch ungeachtet der mangelnden Erlaubnis der generelle Entzug des Darlehensverhältnisses aus dem aufsichtsrechtlich kontrollierten Bereich ein Abtretungshemmnis begründen kann, konnte in der Entscheidung des BGH offenbleiben, da die seinerzeit übertragenen Forderungen binnen einer logischen Sekunde sofort wieder an ein der Aufsicht unterstelltes Kreditinstitut weiterübertragen wurden.[106]

Der Wechsel des Darlehensgebers ist dem Grunde nach zu tolerieren; dies folgt nicht zuletzt aus den gesetzgeberischen Wertungen, wie sie im Hinblick auf verschiedene Pflichten in § 493 Abs. 6 BGB zum Ausdruck gekommen sind; diese treffen nach dem Wortlaut der Norm auch den „neuen Gläubiger", wenn nicht der bisherige Darlehensgeber mit diesem vereinbart hat, dass im Verhältnis zum Darlehensnehmer weiterhin allein der bisherige Darlehensgeber auftritt. Vergleichbares folgt aus § 496 Abs. 2 BGB hinsichtlich der Mitteilung der Kontaktdaten des neuen Gläubigers. Der Gesetzgeber ging hiernach sowohl von einer grundsätzlich rechtlich möglichen Abtretung im Rahmen einer offenen, als auch im Rahmen einer stillen Zession aus. So hielt er ersichtlich beide Situationen für regelungsbedürftig. Dies korrespondiert mit dem wohl allgemein anerkannten Refinanzierungsbedürfnis von Banken, dem eine für die Gesamtwirtschaft und das Bankensystem erhebliche Bedeutung zugesprochen wird.[107] Der Auswechslung des Darlehensgebers steht auch nicht ein zu früheren Zeiten ggf. noch stärker ausgeprägtes, allgemeines Interesse des Darlehensnehmers entgegen, eine Finanzierung grundsätzlich an einen bestimmten Darlehensgeber zu binden. So bestehen insbesondere durch das Internet mannigfaltige Informations- und Vergleichsmöglichkeiten, die dem Darlehensnehmer erlauben, ein für ihn günstiges Darlehen auszuwählen. Es ist davon auszugehen, dass hiervon auch zunehmend Gebrauch gemacht wird, wobei das Vertrauen insbesondere in eine eigene „Hausbank" nicht mehr den maßgebenden, wenngleich noch einen gewichtigen zusätzlichen Faktor in der Auswahlentscheidung darstellen mag.

Eine besondere Ausprägung erfährt das durch den Darlehensnehmer in den Darlehensgeber gesetzte Vertrauen jedoch dadurch, dass eine Bank als Vertragspartner gewählt wird, dessen geschäftliches Agieren aufsichtsrechtlich kontrolliert wird. Dies beginnt bei der Erteilung der gemäß § 32 Abs. 1 Satz 1 KWG erforderlichen Erlaubnis und der Kontrolle der hierfür notwendigen Voraussetzungen, wie etwa dem Vorhandensein zum Geschäftsbetrieb erforderlicher Mittel (§ 32 Abs. 1 Satz 2 Nr. 1 KWG) und setzt sich fort in umfangreichen, der Bankenaufsicht

---

[103] Vgl. BGH, Urt. v. 19.04.2011, Az.: XI ZR 256/10, NJW 2011, 3024 (3025).

[104] BGH, Urt. v. 19.04.2011, Az.: XI ZR 256/10, NJW 2011, 3024 (3024).

[105] BGH, Urt. v. 19.04.2011, Az.: XI ZR 256/10, NJW 2011, 3024 (3025).

[106] BGH, Urt. v. 19.04.2011, Az.: XI ZR 256/10, NJW 2011, 3024 (3025).

[107] Vgl. *Stürner*, ZHR 173 (2009), 363 (368); *Becken*, S. 163.

zur Verfügung stehenden Befugnissen, auf die Geschäftsleitung einzuwirken, so etwa im Hinblick auf eine Verbesserung der Eigenmittelausstattung und Liquidität (§ 45 KWG) oder durch die Untersagung weiterer Kreditgewährung (§ 46 Abs. 1 Nr. 2 KWG). Zwar dienen diese Regelungen vorrangig einem funktionierenden Markt und nicht dem Interesse des einzelnen Darlehensnehmers. Faktisch erschafft dies jedoch den Eindruck, mit einer Bank einen besonders sicheren und zuverlässigen Vertragspartner gewählt zu haben, der über verhältnismäßig lange Vertragslaufzeiten im Rahmen der Abwicklung als Ansprechpartner fortlaufend zur Verfügung steht.[108]

Fraglich ist, ob der Gläubigerwechsel dem Darlehensnehmer im Hinblick auf seine schutzwürdigen Interessen schlussendlich unzumutbar ist.[109] Dies kann grundsätzlich dann der Fall sein, wenn der neue Gläubiger nicht denselben gesetzlichen Bindungen unterliegt, wie der bisherige Gläubiger.[110] Hinsichtlich der Abtretung von Darlehensforderungen an eine Nichtbank wird neben der vorstehend angesprochenen, mangelnden Bankenaufsicht dabei weiter kritisiert, dass eine Nichtbank die Forderungen regelmäßig wesentlich aggressiver verwerten und seltener, wenn überhaupt meist nur zu schlechten Konditionen, Prolongationen und Vertragsfortführungen anbieten werde; dies enttäusche das besondere Vertrauen, dass der Darlehensnehmer in eine Bank setze.[111] Zu weitgehend erscheint möglicherweise in diesem Zusammenhang die Annahme, der Darlehensnehmer dürfe im Störfall denn stets auf ein besonderes, wenngleich nicht geschuldetes Entgegenkommen einer Bank hoffen. Ein schutzwürdiges Interesse rechtfertigt sich aber jedenfalls dann, wenn fortlaufende, sich aus dem Vertrag oder Gesetz ergebende (Neben-)Pflichten einer Bank oder wenigstens dementsprechende, feststellbare Üblichkeiten bestehen und diese durch eine Nichtbank mangels Aufsicht nicht in vergleichbarer Zuverlässigkeit oder mangels erforderlicher Erlaubnis gemäß § 32 Abs. 1 Satz 1 KWG sogar gar nicht erfüllt werden können.

Dies spielt insbesondere eine Rolle bei echten oder unechten Abschnittsfinanzierungen – so etwa regelmäßig bei Immobiliarkrediten –, bei denen schon bei Vertragsschluss ein sich an die Laufzeit oder Sollzinsbindung anschließender weiterer Finanzierungsbedarf zeigt.[112] Hinsichtlich der Prolongations- oder Fortführungsangebote bleibt die Bank gemäß § 493 Abs. 1 bzw. Abs. 2 i. V. m. Abs. 6 BGB unterrichtungspflichtig; für den Fall, dass die Abtretung gegenüber den Darlehensnehmern aufgedeckt wird, treffen diese Unterrichtungspflichten auch die neue

---

[108] *Schwintowski/Schantz,* NJW 2008, 472 (473).

[109] So *Knops,* WM 2008, 2185 (2186); *ders.* auch in Bezug auf die Übertragung von Grundschuldsicherheiten und der persönlichen Haftungsübernahme auf Nichtbanken oder solche, die einer zweifelhaften Rechtsordnung unterstehen, vgl. BB 2008, 2535 (2537); vgl. allgemein MüKo-BGB/*Roth/Kieninger,* § 399 Rn. 25; zu Darlehensforderungen noch MüKo-BGB/*Roth,* 6. Aufl. 2012, § 399 Rn. 29a.

[110] Vgl. RG, Urt. v. 26.04.1904, Az.: III 454/03, RGZ 58, 71 (74).

[111] Vgl. *Maier,* VuR 2011, 383 (384); *Knops,* WM 2008, 2185 (2186, 2188); *Schwintowski/Schantz,* NJW 2008, 472 (472); a. A. OLG Frankfurt am Main, Urt. v. 17.06.2010, Az.: 16 U 229/08, juris Rn. 54 ff.; LG Nürnberg-Fürth, Urt. v. 25.02.2008, Az.: 10 O 11030/06, juris Rn. 34.

[112] Vgl. *Knops,* WM 2008, 2185 (2188 f.).

Gläubigerin, so dass die Unterrichtungspflichten – entweder durch den bisherigen oder den neuen Gläubiger – stets zu erfüllen bleibt und dem Darlehensnehmer allein hinsichtlich ihrer Warnfunktion[113] kein dahingehender Nachteil durch den Gläubigerwechsel entsteht. Handelt es sich bei der neuen Gläubigerin um eine Nichtbank, steht es diesem aus aufsichtsrechtlichen Gesichtspunkten aber womöglich schon gar nicht frei, überhaupt entsprechende Angebote zu tätigen,[114] so dass der mit den Unterrichtungspflichten vermeintlich verwirklichte Darlehensnehmerschutz mehr als fraglich ist. Hierbei ist weiter zu beachten, dass sowohl aus der unechten, als auch ausnahmsweise aus der echten Abschnittsfinanzierung echte Anpassungs- bzw. Fortführungspflichten erwachsen können, wobei Voraussetzung hierfür ein ordnungsgemäß bedientes Darlehen ist.[115]

Im Fall der unechten Abschnittsfinanzierung wird dem Darlehensnehmer ein langjähriges Kapitalnutzungsrecht eingeräumt, die Zinsvereinbarung jedoch nicht für den gesamten Zeitraum, sondern zunächst nur für eine bestimmte Festzinsperiode getroffen.[116] Die weitere Verzinsung erfährt in den AGB unterschiedliche Regelungen, die jedoch zumeist auf ein einseitiges Leistungsbestimmungsrecht der Bank gemäß § 315 BGB hinauslaufen, demnach die Möglichkeit einer gerichtlichen Billigkeitsprüfung eröffnet ist.[117] Von der Bank vorgegebene Fälligkeitsklauseln dürften sich dagegen zumeist als unwirksam erweisen.[118] Ob eine Pflicht des Darlehensgebers besteht, nach Ablauf der Sollzinsbindung überhaupt oder gar ein bestimmtes (jedenfalls in der Zinshöhe gedeckeltes) Folgeangebot zu unterbreiten, ist umstritten.[119] Dies kann nicht verallgemeinernd, sondern nur anhand des konkreten, der Auslegung nach §§ 133, 157 BGB zugänglichen Darlehensvertrags ermittelt werden. Wird ein Darlehen mit nur anfänglicher Sollzinsbindung nach dem aus dem Vertragstext oder dem aus den Umständen des Vertragsschlusses folgenden Eindruck so angeboten, so dass der Darlehensnehmer ernstlich damit rechnen durfte, es würde zu fortlaufenden, festverzinslichen Konditionenanpassungen bzw. Prolongationen kommen, so erwächst hieraus die vertragliche Pflicht der Bank, entsprechende Angebote zu unterbreiten. Dies wird jedoch auch unter Berücksichtigung der üblichen AGB-rechtlichen Bestimmungen die Regel sein.[120]

---

[113] Vgl. BT-Drs. 16/9821, S. 15.

[114] *Knops*, WM 2008, 2185 (2188); *Schwintowski* in: jurisPK-BGB, § 493 Rn. 27; *Nietsch* in: Erman BGB, § 493 Rn. 19.

[115] Vgl. auch *Becken*, S. 172.

[116] Vgl. z. B. BGH, Urt. v. 28.05.2013, Az.: XI ZR 6/12, juris Rn. 22.

[117] Vgl. *Derleder/Korte*, VuR 2015, 123 (127).

[118] Und zwar sowohl gemäß § 308 Nr. 4 BGB, als auch gemäß § 307 Abs. 1 Satz 1 BGB, vgl. *Derleder/Korte*, VuR 2015, 123 (128).

[119] Bejahend *Derleder/Korte*, VuR 2015, 123 (127); *Knops*, WM 2008, 2185 (2188); *Derleder*/Knops/Bamberger, 2. Aufl. 2009, § 16 Rn. 55; a. A. OLG Frankfurt, Urt. v. 16.12.2010, Az.: 3 U 11/10, BKR 2011, 330 (331); OLG Frankfurt am Main, Urt. v. 17.06.2010, Az.: 16 U 229/08, juris Rn. 55; LG Nürnberg-Fürth, Urt. v. 25.02.2008, Az.: 10 O 11030/06, juris Rn. 34; *Stürner*, ZHR 173 (2009), 363 (371); *Nietsch* in: Erman BGB, § 493 Rn. 5.

[120] Vgl. eingehend *Derleder/Korte*, VuR 2015, 123 (127).

Der Unterbreitung eines solchen Folgeangebots kann bereits eine mangelnde Erlaubnis der Nichtbank gemäß § 32 Abs. 1 Satz 1 KWG entgegenstehen.[121] Zwar führt die mangelnde Erlaubnis nach höchstrichterlicher Rechtsprechung nicht zur Nichtigkeit erstmals begründeter Darlehensverträge, was konsequenterweise ebenso für deren Fortführung gelten müsse.[122] Dass die Nichtbank ihre aufsichtsrechtlichen Pflichten verletzt, also ihrerseits gegen das Gesetz verstößt, um ihre vertraglichen, mit der Forderung untrennbar verknüpften Pflichten gegenüber dem Darlehensnehmer – was ohnehin schon eine Zustimmungspflichtigkeit gemäß §§ 414, 415 BGB analog nahelegt – zu erfüllen, ist aber nicht vorauszusetzen. Doch auch hielte man jedenfalls bloße Anpassungen im Rahmen unechter Abschnittsfinanzierungen für aufsichtsrechtlich nicht erlaubnispflichtig,[123] müsste das unterbreitete Folgeangebot wenigstens der Marktüblichkeit entsprechen, da die Pflicht zur Unterbreitung eines ernstzunehmenden Folgeangebots ansonsten ins Leere liefe.[124] Ob überdies ein ursprünglich günstiges Darlehen auch weiterhin vergleichsweise günstig zu bleiben hat,[125] bedarf an dieser Stelle deshalb keiner Erörterung, da es Nichtbanken zumeist schon nicht möglich sein wird, überhaupt marktübliche, d. h. bankenübliche Konditionen anzubieten.

Angesichts dessen kann mit der Abtretung von Forderungen aus einer unechten Abschnittsfinanzierung an eine Nichtbank zumindest im Einzelfall eine Inhaltsänderung i. S. d. § 399 Alt. 1 BGB, nämlich aufgrund der veränderten Inhaberschaft von einer anpassungs- bzw. fortführungspflichtigen zu einer nicht oder jedenfalls nicht adäquat anpassungs- bzw. fortführungsfähigen Darlehensforderung, vorliegen. Dabei ist zu berücksichtigen, dass die Unterrichtungspflichten aus § 493 Abs. 1 bzw. Abs. 2 i. V. m. Abs. 6 BGB zwar weiterhin auch die Bank treffen können. Diese ist aber hinsichtlich der abgetretenen Forderung nicht mehr verfügungsberechtigt und kann daher auch selbst keine Anpassungen mehr vornehmen, sondern allenfalls Umschuldungen anbieten, zu denen sie aber wiederum nicht verpflichtet ist und die im Übrigen regelmäßig auch mit höheren Kosten für den Darlehensnehmer verbunden wären.[126]

Vergleichbares kann daneben auch für Fälle der echten Abschnittsfinanzierung gelten, bei der zwar der Zweck der Darlehensinanspruchnahme mit dem Ende des Finanzierungsabschnitts noch nicht erreicht ist, bei dem aber das Darlehen ohne

---

[121] *Knops*, WM 2008, 2185 (2188); *Schwintowski* in: jurisPK-BGB, § 493 Rn. 27; *Nietsch* in: Erman BGB, § 493 Rn. 19. Die aufsichtsrechtliche Erlaubnispflichtigkeit solcher Anpassungen ist streitig; dafür *Nobbe*, WM 2005, 1537 (m. w. N.); a. A. BFS-KWG/*Schäfer*, § 1 Rn. 57 unter Hinweis auf das Merkblatt der BaFin „Hinweise zum Tatbestand des Kreditgeschäftes", Stand: 4/2014.

[122] BGH, Urt. v. 19.04.2011, Az.: XI ZR 256/10, juris Rn. 20 m. w. N. = NJW 2011, 3024 ff.

[123] BFS-KWG/*Schäfer*, § 1 Rn. 57 unter Hinweis auf das Merkblatt der BaFin „Hinweise zum Tatbestand des Kreditgeschäftes", Stand: 4/2014.

[124] *Derleder/Korte*, VuR 2015, 123 (128); *Knops*, WM 2008, 2185 (2189).

[125] So *Derleder/Korte*, VuR 2015, 123 (128); vgl. auch *Becken*, S. 87, unter Hinweis auf BGH, Urt. v. 21.04.2009, Az.: XI ZR 78/08, BGHZ 180, 257 ff. = juris Rn. 33.

[126] So insbesondere im Hinblick auf zurück zu übertragende Sicherungsgrundschulden, vgl. *Derleder/Korte*, VuR 2015, 123.

weiteres zurückzuzahlen ist.[127] Eine Rechtspflicht zur Fortführung besteht zwar grundsätzlich nicht, jedoch angesichts §§ 226, 242 BGB ausnahmsweise doch, wenn vergleichbaren Darlehensnehmer typischerweise eine Fortführung angeboten worden wäre und die Bank für die Versagung keinen sachlichen Grund nennt.[128] Solch eine Rechtspflicht entstünde bei der Nichtbank regelmäßig nicht, soweit diese generell keine Fortführungen anbietet[129] bzw. mangels für die Neukreditierung erforderlicher Erlaubnis i. S. v. § 32 Abs. 1 Satz 1 KWG schon nicht anbieten kann.[130] Zumindest insoweit könnte mit der Abtretung entsprechender Darlehensforderungen eine Inhaltsänderung einhergehen.

Es bleibt allerdings zu berücksichtigen, dass es sich bei den hier behandelten Verbriefungen um ein mittlerweile fest etabliertes und ungeachtet der Finanzkrise gerade in näherer Vergangenheit europarechtlich gefördertes Refinanzierungsvehikel handelt.[131] Die Aussicht darauf, dass vorstehende – insbesondere im Hinblick auf Immobilienfinanzierungen bestehende – Bedenken in der Rechtsprechung noch durchdringen werden, ist gering und ebenso die damit aus Anlegersicht bestehende Gefahr, dass Verbriefungstransaktionen aufgrund allgemein hergeleiteter Abtretungshemmnisse zu scheitern drohen.

Bei den in dieser Arbeit behandelten festverzinslichen, meist auch kurzfristigeren Konsumentendarlehen treffen vorstehende Erwägungen überdies nicht zu, da es zumindest bei vertragsgemäßem Verlauf keinen weiteren Finanzierungsbedarf gibt. Eine Pflicht, im Falle des Verzugs eine einvernehmliche Regelung zu treffen, besteht ebenfalls nicht, auch wenn diese gemäß § 498 Satz 2 BGB anzubieten ist. Zu einer Inhaltsänderung i. S. d. § 399 Alt. 1 BGB kommt es dadurch aber nicht.[132] In der Beispieltransaktion wird die Abtretbarkeit der Forderungen gleichwohl durch die notwendige Einhaltung der Auswahlkriterien abgesichert; nicht abtretbare Forderungen – so auch im Falle vereinbarter Abtretungsverbote – sind hiernach durch den Originator zurückzukaufen, so dass aus der ggf. mangelnden Abtretbarkeit kein hohes Risiko für die Anleger erwächst.[133]

2. Rechtsfolgen der Abtretung

Durch die Abtretung geht die Gläubigerstellung im Zeitpunkt des Vertragsschlusses auf die Zweckgesellschaft über, vgl. § 389 Satz 2 BGB. Einwendungen, die zum Zeitpunkt der Abtretung bestanden oder bereits zuvor im Darlehensverhältnis

---

[127] Vgl. z. B. OLG Frankfurt, Urt. v. 24.01.2007, Az.: 9 U 5/06, juris Rn. 9 m. w. N.

[128] Vgl. *Schwintowski* in: jurisPK-BGB, § 493 Rn. 8, Rn. 12.

[129] Die Beweislast liegt beim Darlehensnehmer, vgl. *Knops*, WM 2008, 2185 (2186).

[130] Im Falle der echten Abschnittsfinanzierung bedarf es unstreitig einer neu zu treffenden Kreditentscheidung, die eine Erlaubnispflicht begründet, vgl. BFS-KWG/*Schäfer*, § 1 Rn. 57 und das Merkblatt der BaFin „Hinweise zum Tatbestand des Kreditgeschäftes", Stand: 4/2014.

[131] Vgl. allein die Erwägungsgründe zur STS-VO.

[132] Vgl. aber weiter zu Kündigungsrechten nachfolgend B.II.3.

[133] Vgl. Beispieltransaktion, Kap. 2, F.II.

angelegt waren, muss sie sich gemäß § 404 BGB entgegenhalten lassen.[134] Zudem kann der Darlehensnehmer unter den Voraussetzungen des § 406 BGB, d. h. insbesondere nach dessen Alt. 1 bei mangelnder Kenntnis über die Abtretung, weiterhin mit Forderungen gegen die Bank aufrechnen. Ein Einwendungsverzicht kann bei Verbraucherdarlehensverträgen nicht wirksam vereinbart werden; dasselbe gilt hinsichtlich der Aufrechnung des Darlehensnehmers mit einer Forderung gegen den ursprünglichen Gläubiger gegen die Forderung des neuen Gläubigers, vgl. § 496 Abs. 1 BGB. Allerdings ist dieser Umstand in der Beispieltransaktion bereits durch die Garantien hinsichtlich der Auswahlkriterien und der Aufrechnungsfreiheit berücksichtigt.[135]

Nach § 402 BGB erhält der neue Gläubiger einen Anspruch gegen den bisherigen Gläubiger auf Auskunftserteilung in dem Umfang, wie sie zur Geltendmachung der Forderung erforderlich ist. Hierbei sind das Bankgeheimnis und der Datenschutz zu beachten, wenn es sich, wie in der Beispieltransaktion, bei dem Darlehensgeber um ein Kreditinstitut handelt.[136] Soweit der Darlehensnehmer den Darlehensgeber nicht zumindest partiell hieraus entlässt, etwa indem er der Abtretung explizit zustimmt, können Rechtsunsicherheiten hier nur verhindert werden, indem die Zweckgesellschaft auf die Geltendmachung ihres Auskunftsanspruchs verzichtet und die Bank auch weiterhin die Darlehensabwicklung durchführt.[137] Die Abtretung erfolgt mithin als stille Zession. Erleidet die Bank jedoch eine Insolvenz, geht die Darlehensabwicklung auf einen Back-Up Servicer über. Um die zu diesem Zeitpunkt erforderlich werdenden Informationen zur Verfügung stellen zu können, werden diese anonymisiert und verschlüsselt an die Zweckgesellschaft übermittelt, die durch einen hinterlegten Schlüssel entschlüsselt werden können.[138] Dabei führt die damit auch einhergehende Missachtung des Bankgeheimnisses und des Datenschutzes jedoch regelmäßig nur zu Schadensersatzansprüchen des Darlehensnehmers gegen den Darlehensgeber, denen, soweit sie überhaupt beziffert werden können, in seiner Insolvenz kaum noch eine Sanktionswirkung zu kommt. Da es sich mit der zu diesem Zeitpunkt erfolgenden Offenlegung der Transaktion gegenüber den Darlehensnehmern nicht mehr um eine verdeckte Abtretung handelt, muss die Bank im Übrigen die Darlehensnehmer gemäß § 496 Abs. 2 BGB über die die Kontaktdaten des neuen Gläubigers unterrichten. Ziel dieser Regelung ist es, dem Darlehensgebers zu ermöglichen, sich über den neuen Gläubiger zu informieren und bei Bedenken gegen dessen Person das Darlehen abzulösen.[139]

---

[134] Zur Begründetheit der Einwendung vgl. z. B. MüKo-BGB/*Roth/Kieninger*, § 404 Rn. 11 ff.

[135] Vgl. Beispieltransaktion, Kap. 2, F.II. und oben B.I.2.c).

[136] *Früh*, BB 1995, 105 (107).

[137] Vgl. auch *Früh*, BB 1995, 105 (108); vgl. nachfolgend C.

[138] Vgl. auch *Bredow/Vogel*, BKR 2008, 271 (274); *Früh*, WM 2000, 497 (502).

[139] *Schalast*, BB 2008, 2190 (2192) zu § 492 Abs. 2 BGB a. F.; ebenso werden hierbei künftig auch die aus Art. 6 Abs. 1 b), 14 Datenschutz-Grundverordnung folgenden Mitteilungspflichten zu berücksichtigen sein, soweit die betroffene Person erst mit der Entschlüsselung der Daten identifizierbar wird und die Daten dergestalt als erhoben betrachtet werden können.

Eine Offenlegung erfolgt in der Beispieltransaktion zudem gegenüber einzelnen Darlehensnehmern, wenn sich das Rating der Bank verschlechtert hat, der Darlehensnehmer mit einer Forderung gegen die Bank aufrechnet oder ein konkretes Aufrechnungsrisiko besteht und die Bank nicht rechtzeitig eine entsprechende Rücklage auf dem hierfür vorgesehenen Reservekonto bildet bzw. den Kompensationsbetrag nicht rechtzeitig an die Zweckgesellschaft weiterleitet.[140] Der Darlehensnehmer wird in diesem Fall aufgefordert, direkt auf das Transaktionskonto der Zweckgesellschaft zu leisten, was einer Offenlegung gleichkommt und somit auch die Unterrichtungspflicht des § 496 Abs. 2 BGB auslöst. Allerdings bleibt die Bank hier im Übrigen gleichwohl Forderungsverwalterin, so dass kein Verstoß gegen Bankgeheimnis oder den Datenschutz vorliegt. Sie kann als solche den Darlehensnehmer weiterhin im Namen der Zweckgesellschaft zur Leistung an diese auffordern.[141]

Die schriftlich zu erfolgende Offenlegung gegenüber allen oder einzelnen Darlehensnehmern ist zudem als Abtretungsanzeige i. S. d. §§ 409 Abs. 1 Satz 1, 410 Abs. 2 BGB zu werten. Einer zusätzlichen Vorlegung einer Abtretungsurkunde durch die Zweckgesellschaft bedarf es angesichts § 410 Abs. 2 BGB nicht. Allerdings bietet sich die Vorhaltung einer solchen Abtretungsurkunde i. S. d. § 410 Abs. 1 BGB bereits bei Transaktionsbeginn an, für den Fall, dass die Bank die Abtretungsanzeige gegenüber den betreffenden Darlehensnehmern verweigert.[142] Mit der Abtretungsanzeige erlangt der Darlehensnehmer schließlich auch Kenntnis über die Abtretung i. S. d. § 406 1. Alt. BGB, so dass er mit den zukünftig gegen die Bank erworbenen Forderungen nicht mehr gegen die abgetretene Forderung aufrechnen kann.

3. Abtretung von Kündigungsrechten

Gegenstand des Kaufvertrags und damit der geschuldeten Abtretung können nicht allein die Darlehensansprüche, sondern daneben auch die mit ihnen verbundenen Rechte aus dem Darlehensverhältnis sein.[143] Inwieweit das Recht zur Kündigung bei Übertragung des Rückzahlungsanspruchs automatisch mit übergeht oder es einer, wenngleich grundsätzlich auch konkludent möglichen, gesonderten Abtretung des Rechts bedarf, ist umstritten.[144] Maßgeblich ist die Unterscheidung, ob es sich bei dem Kündigungsrecht um ein forderungsbezogenes oder ein vertragsbezogenes Nebenrecht handelt. Forderungsbezogene Rechte gehen gemäß § 401 BGB analog als akzessorische Nebenrechte mit über und sind nicht selbständig abtretbar.[145]

---

[140] Vgl. Beispieltransaktion, Kap. 2, F.II.

[141] Zur rechtlichen Einordnung der Forderungsverwaltung siehe nachfolgend C.

[142] So schon *Kürn*, S. 83; *Klüwer*, S. 128.

[143] *Bredow/Vogel*, BKR 2008, 271 (273 f.).

[144] Ausführlich hierzu Staudinger-BGB/*Freitag*, § 488 Rn. 260 m. w. N.

[145] BGH, Urt. v. 01.06.1973, Az.: V ZR 134/72, NJW 1973, 1793; Urt. v. 22.03.2006, Az.: IV ZR 6/04, NJW-RR 2006, 1091 (1094); Staudinger-BGB/*Busche*, § 401 Rn. 35 m. w. N.

Vertragsbezogene Kündigungsrechte verbleiben beim Zedenten bzw. dem Vertragspartner und können selbst nur gemäß §§ 413, 398 BGB abgetreten werden.[146]

Zu unterscheiden sein kann hierbei zwischen den jeweiligen darlehensrechtlichen Kündigungsrechten; während etwa das für Darlehen mit unbestimmter Laufzeit bestehende Kündigungsrecht des § 488 Abs. 3 Satz 1 BGB bereits dem Wortlaut nach auf die Fälligkeit des Rückzahlungsanspruchs abstellt, bezieht sich § 490 Abs. 1 BGB bei Vermögensverfall des Darlehensnehmers auf die Kündigung des Darlehensvertrags.[147] Zumindest im letzten Fall ist, ebenso wie bei einer sonst auf § 314 BGB gestützten Kündigung, von einer Beendigungskündigung und nicht lediglich einer Fälligkeitskündigung auszugehen, so dass das Kündigungsrecht nicht automatisch auf den Forderungserwerber übergeht. Insoweit ist zu berücksichtigen, dass mit der Kündigung des Darlehens nicht lediglich der Rückzahlungsanspruch fällig gestellt, sondern auch die Pflicht zur Kapitalüberlassung beendet wird,[148] die mangels Zustimmung zur Übertragung weiterhin die Bank trifft. Als unselbständiges, vertragsbezogenes Nebenrecht kann das außerordentliche Kündigungsrecht gemäß §§ 490 Abs. 1, 314 BGB grundsätzlich gemäß § 413 BGB zusammen mit der Hauptforderung an die Zweckgesellschaft übertragen werden.[149] Dies gilt auch für noch nicht entstandene Kündigungsrechte.[150] Ob eine Abtretung auch des Kündigungsrechts gewollt ist, ist durch Auslegung zu bestimmen.[151]

Insbesondere bei Verbraucherdarlehensverträgen kann die Abtretung von Kündigungsrechten jedoch unzulässig sein. Die Übertragung eines außerordentlichen Kündigungsrechts wegen Zahlungsverzugs darf nicht dazu führen, dass dem Darlehensnehmer das Gespräch über die Möglichkeit einer einvernehmlichen Regelung gemäß § 498 Satz 2 BGB versagt wird.[152] Auch im Hinblick auf die außerordentliche Kündigung gemäß § 490 Abs. 1 BGB wegen drohenden Wertverfalls trifft den Darlehensgeber die Pflicht, abzuwägen, ob eine Anpassung oder das Scheitern des Darlehensverhältnisses der bessere Weg ist,[153] soweit man § 490 Abs. 1 BGB hier überhaupt für anwendbar hält.[154] Zu Recht wird der Übertragbarkeit des außerordentlichen Kündigungsrechts, das anders als ein ordentliches Kündigungsrecht auch nicht den Wert der Forderung bestimmt, an dieser Stelle das besondere Vertrauensverhältnis zwischen der Bank und dem Darlehensnehmer entgegengehalten,

---

[146] BGH, Urt. v. 17.01.2002, Az.: VII ZR 490/00, BB 2002, 697 (698); Staudinger-BGB/*Busche*, § 413 Rn. 13 m. w. N.

[147] Nur § 488 Abs. 3 Satz 1 BGB als Fälligkeitskündigung einordnend Staudinger-BGB/*Bittner*, § 271 Rn. 15; MüKo-BGB/*Gaier*, Vorb. § 346 Rn. 16.

[148] Staudinger-BGB/*Freitag*, § 488 Rn. 260 m. w. N.

[149] *Reifner*, BKR 2008, 141 (147); *Zimmermann*, BKR 2008, 95 (98).

[150] Vgl. *Westermann* in: Erman BGB, § 413 Rn. 5.

[151] Staudinger-BGB/*Busche*, § 413 Rn. 13.

[152] *Reifner*, BKR 2008, 141 (147).

[153] *Reifner*, BKR 2008, 141 (147).

[154] Vgl. oben A.V.

das zu einem Verbleib des außerordentlichen Kündigungsrechts beim Originator führen soll.[155]

Außerordentliche Kündigungsrechte des Darlehensgebers sind nach der hier vertretenen Ansicht damit als originär pflichtenbelastete Position im Ergebnis schon nicht abtretbar i. S. d. § 398 BGB, sondern bedürfen gemäß §§ 414, 415 analog der Zustimmung des Darlehensnehmers; im Übrigen würde mit einer gleichwohl vorgenommenen Abtretung eine Inhaltsänderung des Kündigungsrechts gemäß § 399 Alt. 1 BGB vorliegen, da diese es aus seinem rechtlichen Zusammenhang mit den vorbenannten Pflichten lösen würde.[156] Soweit die Darlehensabwicklung wie in der Beispieltransaktion ohnehin durch die Bank als Originator fortgesetzt wird, ergeben sich hierdurch jedoch zumindest keine praktischen Schwierigkeiten.[157] Im Verhältnis zwischen Originator bzw. Servicer und Zweckgesellschaft kann die Ausübung der beim Originator verbleibenden Kündigungsrechte eine vertragliche Nebenpflicht darstellen, die zumindest nicht aus sachfremden Gründen unterbleiben darf. Andererseits dürfte es regelmäßig auch im Interesse der Zweckgesellschaft liegen, dass der Originator mit dem Darlehensnehmer eine Vereinbarung zu trifft, die diesen finanziell nicht überfordert und so, soweit möglich, überhaupt noch Zahlungen sicherstellt.

III. Exkurs: Verbot von Wiederverbriefungen nach der STS-VO

Nicht Gegenstand der für diese Arbeit gewählten Beispieltransaktion, aber im Rahmen der Rechtsbeziehungen der Verbriefungsbeteiligten untereinander angesichts der kürzlich in Kraft getretenen STS-VO relevant ist die Frage, welche zivilrechtliche Auswirkungen mit dem ab dem 01.01.2019 anzuwendenden Art. 8 STS-VO einhergehen werden. Mit diesem ist ein aufsichtsrechtliches Verbot für Wiederverbriefungen eingeführt, das darauf abzielt, eine bessere Transparenz des Verbriefungsmarktes herzustellen.[158] Ausnahmen bleiben jedoch zulässig.

Gemäß Art. 2 Nr. 4 STS-VO handelt es sich bei einer Wiederverbriefung um eine Verbriefung, bei der mindestens eine der zugrunde liegenden Risikopositionen eine Verbriefungsposition ist. Umfasst sind demnach sowohl Transaktionen, mit den ausschließlich forderungsbesicherte Wertpapiere ihrerseits verbrieft werden, als auch solche, denen diese nur beigemischt sind. Art. 8 Abs. 1 STS-VO statuiert im Grundsatz ein generelles Verbot solcher Wiederverbriefungen. Hiervon ausgenommen sind ABCP-Programme (kurzfristige Verbriefungen, in dessen Rahmen Geldmarktpapiere ausgegeben werden), soweit sie die in Art. 8 Abs. 4 STS-VO vorgesehenen Voraussetzungen erfüllen sowie gemäß Art. 8 Abs. 1 Nr. a) STS-VO vor dem 01.01.2019 emittierte Wertpapiere oder gemäß Art. 8 Abs. 1 Nr. b) STS-VO Verbriefungen, die am

155 *Reifner*, BKR 2008, 141 (147 f.); Staudinger-BGB/*Freitag*, § 488 Rn. 260.

156 Im Ergebnis ähnlich Staudinger-BGB/*Freitag*, § 488 Rn. 260.

157 Vgl. auch *Reifner*, BKR 2008, 141 (148).

158 Vgl. STS-VO, Erwägungsgrund Nr. 8.

oder nach dem 01.01.2019 für „legitime Zwecke" emittiert wurden. Die Wiederverbriefung bedarf im letztbenannten Fall einer Genehmigung der aufsichtsrechtlich zuständigen Behörde gemäß des in Art. 8 Abs. 2 STS-VO näher geregelten Verfahrens. Legitime Zwecke in diesem Sinne sind gemäß Art. 8 Abs. 3 STS-VO a) die Erleichterung der Liquidation eines Kreditinstituts, einer Wertpapierfirma oder eines Finanzinstituts; b) die Sicherstellung der Existenzfähigkeit unter Fortführung der Geschäftstätigkeit eines Kreditinstituts, einer Wertpapierfirma oder eines Finanzinstituts, damit ihre Liquidation vermieden werden kann; oder c) die Wahrung der Interessen der Anleger, sofern die zugrunde liegenden Risikopositionen notleidende Positionen sind. Gemäß Art. 8 Abs. 5 STS-VO besteht die Möglichkeit der Festlegung weiterer technischer Regulierungsstandards zur Ergänzung der Liste der legitimen Zwecke. Das Maß zulässiger Wiederverbriefungen ist insoweit künftig beschränkt; soweit sie zugelassen werden, dürften die hieraus resultierenden forderungsbesicherten Wertpapier jedoch wohl als besonders toxisch angesehen werden.

Fraglich ist, welche Folgen ein Verstoß gegen Art. 8 STS-VO haben wird. Dies ist durch die STS-VO selbst nicht geregelt. In zivilrechtlicher Hinsicht kommt bereits die Nichtigkeit der Übertragung forderungsbesicherter Wertpapiere auf die Zweckgesellschaft gemäß § 134 BGB in Betracht, soweit die konkrete Verbriefungstransaktion nicht über die erforderliche Genehmigung verfügt. Insoweit müsste es sich bei Art. 8 STS-VO um ein gesetzliches Verbot i. S. v. § 134 BGB handeln. Art. 8 Abs. 1 STS-VO ist dementsprechend formuliert: Die in einer Verbriefung verwendeten zugrunde liegenden Risikopositionen „dürfen keine" Verbriefungspositionen umfassen. § 134 BGB ordnet die Nichtigkeitsfolge nicht in jedem Fall an, sondern nur, „soweit sich aus dem Gesetz nichts anderes ergibt" an. Maßgebend ist damit nicht nur, ob bereits bestimmte Sanktionsmechanismen vorgesehen sind, sondern auch der Zweck des Gesetzes, dessen Ausrichtung auf die Meidung des mit dem Rechtsgeschäfts eintretenden Erfolges und die Bindung beider Parteien an das Verbot.[159]

Das Verbot von Wiederverbriefungen ist, jedenfalls soweit nicht eine grundsätzliche Genehmigungsfähigkeit vorliegt, nach hiesiger Ansicht als absolut zu verstehen. Die STS-VO zielt darauf ab, Wiederverbriefungen solcher Art insgesamt zu verhindern, um angesichts der aus der Finanzkrise gezogenen Lehren die Transparenz der Verbriefungsmärkte zu erhöhen und sie beherrschbarer zu machen.[160] Das damit beabsichtigte Transparenzniveau, das nicht allein potentielle Anleger, sondern vielmehr den Markt insgesamt schützen soll, würde unterlaufen, bliebe ein unter Verstoß gegen Art. 8 STS-VO geschlossener Vertrag wirksam. Die Norm muss demgemäß auch Bindungswirkung gegenüber beiden Parteien entfalten. Sie ist nicht lediglich an einen Verbriefungsbeteiligten adressiert, sondern entsprechend offen formuliert; Adressaten sind unter Zugrundelegung des in Art. 1 Abs. 2 STS-VO normierten Anwendungsbereichs sowohl der Originator, als auch die Zweckgesellschaft. Es handelt sich bei Art. 8 STS-VO auch nicht um eine Norm, bei der die

[159] Vgl. *Nassall* in: jurisPK-BGB, § 134 BGB Rn. 5 ff.

[160] Vgl. STS-VO, Erwägungsgrund Nr. 2 und 8.

Handhabung der Verbotsnorm im freien Ermessen der zuständigen Aufsichtsbehörde steht.[161] Durch das Genehmigungsverfahren ist lediglich eine Kontrolle gewährleistet, dass ein „legitimer Zweck" vorläge, bei dem die Wiederverbriefung zulässig und im Falle einer noch nicht erteilten Genehmigung ggf. nur schwebend unwirksam wäre.[162] Im Übrigen aber steht das Verbot weder zur Disposition der zuständigen Aufsichtsbehörde, noch der Parteien selbst.

Die Nichtigkeit gemäß § 134 BGB erfasst sowohl den Rechtskaufvertrag, als auch die Zession im Ganzen. Insoweit liegt bereits in dieser Übertragung die eigentliche Wiederverbriefung. Die eigens für die Verbriefungstransaktion gegründete Zweckgesellschaft kann sich nicht dafür entscheiden, einzelne Verbriefungspositionen zu deren Gegenstand zu machen, oder nicht. Dies geschieht durch den Übertragungsvorgang und die nachfolgende Abhängigkeit der an die Anleger zu leistenden Zahlungen von den hieraus folgenden Zahlungsströmen vielmehr automatisch. Auch eine bloße Teilnichtigkeit i. S. v. § 139 BGB, mit der etwa nur von der Unwirksamkeit der Übertragung forderungsbesicherter Wertpapiere, nicht aber sonstiger, für sich genommen zulässiger Verbriefungsgegenstände auszugehen wäre, kommt im Regelfall nicht in Betracht. Insoweit stellen Verbriefungstransaktionen in sich geschlossene und im Ganzen durchkalkulierte Vorgänge dar, bei denen nicht davon ausgegangen werden kann, dass die Verbriefungsbeteiligten sich auch zu ihrer Durchführung entschlossen hätten, wenn ein wesentlicher Teil der zugrundegelegten Risikopositionen nicht wirksam übertragen werden kann. Soweit nicht auch die weiteren, unter der Verbriefungstransaktion geschlossenen Verträge ihrerseits von der Nichtigkeit gemäß § 134 BGB erfasst und für einen solchen Fall auch keine speziellen, vertraglichen Regelungen vorgesehen sind, kommt zumindest eine auf die Änderung der Geschäftsgrundlage gemäß § 313 BGB gestützte Anpassung oder Kündigung in Betracht.[163]

C. Verwaltung des Portfolios

Die Abwicklung der erfolgreich übertragenen Darlehensforderungen (*Servicing*) erfolgt regelmäßig nicht durch die Zweckgesellschaft, sondern einen hiermit beauftragten Forderungsverwalter (*Servicer*).[164] Dieser besorgt die datentechnische Erfassung und Bearbeitung, die Einziehung der Forderungen, das Mahnwesen und die Debitorenbuchhaltung[165] und erhält dafür eine Gebühr (*Servicing Fee*).[166] Bei Insolvenz des

[161] Vgl. hierzu etwa BGH, Beschl. v. 10.11.1993, Az.: XII ZR 1/92, NJW 1994, 320; *Nassall* in: jurisPK-BGB, § 134 BGB Rn. 10.

[162] Vgl. *Nassall* in: jurisPK-BGB, § 134 BGB Rn. 12 ff.

[163] Zu dessen Anwendbarkeit auf die neu emittierten Wertpapiere vgl. Kap. 6, D.

[164] *Kaufhold*, BB 2010, 2207.

[165] *Früh*, BB 1995, 105 f.; *Caliebe*, BB 2000, 2369 (2370).

[166] *Caliebe*, BB 2000, 2369 (2371).

ursprünglich eingesetzten Forderungsverwalters übernimmt ein – in der Beispieltransaktion noch nicht bestimmter – Ersatzverwalter (*Back-Up Servicer*) die Darlehensabwicklung.[167]

I. Forderungsverwaltung durch die Bank

Wie auch in der Beispieltransaktion verbleibt die Forderungsverwaltung aus bereits angesprochenen Gründen regelmäßig bei der Bank als Originator der Forderungen.[168] Hierdurch wird die Abtretung zur stillen Zession und bleibt vor den Darlehensnehmern verborgen. Des Weiteren kann die der Zweckgesellschaft im Rahmen der Abtretungen gemäß § 402 BGB zu erteilende Auskunft somit – unter Beachtung des Bestimmtheitsgrundsatzes – auf verschlüsselte Daten oder lediglich forderungsbezogene Rumpfdaten reduziert werden und somit ein Konflikt mit dem Bankgeheimnis sowie in datenschutzrechtlicher Hinsicht vermieden werden.[169] Die Forderungsverwaltung durch den Originator ist rechtlich wie folgt einzuordnen:

1. Geschäftsbesorgungsvertrag mit dienstvertraglichem Charakter und Einzugsermächtigung

Die Bank übernimmt die Wahrnehmung der Interessen der Zweckgesellschaft hinsichtlich der oben genannten Aufgabenbereiche, die sie als Geschäftsherrin grundsätzlich selbst zu besorgen hätte. Sie trifft eigenverantwortliche Entscheidungen; die Übernahme der Tätigkeit ist auf Dauer angelegt, da sie grundsätzlich über die Gesamtlaufzeit der Verbriefungstransaktion zu erfolgen hat. Ein Einziehungserfolg ist nicht geschuldet. Der Forderungsverwaltung liegt somit ein Geschäftsbesorgungsvertrag mit dienstvertraglichem Charakter gemäß §§ 675 Abs. 1, 611 BGB zugrunde,[170] der eine Einzugsermächtigung enthält.[171] Die Ansprüche der Zweckgesellschaft gegen den Forderungsverwalter richten sich hierbei erstrangig nach den konkreten vertraglichen Inhalten. Soweit es an diesen fehlt, greifen die nach § 675 Abs. 1 BGB entsprechend anwendbaren Vorschriften des Auftragsrechts. Der Forderungsverwalter ist damit grundsätzlich weisungsgebunden, vgl. §§ 675 Abs. 1, 665 BGB. Gemäß §§ 675 Abs. 1, 666 BGB hat die Zweckgesellschaft des Weiteren

[167] *Caliebe*, BB 2000, 2369 (2370); *Früh*, BB 1995, 105 (106); dabei kann es sich auch um die Zweckgesellschaft selbst handeln, vgl. *Rinze/Klüwer*, BB 2000, 2483.

[168] Vgl. bereits oben Kap. 2, B. und C.

[169] *Bredow/Vogel*, BKR 2008, 271 (274); *Rinze/Klüwer*, BB 2000, 2483; *Caliebe*, BB 2000, 2369 (2371).

[170] *Lindemann/Schlikker/Omar*, FR 2009, 711 (712); *Zeising*, BKR 2007, 311 (313); *Pannen/Wolf*, ZIP 2006, 52; *Rinze/Klüwer*, BB 1998, 1697; *ders.* BB 2000, 2483; *Caliebe*, BB 2000, 2369 (2370).

[171] *Rinze/Klüwer*, BB 1998, 1697; *ders.* BB 2000, 2483; *Caliebe*, BB 2000, 2369 (2370).

Auskunfts- und Rechenschaftsansprüche gegen den Forderungsverwalter. Es besteht zudem ein Herausgabeanspruch hinsichtlich des aus der Geschäftsbesorgung Erlangten gemäß §§ 675 Abs. 1, 667 BGB. Das Kapital aus eingezogenen Forderungen ist somit an die Zweckgesellschaft weiterzuleiten. Weitere Rechte und Ansprüche ergeben sich aus dem zugrundeliegenden Dienstverhältnis gemäß §§ 611 ff. BGB, etwa in Bezug auf die Kündigungsmöglichkeiten von Zweckgesellschaft und Originator. Diese können aber zugunsten vertraglicher Regelungen abbedungen werden.

Die mit dem Geschäftsbesorgungsvertrag erteilte Einzugsermächtigung ermächtigt die Bank, Forderungen der Zweckgesellschaft im eigenen Namen geltend zu machen und einzuziehen.[172] Ihre Zulässigkeit wird in einem Erst-Recht-Schluss aus § 185 BGB abgeleitet; da dieser sogar die wirksame Verfügung eines Nichtberechtigten mit der Einwilligung des Berechtigten ermöglicht, muss die bloße Einziehung von Forderungen erst recht möglich sein.[173]

2. Außergerichtlicher und gerichtlicher Forderungseinzug

Der Geschäftsbesorgungsvertrag ermächtigt und verpflichtet die Bank sowohl zum außergerichtlichen, als auch zum gerichtlichen Einzug der Forderungen. In diesem Zusammenhang ist das Rechtsdienstleistungsgesetz zu beachten: Die Bank betreibt die Inkassotätigkeit nicht als eigenständiges Geschäft i. S. d. § 2 Abs. 2 Satz 1 RDG, erbringt jedoch aufgrund der rechtlichen Prüfung des Einzelfalls eine Rechtsdienstleistung nach § 2 Abs. 1 RDG. Sie ist gleichwohl nicht erlaubnispflichtig, da die durch sie abgetretenen Forderungen für sie als bisherigen Gläubiger gemäß § 2 Abs. 2 Satz 2 RDG nicht als fremd gelten. Nach alter Rechtslage war die Erlaubnispflicht des Originators umstritten.[174] Dabei wurde sogar in Betracht gezogen, dass ein Verstoß gegen das Rechtsdienstleistungsgesetz zu einer Nichtigkeit der Forderungsübertragung insgesamt führen könne.[175] Hiergegen sprach schon vor der Einführung des § 2 Abs. 2 Satz 2 RDG, dass Forderungsübertragung und deren Einzug einander nicht bedingen; im Gegenteil sehen die vertraglichen Regelungen regelmäßig vor, dass auch ein Dritter, namentlich der Back-Up Servicer den Einzug vornehmen kann.[176] Zur gerichtlichen Geltendmachung ist die Bank angesichts § 79 Abs. 1 Satz 2, 2. Alt. ZPO vor dem Amtsgericht wie eine Partei selbst berechtigt und unterliegt somit dort nicht dem Zwang anwaltlicher Vertretung nach § 79 Abs. 1 Satz 2 BGB.

---

[172] Vgl. Palandt/*Weidenkaff*, § 398 Rn. 32; BGH, Urt. v . 23.02.1978, Az.: VII ZR 11/76, NJW 1978, 1375.

[173] BGH, Beschl. v. 10.12.1951, AZ.: GSZ 3/51 = NJW 1952, 337 (340); zu rechtsdogmatischen Kritikpunkten Palandt/*Weidenkaff*, § 398 Rn. 32; MüKo-BGB/*Bayreuther*, § 185 Rn. 34.

[174] Vgl. *Rinze/Klüwer*, BB 2000, 2483 ff.; *Caliebe*, BB 2000, 2369 ff; zu verbleibenden Zweifelsfragen, insbesondere bei Auslandsbezug, siehe *Danielewsky/Lehmann*, ZBB 2004, 127 ff.

[175] *Danielewsky/Lehmann*, ZBB 2004, 127; *Caliebe*, BB 2000, 2369 (2370, 2377).

[176] Vgl. auch *Rinze/Klüwer*, BB 2000, 2483 (2487).

II. Back-Up Servicing

Das Back-Up Servicing erfolgt grundsätzlich nach denselben Grundsätzen wie die ursprüngliche Verwaltung; die ursprünglichen Vertragskonditionen zwischen Bank und Zweckgesellschaft können dabei im Wesentlichen übernommen werden. Der Back-Up Servicer sollte eine Infrastruktur bieten können, die mit der bei der Bank vorhandenen vergleichbar ist. Während schon allein dies sowie die Überführung der Daten zu Verzögerungen im Ablauf der Verbriefungstransaktion führen können – zum Nachteil der Anleger –, tritt im Back-Up Servicing eine weitere Anforderung hinzu:

Bei der außergerichtlichen Einziehung der für den Back-Up Servicer fremden Forderungen handelt es sich um eine Rechtsdienstleistung nach § 2 Abs. 1 RDG oder in Gestalt einer Inkassodienstleistung nach § 2 Abs. 2, 1. Alt. RDG.[177] Der Back-Up Servicer zieht die Forderungen ein, ohne selbst das Ausfallrisiko zu tragen; es bedarf daher der Eintragung des Forderungsverwalters in das Rechtsdienstleistungsregister,[178] die mit einem hohen Zeitaufwand verbunden ist.[179] § 12 RDG regelt die Voraussetzungen hierfür. So muss u. a. nach § 12 Abs. 1 Nr. 3 RDG eine Berufshaftpflichtversicherung mit einer Versicherungssumme von mindestens EUR 250.000,00 für jeden Versicherungsfall abgeschlossen werden. Verstöße gegen die Registrierungspflicht führen gemäß § 20 Abs. 1 Nr. 1 und 3, Abs. 2 RDG zu einem Ordnungsgeld in Höhe von bis zu EUR 50.000,00. Der Verstoß kann zudem gemäß § 134 BGB zu einer Nichtigkeit der Geschäftsbesorgungsvertrags sowie der zu ihrer rechtstechnischen Durchführbarkeit erforderlichen Einzugsermächtigung führen.[180] Die Zweckgesellschaft kann allerdings im Rahmen der erfolgten Tätigkeit des Servicers an ihn erfolgte Zahlungen gemäß §§ 362 Abs. 2, 185 Abs. 2 BGB nachträglich genehmigen.[181]

In der gerichtlichen Geltendmachung der Forderungen ist zudem gemäß § 79 Abs. 1 Satz 2, 1. Alt. ZPO eine anwaltliche Vertretung geboten, wiederum da die Forderungen für den Back-Up Servicer fremd sind. Allerdings ist er im Rahmen seiner Bevollmächtigung durch die Zweckgesellschaft gemäß § 79 Abs. 2 Nr. 4 ZPO selbst eingeschränkt vertretungsbefugt, soweit die Registrierung im Rechtsdienstleistungsregister erfolgt ist, dann etwa im Mahnverfahren bis zur Abgabe an das Streitgericht.

Angesichts des Vorgenannten sollte es sich bei dem Back-Up Servicer bestenfalls um eine Bank handeln, die bereits die erforderliche Genehmigung nach dem RDG aufweist. Dies schränkt die Auswahl potentieller Kandidaten ein; wurde der Back-Up Servicer, wie im Falle der Beispieltransaktion, noch nicht bestimmt, kann dies ein – sich freilich am Insolvenzrisiko des bisherigen Forderungsverwalters orientierendes – erhebliches Risiko für die Anleger bedeuten.

---

[177] Die Forderungen sind für ihn fremd, vgl. auch *Caliebe*, BB 2000, 2369 (2375). Keine Genehmigungspflicht besteht für den ausländischen Back-Up Servicer, der für eine ausländische Zweckgesellschaft tätig wird, vgl. *Danielewsky/Lehmann*, ZBB 2004, 127 (135).

[178] Vgl. *Kaufhold*, BB 2010, 2207 (2208).

[179] *Kusserow/Dittrich*, WM 1997, 1786 (1796).

[180] *Caliebe*, BB 2000, 2369 (2376 f.).

[181] *Caliebe*, BB 2000, 2369 (2377).

D. Emission der Wertpapiere

Die für die forderungsbesicherten Wertpapiere marktübliche Ausgestaltungsform[182] der Inhaberschuldverschreibung ist gesetzlich in den §§ 793 ff. BGB geregelt und gewährt dem Erwerber das in ihr verbriefte Leistungsversprechen, hier die in den Wertpapierbedingungen festgelegte Art der Verzinsung und Rückzahlung des Nennkapitals.[183] Das Leistungsversprechen selbst richtet sich nach den jeweiligen Rechtsgrundlagen und wird von den §§ 793 ff. BGB überformt.[184] Neben den sich aus der Inhaberschuldverschreibung sowie dem BGB ergebenden Regelungen sind auch die Vorgaben des Schuldverschreibungsgesetzes zu beachten. Das Gesetz ist nach § 1 SchVG auf forderungsbesicherte Wertpapiere als nach deutschem Recht begebene inhaltsgleiche Schuldverschreibungen aus Gesamtemissionen anwendbar, da es sich weder um gedeckte Schuldverschreibungen im Sinne des Pfandbriefgesetzes handelt, noch wird regelmäßig eine Haftung durch die öffentliche Hand i. S. d. § 1 Abs. 2 SchVG bestehen. Aus § 4 SchVG folgt das Prinzip der kollektiven Bindung, demnach die Wertpapierbedingungen nicht durch zweiseitigen Vertrag abgeändert werden können und nach dieser Norm wirksam vorgenommene Änderungen für alle Wertpapierinhaber gleich wirken müssen.[185] Hintergrund dieser Regelung ist das Ziel, die Verkehrsfähigkeit der Schuldverschreibungen zu gewährleisten. Die Wertpapiere sollen nach dem Wertungsgedanken dieser Vorschrift austauschbar sein. Dem tragen zudem auch die §§ 793 ff. BGB und insbesondere § 796 BGB Rechnung. Demnach sind die Einwendungen, die der Aussteller dem einzelnen Gläubiger entgegenhalten kann, auf Gültigkeitseinwendung, urkundliche Einwendungen sowie persönliche Einwendungen, die also gegen den Inhaber direkt bestehen, beschränkt.[186] Insoweit wird normübergreifend das Ziel formuliert, die Fungibilität der Wertpapiere sowie die Funktionsfähigkeit des Wertpapierhandels erhalten zu wollen.[187]

I. Emission der Inhaberschuldverschreibung

Das Forderungsrecht entsteht nach herrschender Ansicht durch die Errichtung der Urkunde i. S. d. § 793 Abs. 1 Satz 1 BGB (Skripturakt; § 2 Satz 2 SchVG erlaubt hierbei die Bezugnahme auf nicht in der Urkunde abgedruckte Wertpapierbedingungen) sowie dem Abschluss eines konkludenten Begebungsvertrags zwischen der

[182] Vgl. oben Kap. 2, E.

[183] Vgl. *Knops*, BB 2008, 2535 (2536).

[184] *Knops* in: FS Bamberger, 171 (172); Staudinger-BGB/*Freitag*, § 488 Rn. 48.

[185] BT-Drs. 16/12814, S. 17.

[186] Vgl. hierzu *Gehrlein* in: BeckOK-BGB, § 796 Rn. 1 ff.

[187] Vgl. *Schmidt/Schrader*, BKR 2009, 397 (401); *Horn*, ZHR 173, 12 (44); *Sester*, AcP 209 (2009), 628 (640).

Emittentin und dem ersten Nehmer des Wertpapiers.[188] Dieser bildet den Rechtsgrund für die Eigentumsübertragung an der Urkunde gemäß §§ 929 ff. BGB; zudem bedarf es des Einigseins der Parteien über die schuldrechtliche Begründung des verbrieften Forderungsrechts durch Errichtung der Urkunde.[189] Soweit der Begebungsvertrag Mängel aufweist oder gar unwirksam ist oder fehlt, haftet der Aussteller aufgrund des zurechenbaren Rechtsscheins eines Begebungsvertrags gegenüber einem späteren, gutgläubigen Erwerber.[190] Für die Durchsetzbarkeit der Forderung bedarf es im Übrigen der Inhaberschaft der Urkunde, vgl. § 797 Satz 1 BGB. Der unmittelbare Besitz ist dagegen nicht erforderlich.[191]

In den überwiegenden Fällen platziert die Zweckgesellschaft das forderungsbesicherte Wertpapier nicht selbst (sog. Selbst- oder Eigenemission), sondern über eine Bank oder ein Bankenkonsortium als Platzeur (sog. Fremdemission).[192] Für die Fremdemission kommen verschiedene Alternativen in Betracht. Kaum üblich ist die Platzierung im Wege des Kommissionsgeschäfts i. S. v. §§ 675 BGB, 383 ff. HGB, wobei der Platzeur die Wertpapiere im eigenen Namen, aber auf fremde Rechnung verkauft. Ebenso wie im Fall der Selbstemission verbleibt das Platzierungsrisiko damit bei der Zweckgesellschaft, der Platzeur verpflichtet sich lediglich, die Wertpapiere dauerhaft unterzubringen (sog. *Best Efforts Underwriting*).[193] Selbstemission und Verkaufskommission kommen wirtschaftlich nur in Betracht, wenn bereits hinreichende Sicherheit besteht, wer das Wertpapier erwerben wird; andernfalls läuft die Zweckgesellschaft Gefahr, den von ihr zu entrichtenden Kaufpreis für das Forderungsportfolio nicht oder nicht rechtzeitig leisten oder eine hierfür vorhandene Fremdfinanzierung nicht oder nicht rechtzeitig ablösen zu können.[194] Vor diesem Hintergrund kommen diese Arten faktisch nur für eine Privatplatzierung in Frage,[195] bei der sich das Angebot nur an einen bestimmten Anlegerkreis, zumeist bestehend aus erfahrenen Investoren, richtet. Soweit dagegen eine öffentliche Platzierung erfolgen soll, schließen die Zweckgesellschaft und der Platzeur in der Regel einen sog. Übernahmevertrag, bei dem der

---

[188] *Habersack* in MüKo-BGB, Vorb. § 793 Rn. 24, 29; Derleder/Knops/Bamberger/*Bartz*, 2. Aufl. 2009, § 58 Rn. 15; *Alfes/Eulenburg* in: jurisPK-BGB, § 793 BGB Rn. 73 ff.; vgl. auch BGH, Urt. v. 14.05.2013, Az.: XI ZR 160/12, BB 2013, 1870 (1871); Urt. v. 30.11.1972, Az.: II ZR 70/71, NJW 1973, 282 (283); zu weiteren, jedoch größtenteils überholten Theorien ausführlich *Habersack* in MüKo-BGB, Vorb. § 793 Rn. 22 ff. m. w. N.; vgl. auch *Knops* in: FS Bamberger, 171 (173 f.) m. w. N.

[189] *Habersack* in MüKo-BGB, Vorb. § 793 Rn. 24, 29; Palandt/*Sprau*, § 793 Rn. 8.

[190] *Alfes/Eulenburg* in: jurisPK-BGB, § 793 BGB Rn. 75.

[191] BGH, Urt. v. 30.11.1972, Az.: II ZR 70/71, NJW 1973, 282 (283 f.); Palandt/*Sprau*, Einf. vor § 793 Rn. 3.

[192] Derleder/Knops/Bamberger/*Bartz*, 2. Aufl. 2009, § 58 Rn. 10 f.

[193] Derleder/Knops/Bamberger/*Bartz*, 2. Aufl. 2009, § 58 Rn. 15; zur aufsichtsrechtlichen Einordnung als Finanzkommissionsgeschäft, jedoch im Hinblick auf das Platzierungsrisiko stets mit gleichem Resultat, vgl. Derleder/Knops/Bamberger/*Martens/Spiegelberg*, § 57 Rn. 10.

[194] *Bartz* hält die Selbstemission insoweit für gänzlich ungeeignet, Derleder/Knops/Bamberger/*Bartz*, 2. Aufl. 2009, § 58 Rn. 11.

[195] Vgl. *Pavel*, S. 25.

Platzeur die Wertpapiere zu einem Festpreis platziert oder in den eigenen Bestand übernimmt und damit das Platzierungsrisiko trägt (sog. *Hard Underwriting*).[196] Bei dem Übernahmevertrag handelt es sich nach der herrschenden Lehre im Falle der Emission von Anleihen um einen kaufähnlichen Vertrag mit geschäftsbesorgungsrechtlichen Elementen.[197] Seltener verpflichtet sich aber auch der Originator, die Wertpapiere selbst zu kaufen, ohne zu einer Weiterveräußerung verpflichtet zu sein; dann kann von einem reinen Kaufvertrag i. S. v. §§ 453, 433 BGB auszugehen sein. In allen Fällen der Fremdemission kommt der Begebungsvertrag konkludent zwischen der Zweckgesellschaft und dem Platzeur als ersten Nehmer im Vorfeld der weiteren Vertragsausführung zustande.[198]

II. Handel mit der Inhaberschuldverschreibung

Soweit die forderungsbesicherten Wertpapiere über einen Sekundärmarkt gehandelt werden können, schließen der bisherige und der nachfolgende Wertpapierinhaber einen Kaufvertrag i. S. d. §§ 453, 433 BGB,[199] aufgrund dessen gegen eine Kaufpreiszahlung, §§ 453 Abs. 1, 433 Abs. 2 BGB, die Urkunde gemäß §§ 929 ff. BGB zu übereignen, alternativ das verbriefte Forderungsrecht gemäß § 398 BGB abzutreten ist.[200] Der Erwerber kann seine Ansprüche aus dem Wertpapier im erstgenannten Fall gegenüber der Zweckgesellschaft im Rahmen der vertraglichen Regelungen in den Wertpapierbedingungen allein aufgrund seiner Inhaberschaft geltend machen, vgl. § 793 Abs. 1 BGB. Im zweiten Fall folgt die Inhaberschaft am Papier der Abtretung des Anspruchs über § 952 Abs. 2 BGB. Hieraus ergibt sich die bei der Schuldverschreibung erforderliche Verfügungsbefugnis, die der Erwerber innehaben muss, wobei ihr angesichts des Herausgabeanspruchs aus § 985 BGB auch eine mangelnde Übergabe nicht entgegen steht.[201]

---

[196] Neben der vollständigen Auslagerung des Platzierungsrisikos begründet die Fremdemission weitere Vorteile wie der Rückgriff auf externes Know How bei erforderlicher Prospektierung, was ihre weite Verbreitung erklärt, vgl. Derleder/Knops/Bamberger/*Martens/Spiegelberg*, § 57 Rn. 13 ff.

[197] Derleder/Knops/Bamberger/*Martens/Spiegelberg*, § 57 Rn. 38; Derleder/Knops/Bamberger/*Bartz*, 2. Aufl. 2009, § 58 Rn. 27; Knops, BB 2008, 2535 (2536); a. A. Staudinger-BGB/*Freitag*, § 488 Rn. 59; *Canaris*, Bankvertragsrecht 1981, Rn. 2243 (Darlehen); dazu nachfolgend unter D.III.1.a) aa) a. E. und bb).

[198] Derleder/Knops/Bamberger/*Bartz*, 2. Aufl. 2009, § 58 Rn. 15.

[199] Auch der Zweiterwerb ist Rechtskauf, vgl. *Cranshaw*, BKR 2008, 504 (506 Fn. 21).

[200] Die Beteiligten haben die Wahl zwischen der Art der Übertragung des Wertpapiers, vgl. *Habersack* in MüKo-BGB, § 793 Rn. 32; zur Zulässigkeit beider Übertragungswege vgl. BGH, Urt. v. 14.05.2013, Az.: XI ZR 160/12, BB 2013, 1870 (1872 f., m. w. N.).

[201] *Habersack* in MüKo-BGB, § 793 Rn. 32, vgl. auch BGH, Urt. v. 14.05.2013, Az.: XI ZR 160/12, BB 2013, 1870 (1872 f., m. w. N.); in Abkehr von BGH, Urt. v. 25.11.2008, Az.: XI ZR 413/07, MDR 2009, 315 (316; in Bezug auf die Übergabe der Urkunde).

III. Rechtliche Einordnung der Zahlungsansprüche

1. Einordnung des Rückzahlungsanspruchs

Während die §§ 793 ff. BGB nur den Rahmen für die Geltendmachung des Leistungsversprechens bilden,[202] ist dieses getrennt hiervon rechtlich selbständig einzuordnen. Die dogmatische Einordnung des mit der Inhaberschuldverschreibung verbrieften „Rückzahlungsanspruchs“, dessen insoweit unrechtlich zu verstehende Begrifflichkeit hier beibehalten wird, ist umstritten.

a) Meinungsstand

aa) Abstraktes Schuldversprechen

Nach der herrschenden Lehre und höchstrichterlichen Rechtsprechung handelt es sich bei dem Rückzahlungsanspruch im Regelfall um ein abstraktes Schuldversprechen i. S. v. § 780 BGB.[203] Soweit ein Kausalverhältnis vorliegt, kann ein hieraus folgender Anspruch dergestalt abstrahiert werden; Einwendungen aus dem Kausalverhältnis können dem Inhaber angesichts § 796 BGB durch die Nennung des Schuldgrunds in der Urkunde erhalten bleiben.[204] Erforderlich ist das Vorliegen eines solchen Kausalverhältnisses jedoch nicht.[205] Bei dem abstrakten Schuldversprechen handelt es sich, ungeachtet seines Ursprungs, um einen einseitig verpflichtenden, konstitutiven Vertrag.[206] Dementsprechend wird die Inhaberschuldverschreibung nach der herrschenden Ansicht auch als nicht lediglich deklaratorisches, sondern konstitutives Wertpapier verstanden, wobei der Errichtung der Urkunde als rechtsgeschäftsähnlicher Teil eines zusammen mit dem Begebungsvertrag gebildeten Gesamttatbestands besondere Bedeutung zugemessen wird.[207] Eines Rückgriffs auf weitere Verträge mit dem ersten Nehmer, wie insbesondere den Übernahmevertrag, bedarf diese Lösung nicht. Folgerichtig wird von der herrschenden Ansicht der

---

[202] Staudinger-BGB/*Freitag*, § 488 Rn. 48.

[203] BGH, Urt. v. 31.05.2016, Az.: XI ZR 370/15, BGHZ 210, 263 = juris Rn. 31; Urt. v. 15.07.2014, Az.: XI ZR 100/13, MDR 2014, 1335 (1336); OLG München, Urt. v. 22.1.1997, Az.: 7 U 4544/96, NJW-RR 1999, 557 = WM 1998, 1716 (1717); *Vogel*, ZBB 2016, 179 (188); *Seibt/Schwarz*, ZIP 2015, 401 (407); *Schmidt/Schrader*, BKR 2009, 397 (398); *Maier-Reimer* in: Baums/Cahn, Die Reform des Schuldverschreibungsrechts, 2004, 129 (135); Palandt/*Sprau*, § 793 Rn. 2; *Alfes/Eulenburg* in: jurisPK-BGB, § 793 Rn. 63; *Bork* in: jurisPK-BGB, § 780 Rn. 4; Staudinger-BGB/*Marburger*, § 793 Rn. 6; MüKo-BGB/*Habersack*, § 780 Rn. 25; *ders.* in MüKo-BGB, § 793 Rn. 7 m. w. N.

[204] Vgl. *Alfes/Eulenburg* in: jurisPK-BGB, § 793 Rn. 33, 63; Staudinger-BGB/*Marburger*, § 793 Rn. 6.

[205] *Gehrlein* in: BeckOK-BGB, § 780 Rn. 1.

[206] Vgl. *Bork* in: jurisPK-BGB, § 780, Rn. 1; Jauernig/*Stadler*, §§ 780, 781 Rn. 4.

[207] *Alfes/Eulenburg* in: jurisPK-BGB, § 793 Rn. 32, 56; Staudinger-BGB/*Marburger*, § 793 Rn. 6.

Übernahmevertrag als Kaufvertrag oder kaufähnlicher Vertrag mit geschäftsbesorgungsrechtlichen Elementen eingeordnet,[208] wobei letztbenannte auf die im Übernahmevertrag enthaltene Vertriebsvereinbarung zurückgehen.

bb) Darlehensrechtlicher Rückzahlungsanspruch

Nach einer anderen Ansicht handele es sich bei dem verbrieften Zahlungsanspruch um einen kausalen, darlehensrechtlichen Rückzahlungsanspruch i. S. v. § 488 Abs. 1 Satz 2, 2. Alt. BGB.[209] Diese Ansicht stützt sich im Wesentlichen auf die Annahme, dass die Schuldverschreibung zunächst wirtschaftlich einem Darlehen entspreche, es für die Begründung des Leistungsversprechens eines Kausalverhältnisses bedürfe und dass dies nur ein Darlehensvertrag sein könne. Soweit die herrschende Lehre von dem Vorliegen eines abstrakten Schuldversprechens ausgehe, müsse diese von der Abstrahierung des Rückzahlungsanspruchs aus dem Darlehensvertrag als Kausalverhältnis ausgehen, womit der weitere Umgang mit dem fortbestehenden, kausalen Rückzahlungsanspruch ungeklärt bliebe. Für solche Unsicherheiten bestehe kein Anlass, da der für die Inhaberschuldverschreibung erforderliche Verkehrsschutz bereits hinreichend durch § 796 BGB gesichert sei.[210] Nach dieser Ansicht handele es sich bei dem im Regelfall mit einem Bankenkonsortium vereinbarten Übernahmevertrag um einen Darlehensvertrag, verbrieft werde mithin der darlehensrechtliche Rückzahlungsanspruch des Bankenkonsortiums. Diese Einordnung müsse aus der Einordnung des verbrieften Leistungsversprechens folgen. Soweit der im Übernahmevertrag vereinbarte Festpreis bei der Weiterveräußerung des Wertpapiers noch nicht entrichtet worden sei, verbriefe das Wertpapier einen zukünftigen Rückzahlungsanspruch.[211] Weitergehend werden Abstrahierungsansätze verfolgt, demnach die Forderung aus der Schuldverschreibung gemäß § 364 BGB an Erfüllung statt angenommen werde[212] oder nach Übergang der Inhaberschuldverschreibung auf einen Zweiterwerber als abstraktes Schuldanerkenntnis verstärkend neben das Kausalverhältnis trete.[213]

---

[208] Derleder/Knops/Bamberger/*Martens/Spiegelberg*, § 57 Rn. 38; Derleder/Knops/Bamberger/*Bartz*, 2. Aufl. 2009, § 58 Rn. 27; Knops, BB 2008, 2535 (2536).

[209] Staudinger-BGB/*Freitag*, § 488 Rn. 47 f.; so wohl auch OLG Frankfurt, Urt. v. 17.09.2014, Az.: 4 U 97/14, AG 2015, 87 (89) = juris Rn. 46; je nach konkretem Leistungsversprechen in Betracht ziehend *Mülbert/Hopt*, WM 1990, Sonderbeilage 3, 3 (5); ausdrücklich ablehnend dagegen *Sester*, AcP 209 (2009), 628 (640).

[210] Zum Vorstehenden insgesamt Staudinger-BGB/*Freitag*, § 488 Rn. 47 f.

[211] Staudinger-BGB/*Freitag*, § 488 Rn. 59.

[212] *Canaris*, Bankvertragsrecht 1981, Rn. 2243.

[213] *Knops* in: FS Bamberger, 171 (179), allerdings für den Fall eines finanzierten Fondsbeitritts (hierbei finanziert eine Bank den Erwerb der Fondsbeteiligung, während der Anleger sich im Gegenzug aus einer Inhaberschuldverschreibung zur Rückzahlung verpflichtet).

b) Eigene Ansicht

Vorzugswürdig ist jedenfalls für den Hauptfall einer öffentlichen Platzierung im Wege der Fremdemission die herrschende Lehre, die im Regelfall von dem Vorliegen eines abstrakten Schuldversprechens i. S. v. § 780 BGB ausgeht und das zumindest im Falle forderungsbesicherter Wertpapiere anzunehmen ist.

Dabei ist zunächst zu berücksichtigen, dass eine pauschale Einordnung des sich aus der Inhaberschuldverschreibung ergebenden Leistungsversprechens ohnehin nicht in Betracht kommt.[214] Inhalt eines solchen Leistungsversprechens kann jede Leistung i. S. v. § 241 BGB sein, die der Gestaltungsfreiheit der Parteien unterliegt.[215] Hierbei kann es sich um eine Geldleistung handeln, aber auch andere Leistungen kommen vor. Exemplarisch sei allein der Optionsschein aufgeführt, mit dem der Aussteller dem Inhaber das Recht einräumt, zu einem bestimmten Zeitpunkt oder innerhalb eines festgelegten Zeitraums für einen fest vereinbarten Preis die Lieferung bestimmter Werte zu verlangen.[216] Soweit auch Optionsscheine im Wege der Fremdemission auf der Grundlage eines Übernahmevertrags emittiert werden, ist ein Zusammenhang zwischen dem sich bei einer Einordnung als Darlehensvertrag ergebenden Rückzahlungsanspruch (Geld) und der versprochenen Leistung (z. B. Aktie) schon mangels Gleichartigkeit nicht erkennbar.

Dies schließt eine Einordnung als darlehensrechtlichen Rückzahlungsanspruch für andere und insoweit zumindest wohl überwiegend auf die Zahlung eines Geldbetrags gerichtete Leistungsversprechen grundsätzlich nicht aus.[217] Zunächst zutreffend wird hierbei nicht an einer etwaigen Kapitalüberlassung seitens der Anleger angesetzt, die außer in Ausnahmefällen einer privatplatzierten Eigenemission der Emittentin dieser nie Geld zur Verfügung stellen, sondern entsprechend der tatsächlichen Herkunft des Geldes am Übernahmevertrag mit dem emissionsbegleitendem Bankenkonsortium.[218] Zutreffend ist auch, dass der Verkehrsschutz dann grundsätzlich schon durch § 796 BGB gegeben wäre;[219] insbesondere könnte die Emittentin späteren Wertpapierinhabern gegenüber nicht vorhalten, dass der Rückzahlungsanspruch mangels bereits erfolgter Festpreiszahlung seitens des Bankenkonsortiums noch nicht entstanden sei.

Fraglich erscheint jedoch der Ansatz, zunächst den Rückzahlungsanspruch zu qualifizieren, um dann hieraus im Umkehrschluss den Übernahmevertrag als Darlehensvertrag einzuordnen.[220] Was mit dem Übernahmevertrag beabsichtigt ist,

---

[214] Differenzierend auch *Knops* in: FS Bamberger, 171 (176).

[215] Staudinger-BGB/*Marburger*, § 793 Rn. 6; *Alfes/Eulenburg* in: jurisPK-BGB, § 793 Rn. 63; so selbst Staudinger-BGB/*Freitag*, § 488 Rn. 47.

[216] OLG Frankfurt, Urt. v. 05.06.2008, Az.: 16 U 205/07, juris Rn. 19 = WM 2008, 1917 f.; OLG Bamberg, Urt. v. 17.04.1989, Az.: 4 U 146/88, juris Rn. 33 = NJW-RR 1989, 1449 f., je m. w. N.

[217] Vgl. insbesondere zum hierüber finanzierten Fondsbeitritt *Knops* in: FS Bamberger, 171 (176 ff.).

[218] Vgl. Staudinger-BGB/*Freitag*, § 488 Rn. 59; vgl. auch *Florstedt/von Randow*, ZBB 2014, 345 (350); *Oestreicher*, BB Beilage 1993, Nr. 12, 1 (3).

[219] Staudinger-BGB/*Freitag*, § 488 Rn. 48.

[220] Staudinger-BGB/*Freitag*, § 488 Rn. 59.

unterliegt der Auslegung der §§ 133, 157 BGB. Ob eine Rückzahlung des Festpreises von der Emittentin an das Bankenkonsortium beabsichtigt ist, ist im Einzelfall festzustellen. Im Regelfall ist davon auszugehen, dass dem Bankenkonsortium gerade kein dahingehender Anspruch eingeräumt werden soll, ggf. lassen jedoch vereinbarte Rücktrittsklauseln für den Fall des Fehlschlagens der Platzierung mangels Absatzmarkts anderweitige Auslegungen zu. Soweit das Bankenkonsortium das Platzierungsrisiko hingegen voll übernimmt und nicht platzierte Wertpapiere im Eigenbestand behalten soll, ist eine Rückzahlungsabsicht in Bezug auf die Festpreiszahlung nicht erkennbar.

Widersprüchlich ist sodann die Bezugnahme von *Freitag* auf den Begebungsvertrag, dessen Notwendigkeit auch er nicht beanstandet.[221] Der Begründung der verbrieften Schuld durch diesen Begebungsvertrag bedürfte es dann gerade nicht, wenn diese Schuld bereits als kausaler Rückzahlungsanspruch aus dem als Übernahmevertrag eingeordneten Darlehensvertrag zur Entstehung gelangte. Des Weiteren setzt eine dahingehende Lösung dem Grunde nach voraus, dass der aus dem Übernahmevertrag folgende Rückzahlungsanspruch sich inhaltlich mit dem aus dem Wertpapier folgenden Leistungsversprechen deckt. Dies wäre z. B. bei einer klassischen Unternehmensanleihe der Fall, soweit sich der vereinbarte Festpreis mit dem Nennwert der Wertpapiere deckt. Dies trifft aber nicht zu für die Fälle strukturierter Anleihen, bei denen der Rückzahlungsanspruch in den Wertpapierbedingungen vielfach modifiziert wird, so auch im Fall von forderungsbesicherten Wertpapieren. Es ist kaum anzunehmen, dass das Bankenkonsortium sich etwa gleichlautend für vorausgesetzte Rückzahlung des Festpreises auf einen Haftungsausschluss[222] einlassen würde. Schließlich ließe sich auch der Fall nicht greifen, dass das Bankenkonsortium die Wertpapiere zu einem sog. Einkaufsrabatt übernimmt; ein Rückzahlungsanspruch würde hier gerade nicht, auch nicht zukünftig, in Höhe des Nennwerts aller Wertpapiere bestehen, sondern hinter diesem zurückbleiben.

Die Einordnung als kausaler, darlehensrechtlicher Rückzahlungsanspruch widerspräche zudem dem Charakter der Inhaberschuldverschreibung als nicht rein deklaratorisches, sondern konstitutives Wertpapier. Auf eine solch konstitutive Wirkung lässt der Wortlaut des § 793 BGB schließen. Hier heißt es, hat jemand eine Urkunde ausgestellt, in der er dem Inhaber der Urkunde eine Leistung verspricht, so kann der Inhaber von ihm die Leistung nach Maßgabe des Versprechens verlangen. Dies deutet zum einen daraufhin, dass es sich bei dem Leistungsversprechen um eine selbständige Willenserklärung handelt, denn andernfalls bedürfte es nicht des Versprechens, sondern es genügte die Ausstellung einer Urkunde über ein ggf. auch bereits bestehendes Recht. Des Weiteren deutet der Wortlaut auch daraufhin, dass es sich um eine einseitig verpflichtende, unter Maßgabe des Begebungsvertrags empfangsbedürftige Willenserklärung handelt, denn nur der Inhaber kann eine (Haupt-)

[221] Staudinger-BGB/*Freitag*, § 488 Rn. 58.

[222] Hierzu nachfolgend genauer unter D.IV.; ebenso zu Bedenken wären Verzinsungen, Bonuszahlungen, Hebelfunktionen, unter bestimmten Konditionen eintretende Verringerungen des verbrieften Rückzahlungsanspruchs etc., wie sie bei aufwendiger gestalteten Inhaberschuldverschreibungen regelmäßig anzutreffen sind.

Leistung verlangen. Dem darlehensrechtlichen Rückzahlungsanspruch läge jedoch ein zweiseitig verpflichtender Darlehensvertrag zugrunde. Aus vorstehenden Erwägung schließt sich die Einordnung als darlehensrechtlicher Rückzahlungsanspruch i. S. v. § 488 Abs. 1, Satz 2, 2. Alt. BGB zumindest soweit regelmäßig aus, als er trotz seiner Verbriefung kausaler Natur bleiben solle.

Es bleibt somit unter der wohl nur im Einzelfall zu haltenden Annahme, es handele sich bei dem Übernahmevertrag um einen Darlehensvertrag, die Einordnung als abstrakter, ggf. modifizierter darlehensrechtlicher Rückzahlungsanspruch zu prüfen, der auf der Grundlage des Begebungsvertrags zum einen neben einen kausalen, darlehensrechtlichen Rückzahlungsanspruch treten,[223] diesen an Erfüllung statt gemäß § 364 BGB ablösen oder im Wege der Novation gemäß der §§ 780, 781 BGB aus einem solchen folgen könnte.

Dem parallelen Fortbestehen eines kausalen, darlehensrechtlichen Rückzahlungsanspruchs ist entgegenzusetzen, dass das Bankenkonsortium selbst vorbehaltlich etwaiger Rücktrittsklauseln den an die Emittentin geleisteten Festpreis im Regelfall nicht zurückerhalten können soll, wenn das Wertpapier vollständig platziert ist. Dies schließt ein Nebeneinander von kausalem und erst mit der Platzierung durch die jeweiligen Inhaber durchsetzbarem, abstrakten darlehensrechtlichen Rückzahlungsanspruch aus.[224] Einer Ablösung des kausalen darlehensrechtlichen Rückzahlungsanspruchs über eine Annahme an Erfüllung statt gemäß § 364 BGB oder eine Novation in eine abstrakte Verbindlichkeit könnte entgegenstehen, dass bereits vor der Begebung der Inhaberschuldverschreibung nicht nur ein Darlehensvertrag zustande gekommen, sondern das Darlehen insbesondere bereits valutiert sein müsste, was in der Regel nicht der Fall ist[225] und insbesondere nicht den Interessen des verhandlungsstärkeren Bankenkonsortium entspräche, das seinerseits erst auf einen Mittelzufluss von Seiten der Anleger warten wollen wird. Beiden Lösungsansätzen ist jedoch entgegenzusetzen, dass dies zu einem überschüssigen Einwendungsverlust der Emittentin auch gegenüber dem Bankenkonsortium führen würde;[226] so erscheint jedenfalls nicht ausgeschlossen, dass Einwendungen aus dem Übernahmevertrag auch noch nach der Platzierung zum Tragen kommen könnten, so etwa bei einer Veräußerung der Inhaberschuldverschreibungen außerhalb eines originär anvisierten Adressatenkreises.

Nach alledem ist jedenfalls für den hier behandelten Fall der herrschenden Ansicht zu folgen, demnach allein durch Skriptur und Begebungsvertrag in der Regel ein abstraktes Schuldversprechen i. S. v. § 780 BGB zur Entstehung gelangt oder

---

[223] So *Knops*, demnach die Inhaberschuldverschreibung gegen die Valutierung des Darlehens ausgegeben werde, um dem Darlehensgeber anstelle eines einfachen Anspruchs auf Rückzahlung eine verbriefte Forderung in entsprechender Höhe zu verschaffen; dies solle aber seine Wirkungen erst mit dem Zweiterwerb entfalten, ab dem die in der Inhaberschuldverschreibung verbriefte Forderung als abstraktes Schuldanerkenntnis gewertet werden könne, vgl. FS Bamberger, 171 (179).

[224] Bei einem durch eine Inhaberschuldverschreibung finanzierten Fondsbeitritt können dagegen andere Erwägungen zum Tragen kommen, vgl. *Knops* in: FS Bamberger, 171 (176 ff.).

[225] Vgl. *Knops* in: FS Bamberger, 171 (178).

[226] So zur Novation auch Staudinger-BGB/*Freitag*, § 488 Rn. 58.

ausnahmsweise im Falle eines existenten Kausalverhältnisses ein konstitutives Schuldanerkenntnis i. S. v. § 781 BGB, wobei es sich bei einem solchen jedoch nicht um den separat zu bewertenden Übernahmevertrag handelt, dessen Rechtsnatur im Weiteren offenbleiben kann.[227] Dem steht auch nicht entgegen, dass sich Schuldner- und Gläubigerschaft in einer Person vereinigen und die Forderung nach den Grundsätzen der Konfusion[228] erlischt oder gar nicht erst zur Entstehung gelangt;[229] denn das Bankenkonsortium ist hiernach Schuldner der Festpreiszahlung, aber Gläubigerin der hiervon im Einzelfall stark abweichend ausgeprägten Forderung, wie sie in der Inhaberschuldverschreibung verbrieft ist. Soweit andernfalls eine allzu große Ähnlichkeit der Inhaberschuldverschreibung mit einem Rückzahlungsanspruch aus einem klassischen Darlehen besteht, so etwa oftmals im Rahmen der obligatorischen Fremdfinanzierung eines Fondsbeitritts, so ist zu bedenken, dass die Auslegung nach §§ 133, 157 BGB in diesen Fällen ungeachtet der Bezeichnung als Inhaberschuldverschreibung das Vorliegen eines echten Darlehensvertrags i. S. d. §§ 488 ff. BGB ergeben wird.[230] Bei dem mit dem forderungsbesicherten Wertpapier verbrieften Rückzahlungsanspruch handelt es sich gemäß dem Vorstehenden jedoch um ein abstraktes Schuldversprechen i. S. v. § 780 BGB. Ein diesem Anspruch zugrundeliegendes Kausalverhältnis besteht nicht. Rechtsgrund für die Entstehung des Forderungsrechts ist allein der Begebungsvertrag und die errichtete Urkunde.

2. Einordnung der Zinsansprüche

Das Gesetz definiert keinen einheitlichen Zinsbegriff, setzt dessen Existenz aber in verschiedenen Normen voraus, deren genauer Inhalt im Einzelfall durch Auslegung zu ermitteln ist.[231] Nach dem von *Canaris* erarbeiteten und heute überwiegend üblichen Zinsbegriff im Darlehensrechts handelt es bei Zinsen um eine gewinn- und umsatzunabhängige, laufzeitabhängige, in Geld oder anderen vertretbaren Sachen zu entrichtende Vergütung für die Möglichkeit des Gebrauchs eines Kapitals.[232]

---

[227] Den Begebungsvertrag als Rechtsgrund für die Entstehung des Leistungsversprechens verkennt Staudinger-BGB/*Freitag*, § 488 Rn. 48.

[228] Gesetzlich nicht geregelt, vorausgesetzt aber z. B. bei § 425 Abs. 2 BGB.

[229] So *Knops* in: FS Bamberger, 171 (178).

[230] Vgl. auch *Knops* in: FS Bamberger, 171 (176, 181); inwieweit in solchen Fällen den Regelungen der §§ 793 BGB überhaupt noch eine eigenständige Bedeutung zukommt, bleibt fraglich, insbesondere, wenn eine Weitergabe der Inhaberschuldverschreibung an Dritte nie geplant war, vgl. *Knops* in: FS Bamberger, 171 (182) (geschlossene Fondsbeteiligungen, für die diese Finanzierungsart in der Vergangenheit verstärkt genutzt wurde, sind aufgrund der mit ihnen einhergehenden Gesellschafterstellung oder gesellschaftsähnlichen Stellung bei Treuhandkonstruktionen schon nicht fungibel ausgestaltet, das Zustandekommen eines Zweitmarkts wird schon in den Prospektangaben ausdrücklich nicht gewährleistet).

[231] MüKo-BGB/*Grundmann*, § 246 Rn. 3.

[232] *Canaris*, NJW 1978, 1891 ff.; BGH, Urt. v. 09.11.1978, Az.: II ZR 21/77, NJW 1979, 805 (806); Urt. v. 16.11.1978, Az.: III ZR 47/77, NJW 1979, 540 (541); Derleder/*Knops*/Bamberger, § 13 Rn. 1.

Dagegen stellt der gesetzliche Verzugszins gemäß § 288 BGB eine ebenfalls „laufzeitabhängige" Entschädigung (über den Zeitraum des Verzugs) für die Kapitalentbehrung beim Gläubiger dar. Den meisten Zinsansprüchen gemein ist, dass sie sich laufzeitabhängig aus einem Kapitalstock errechnen.[233] Allerdings kennt das Gesetz auch hierzu Ausnahmen, so etwa im Falle des effektiven Jahreszinses, der auch nicht laufzeitabhängige Nebenforderungen berücksichtigt.[234]

Im vorliegenden Fall der forderungsbesicherten Wertpapiere sind die Zinsansprüche nicht gesetzlich geregelt. Es handelt sich bei ihnen um rein vertragliche Zinsansprüche auf den Nennwert. Sie können sowohl als Entschädigung des Wertpapierinhabers gewertet werden, der mangels Fälligkeit noch nicht auf den ihm geschuldeten „Rückzahlungsbetrag" zurückgreifen kann, als auch – unter Zugrundlegung einer rein wirtschaftlichen Betrachtungsweise – als Vergütung für die Kapitalnutzungsmöglichkeit der Zweckgesellschaft, der das Kapital ursprünglich im Regelfall jedenfalls wirtschaftlich über das Bankenkonsortium zur Verfügung gestellt wurde. Sie können in Orientierung an dem ausstehenden Kapital, variabel oder zu einem festen Betrag in den Grenzen der §§ 138, 248 und 305 ff. BGB privatautonom frei vereinbart werden,[235] dependieren aber nicht von Gewinn oder Umsatz und sind über die in den Wertpapierbedingungen festgelegte Laufzeit zu entrichten. In der Beispieltransaktion wurde, wie bei Verbriefungen häufig vorkommend, die Form eines sog. *Floaters* für die Wertpapiere gewählt, d. h. die Verzinsung setzt sich aus einer festen Marge und dem Wert eines Referenzzinssatzes zusammen; in dieser Kombination handelt es sich um eine sog. Zinsgleitklausel.[236] Die Marge beinhaltet einen Risikoaufschlag, so dass Wertpapiere der risikobehafteteren Klassen im Ergebnis höher verzinst werden.

Der Zinsanspruch entsteht zusammen mit dem noch nicht fälligen Rückzahlungsanspruch auf der Grundlage des abstrakten Schuldversprechens und hängt im Folgenden partiell prozentual von der Höhe des noch ausstehenden Nennwerts des Wertpapiers ab. Nach der Auskehr des Nennwerts – spätestens zum Laufzeitende – entstehen naturgemäß auf diesen Betrag keine weiteren Zinsansprüche mehr. Damit entspricht die übliche vertragliche Ausgestaltung von Verbriefungstransaktionen hinsichtlich der Verzinsung der Einordnung einer Zinsschuld als materiell akzessorische Nebenschuld zur Hauptschuld.[237] Grundsätzlich kann demnach eine Zinsforderung nur entstehen, soweit die Hauptschuld besteht.[238]

Die Zinsschuld ist daneben formell selbständig; sie folgt nicht über § 401 BGB der Hauptschuld, vielmehr ist im Übertragungsfall ggf. durch Auslegung zu ermitteln, ob

---

[233] MüKo-BGB/*Grundmann*, § 246 Rn. 4.

[234] MüKo-BGB/*Grundmann*, § 246 Rn. 5.

[235] Vgl. *Grothe* in: Beck-OK, § 246 Rn. 8; *Toussaint* in: jurisPK-BGB, § 246 Rn. 34.

[236] *Becker*, WM 2013, 1736.

[237] So i. E. auch Knops, BB 2008, 2535 (2536 Fn. 14.); zur materiellen Akzessorietät vgl. auch Derleder/*Knops*/Bamberger, § 13 Rn. 1; MüKo-BGB/*Grundmann*, § 246 Rn. 10; *Grothe* in: Beck-OK, § 246 Rn. 1; *Toussaint* in: jurisPK-BGB, § 246 Rn. 26 m. w. N.

[238] Derleder/*Knops*/Bamberger, § 13 Rn. 1; MüKo-BGB/*Grundmann*, § 246 Rn. 10; *Grothe* in: Beck-OK, § 246 Rn. 5; *Toussaint* in: jurisPK-BGB, § 246 Rn. 27.

auch die Übertragung der Zinsschuld gewollt ist.[239] Angesichts der bereits oben thematisierten Verkehrsfähigkeit von Schuldverschreibungen und ihrer damit notwendigerweise einhergehenden Austauschbarkeit[240] wird diese Auslegung vorliegend stets zu dem Ergebnis kommen, dass mit der Übertragung der Schuldverschreibung sämtliche in ihr verbrieften Ansprüche übergehen, demnach auch die Zinsansprüche. Sie sind insoweit auch als zwar akzessorischer, aber ansonsten selbständiger Anspruch in der Inhaberschuldverschreibung verbrieft. Die Qualifizierung als Nebenschuld schließt eine Einordnung als – auch synallagmatische – Hauptleistungspflicht nicht aus.[241] Vorliegend handelt es sich bei der Verzinsung zwar um eine vertragliche Hauptleistungspflicht, allerdings angesichts der zuvor durchgeführten Einordnung der Hauptschuld als abstraktes Schuldversprechen nicht um eine synallagmatische, sondern nur um eine rein akzessorische.

IV. Beschränkungen der Zahlungsansprüche

1. Subordination

Ohne besondere Regelungen konkurrieren die Ansprüche der Wertpapierinhaber miteinander sowie mit den Forderungen anderer Gläubiger, wie etwa dem Liquiditätsgeber und Swap-Kontrahenten sowie öffentlichen Gläubigern.[242] Die Subordination der Zahlungsansprüche, wie sie auch in der Beispieltransaktion durchgeführt wurde, führt hingegen dazu, dass bestimmte Gläubiger bevorzugt zu befriedigen sind.[243] Zu diesem Zwecke kann das Leistungsversprechen aus der Schuldverschreibung direkt beschränkt werden. Die Befugnis, das Leistungsversprechen gemäß § 793 BGB durch Bedingungen und Nebenabreden zu beschränken, ergibt sich aus § 796 BGB und der Möglichkeit des Austellers, urkundliche Einwendungen geltend zu machen.[244] Zwar wird hier ein Rückzahlungsanspruch mit der Höhe des noch ausstehenden Nennwerts beziffert. Jedoch sind die Formulierungen in den Wertpapierbedingungen in der Regel hinreichend klar, dass die Befriedigung dieses Anspruchs sowie der Zinsansprüche nur vorbehaltlich der in dem Wasserfall vorgesehen Reihenfolge und des Weiteren nur bei ausreichend vorhandenen Finanzmitteln erfolgen soll,[245] was an verschiedenen Stellen im Zusammenhang mit den Zahlungsansprüchen wiederholt wird. Eine mögliche

---

239 *Grothe* in: Beck-OK, § 246 Rn. 5; *Toussaint* in: jurisPK-BGB, § 246 Rn. 28.

240 Vgl. oben einleitend zu D.

241 So etwa gesetzlich normiert beim Darlehen nach § 488 BGB, vgl. *Grothe* in: Beck-OK, § 246 Rn. 5; *Schwintowski* in: jurisPK-BGB, § 488 Rn. 34.

242 Vgl. MüKo-BGB/*Habersack*, § 793 Rn. 13.

243 Vgl. MüKo-BGB/*Habersack*, § 793 Rn. 13; *Knops*, BB 2008, 2535 (2536).

244 *Alfes/Eulenburg* in: jurisPK-BGB, § 793 Rn. 63.

245 Vgl. auch *Horn*, ZHR 173, 12 (23, 45).

Subordination verschiedener Positionen, jeweils ihre Fälligkeit vorausgesetzt und mit nur zwei verschiedenen Wertpapiertranchen, gestaltet sich z. B. wie folgt:[246]

1. Gebühren, Kosten und Aufwendungen der Emittentin, die im Zusammenhang mit ihrer Errichtung und ihrem Betrieb entstehen,
2. Ansprüche des Treuhänders,
3. Kosten der Emission und des Vertriebs der Wertpapiere
4. Verwaltungskosten (Ansprüche der Zahlungstelle, des Datentreuhänders, des Sachwalters, des Geschäftsführers der Emittentin u. a.),
5. Ansprüche der Ratingagenturen,
6. Vertragliche Ansprüche des (Back-Up-)Servicers,
7. Vertragliche Ansprüche des Vertragspartners der Liquiditätsfazilität,
8. Vertragliche Ansprüche der Swap-Gegenpartei,
9. Vertragliche Ansprüche Dritter
10. Zinsansprüche der Wertpapierinhaber der Klasse A
11. Ausgleich des Zahlungsrückstandskontos der Klasse A
12. Zinsansprüche der Wertpapierinhaber der Klasse B
13. Ausgleich des Zahlungsrückstandskontos der Klasse B
14. Rückzahlungsansprüche der Wertpapierinhaber der Klasse A
15. Rückzahlungsansprüche der Wertpapierinhaber der Klasse B
16. Sonstige Kosten im Zusammenhang mit der Liquiditätsfazilität
17. Sonstige Kosten im Zusammenhang mit dem Swap-Geschäft
18. Entschädigungsleistungen an Transaktionsbeteiligte bei Verzug
19. Gratifikationsleistungen an den Servicer
20. Zahlung des Transaktionsgewinns an den Originator

Die hier gemeinte Subordination im Rahmen einer Verbriefung setzt also mehrere Forderungen in ein abgestuftes Rangverhältnisse. Danach sollen zu den jeweiligen Stichtagen (Zinszahlungstermine und Endfälligkeit) die gegen die Zweckgesellschaft gerichteten Forderungen der Anleger, aber auch der anderen Verbriefungsbeteiligten und bestimmter Dritten, deren zukünftige Ansprüche zumindest dem Grunde nach voraussehbar sind, wie solche des Finanzamts, des Servicers oder eines Liquiditätsgebers, in einer bestimmten Reihenfolge bezahlt werden.

---

[246] Sinngemäß übersetzt aus dem Englischen und zum Zwecke der besseren Übersichtlichkeit inhaltlich nur verkürzt dargestellt. Typischerweise gibt es nicht nur einen solchen Wasserfall, sondern mehrere. So können z. B. eine näher definierte *Interest Available Amount* (z. B. die aus den Darlehen gezahlten Vertragszinsen, Verzugszinsen, Zahlungen des Liquiditätsgebers und der Swap-Gegenpartei) und *Principal Available Amount* (z. B. die aus den Darlehen erfolgten Rückzahlungen und hierauf gerichtete Vorauszahlungen) verschiedenen verteilt werden, oder es gelangen bei bestimmten, ebenfalls näher definierten Ereignissen abwandelte Wasserfälle zur Anwendung, vgl. z. B. die zahlreichen unter https://www.true-sale-international.de/unser-leistungsangebot/zertifizierung/zertifizierte-transaktionen-der-tsi/ (zugegriffen am 15.12.2018) veröffentlichten *Offering Circulars* und die hierin je enthaltenen *Terms an Conditions*, vgl. z. B. auch „Asset Backed Securities leicht gemacht! Ein praktischer Leitfaden" der HVB, S. 67, abrufbar im Internet unter https://www.true-sale-international.de/fileadmin/tsi_downloads/ABS_Research/Informationsmaterial_und_Literatur/Einfuehrende_Handbuecher_und_Leitfaeden/ABS_Factbook_GERMAN.pdf (zugegriffen am 15.12.2018).

Die eingehenden Zahlungsströme durchlaufen dabei zu jedem Stichtag mit je nachfolgendem Auszahlungstermin diesen Wasserfall. Die Subordination soll bewirken, dass die jeweilige Forderung erst dann zu begleichen ist, wenn und soweit die vorrangige Forderung beglichen wurde. Sie geht dergestalt über die bloße Kreditverbesserung zugunsten der Senior Tranche oder anderer hochrangiger Wertpapiertranchen hinaus,[247] sondern dient auch der Absicherung weiterer Gläubiger der Zweckgesellschaft. Während an erster Position zumeist etwaige Steuerschulden stehen, finden sich die Anleger mit ihren Ansprüchen aus dem forderungsbesicherten Wertpapier regelmäßig in einer mittleren Position, d. h. es gibt solche Forderungen, unter denen ihre Forderungen subordiniert sind und es gibt solche, die unter ihre Forderungen subordiniert sind. In Bezug auf vorrangige Forderungen bedeutet die Subordination folglich eine Schlechterstellung des Anlegers. In Bezug auf nachrangige Forderungen bedeutet sie eine Absicherung und trägt wegen des gegenüber nachgeordneten Wertpapiertranchen geringeren Risikos zu einem besseren Rating der ranghöheren Wertpapiertranchen bei.

Die Subordination umfasst eine abschließend bestimmte Anzahl von Forderungen bzw. Forderungsgruppen. Weitere, zukünftig gegen die Zweckgesellschaft entstehende Forderung, wie z. B. Schadensersatzansprüche der Anleger aus Prospekthaftung,[248] sind dagegen nicht subordiniert. Zu diesen bestimmen die Wertpapierbedingungen sinngemäß, dass sie zu sämtlichen untereinander subordinierten Forderungen jeweils *pari passu*, also gleichrangig stehen. Die hier behandelte Subordination unterscheidet sich daher einerseits von einem allgemeinen Nachrang einer oder mehrerer Forderungen gegenüber allen laufenden oder zukünftigen Forderungen des Schuldners,[249] als auch von einem spezifischen Nachrang, bei dem ein Gläubiger mit seiner Forderung oder Forderungen gegenüber nur einer Forderung oder Forderungen nur eines anderen Gläubigers im Rang zurücktritt.[250] Ähnlich eines solchen spezifischen Nachrangs, der eine Vorausabtretung der Insolvenzquote an den ranghöheren Gläubiger beinhalten kann,[251] ansonsten aber nicht insolvenzfest ist,[252] ist auch die Subordination im Rahmen einer Verbriefung neben einer Liquiditätsentlastung vorrangig auf die Schaffung einer gewissen Rendite-Risiko-Verteilung gerichtet.[253]

---

[247] Zur Nutzung als Kreditverbesserung vgl. oben Kap. 2, D.IV.

[248] Zu diesen unten Kap. 5, E.

[249] Näher BGH, Urt. v. 05.03.2015, Az.: IX ZR 133/14, juris Rn. 14 ff. = DZWIR 2015, 384 (385 m. w. N.).

[250] Derleder/Knops/Bamberger/*Hoffmann*, § 24 Rn. 96 (von ihm als „einfacher" Nachrang bezeichnet).

[251] Derleder/Knops/Bamberger/*Hoffmann*, § 24 Rn. 96; Braun/*Bäuerle*, § 39 Rn. 31; die Zulässigkeit einer Abtretung zugunsten Dritter ohne Einbeziehung des Begünstigten wird von der herrschenden Ansicht abgelehnt, so dass es hierfür multilateraler Verträge bedarf, vgl. etwa BGH, Urt. v. 29.01.1964, Az.: V ZR 209/61, BGHZ 41, 95 ff.; MüKo-BGB/Gottwald, § 328 Rn. 269 m. w. N. zu beiden Positionen.

[252] Derleder/Knops/Bamberger/*Hoffmann*, § 24 Rn. 96; Braun/*Bäuerle*, § 39 Rn. 31; a.A. *Schrell/Kirchner*, BKR 2004, 212 (216).

[253] So zum spezifischen Nachrang *Peters*, WM 1988, 641 (642).

Die Rechtsverbindlichkeit der Subordinationsabrede erfordert eine gleichlaufende Vereinbarung zwischen allen an der Subordination beteiligten Gläubigern der Zweckgesellschaft. Als Grundlage kommen die zwischen der Zweckgesellschaft und ihren jeweiligen Vertragspartnern geschlossenen Verträge in Betracht, die zwangsläufig eine gleichlautende Abrede enthalten müssen. Im Hinblick auf die Wertpapiere meint dies den konkludent geschlossenen Begebungsvertrag, mit dem die Zahlungsansprüche unter Maßgabe der Wertpapierbedingungen zur Entstehung gelangen. Dass außerhalb dieser bilateralen Verträge multilaterale Verträge zwischen sämtlichen an der Subordination beteiligten Gläubiger geschlossen werden, die zudem auch Rechtswirkungen gegenüber den späteren Wertpapierinhabern entfalten müssten, lässt sich zumindest den gängigen Wertpapierbedingungen nicht entnehmen.

a) Rechtliche Einordnung

Ausgehend von der Annahme insoweit rein bilateraler oder zumindest nicht sämtliche an der Subordination beteiligten Gläubiger umfassende multilateraler Vertragsverhältnisse stellt sich die Frage der rechtlichen Einordnung der Subordinationsabrede.

aa) Abrede zur Fälligkeit und Erfüllbarkeit

Eine Möglichkeit wäre, die Subordinationsabrede als Vereinbarung zur Fälligkeit zu verstehen. Die jeweilige Forderung wäre erst fällig, wenn die jeweils ranghöhere Forderung befriedigt ist. In diesem Fall stünde es der Zweckgesellschaft angesichts § 271 Abs. 2 BGB grundsätzlich frei, faktisch außerhalb dieses Fälligkeitsplans auf eine subordinierte Forderung zu leisten und damit einzelne Forderungsinhaber zu benachteiligen. Es bedürfte daher einer ergänzenden Auslegung dahingehend, dass die subordinierten Forderungen vor ihrer Fälligkeit auch nicht erfüllbar sein sollen. Allerdings birgt der jeweils nur bilaterale vertragliche Hintergrund das Risiko, dass die Zweckgesellschaft mit einzelnen Verbriefungsbeteiligten ggf. auch konkludent durch zweckgerichtete Leistung, diesbezügliche Änderungsvertrage schließt und dergestalt die Subordinationsabrede zulasten ranghöherer Forderungen ausgehebelt werden könnte. Diese Einordnung korrespondiert nicht mit dem objektivierbaren Vertragswillen, eine hinreichende Rechtsverbindlichkeit der Subordinationsabrede zugunsten aller an der Subordination beteiligten Gläubiger zu erreichen. Überdies steht dem der ausdrückliche Wortlaut der gängigen Wertpapierbedingungen entgegen, demnach die jeweiligen Ansprüche fällig und erfüllbar sein sollen.

bb) Pactum de non petendo

In Betracht zu ziehen ist auch das sog. *pactum de non petendo* („Vertrag, nicht zu fordern"), ein Stillhalteabkommen, um das es sich nach einer Ansicht auch im Falle des allgemeinen Nachrangs handeln soll.[254] Die Leistung könnte nicht gefordert

---

[254] *K. Schmidt*, ZIP 2015, 901 (909 ff.); *ders.* bereits in GmbHR 1999, 9 (13); Uhlenbruck/*Mock*, § 19 Rn. 157, 228 m. w. N.

werden, bis die jeweils ranghöhere Forderung befriedigt ist. Das *pactum de non petendo* betrifft als Einrede die prozessuale Durchsetzbarkeit der Forderung, die im Übrigen aber fällig bleibt.[255] Rechtlich handelt es sich um ein Leistungsverweigerungsrecht des Schuldners.[256] Dies bedeutet aber wiederum, dass die Zweckgesellschaft von dem Gebrauch ihres Leistungsverweigerungsrechts absehen und gleichwohl auf eine subordinierte Forderung leisten könnte;[257] dies ginge zulasten der über ihr stehenden Forderungen, für die sich folglich ohne entsprechende Kompensation das Ausfallrisiko erhöhen würde.

cc) Aufschiebend bedingter Erlassvertrag mit Besserungsschein

Weiter ist eine ebenfalls für den allgemeinen Nachrang angenommene Einordnung als bedingter Erlassvertrag i. S. v. §§ 158, 397 BGB in Betracht zu ziehen.[258] Die jeweilige Forderung würde erlöschen, soweit die zum jeweiligen Stichtag eingehenden Zahlungsströme nicht zur Befriedigung der jeweils ranghöheren Forderung genügen würde, §§ 158 Abs. 1, 397 BGB. Soweit sich die wirtschaftliche Lage der Zweckgesellschaft wieder bessert, würde eine auflösende Bedingung hinsichtlich des Erlassvertrags greifen, so dass die Forderung wieder auflebt, §§ 158 Abs. 2, 397 BGB (sog. Besserungsschein). Problematisch wäre hierbei die Klärung der Frage, wann sich die wirtschaftliche Lage wieder bessert, da der Zweckgesellschaft nur die Zahlungseingänge aus dem Forderungsportfolio zur Verfügung stehen und diese bereits für sämtliche Zahlungstermine (Zins- und Rückzahlungsansprüche der Anleger) eingeplant sind. Regelmäßig steht auch der Wortlaut der Wertpapierbedingungen einer solchen Einordnung entgegen, die bestimmen, dass noch offene Zinszahlungen an die Anleger zu späteren Zahlungsterminen nachgeholt werden können; dies spricht eher gegen ein zwischenzeitliches Erlöschen der betreffenden Forderungen. Schließlich wären Subordinationsteilnehmer im Falle des Insolvenzeintritts während der Wirkungen des Erlassvertrags noch nicht einmal mehr quotal zu befriedigen, obwohl mit der Regelung lediglich eine Rendite-Risiko-Verteilung bezweckt ist und ein solches Erlöschen noch nicht einmal zwecks Vermeidung des Insolvenzfalls erforderlich wäre.[259]

---

[255] Im Falle ihrer Erhebung ist die Klage als (derzeit) unzulässig abzuweisen, vgl. BeckOK-BGB/*Lorenz*, § 271 Rn. 12.

[256] Vgl. z. B. BGH, Urt. v. 21.02.1983, Az.: VIII ZR 4/82, juris Rn. 21 = NJW 1983, 2496 (2497).

[257] Vgl. BGH, Urt. v. 05.03.2015, Az.: IX ZR 133/14, juris Rn. 31 = DZWIR 2015, 384 (386 f.); *Peters*, WM 1988, 685 (686).

[258] So noch BT-Drucks. 12/2443, S. 115 u. 12; *Serick*, ZIP 1980, 9 (14 f.); ebenso für einen spezifischen Nachrang OLG Frankfurt, Urt. v. 13.10.2014, Az.: 1 U 25/13, juris Rn. 33 f.

[259] Vgl. BGH, Urt. v. 05.03.2015, Az.: IX ZR 133/14, juris Rn. 31 = DZWIR 2015, 384 (386 f.); insbesondere für den Fall, dass alle ranghöheren Forderungsinhaber voll befriedigt werden, rechtfertigt sich ein solcher Erlass nicht, vgl. auch Uhlenbruck/*Hirte*, § 39 Rn. 53.

dd) Aufschiebende Bedingung

Ebenfalls vor Schwierigkeiten gestellt wäre eine Einordnung als aufschiebende Bedingung i. S. v. § 158 Abs. 1 BGB. Die jeweilige Forderung würde nur soweit zur Entstehung gelangen, wie nach der Befriedigung ranghöherer Forderungen noch Kapital zur Verfügung steht. Der Handelbarkeit des Wertpapiers stünde dies nicht entgegen; verbrieft wäre mit ihm insoweit ein Anwartschaftsrecht, über das verfügt werden kann.[260] Allerdings wäre das Anwartschaftsrecht hinsichtlich des Rückzahlungsanspruchs nicht dazu geeignet, die zum Rückzahlungsanspruch akzessorischen Zinsansprüche der Anleger auszulösen. Im Übrigen stünde dies der Möglichkeit einer Kündigung des Wertpapiers entgegen, die ungeachtet einer Kündigungsmöglichkeit gemäß § 314 BGB auch durch die Wertpapierbedingungen selbst vorgesehen ist und damit einen entgegenstehenden Vertragswillen erkennen lässt;[261] eine Kündigung bliebe zwar möglich, aber nicht mit der Folge eines fälligen Rückzahlungsanspruchs, da dieser insoweit noch nicht entstanden wäre. Schließlich korrespondiert auch dieses Verständnis nicht mit dem Wortlaut der gängigen Wertpapierbedingungen, demnach die jeweiligen Ansprüche fällig und erfüllbar sein sollen.

ee) Vertrag zugunsten Dritter

Letztlich bleibt eine Einordnung der Subordinationsabrede als zwischen der Zweckgesellschaft und den übrigen Verbriefungsbeteiligten jeweils geschlossener Vertrag *sui generis* zugunsten Dritter i. S. v. §§ 311 Abs. 1, 241, 328 BGB in Betracht zu ziehen.

Hierbei stellt sich zunächst die Frage, ob es sich bei einem solchen Vertrag um eine rein schuldrechtliche Regelung handelt, oder ob ihr auch eine Verfügungswirkung hinsichtlich der betreffenden, je rangniederen Forderungen zukommt.[262] Nach Letzterem müsste die jeweilige Forderung auf der Grundlage der jeweiligen Verträge, darunter dem Begebungsvertrag, so begründet worden sein, dass sie nur für den Fall ausbezahlt werden darf, dass für die ranghöheren Forderungen zum ursprünglich vorgesehenen oder einem späteren Zahlungstermin hinreichendes Kapital zur Verfügung steht. Es müsste sich bei dem Rang der Forderung dem Grunde nach um eine ihr innewohnende Eigenschaft handeln, vergleichbar einem Abtretungsverbot i. S. d. § 399 Abs. 1 BGB (*pactum de non cedendo*), mit dem der Forderung die ihr grundsätzlich innewohnende Verfügungsbefugnis aberkannt wird.

Dies ist aber mit dem Vertragswillen der Parteien, wie er zumindest in den Wertpapierbedingungen zum Ausdruck kommt, regelmäßig nicht vereinbar. So sehen diese z. T. vor, dass bei der Kündigung eines einzelnen Wertpapierinhabers

---

[260] BeckOK-BGB/*Rövekamp*, § 158 Rn. 25 f.

[261] Zu den Kündigungsmöglichkeiten des forderungsbesicherten Wertpapier vgl. unten Kap. 6.

[262] So zum allgemeinen Nachrang BGH, Urt. v. 05.03.2015, Az.: IX ZR 133/14, juris Rn. 32 = DZWIR 2015, 384 (387); insgesamt kritisch *K. Schmidt*, ZIP 2015, 901 ff.; so aber auch bereits *Peters*, WM 1988, 685 (686, 689).

aufgrund vertraglicher Kündigungsrechte alle Wertpapiere vorzeitig fällig werden und ordnen hierfür die Geltung einer anderen Subordinationsabrede an. Selbst wenn man sich mit einem weiteren, gemäß § 158 Abs. 1 BGB aufschiebend bedingten, verfügenden Schuldänderungsvertrag behelfen würde, bliebe zu berücksichtigen, dass nach herrschender Ansicht das außerordentliche Kündigungsrecht gemäß § 314 BGB nicht durch die Wertpapierbedingungen abbedungen werden kann,[263] der Rückzahlungsanspruch in diesem Fall grundsätzlich zum noch ausstehenden Nennwert fällig wird und eine bei dinglicher Wirkung anzunehmende, weitere Teilnahme an der Subordination im Verhältnis zu Forderungen aus ungekündigten Verhältnissen insbesondere wegen des langen Zuwartens auf den eigentlichen Fälligkeitstermin zu ungerechtfertigten Ergebnissen führen würde. Auch weisen die Wertpapierbedingungen auf außerordentliche Kündigungsrechte anderer Verbriefungsbeteiligter hin, für die Vergleichbares gelten dürfte. Im Zweifel ist daher von dem Vorliegen einer rein schuldrechtlichen Vereinbarung i. S. d. §§ 311 Abs. 1, 241 BGB auszugehen.

Die erforderliche Rechtsverbindlichkeit ließe sich womöglich gleichwohl in Form einer Einordnung dieses Vertrags als Vertrag zugunsten Dritter i. S. v. § 328 BGB schaffen. Dem Dritten, hier den je ranghöheren Forderungsinhabern, könnte dergestalt zu einer gesicherten Rechtsposition verholfen werden.[264] Wer Dritter in diesem Sinne ist, ist auch hinreichend bestimmt; insoweit steht der Umfang der an der Subordination teilnehmenden Forderungen mit ihren jeweiligen Forderungsinhabern von Beginn an fest. Lediglich im Hinblick auf spätere Wertpapierinhaber gilt dies nicht; es genügt insoweit aber die Bestimmbarkeit nach persönlichen oder sachlichen Kriterien.[265] Fraglich ist, welches Recht dem jeweils ranghöheren Gläubiger als Drittem zuerkannt werden kann und durch wen. Gegenstand der Leistung an den Dritten kann jede Pflicht i. S. d. § 241 BGB sein, daher kommen sowohl Leistungsansprüche, als auch Unterlassenansprüche in Betracht.[266]

In Betracht zu ziehen ist zunächst ein gegen den rangniederen Forderungsinhaber gerichteter Unterlassungsanspruchs, Zahlungen in subordinationswidriger Höhe anzunehmen. Allerdings bliebe der Dritte hier im Falle der Zuwiderhandlung auf einen Schadensersatzanspruch gemäß §§ 280 Abs. 1, 249 Abs. 1 BGB verwiesen, gerichtet auf die Rückzahlung des überzahlten Betrags an die Zweckgesellschaft, bei dem sich der jeweils überzahlte Forderungsinhaber jedoch regelmäßig exkulpieren können würde. Der jeweilige Forderungsinhaber wird selbst in aller Regel keinen Einblick in die Zahlungseingänge sowie die jeweiligen Außenstände der anderen Forderungen haben und folglich selbst nicht nachvollziehen können, ob er zur Annahme der Zahlung berechtigt war oder nicht.

---

[263] MüKo-BGB/*Habersack*, § 793 Rn. 53 m. w. N.; im Einzelnen hierzu auch Kap. 6.

[264] Auch für den allgemeinen Nachrang wird vertreten, dass die Begründung eines selbständigen Rechts der begünstigten Gläubiger stets mit erklärt werde, vgl. BGH, Urt. v. 05.03.2015, Az.: IX ZR 133/14, juris Rn. 38 = DZWIR 2015, 384 (388 m. w. N.).

[265] Vgl. BGH, Urt. v. 05.03.2015, Az.: IX ZR 133/14, juris Rn. 40 = DZWIR 2015, 384 (388 f.); MüKo-BGB/*Gottwald*, § 328 Rn. 24 m. w. N.

[266] MüKo-BGB/*Gottwald*, § 328 Rn. 21.

Soll dem Dritten nach dem Willen der jeweiligen Parteien eine konsequent gesicherte Rechtsposition verschafft werden, so ist daher weiter ein gegen den Dritten gerichteter Leistungsanspruch gegen rangniedere Forderungsinhaber in Betracht zu ziehen, demnach er bei an der Subordination gemessener Überzahlung und insoweit aufschiebend bedingt i. S. v. § 158 Abs. 1 BGB selbst die Rückzahlung an die Zweckgesellschaft oder gar – nach entsprechender Neuberechnung, soweit vor ihm noch andere zu befriedigen wären – an sich selbst verlangen könnte.

Sowohl dem Unterlassungsanspruch, als auch einem solchen Leistungsanspruch steht allerdings die Rechtsnatur des mit der Inhaberschuldverschreibung verbrieften Forderungsrechts entgegen. Als abstraktes Schuldversprechen verpflichtet dies die Zweckgesellschaft lediglich einseitig und selbst bei anderweitiger Einordnung soll die Inhaberschuldverschreibung stets keine Verpflichtung des Inhabers, sondern nur des Ausstellers begründen.[267] Andere Verbriefungsbeteiligte, die an der Subordination teilnehmen, könnten bei einer Überzahlung an die Anleger ihrerseits keinen gegen diese gerichteten Anspruch geltend machen, da dieser selbst im Falle seiner Entstehung nicht auf die Anleger überginge. Da die Subordination dem Grunde nach für alle betreffenden Vertragsverhältnisse gleich ausgebildet sein muss, spricht dies gegen einen gegen den jeweiligen Vertragspartner der Zweckgesellschaft gerichteten Anspruch des Dritten.

Weiter in Betracht kommen folglich nur gegen die Zweckgesellschaft gerichtete Ansprüche. Unter Annahme eines gegen sie gerichteten Unterlassungsanspruchs, subordinationswidrige Zahlungen vorzunehmen, bestünde ein gegen sie im Falle der Zuwiderhandlung gerichteter Schadensersatzanspruch gemäß §§ 280 Abs. 1, 249 Abs. 1 BGB. Soweit hiermit lediglich eine Zahlung an den Dritten in Höhe der eigentlich an ihn zu entrichteten Zahlung begehrt würde, liefe der Anspruch ins Leere, da hiermit nicht der eigentliche Schaden, nämlich der Mangel an hinreichender Liquidität, behoben werden könnte; ungeachtet dessen könnte er dann schlicht auf den jeweils fortbestehenden Erfüllungsanspruch hinsichtlich der noch nicht geleisteten Zahlung verwiesen werden. Der Schadensersatzanspruch wäre nur auch von wirtschaftlichem Bestand, soweit von ihr die Durchsetzung eines Kondiktionsanspruchs gegen den rangniederen Forderungsinhaber oder Abtretung eines solchen an den Dritten verlangt werden könnte.

Bei der Annahme einer rein schuldrechtlichen Subordinationsabrede erfolgt die subordinationswidrige Leistung an den rangniederen Forderungsinhaber nicht rechtsgrundlos i. S. v. § 812 Abs. 1, Satz 1, Alt. 1 BGB, geleistet wird auf eine fällige und erfüllbare Forderung.[268] Allerdings könnte sich ein Kondiktionsanspruch aus § 813 Abs. 1 BGB ergeben, soweit dem Anspruch des rangniederen Forderungsinhabers bei der Leistung eine Einrede entgegenstand, mit dem die Geltendmachung

---

[267] So auch unter der Annahme eines kausalen oder abstrakten darlehensrechtlichen Rückzahlungsanspruchs, der aus einem Grundverhältnis ohne Pflichtenübernahme abstrahiert werden solle, vgl. oben D.III.1.

[268] Anders für die verfügende Vereinbarung lt. BGH, Urt. v. 05.03.2015, Az.: IX ZR 133/14, juris Rn. 43 ff. = DZWIR 2015, 384 (389); kritisch aber *Bork*, EWiR 2015, 219 (220).

des Anspruchs dauerhaft ausgeschlossen wurde.[269] Einrede i. S. d. § 813 Abs. 1 BGB meint zunächst sämtliche peremptorischen Gegenrechte, die es dem Verpflichteten gestatten, die Befriedigung des Anspruchs zu verweigern.[270] Hier kann sich die Zweckgesellschaft angesichts des Rangs auf die zum Zeitpunkt der Leistung mangelnde Durchsetzbarkeit der Forderung (*pactum de non petendo*) berufen.[271] Das damit bestehende Leistungsverweigerungsrecht ist grundsätzlich nur vorübergehender Natur; die noch nicht befriedigten Forderungen bestehen fort und können bei hinreichenden Zahlungseingängen noch zu einem späteren Zeitpunkt befriedigt werden. Allerdings erstarkt das Leistungsverweigerungsrecht zu einer dauerhaften Einrede, wenn aus dem verbrieften Forderungsportfolio keine weiteren Zahlungseingänge mehr zu erwarten sind, folglich nur noch endgültig ein begrenztes Maß an Liquidität vorhanden war und diese ranghöheren Forderungsinhabern zugestanden hätte. Zu berücksichtigen bliebe, dass ein Kondiktionsanspruch nur unter der Voraussetzung gegeben wäre, dass die Zweckgesellschaft nicht gemäß § 814 BGB in Kenntnis der Einrede leistet. Der Zweckgesellschaft ist hierbei ungeachtet einer konkreten rechtlichen Einordnung der Subordinationsabrede ihre Rechtsverbindlichkeit bekannt, so dass nur im Falle eines Versehens, etwa aufgrund eines Berechnungsfehlers, von der Nichtkenntnis auszugehen wäre.

Zusammengefasst handelt es sich demnach bei der Subordinationsabrede um einen zwischen den jeweils an der Subordination teilnehmenden Vertragspartnern und der Zweckgesellschaft um einen schuldrechtlichen Vertrag sui generis zugunsten Dritter i. S. v. §§ 311 Abs. 1, 241, 328 BGB, der dem Dritten einen Unterlassungsanspruch gegen die Zweckgesellschaft hinsichtlich subordinationswidriger Zahlungen zuerkennt, wobei im Falle der Zuwiderhandlung der Schadensersatzanspruch gemäß §§ 280 Abs. 1, 249 Abs. 1 BGB auf die Durchsetzung oder Abtretung des Kondiktionsanspruchs der Zweckgesellschaft gemäß § 813 Abs.1 BGB gerichtet werden kann, soweit die Liquidität der Zweckgesellschaft durch die subordinationswidrige Zahlung endgültig verkürzt wurde. Soweit vor dem betroffenen ranghöheren Forderungsgläubiger noch weitere Forderungsgläubiger zu befriedigen gewesen wären oder nach dessen Befriedigung noch Liquidität verbliebe, ist der Anspruch auf eine subordinationsgemäße Nachverteilung zu richten. Flankiert ist dies notwendigerweise durch einen Auskunftsanspruch i. S. v. einer Nebenpflicht gemäß § 241 Abs. 2 BGB, da nur die Zweckgesellschaft Einsicht geben kann, inwieweit dem betroffenen Forderungsinhaber noch Zahlungen zustehen.

Im Gegensatz zum bloßen *pactum de non petendo* verhilft die Lösung über den Vertrag zugunsten Dritter der Konstruktion zu der erforderlichen Rechtssicherheit für alle Vertragspartner und den Anlegern, da eine zweiseitige Änderung mit der Zweckgesellschaft als Vertrag zulasten Dritter ohne Zustimmung des Dritten unwirksam wäre. Diese Lösung hat auch im Hinblick auf die Anleger Bestand, da sich die Zweckgesellschaft ihnen gegenüber auf die Einrede berufen könnte. Sie ergibt sich als urkundliche Einwendung i. S. v. § 796 BGB aus der in den Wertpapierbedingungen

[269] So auch in Erwägung gezogen von *Bork*, EWiR 2015, 219 (220).

[270] Staudinger-BGB/*Lorenz*, § 813 Rn. 6.

[271] Zu diesem oben D.IV.1.a).

aufgenommenen Subordinationsabrede, so dass sich z. B. auch Wertpapierinhaber einer ranghöheren Wertpapiertranche gegen subordinationswidrige Zahlungen an solche einer rangniederen Wertpapiertranche zur Wehr setzen könnten.

ff) Keine Nachrangabrede i. S. v. § 39 Abs. 2 InsO

Bei der Subordinationsabrede handelt es sich nicht um eine Nachrangabrede i. S. v. § 39 Abs. 2 InsO, die dazu geeignet wäre, eine Passivierung der betreffenden Forderung in der Überschuldungsbilanz der Zweckgesellschaft, § 19 Abs. 1, 2 InsO, zu vermeiden. Zwar sind dem Insolvenzrecht Rangverhältnisse grundsätzlich bekannt, wie dies insbesondere in § 39 InsO ersichtlich wird, und solche sind auch der Parteivereinbarung zugänglich, vgl. § 39 Abs. 2 InsO. Ein System, demnach eine Forderung gegenüber einer anderen nachrangig ist, einer anderen gegenüber aber gleichrangig, wobei diese Forderung ihrerseits gleichrangig zu der der nachrangigen Forderung übergeordneten Forderung sein soll, ist dem Insolvenzrecht dagegen fremd und eine hieran gemessene Verteilung auch nicht umsetzbar.

gg) Zwischenergebnis

Bei der Subordinationsabrede handelt es sich nach der hier vertreten Ansicht um einen rein schuldrechtlichen Vertrag zugunsten Dritter, §§ 311 Abs. 1, 241, 328 BGB, der in der Insolvenz der Zweckgesellschaft keinen Bestand mehr hat. Die Subordinationsabrede trägt nur bei entsprechender Einordnung dem Bedürfnis der Parteien der jeweiligen Rechtsverhältnisse nach Rechtsverbindlichkeit und einer somit gesicherten Rendite-Risiko-Verteilung über die Laufzeit der Transaktion gebührend Rechnung. Soweit über die Insolvenz der Zweckgesellschaft hinaus weitere Subordinationswirkungen erwünscht sind, bedarf dies zusätzlicher Vereinbarung.

b) Wirksamkeit

Bei den Wertpapierbedingungen handelt es sich um für eine Vielzahl von Verträgen vorformulierte Vertragsbedingungen und damit um allgemeine Geschäftsbedingungen i. S. v. § 305 Abs. 1 Satz 1 BGB, die von der Zweckgesellschaft gestellt werden.[272] Dies gilt zunächst für den Fall, in dem die Zweckgesellschaft die forderungsbesicherten Wertpapier selbst an eine Mehrzahl von Investoren emittiert; entsprechend höchstrichterlicher Rechtsprechung ist dabei im Hinblick auf die Anforderungen an die Fungibilität von Inhaberschuldverschreibungen von einer funktional reduzierten Einbeziehungskontrolle i. S. v. § 305 Abs. 2 BGB auszugehen.[273] Im Falle der häufigeren Fremdemission stellt sich dagegen das Problem, dass die Wertpapierbedingungen lediglich im Rahmen eines einzelnen Vertragsverhältnisses, nämlich dem mit dem

---

[272] BGH, Urt. v. 28.06.2005, Az.: XI ZR 363/04, BB 2005, 1871 (1872 m. w. N.); kritisch *Schmidt/ Schrader*, BKR 2009, 397 (400 f.).

[273] Vgl. BGH, Urt. v. 28.06.2005, Az.: XI ZR 363/04, BB 2005, 1871 (1872 ff.); MüKo-BGB/*Basedow*, § 305 Rn. 53; der Zweiterwerber darf von einer wirksamen Einbeziehung ausgehen.

Platzeur zustande kommenden Begebungsvertrag gestellt oder gar ausgehandelt werden.[274] Des Weiteren werden die Wertpapierbedingungen nicht für diesen Vertrag gestellt, sondern für das durch diesen entstehende Forderungsrecht der Inhaberschuldverschreibung. Hierbei ist jedoch der Zweck des Begebungsvertrags zu betrachten, der gerade die Entstehung einer Vielzahl von Inhaberschuldverschreibungen unter Maßgabe der Wertpapierbedingungen begründet. Nach höchstrichterlicher Rechtsprechung handelt es auch im Fall der Fremdemission bei den Wertpapierbedingungen um AGB, wobei es hier lediglich keiner Einbeziehungskontrolle nach § 305 Abs. 2 BGB bedürfe.[275] Im Zweifel handelt es sich zumindest um eine Umgehung i. S. v. § 306a BGB, so dass auch hier die weitere AGB-Kontrolle eröffnet ist.[276]

Die Subordinationsabrede ist als ganz regelmäßig für forderungsbesicherte Wertpapiere genutzte Regelung nicht überraschend i. S. v. § 305c Abs. 1 BGB.[277] Ebenso wird angesichts des sich aus § 3 SchVG ergebenden Maßstabs eines Anlegers, der hinsichtlich der jeweiligen Art der Schuldverschreibung sachkundig ist, kein Verstoß gegen das Transparenzgebot gemäß § 307 Abs. 1 Satz 2 BGB vorliegen.

Fraglich ist, ob es sich um eine unangemessene Benachteiligung i. S. v. § 307 Abs. 1 Satz 1, Abs. 2 BGB handeln könnte. Dabei ist zunächst zu unterscheiden, ob es sich bei der Regelung um eine Hauptleistungsabrede, die kontrollfest ist, oder lediglich um eine Leistungsnebenabrede handelt.[278] Nach einer in der Literatur vertretenen Ansicht solle es sich bei Wertpapierbedingungen stets im Ganzen um kontrollfeste Hauptleistungsabreden handeln, da diese insgesamt das Rendite-Risiko-Profil der Inhaberschuldverschreibung prägten und somit als einheitliches Leistungsprogramm zu fassen seien.[279] Dem kann nicht gefolgt werden. Wertpapierbedingungen definieren nicht lediglich ein Leistungsversprechen, sondern enthalten zum Teil auch deklaratorische Regelungen, so etwa im Hinblick auf bestehende Kündigungsrechte nach § 314 BGB. Solche Regelungen folgen bereits unmittelbar aus dem Gesetz und sind dergestalt keiner Vergütungsregelung zugänglich;[280] allenfalls ihre Abbedingung kann,

---

[274] *Horn*, ZHR 173 (2009), 12 (37).

[275] BGH, Urt. v. 28.06.2005, Az.: XI ZR 363/04, BB 2005, 1871 (1873); so in der Anwendung auch OLG Frankfurt, Urt. v. 17.09.2014, Az.: 4 U 97/14, AG 2015, 87 (88).

[276] *Horn*, ZHR 173 (2009), 12 (37, Fn. 113 m. w. N.).

[277] Auch hier gilt ein generalisierter Maßstab, vgl. MüKo-BGB/*Habersack*, § 793 Rn. 46; die Subordination ist nunmehr auch angesichts Art. 2 Nr. 1 STS-VO fest in die Begrifflichkeit einer Verbriefung integriert.

[278] MüKo-BGB/*Habersack*, § 793 Rn. 48.

[279] *Schlitt/Schäfer*, AG 2009, 477 (485); *Schmidt/Schrader*, BKR 2009, 397 (401 m. w. N.); nach höchstrichterlicher Rechtsprechung ist die Inhaltskontrolle grundsätzlich eröffnet, vgl. BGH, Urt. v. 30.06.2009, Az.: XI ZR 364/08, juris Rn. 23 m. w. N. = MDR 2009, 1122; zum Streitstand auch *Alfes/Eulenburg* in: jurisPK-BGB, § 793 Rn. 66 ff., m. w. N.

[280] Nach ständiger Rechtsprechung des Bundesgerichtshofs sind Entgeltklauseln in Allgemeinen Geschäftsbedingungen mit wesentlichen Grundgedanken der Rechtsordnung unvereinbar, wenn Aufwand für Tätigkeiten auf den Kunden abgewälzt wird, zu denen der Verwender gesetzlich oder nebenvertraglich verpflichtet ist oder die er überwiegend im eigenen Interesse erbringt, vgl. BGH, 13.05.2014, Az.: XI ZR 170/13, juris Rn. 73 = BB 2014, 1866 (1874 m. w. N.). Nichts anderes gilt für den Fall, dass sich der Verwender den Eintritt aus dem Gesetz folgender Rechtsfolgen vergüten lässt.

soweit überhaupt dispositiv, preisgestaltende Wirkungen entfalten. Eine dahingehende Pauschalisierung greift mithin zu kurz. Ob das Rendite-Risiko-Profil überhaupt betroffen ist, richtet sich danach, ob ein dem Anleger zugeordnetes Risiko Einfluss auf die Höhe der zu entrichtenden Risikoaufschläge hat und haben darf. Eine hieran gemessene Unterscheidung ist schwierig, da die Preisgestaltung nicht im Einzelnen offengelegt wird. Hierbei ist aber wiederum zu berücksichtigen, dass gemäß § 305c Abs. 2 BGB – wenngleich für Inhaberschuldverschreibungen anhand eines stark objektivierten Maßstabs – stets die kundenfeindlichste Auslegung zugrundezulegen ist und zwar auch hinsichtlich der Frage, ob eine Hauptleistungs- oder eine Leistungsnebenabrede beabsichtigt war.[281] Dafür, dass lediglich Zins- und Rückzahlungsansprüche das eigentliche Leistungsversprechen im Sinne einer Hauptleistungspflicht bilden, spricht § 796 BGB, demgemäß dem Leistungsversprechen urkundliche Einwendungen entgegengehalten werden können. Wären sämtliche Regelungen der Wertpapierbedingungen bereits als Teil des Leistungsversprechens zu fassen, so verbliebe kein Anwendungsbereich mehr für urkundliche Einwendungen. Dem Rendite-Risiko-Profil kann überdies auch im Rahmen der Bewertung, ob eine unangemessene Benachteiligung vorliegt, Rechnung getragen werden.

Soweit nur Zins- und Rückzahlungsansprüche als Hauptleistungsabrede gewertet werden, müsste sich die Subordinationsabrede als Leistungsnebenabrede darstellen, zumal sie nach obiger Einordnung den Bestand der Forderung materiell-rechtlich nicht berührt.[282] Für eine Einordnung als Teil des Leistungsversprechens könnte dagegen angeführt werden, dass die Subordinationsabrede Auswirkungen auf die Höhe der mit der Verzinsung zu entrichteten Risikoaufschläge hat.[283] Selbst wenn man diese Abrede als kontrollfähige Leistungsnebenabrede einstuft, führten eben solche Erwägungen zum Rendite-Risiko-Profil zu einem vergleichbaren Ergebnis. Die Einschränkung des Leistungsversprechens weicht nicht vom gesetzlichen Leitbild ab; § 796 BGB sieht entsprechende, sich aus der Urkunde ergebende Einwendungen im Gegenteil selbst vor, weitere sich aus der Rechtsordnung ergebende Grundsätze sind nicht betroffen. Ebenso wird die Erreichung des Vertragszwecks nicht gefährdet; insoweit ist Teil des Vertragszwecks gerade eine Leistung gemessen an der durch die Subordinationsabrede geschaffenen Rendite-Risiko-Profils.

2. Haftungsausschluss

Die mit dem forderungsbesicherten Wertpapier einhergehenden Zahlungsansprüche der Anleger erfahren des Weiteren regelmäßig eine weitere Einschränkung in Form eines Haftungsausschlusses, demnach die Forderung und/oder ein an ihre Stelle

[281] BGH, 13.05.2014, Az.: XI ZR 170/13, juris Rn. 34 = BB 2014, 1866 (1869); zur erforderlichermaßen einheitlichen Auslegung BGH, Urt. v. 28.06.2005, Az.: XI ZR 363/04, BB 2005, 1871 (1873).

[282] Zur Inhaltskontrolle von Rangrücktrittsvereinbarungen vgl. z. B. auch BGH, Urt. v. 20.02.2014, Az.: IX ZR 137/13, MDR 2014, 683 (684).

[283] Für eine kontrollfeste Hauptleistungsabrede auch MüKo-BGB/*Habersack*, § 793 Rn. 48.

tretender Schadensersatzanspruch nicht (fort-)bestehen soll, soweit sich die Zahlungsströme aus dem zugrundeliegenden Forderungsportfolio als „endgültig unzureichend“ erweisen. Dies soll dann der Fall sein, wenn die Forderungen der Wertpapierinhaber nicht mehr aus dem vorhandenen Kapital befriedigt und keine weiteren Zahlungseingänge aus dem Forderungsportfolio mehr generiert werden können. Dies bleibt von Relevanz für den Fall, dass die Insolvenz der Zweckgesellschaft nicht aufgrund einer Überschuldung (§ 19 InsO), sondern aufgrund ihrer Zahlungsunfähigkeit (§ 17 InsO) vorliegt und zählt daher zu den Bemühungen, eine Insolvenz der Zweckgesellschaft zu vermeiden.[284]

a) Rechtliche Einordnung

Je nach Ausgestaltung des Haftungsausschlusses handelt es sich um einen Ausschluss bezogen auf die weitere Leistungspflicht aus dem Wertpapier und/oder nur bezogen auf die Verzugshaftung gemäß §§ 280 Abs. 1, Abs. 2 i. V. m. 286 Abs. 1, Abs. 2 Nr. 1 bzw. Nr. 2, 288 BGB, die als Sekundäransprüche mit der Forderung auf den jeweiligen Wertpapierinhaber automatisch übergehen.[285] Im Falle der Subordination betrifft dies nur die weitere Leistungspflicht, da ein Verzug wegen des bestehenden Leistungsverweigerungsrechts der Zweckgesellschaft dann nicht eintritt. Der Haftungsausschluss greift unter der Bedingung endgültig ausbleibender Zahlungsströme. Dies kann gefasst werden als ein mit dem Begebungsvertrag begründeter aufschiebend bedingter Erlassvertrag gemäß §§ 158 Abs. 1, 397 BGB.

b) Wirksamkeit

Fraglich ist wiederum, ob eine unangemessene Benachteiligung der Anleger i. S. v. § 307 Abs. 1 Satz 1, Abs. 2 BGB vorliegt. Fasst man lediglich die Zins- und Rückzahlungsansprüche als eigentliches Leistungsversprechen, handelt es sich ohne Weiteres nur um eine kontrollfähige Leistungsnebenabrede. Aber auch unter Beachtung des Rendite-Risiko-Profils des Wertpapiers ergibt sich hier nichts anderes. Eine Erhöhung der Risikoaufschläge für den Erlass von Ansprüchen ist nicht ersichtlich. Ob dies nun aber der Fall ist oder nicht, kann dahinstehen: Im Falle der Kontrollfähigkeit des Haftungsausschlusses kommt eine unangemessene Benachteiligung i. S. v. § 307 Abs. 2 Nr. 2 BGB dann in Betracht, soweit hierdurch Hauptleistungspflichten faktisch ausgehöhlt würden.[286] Angesichts dessen, dass der Haftungsausschluss aber erst greift, wenn auch eine – ggf. im Insolvenzfall auch nur quotale – weitere Befriedigung der Hauptleistungsansprüche (Zins- und Rückzahlungsansprüche unter der Maßgabe der

---

284 Vgl. auch Schimansky/Bunte/Lwowski/*Sethe*, § 114a Rn. 45 m. w. N.

285 Zum Übergang der Sekundäransprüche vgl. BGH, Urt. v. 15.07.2014, Az.: XI ZR 199/13, MDR 2014, 1335 (1336 m. w. N.).

286 Vgl. BGH, Urt. v. 03.03.1988, Az.: X ZR 54/86, NJW 1988, 1785 (1786); MüKo-BGB/*Wurmnest*, § 307 Rn. 70 m. w. N.

Subordination) rein theoretischer Natur bleibt, nämlich wenn kein Kapital mehr vorhanden ist und keine Zahlungseingänge mehr zu erwarten sind, liegt ein solcher Fall nicht vor. Der durch mangelndes Kapital und ausbleibende weitere Zahlungseingänge aufschiebend bedingte Haftungsausschluss hinsichtlich des Verzugsschadens benachteiligt die Anleger daher nicht unangemessen.

Kapitel 4: Risiken des Anlegers

Schuldnerin der Zahlungsansprüche aus dem forderungsbesicherten Wertpapier ist allein die Zweckgesellschaft. Diese verfügt über kein nennenswertes Eigenkapital;[1] die Anleger sind zur Befriedigung ihrer Zins- und Rückzahlungsansprüche folglich schon tatsächlich, daneben aber auch rechtlich allein auf die Zahlungsströme aus dem verbrieften Portfolio angewiesen.[2] Je nach Ausgestaltung der Kreditverbesserung können zudem Zahlungen an die Zweckgesellschaft aufgrund von Liquiditätszusagen, Garantien oder anderen Absicherungsmaßnahmen erfolgen.[3] Diese sollen jedoch lediglich Ausfälle des verbrieften Portfolios auffangen und führen somit nicht zu einer Steigerung der bei der Zweckgesellschaft prognostiziert eintreffenden Zahlungsströme.

Vor diesem Hintergrund stellen sich forderungsbesicherte Wertpapiere als äußerst risikobehaftet dar. Dies gilt auch ungeachtet ihrer fortschreitenden aufsichtsrechtlichen Regulierung. Ziel der bisherigen diesbezüglichen Maßnahmen sowie der zum 01.01.2019 anzuwendenden STS-VO ist es nicht, riskante Verbriefungen abzuschaffen; Mittel der Wahl ist es vielmehr, komplexe, undurchsichtige und risikohaltige Verbriefungen besser von einfachen, transparenten und standardisierten Produkten abgrenzen zu können.[4] Jedoch beinhalten auch „einfache" Verbriefungen eine Vielzahl zu berücksichtigender Risiken, die über das bloße mit den Darlehensforderungen verbundene Ausfallrisiko hinausgehen.[5]

---

[1] *Zeising*, BKR 2007, 311 (313); *Waschbusch*, ZBB 1998, 408 (410); in der Beispieltransaktion beläuft sich das Haftungskapital der GmbH auf EUR 25.000,00, mittlerweile wird bei einigen Transaktionen aber auch auf die UG (haftungsbeschränkt) mit geringerem Haftungskapital zurückgegriffen.

[2] Zum Umfang der Zahlungsansprüche vgl. oben Kap. 3, D.IV.

[3] Vgl. Kap. 2, D.

[4] STS-VO, Erwägungsgrund Nr. 3.

[5] STS-VO, Erwägungsgrund Nr. 9; ebenso wenig sagt das neu geschaffene Prädikat „STS" etwas zur Qualität der zugrundeliegenden Forderungen aus, vgl. STS-VO, Erwägungsgrund Nr. 16.

W. Wesser, *Die Verbriefung von Darlehensforderungen – Risiken des Anlegers*, Bibliothek des Bank- und Kapitalmarktrechts 6,
https://doi.org/10.1007/978-3-662-58813-0_4

Zu beachten sind dabei insbesondere auch Störfälle wie die Insolvenz einzelner Beteiligter, strukturelle Hürden sowie nachteilige Veränderungen im rechtlichen oder ökonomischen Umfeld. Die Komplexität von Verbriefungen erfordert ein ausgeprägtes Know How sowie die Zuverlässigkeit der zahlreichen Beteiligten. Ein Versagen einzelner oder gar mehrerer Mechanismen der Verbriefungstransaktion führt im worst case nicht nur zu einem Ausbleiben von Zinszahlungen, sondern auch zu einem Verlust des investierten Kapitals.

Im Folgenden werden typische Risiken im Einzelnen erläutert. Dabei ist zu unterscheiden zwischen den allgemeinen Risiken, die auch bei anderen Wertpapieren bestehen können (A.) sowie den verbriefungsspezifischen Risiken (B. ff.). Die Untersuchung orientiert sich an der Beispieltransaktion; eine abschließende Erörterung aller bei Verbriefungen in Betracht kommenden Risiken ist im Rahmen dieser Arbeit nicht möglich, da diese je nach Ausgestaltung des Wertpapiers bzw. der Verbriefungstransaktion zu stark variieren.

A. Allgemeine Risiken

I. Zinsänderungsrisiko des Wertpapiers

Bei Wertpapieren, die mit einer variablen Verzinsung ausgestattet sind, besteht ein Zinsänderungsrisiko. Dies trifft auch auf viele forderungsbesicherte Wertpapiere zu, bei denen ein konstanter Zinssatz (*quoted margin*) z. B. an den 3-Monats-EURIBOR oder einen vergleichbaren Zinssatz gekoppelt wird (sog. *Floater*).[6] Sinkt der Referenzzinssatz, sinkt auch der insgesamt zu zahlende Kupon. Umgekehrt besteht aus Sicht der Emittentin das Risiko, dass der Referenzzinssatz steigt und Zinszahlungen höher als geplant ausfallen. Sie kann sich hiergegen durch den Abschluss von Zinsswap-Geschäften absichern.

Auch bei festverzinslichen Wertpapieren besteht ein Zinsänderungsrisiko. Zwar kann sich der Anleger auf zuvor festgelegte Zinszahlungen einstellen, allerdings beeinflusst das Risiko einer Änderung des allgemeinen Marktzinsniveaus den Kurs des Wertpapiers.[7] Bei einem steigenden Marktzinsniveau ist zu dem Zeitpunkt mit einem Kursrückgang des Wertpapiers zu rechnen, in dem die festgesetzten Zinszahlungen sich diesem Niveau angleichen, da bei gleichbleibender Tendenz die Attraktivität des festverzinslichen Wertpapiers gegenüber der einer Geld- oder Kapitalmarktanlage sinkt. Durch einen Floater wird das soeben beschriebene Marktzinsänderungsrisiko und damit einhergehende Kursrisiko insoweit minimiert, als dass es bereits über den Referenzzinssatz auf das tatsächliche Marktumfeld reagiert.

---

[6] Sie sind mithin „teil-variabel“, werden aber aufgrund der festen Komponente den festverzinslichen Wertpapieren zugeordnet.

[7] *Knops*, BB 2008, 2535 (2536).

II. Risiko eingeschränkter Fungibilität und Kursschwankungen

Das Zustandekommen eines funktionierenden Zweitmarkts kann bei forderungsbesicherten Wertpapieren, ebenso wie bei vielen anderen Wertpapieren, nicht garantiert werden. Fehlt es an einem solchen Zweitmarkt, müssen die forderungsbesicherten Wertpapiere bis zum Laufzeitende gehalten werden. Kommt er hingegen zustande, können die mit einem Markt stets einhergehenden Kursschwankungen – etwa bei Bonitätsveränderungen bei der Emittentin, der Realisierung des oben beschriebenen Zinsänderungsrisikos oder Spekulationen hinsichtlich solcher Faktoren, die Angebot und Nachfrage bestimmen – bei einem vorzeitigen Verkauf zu einem verringerten Marktpreis und damit zu einem Verlust gegenüber dem ursprünglich investierten Kapital führen.

III. Währungsrisiken des Wertpapiers

Dotiert das Wertpapier in einer anderen Währung, als die zum Erwerb eingesetzte, ergibt sich aus veränderten Devisenkursen ein Währungsrisiko. Verbessert sich der Devisenkurs über zwischen Erwerbszeitpunkt und Zeitpunkt des Verkaufs oder Laufzeitende, können allerdings auch Gewinne realisiert werden.

IV. Inflationsrisiko des Wertpapiers

Ferner besteht das Risiko der Geldentwertung, d. h. dass der Nominalbetrag der Wertpapiere zum Laufzeitende weniger Wert ist bzw. eine geringere Kaufkraft aufweist, als zum Erwerbszeitpunkt.

V. Kündigungsrisiken des Wertpapiers

Oftmals sehen die Wertpapierbedingungen außerordentliche Kündigungsrechte der Anleger vor. Wird das Kündigungsrecht ausgeübt, entfallen mit dem Fälligstellen des Kapitals die zukünftigen Zinszahlungen. Meist werden Kündigungsrechte für gewisse Störfälle wie etwa die Insolvenz der Zweckgesellschaft gewährt.[8] Eine Chance auf Erholung des forderungsbesicherten Wertpapiers besteht dann nicht mehr. Für nicht kündigende Anleger kann dies ebenfalls zu Verlusten führen, wenn in den Wertpapierbedingungen etwa festgelegt ist, dass die durch den Einzelnen ausgesprochene Kündigung zur Fälligkeit aller Wertpapiere und

---

[8] Vgl. Kap. 6, A.

der Anwendung eines alternativen Wasserfalls führen soll. Zum Teil sehen die Wertpapierbedingungen zudem auch Kündigungsrechte der Zweckgesellschaft vor, etwa für den Fall, dass der Originator von einer vertraglich gewährten Rückkaufoption Gebrauch macht, so dass an etwaigen zukünftigen Zahlungsströmen aus den verbrieften Forderungen nicht mehr antizipiert werden kann. Eine Kündigung der Zweckgesellschaft führt ebenfalls zur Fälligkeit aller Wertpapiere. Des Weiteren sind auch die gesetzlichen außerordentlichen Kündigungsrechte nach § 313 Abs. 3 Satz 2 BGB und § 314 BGB in Bezug auf forderungsbesicherte Wertpapiere zu berücksichtigen;[9] auch ihre Ausübung kann ein Verlustrisiko für die nicht kündigenden Anleger bergen, wenn insoweit eine Erholung des Wertpapiers verhindert wird.

VI. Mit den §§ 5 ff. SchVG einhergehende Risiken

Die Wertpapierbedingungen können vorsehen, dass ihre nachträgliche Änderung entgegen der in § 4 Satz 1 SchVG vorausgesetzten Einstimmigkeit für bestimmte Maßnahmen auch durch eine qualifizierte Mehrheit von 75 % der teilnehmenden Stimmrechte bewirkt werden kann, vgl. § 5 SchVG. Zu diesen Maßnahmen zählen u. a. die Veränderung der Laufzeit, die Verringerung der Zinsen oder des Rückzahlungsanspruchs sowie auch die Einschränkung oder der Verzicht des Kündigungsrechts, vgl. § 5 Abs. 2 SchVG. § 24 Abs. 2 SchVG erstreckt diese Möglichkeit auch auf vor dem 05.08.2009 ausgegebene Schuldverschreibungen.

Die Relevanz solcher Regelungen für forderungsbesicherte Wertpapiere ist fraglich, eignen sie sich doch in erster Linie für überhaupt sanierungsfähige Unternehmen, die auch ein operatives Geschäft, ggf. zu schützende Arbeitnehmer und zu schützende andere Gläubiger der Emittentin aufweisen. Für die Zweckgesellschaft gilt dies nicht. Verschlechtert sich ihre wirtschaftliche Ertragslage aufgrund sinkender Einnahmen aus dem verbrieften Forderungsportfolio und damit ihrer im Wesentlichen einzigen Einnahmequelle, ist mit einer Besserung kaum zu rechnen, so dass ihr auch keine positive Sanierungsprognose gestellt werden kann. Vor diesem Hintergrund erscheint es fraglich, ob entsprechende Änderungen, die die Zweckgesellschaft vorübergehend entlasten sollten, überhaupt eine Mehrheit unter den Anlegern finden könnten, soweit nicht ein Großteil der Wertpapiere etwa durch den Originator gehalten wird und dieser sich hiervon Vorteile verspricht. Ungeachtet dessen sehen die üblichen Wertpapierbedingungen zu forderungsbesicherten Wertpapieren die Möglichkeit von Mehrheitsbeschlüssen zunehmend vor. Der Anleger läuft damit Gefahr, ein Wertpapier zu erwerben, dessen nachträgliche Änderung er weder vorhersehen kann, noch selbst so eingehen will.

---

[9] Zu deren Anwendbarkeit vgl. Kap. 6, B. ff.

B. Objektbedingte Risiken

Im Rahmen der verbriefungsspezifischen Risiken ergeben sich hier als objektbedingt bezeichnete Risiken aus dem Gegenstand der Verbriefung, in der Beispieltransaktion den Konsumentendarlehen, also aus der Natur der Darlehensforderungen und flankierender Geschäfte (hier: Restschuldversicherungen).

I. Ökonomische Risiken

1. Ausfallrisiken der verbrieften Darlehensforderungen

Das wohl größte Risiko einer jeden Verbriefungstransaktion ist das Ausfallrisiko des Verbriefungsgegenstands, das mittels der Verbriefung über die Zweckgesellschaft an die Anleger weitergegeben werden soll. Ausfallrisiko meint hierbei im weitesten Sinne, dass Zahlungen aus dem verbrieften Portfolio teilweise oder ganz ausfallen. Im engeren Sinne ist das Ausfallrisiko mit dem Umstand gleichzusetzen, dass einzelne Darlehensnehmer ihre Verpflichtungen aus dem Darlehensvertrag aus ökonomischen Gründen nicht begleichen können oder nicht begleichen wollen (Zahlungsfähigkeit und Zahlungswille; Bonitätsrisiko).[10] Zwar findet vor Darlehensvergabe eine eingehende Prüfung der Bonität durch die Bank statt, wobei eine geringere Bonität mit höheren Risikoaufschlägen in der Verzinsung des Darlehens aufgefangen werden soll. Allerdings kann sich die Bonität über die Laufzeit des Darlehens ändern, etwa aus beruflichen oder familiären Gründen wie bei Arbeitsplatzverlust oder Ehescheidung. Einige dieser Faktoren werden in der Beispieltransaktion durch Restschuldversicherungen abgedeckt (Todesfall, Arbeitslosigkeit und Arbeitsunfähigkeit). Das Risiko wird zudem durch kürzere Laufzeiten, wie bei Konsumentendarlehen – anders etwa als bei Immobiliardarlehen – minimiert, da die Leistungszeit überschaubarer ist.

Auf die bereits eingetretene Zahlungsunwillig- oder -unfähigkeit des Darlehensnehmers kann die Bank durch Kündigung gemäß §§ 490 Abs. 3, 314, 498 Satz 1 BGB reagieren, um einen tiefergehenden Verlust abzuwenden.[11] Zu unterscheiden ist hier des Weiteren, ob der einzelne Darlehensnehmer nicht zahlen will (aber muss) oder nicht zahlen kann, wobei der erste Fall auch dem noch zugleich erörternden Liquiditätsrisiko zugeordnet werden, der zweite Fall aber trotz vorzeitiger Fälligstellung des Darlehens mit höherer Wahrscheinlichkeit endgültige Verluste des Anlegers bedeuten kann. Die in der Beispieltransaktion gewählte Folge, dass der durch die Kündigung fällig gestellte Betrag zur partiellen Tilgung des Rückzahlungsanspruchs des Anlegers führt, begründet zudem für diesen das weitere Risiko

---

[10] Vgl. *Boulkab/Marxfeld/Wagner*, IRZ 2008, 497 (500).

[11] Vgl. Kap. 3, A.V.

entgehender zukünftiger Zinszahlungen, da sich die Verzinsung fortan an dem reduzierten Rückzahlungsanspruch orientiert.

Das mit dem Ausfallrisiko der Darlehen einhergehende Ausfallrisiko der Wertpapiere kann minimiert werden, in dem das Verbriefungsvolumen höher angesetzt wird als das Emissionsvolumen („Übersicherung"; *Overcollateralization*).[12] Solche „Übersicherungen" belaufen sich in der Regel jedoch nicht auf über 10 % des Emissionsvolumens.[13] Soweit nicht noch andere Absicherungsmaßnahmen zum Einsatz gelangen, realisieren sich darüber hinausgehende Ausfälle ausschließlich bei den Anlegern. Über Beschaffenheitsgarantien zugesicherte Eigenschaften können hierbei das anfängliche Risiko von Zahlungsausfällen minimieren, so etwa über die Garantie, dass die Darlehensnehmer zum *Cut-off Date* keine negativen SCHUFA-Einträge aufweisen. Dies stellt jedoch keine über die Laufzeit bestehende Kreditverbesserung dar, da spätere SCHUFA-Einträge oder das Eintreten anderer Umstände, die nach der Beschaffenheitsgarantie nicht vorliegen sollen, nicht kompensiert werden.

Ausfälle, die auf der Ausübung von Rechten des Darlehensnehmers basieren, bilden eine Fallgruppe für sich, da sie einer gegenüber der Bonitätshaftung anderen gesetzlichen und vertraglichen Haftungsverteilung unterliegen.[14] Sie können dem Ausfallrisiko im weiteren Sinne zugeordnet werden, da insoweit auch durch sie Zahlungsströme entfallen können; hierauf wird nachfolgend noch eingegangen.[15]

2. Liquiditätsrisiken der verbrieften Darlehensforderungen

Neben dem Risiko des Ausfalls bzw. der Verringerung der Zahlungsströme aus dem Portfolio besteht das Risiko, dass Zahlungen zwar in prognostizierter Höhe erfolgen, allerdings verspätet.[16] Es ergibt sich hieraus mithin kein endgültiges Ausfall-, sondern ein Liquiditätsrisiko. Der Schaden liegt hierbei im Wesentlichen im Verlust des Zeitwerts des Geldes.[17]

Die Zweckgesellschaft kann bei vorübergehenden Liquiditätsengpässen regelmäßig auf sogenannte Liquiditätsfazilitäten zurückgreifen,[18] die allerdings nur bis zu einem geringen prozentualen Anteil am Gesamtemissionsvolumen gestellt werden. Solche Liquiditätsfazilitäten sind zudem an den Liquiditätsgeber unter Einhaltung bestimmter Fristen zurückzugewähren. Sie federn somit nicht das zuvor benannte Ausfallrisiko ab; kommt es zu Ausfällen statt reinen Verzögerungen und greift die Zweckgesellschaft bei Vorliegen der hierfür vertraglich festgelegten

---

[12] Vgl. Kap. 2, D.II.

[13] *Findeisen*, DB 1998, 483 (488); *Kamlah*, WM 1998, 1429 (1432).

[14] Vgl. Kap. 3, B.I.

[15] Vgl. B.II.

[16] Vgl. *Boulkab/Marxfeld/Wagner*, IRZ 2008, 497 (500).

[17] *Pavel*, S. 68; *Boulkab/Marxfeld/Wagner*, IRZ 2008, 497 (500).

[18] *Boulkab/Marxfeld/Wagner*, IRZ 2008, 497 (500); vgl. Kap. 2, D.V; so auch in der Beispieltransaktion, vgl. Kap. 2, F.IV.

Voraussetzungen auf die Liquiditätsfazilität zurück, werden die Verluste bei den Anlegern somit lediglich zeitlich verschoben. Insbesondere für niedere Tranchen im Rahmen einer Subordination hat dies regelmäßig keinen Effekt, wenn die Liquiditätsfazilität entsprechend der vertraglichen Subordination vorrangig zu befriedigen ist. Eine Verpflichtung des Liquiditätsgebers, fällige Liquiditätsfazilitäten zu verlängern oder zu erneuern, besteht regelmäßig nicht, laufende Inanspruchnahmen können ggf. gekündigt werden. Eine weitere Absicherung kann durch Reservekonten erfolgen, die etwa aus Überschüssen über die Laufzeit aufgebaut werden;[19] dies setzt voraus, dass es tatsächlich zu Überschüssen kommt.

Das Liquiditätsrisiko ist zugleich rechtlicher Natur, wenn die Verzögerungen auf rechtlichen Umständen, insbesondere dem Darlehensnehmer zustehenden vorübergehenden Einreden gegenüber dem Originator basieren.[20]

3. Zinsänderungsrisiken der verbrieften Darlehensforderungen

Variabel verzinsliche Darlehen begründen ein Zinsänderungsrisiko zulasten der Anleger, da bei einer Verringerung der Verzinsung der verbrieften Darlehen insoweit auch nur verringerte Zahlungsströme an sie weitergeleitet werden. Im Vergleich zu dem vorbenannten objektbedingten Ausfallrisiko ist dieses Risiko grundsätzlich geringer zu gewichten, da sich der Ausfall nur auf die aus der Verzinsung der Darlehen, nicht jedoch auf die aus der Rückzahlung folgenden Zahlungsströme auswirken. Kommt es aber z. B. zu einem starken Anstieg der Verzinsung, die sich zunächst positiv auf die Zahlungsströme auswirkt, kann dies im Gegenzug auch dazu führen, dass einzelne Darlehensnehmer mit den geschuldeten Zahlungen überfordert sind und es deshalb wiederum zu Ausfällen kommt. In der Beispieltransaktion weisen die verbrieften Darlehensforderungen eine feste Verzinsung auf. Ein besonderes Zinsänderungsrisiko in Bezug auf den Verbriefungsgegenstand besteht damit hier nicht.

4. Konzentrationsrisiken der verbrieften Darlehensforderungen

Schließlich können objektbedingte Konzentrationsrisiken bestehen, etwa wenn einzelne Forderungen einen großen Teil des Verbriefungsvolumens ausmachen (*Obligor Concentration Risk*)[21] oder das verbriefte Portfolio einen zu engen geographischen Schwerpunkt aufweist, der es bei regionalen Marktveränderungen anfälliger macht. Auch in demographischer Hinsicht können sich Risiken ergeben. Eine Absicherung gegen Konzentrationsrisiken erfolgt über eine gute Diversifikation des Portfolios.[22] Allerdings kann der Originator hierauf meist nur bedingt Rücksicht nehmen; die Möglichkeiten des Originators zur Diversifikation richten sich nach

---

[19] Vgl. Kap. 2, D.III.

[20] Hierzu unten B.II.

[21] *Gehring*, S. 21; *Schmeisser/Leonhardt*, DStR 2007, 169 (170); *Schwarcz*, DB 1997, 1289.

[22] Vgl. *Waschbusch*, ZBB 1998, 408 (415); *Peters*, Kreditwesen 1995, 750.

dessen tatsächlichen Tätigkeitsgebieten. In der Beispieltransaktion wurden Forderungen aus Darlehen verbrieft, die deutschlandweit gestreut sind, wobei die 25 größten Schuldner nur 0,15 % der Gesamtschuldner ausmachen; das Portfolio weist damit eine vergleichsweise gute Diversifikation mit geringem Konzentrationsrisiko auf.[23]

II. Veritätsrisiken

Objektbedingte Veritätsrisiken ergeben sich aus den der Verbriefung zugrundeliegenden Darlehensverhältnissen sowie ggf. anderen Geschäftsbeziehungen zwischen Darlehensnehmer und Bank. Sie resultieren aus den möglichen Störfällen in Bezug auf solche Beziehungen, wie etwa partiell unwirksamem Vertragsgestaltungen, der Verletzung von Informationspflichten durch die Bank, dem Darlehensnehmer zustehenden Gestaltungsrechten und seinen Einwendungen und Einreden, wobei in Abgrenzung hierzu der Störfall mangelnder Zahlungsfähigkeit als ökonomischen Risiko bereits als Ausfallrisiko im engeren Sinne erörtert wurde.[24] Bei Verbraucherdarlehen ist aufgrund der zahlreichen speziell zu beachtenden Vorgaben die Fehleranfälligkeit besonders hoch.

1. Unwirksamkeit und Vertragsanpassungen der verbrieften Darlehen

So können einzelne Darlehensverträge und damit auch die aus ihr abgetretenen Forderungen aufgrund ihrer Nichtigkeit etwa wegen einem überteuerten Zins oder Missachtung des Schriftformerfordernisses entfallen. Dasselbe gilt im Falle der Missachtung vertraglicher Informationspflichten. Zwar kommt unter den Voraussetzungen des § 494 Abs. 2 BGB eine Heilung dieser Nichtigkeitsfolge in Betracht, dann besteht der Vertrag aber regelmäßig zu veränderten Konditionen zugunsten des Darlehensnehmers, mithin i. E. zulasten der Anleger fort.[25]

2. Widerrufsrecht des Darlehensnehmers

Des Weiteren können Verbraucherdarlehensverträge, etwa bei Missachtung der Anforderungen an eine ordnungsgemäße Widerrufsinformation, mit verlängerten Fristen (bei Nachbelehrung) oder ggf. sogar über die gesamte Laufzeit des Darlehens widerrufen werden. Die Rückabwicklung richtet sich nach § 357a BGB. Dadurch

---

[23] Vgl. Beispieltransaktion, Kap. 2, F.IV.

[24] Vgl. oben B.I.1.

[25] Vgl. insgesamt Kap. 3, A.I.1.

sind die Zweckgesellschaft und i. E. die Anleger schlechter gestellt, da zumindest ein Anspruch auf künftige Zinszahlungen entfällt. Weitere Risiken ergeben sich aus der Widerruflichkeit des finanzierten Geschäfts, soweit es sich um verbundene Geschäfte handelt oder der Finanzierungsgegenstand im Darlehensvertrag bezeichnet ist, da der Widerruf dieses Geschäfts insoweit auf das Darlehensverhältnis durchgreift. Auch bei der Restschuldversicherung kann es sich um ein mit dem Darlehensvertrag verbundenes Geschäft handeln, über das auch die Widerrufsinformation ordnungsgemäß zu belehren hat.[26]

3. Einwendungen und Aufrechnungen des Darlehensnehmers

Eine potentielle Quelle für Verzögerungen oder Ausfällen von Zahlungen ist auch die Gefahr, dass der Darlehensnehmer oder Sicherungsgeber der Zweckgesellschaft unter den Voraussetzungen von § 404 BGB Einwendungen entgegenhalten oder unter den Voraussetzungen des § 406 BGB auch ihr gegenüber die Aufrechnung gegen Ansprüche gegen den Originator erklären kann (sog. Aufrechnungsrisiko, *Set-off Risk*). Bei Konsumentendarlehen ist das Aufrechnungsrisiko besonders hoch. Erlangt der Darlehensnehmer Kenntnis von der Abtretung, ist die Aufrechnung künftiger Ansprüche gegen die Bank mit den Forderungen der Zweckgesellschaft als neuer Gläubigerin gemäß § 406 BGB nicht mehr möglich. Da die Abtretung vor den Darlehensnehmern regelmäßig verdeckt gehalten wird, besteht stets ein Aufrechnungsrisiko, zumal der Vereinbarung eines Einwendungs- oder Aufrechnungsverzichts bei Verbraucherdarlehensverträgen § 496 Abs. 1 BGB entgegen steht.[27] Das Aufrechnungsrisiko kann jedoch minimiert werden, indem die Bank verpflichtet wird, bei Vorliegen besonderer Ereignisse (insbesondere Ratingverschlechterung) die Abtretung offenzulegen oder indem der Zweckgesellschaft eine Abtretungsurkunde ausgestellt wird, die sie im Bedarfsfall vorlegen kann.[28]

4. Vorzeitige Erfüllung des Darlehensnehmers

Auch die dem Darlehensnehmer gemäß § 500 Abs. 2 BGB jederzeit erlaubte vorzeitige Erfüllung seiner Verpflichtungen aus dem Darlehensverhältnis begründet ein Risiko für die Anleger (*Prepayment Risk*). Dieses Risiko wird partiell durch die nach § 502 BGB zu leistende Vorfälligkeitsentschädigung minimiert. Allerdings kommt es gleichwohl zu einer Verringerung der Zahlungsströme.[29]

---

[26] Vgl. insgesamt Kap. 3, A.I.2.

[27] Vgl. insgesamt Kap. 3, A.I.3.

[28] Vgl. Beispieltransaktion Kap. 2, F. II.

[29] Vgl. Kap. 3, A.III.

5. Kündigung des Darlehensnehmers

Schließlich besteht ein Risiko darin, dass der Darlehensnehmer gemäß § 490 Abs. 3, 314 BGB aus wichtigem Grund kündigen kann. Dieser ggf. eher unwahrscheinlichere Fall begründet ein gleichwohl großes Risiko, da der Darlehensnehmer in diesem Fall keine Vorfälligkeitsentschädigung zu entrichten hat. Dasselbe gilt für das jederzeitige ordentliche Kündigungsrecht im Falle unterbliebener Angaben zur Laufzeit oder zum Kündigungsrecht gemäß § 494 Abs. 6 Satz 1 BGB.[30]

6. Absicherungen durch Garantien

Ein Großteil der rechtlichen Risiken wird in der Verbriefung regelmäßig durch eigene Haftungskonzepte aufgefangen; etwa so wie in der Beispieltransaktion durch die Übernahme verschiedener Beschaffenheitsgarantien. Diese umfassen vorliegend alle vorbenannten Risiken, deren fehlende Voraussetzungen für einem dem Abtretungszeitpunkt vorgelagerten Zeitpunkt (*Cut-Off Date*), im Falle des Widerrufs zudem über die gesamte Laufzeit der Transaktion, garantiert werden.[31] Allerdings ergeben sich hier für die Anleger neue Risiken, da insoweit die durch die Beschaffenheitsgarantien gewährte Rückkaufszahlungen durch die Bank sowie Zahlungen bei vorzeitiger Beendigung einzelner Darlehensverträge zur Tilgung des noch ausstehenden Rückzahlungsanspruchs verwendet werden und sich dementsprechend auch die zukünftigen Zinszahlungen verringern.

Dem besonders ausgeprägten Aufrechnungsrisiko wird durch eine weitere Beschaffenheitsgarantie und u. U. die Offenlegung der Abtretung Rechnung getragen.[32] Damit wird das Risiko, dass es aufgrund von Aufrechnungen zu verringerten Zahlungsströmen kommt, minimiert, aber nicht gänzlich ausgeschlossen; ebenso wie im vorbenannten Fall hängt die Kompensationsleistung bzw. die Zahlung des Rückkaufpreises insoweit auch von der Bonität der zahlungsverpflichteten Bank ab.

C. Strukturbedingte Risiken

Verbriefungen liegen komplexe Strukturen zugrunde, dementsprechend sind sie in besonderem Maße fehleranfällig. Ein generelles Risiko ergibt sich mithin aus Mängeln in der inhaltlichen und zeitlichen Strukturierung (*Securitization Risk*),[33] die Zahlungsverzögerungen nach sich ziehen oder sogar zu Ausfällen führen können. So erhöht etwa eine vom Originator einbehaltene, fehlerhaft zu gering kalkulierte

---

[30] Vgl. Kap. 3, A.IV.

[31] Vgl. Beispieltransaktion Kap. 2, F.II; Kap. 3, B.2.

[32] Vgl. Kap. 3, B.I.2.c); Kap. 3, B.II.2.

[33] *Buerger/Iseley* in: Zweig, S. 505.

Erstverlusttranche das Ausfallrisiko.[34] Auch ungeachtet etwaiger Kalkulationsfehler birgt die komplexe Strukturierung für den Anleger Gefahren. So ergibt sich aus der Struktur ein Kostenrisiko für den Anleger aufgrund der vor der Auszahlung in Abzug zu bringenden Verbriefungskosten sowie ein Liquiditäts- oder Ausfallrisiko durch die Subordination.

I. Kostenrisiko

Verbriefungen werden so gestaltet, dass nicht nur die Finanzmittel für die Ansprüche der Anleger aus dem verbrieften Portfolio aufgebracht werden, sondern auch für die Kosten, die insgesamt durch die Verbriefung entstehen. Hierzu zählen sämtliche Vergütungen, z. B. für den Servicer, den Treuhänder, Wirtschaftsprüfer und Steuerberater etc., Platzierungskosten, Vermittlungsprovisionen und weitere Positionen. Lässt sich die Zweckgesellschaft den Erwerb des Forderungsportfolios fremdfinanzieren, ist auch diese Position zu bedenken.[35] Es handelt sich hierbei sowohl um einmalige, als auch um laufende Kosten. Je nachdem, welche Absicherungsmaßnahmen zum Einsatz gelangen und wann, können über die Laufzeit der Verbriefungstransaktion weitere Kosten entstehen, etwa je nachdem, ob eine gewährte Liquiditätsfazilität in Anspruch genommen werden muss oder nicht.

Die Kostenpositionen sind für den Anleger nicht einzuschätzen, da es ihm an einem Einblick in die verschiedenen Abreden bzw. ihrer konkreten Ausgestaltung fehlt. Ihm steht regelmäßig nur eine überblickartige Zusammenfassung im Prospekt zur Verfügung. Einen Überblick über die sodann tatsächlich entstandenen Kosten erhält er erst über den Investorenreport, der meist im Zusammenhang mit etwaigen Zinszahlungen zur Verfügung gestellt wird. In welcher Reihenfolge Kosten und Zins- und Rückzahlungsansprüche der Anleger aus den Zahlungsströmen zu begleichen sind, variiert von Transaktion zu Transaktion. Häufig werden dabei sämtliche Kosten, zumindest die größeren Positionen, vorrangig zum Abzug gebracht. Demenstprechend verringern sich die den Anlegern zur Befriedigung ihrer Ansprüche zur Verfügung stehenden Zahlungsströme in für sie unvorhersehbarer Weise. Je nach Kalkulation der Transaktion, insbesondere unter Berücksichtigung des Verhältnisses von Verbriefungs- und Emissionsvolumen, wirken sich diese Abzüge früher oder später auf die Zins- und Rückzahlungen aus. Aus Sicht der Anleger kann das Kostenrisiko zunächst als strukturbedingtes Liquiditätsrisiko und in Kombination mit dem Haftungsausschluss[36] als strukturbedingtes Ausfallrisiko eingeordnet werden.

---

[34] *Buerger/Iseley* in: Zweig, S. 519.

[35] *Knops*, BB 2008, 2535 (2536).

[36] Zu diesem oben Kap. 3, D.IV.3.

II. Subordinationsrisiko

Das sich aus der Subordination ergebende strukturbedingte Ausfallrisiko ist des Weiteren in Zusammenschau mit dem objektbedingten Ausfall- und Liquiditätsrisiko zu betrachten. Risiken entstehen somit einerseits dadurch, dass Darlehensnehmer ihren Zahlungsverpflichtungen nicht oder nur verspätet nachkommen und somit zum fraglichen Zeitpunkt weniger Finanzmittel zur Verfügung stehen, andererseits dadurch, dass diese Finanzmittel sich nach der Befriedigung vorrangiger Positionen im Wasserfall – zuvörderst der Ansprüche anderer Transaktionsbeteiligter, siehe dazu das soeben thematisierte Kostenrisiko – bereits erheblich verringert haben. Innerhalb der Wertpapiertranchen stellt die Subordination zugunsten der höherrangigeren Klassen gegenüber den niederen Klassen eine Kreditverbesserung dar. Umgekehrt erhöht sich hierdurch das Risiko für die niederen Klassen, die regelmäßig nicht mehr speziell abgesichert werden, sondern lediglich durch höhere Risikoaufschläge kompensiert werden sollen.

D. Personenbedingte Risiken

Unter personenbedingten Risiken können z. B. Risiken zusammengefasst werden, die damit zusammenhängen, dass ein Beteiligter seine Funktion in der Verbriefung nicht oder nicht mehr richtig erfüllen kann oder will. Von besonderer Bedeutung und somit auch für das Rating wesentlich sind hierbei Insolvenzrisiken. Die Verbriefung ist anders als bei herkömmlichen Unternehmensanleihen grundsätzlich darauf angelegt, weitgehende Unabhängigkeit von der Solvenz des Originators und der Zweckgesellschaft zu schaffen.[37] Dies soll im Hinblick auf den Originator dadurch erreicht werden, dass er das zur Unterlegung der Wertpapiere ausgewählte Forderungsportfolio verkauft (*True Sale*).[38] Im Hinblick auf die Zweckgesellschaft soll die sog. „Insolvenzferne“ erreicht werden, indem diese keine anderen Tätigkeiten ausübt und keine anderen Verpflichtungen eingeht, außer hinsichtlich des Ankaufs des Forderungsportfolios und der Emission der forderungsbesicherten Wertpapiere[39] sowie hiermit im engen Zusammenhang stehender Tätigkeiten wie etwa dem der Emission vorgeschalteten Vertragsschluss über eine Liquiditätsfazilität. Maßgeblich für die Rückzahlung und Verzinsung des Wertpapiers sollen nicht die Bonität der Zweckgesellschaft, sondern die Werthaltigkeit des Forderungsportfolios sowie die hierfür gewährten Absicherungsmaßnahmen sein. Ein absoluter Ausschluss der Insolvenzrisiken kann jedoch nicht erreicht werden, insbesondere wenn sich das Forderungsportfolio letztlich als wenig werthaltig erweist und selbst vorrangige Gläubiger nicht mehr befriedigt werden können. Selbst wenn die Werthaltigkeit des Forderungsportfolios von möglichen

[37] *Rosenthal/Ocampo*, S. 42 f.

[38] *Rosenthal/Ocampo*, S. 43.

[39] *Rosenthal/Ocampo*, S. 44 f.

Insolvenzen unberührt bleibt, birgt dies zumindest stets ein zeitliches Verzögerungsrisiko. Schließlich ergeben sich auch Risiken daraus, wenn Verbriefungsbeteiligte mehrere Funktionen in der Verbriefung übernehmen, die Erfüllung mehrerer vertraglicher Verpflichtungen sich mithin auf eine Person konzentrieren, oder wenn Verbriefungsbeteiligte persönlichen Interessenskonflikten ausgesetzt sind. Daneben besteht das Risiko, dass bestimmte über die Laufzeit der Inhaberschuldverschreibung zu erfüllende Funktionen wegen einer Kündigung aus wichtigem Grund durch einen Transaktionsbeteiligten nicht mehr wahrgenommen werden.

I. Insolvenz des Originators

Um die Risiken des verbrieften Portfolios vom Originator effektiv zu isolieren, muss im Falle seiner Insolvenz gewährleistet sein, dass der Insolvenzverwalter die Übertragung der Vermögenswerte an die Zweckgesellschaft nicht angreifen kann.[40] Sie dürfen mithin nicht in die Insolvenzmasse des Originators fallen und müssen bestenfalls ein Aussonderungsrecht der Zweckgesellschaft begründen.

1. Risiko der rechtlichen Umqualifizierung

Ebenso wie zum Zwecke der Bilanzwirksamkeit ist es auch für die insolvenzrechtliche Situation erforderlich, die Verbriefung als „True-Sale", also als echten Verkauf auszugestalten, da andernfalls die Umdeutung der Kaufpreiszahlung in ein Darlehen und die Übertragung des Forderungsportfolios als Sicherungsübereignung droht.[41] Eine solche Umqualifizierung ist insbesondere dann denkbar, wenn das wesentliche wirtschaftliche Ausfallrisiko (i. e. S.) bei dem Originator verbleibt, da dieser eine echte Bonitätshaftung übernimmt. Eine solche liegt etwa dann vor, wenn er einen Abschlag auf die Kaufpreiszahlung gewährt, der dem prognostizierten Ausfallrisiko in voller Höhe entspricht, wenn er Beschaffenheitsgarantien für die Solvenz der Forderungsschuldner über die Laufzeit gewährt oder wenn er diese oder andere bonitätsbezogene Haftungsmodelle miteinander kombiniert, so dass im Ergebnis ein Ausfallrisiko kaum noch auf die Zweckgesellschaft übergeht.[42] Zwar liegt es im Interesse des Originators, die dementsprechenden Voraussetzungen einzuhalten, da sich diesbezügliche Mängel nicht zuletzt auch im Rating und damit den zu entrichtenden Risikoaufschlägen ausdrücken und bei institutionellen Originatoren

[40] *Zeising*, BKR 2007, 311 (317); *Brocker*, BKR 2007, 60 (61); *Rinze/Klüwer*, BB 1998, 1697 (1703).

[41] Schimansky/Bunte/Lwowski/*Sethe*, § 114a Rn. 73; *Fleckner*, DB 2005, 2733 (2736); ausführlich *ders.*, ZIP 2004, 585 (591 ff.).

[42] Zu weiteren Mechanismen zur Übernahme Bonitätsrisiken siehe *Dreyer/Schmid/Kronat*, BB 2003, 91 (97).

zudem der Wegfall der bilanziellen Anrechnungserleichterung droht.[43] Allerdings bestehen stets Auslegungsunsicherheiten, ab welcher Schwelle das wirtschaftliche Risiko im ausreichenden Maße auf die Zweckgesellschaft endgültig übergegangen ist.

Nur wenn die verbrieften Forderungen unter Einschluss des wesentlichen Ausfallrisikos auf die Zweckgesellschaft übertragen werden, entsteht ihr als wirtschaftliche Eigentümerin ein Aussonderungsrecht i. S. d. § 47 InsO. Verbleibt jedoch wegen durch den Originator selbst durchgeführter Absicherungsmaßnahmen ein wesentlicher Teil der Risiken beim Originator, steht der Zweckgesellschaft kein Aussonderungs-, sondern nur ein Absonderungsrecht nach § 51 Nr. 1 InsO zur Verfügung.[44] Infolge dessen hat gemäß § 166 Abs. 2 InsO der Insolvenzverwalter das Verwertungsrecht hinsichtlich der Darlehensforderungen, so dass die Einziehungsbefugnis für Zins- und Tilgungsleistungen aus den Darlehen bei ihm liegt.[45] Die Zweckgesellschaft ist hierdurch gegenüber der Aussonderung benachteiligt, weil aus dem Verwertungserlös ein Kostenbeitrag an die Insolvenzmasse zu zahlen ist, vgl. §§ 170, 171 InsO.[46] Ein weiteres Risiko besteht dadurch, dass der Insolvenzverwalter die Forderungen ggf. nicht mit derselben Sorgfalt durchsetzt, wie dies durch den nicht insolventen Originator zu erwarten wäre oder dass zumindest dahingehende Befürchtungen negative Auswirkungen auf das Rating der forderungsbesicherten Wertpapiere hätten.[47]

Die vorbenannten Risiken können durch die Nutzung eines Refinanzierungsregisters, §§ 22a ff. KWG, ausgeräumt werden.[48] Das Gesetz ordnet dann ein von der dinglichen Übertragung unabhängiges Aussonderungsrecht nach § 47 InsO an und unterscheidet dabei explizit nicht mehr nach der insolvenzrechtlichen Natur des Verpflichtungsgeschäfts, die jedoch für das Bilanz- und Steuerrecht weiterhin eine Rolle spielt.[49] Maßgeblich hierfür ist, dass ein Übertragungsanspruch entstanden ist und der Übertragungsgegenstand in das Refinanzierungsregister eingetragen wurde. Das Erlöschen des Übertragungsanspruchs durch Erfüllung, also bereits erfolgte Abtretung der Forderungen, soll den Wirkungen der §§ 22a ff. KWG nicht entgegenstehen.[50]

---

[43] Erforderlich ist ein signifikanter Risikotransfer, vgl. BFS-CRR/*Gerth*, Art. 243 Rn. 1 ff.

[44] Schimansky/Bunte/Lwowski/*Sethe*, § 114a Rn. 73; *Fleckner*, WM 2007, 2272 (2275); *ders.*, DB 2005, 2733 (2736); *ders.*, ZIP 2004, 585 (591); *Pannen/Wolff*, ZIP 2006, 52 (55).

[45] Schimansky/Bunte/Lwowski/*Sethe*, § 114a Rn. 73; *Rinze/Klüwer*, BB 1998, 1697 (1703); *Pannen/Wolff*, ZIP 2006, 52 (55); *Fleckner*, ZIP 2004, 585 (591).

[46] Schimansky/Bunte/Lwowski/*Sethe*, § 114a Rn. 73; *Pannen/Wolff*, ZIP 2006, 52 (55); *Fleckner*, ZIP 2004, 585 (591).

[47] Vgl. *Fleckner*, ZIP 2004, 585 (591).

[48] Schimansky/Bunte/Lwowski/*Sethe*, § 114a Rn. 736; zu diesem vgl. Kap. 2, B.

[49] *Fleckner*, WM 2007, 2272 (2275); *ders.*, DB 2005, 2733 (2736).

[50] BT-Drs. 15/5852, S. 18; *Brocker*, BKR 2007, 60 (63); ebenso *Pannen/Wolff*, ZIP 2006, 52 (56); *Tollmann*, WM 2005, 2017 (2022 Fn. 68).

In der Beispieltransaktion wurde von der Nutzung eines Refinanzierungsregisters abgesehen.[51] Dieses erweist sich insbesondere dann als zweckmäßig, wenn die abgetretenen Forderungen durch Sicherheiten wie insbesondere Grundschulden besichert sind, deren zeit- und kostenaufwendige Übertragung hierüber auf den Zeitpunkt einer etwaigen Insolvenz hinausgeschoben werden kann.[52] Die bloße Forderungsabtretung ist dagegen vergleichsweise einfach zu erreichen, so dass ein entsprechendes Motiv hier nicht besteht. Auf die seinerseits mit einem gewissen Aufwand verbundene Errichtung eines Refinanzierungsregisters kann daher verzichtet werden, wenn die oben beschriebene echte Bonitätshaftung nicht vorliegt. Dies ist vorliegend der Fall; insbesondere ergibt sich auch keine echte Bonitätshaftung aus dem Umstand, dass die Bank bestimmte bonitätsbezogene Kriterien, wie etwa das Fehlen von SCHUFA-Einträgen bei den Darlehensnehmern, zu einem der Abtretung vorgelagerten Zeitpunkt garantiert.[53]

2. Anfechtungsrisiko

Keine direkte Abhilfe schafft das Refinanzierungsregister im Hinblick auf die Anfechtungsrechte nach den §§ 129–147 InsO, da diese gemäß § 22j Abs. 3 Satz 2 KWG explizit unberührt bleiben.[54] Die durch eine Anfechtung herbeigeführte Rückübertragung der Vermögenswerte auf den Originator bzw. zur Insolvenzmasse[55] hätte zur Folge, dass sich das den Anlegern zur Verfügung stehende Vermögen der Zweckgesellschaft drastisch schmälern, ggf. in Gänze wegfallen würde. Jedoch wird bei Verbriefungen regelmäßig ein Bargeschäft i. S. d. § 142 InsO vorliegen, zumindest – und auch nur dann –, wenn der Insolvenzmasse in Form der Kaufpreiszahlung eine gleichwertige Gegenleistung zugeflossen ist.[56]

Weiterhin in Betracht kommt dann eine Anfechtung unter den Voraussetzungen einer vorsätzlichen Benachteiligung gemäß § 133 InsO. Anfechtbar sind nach dessen Satz 1 Rechtshandlungen in den letzten zehn Jahren vor Antragsstellung sowie danach, wenn der Originator den Vorsatz hatte, seine Gläubiger zu benachteiligen und die Zweckgesellschaft diesen Vorsatz kannte. Wenngleich somit bei Vorliegen eines Bargeschäfts i. S. d. § 142 InsO das Anfechtungsrisiko minimiert ist, ist dieses verbleibende Risiko nicht zu unterschätzen. Gerade ein in die Krise geratener Originator mag versucht sein, sich über die Verbriefung mit den einhergehenden Bilanzvorteilen und der Möglichkeit der Kapitalbeschaffung zu entlasten. Aufgrund der meist

---

[51] Vgl. Beispieltransaktion, Kap. 2, F.

[52] Vgl. Kap. 2, B und C.

[53] Siehe auch oben Kap. 3, B.I.2.a).

[54] *Brocker*, BKR 2007, 60 (62).

[55] *Zeising*, BKR 2007, 311 (317).

[56] Schimansky/Bunte/Lwowski/*Sethe*, § 114a Rn. 77; Boos/Fischer/Schulte-Mattler/*Tollmann*, § 22j Rn. 36; *Pannen/Wolff*, ZIP 2006, 52 (53).

vorliegenden Verflechtungen zwischen Originator und Zweckgesellschaft, die nicht selten eine Tochtergesellschaft zumindest innerhalb der Konzerngruppe ist, wird die Kenntnis der Zweckgesellschaft dann schnell gemäß § 133 Satz 2 InsO zu vermuten sein. Das Vorliegen einer unmittelbaren Gläubigerbenachteiligung ist schon mit Vorliegen des § 142 InsO ausgeschlossen, wenn insoweit eine gleichwertige Gegenleistung geflossen ist. Eine im Rahmen des § 133 InsO ausreichende mittelbare Gläubigerbenachteiligung kann jedoch dann vorliegen, wenn der Originator die Kaufpreiszahlung zwischenzeitlich verbraucht hat und sie somit nicht mehr der Gläubigerbefriedigung zur Verfügung steht.[57] Dabei reicht es aus, dass der Originator eine Gläubigerbenachteiligung als notwendige Nebenfolge in Kauf nimmt.[58] Der entsprechende Vorsatz lässt sich jedoch nicht pauschalisiert unterstellen, da das aufgezeigte Vorgehen auch gerade darauf ausgerichtet sein kann, die Insolvenz und damit auch die Gläubigerbenachteiligung zu verhindern. Beweisbelastet ist der Insolvenzverwalter.[59]

3. Kein Wahlrecht des Insolvenzverwalters im Hinblick auf die Darlehensforderungen

Unsicherheit bestand nach früherer Rechtslage, ob der Insolvenzverwalter ein Wahlrecht gemäß § 103 InsO in Bezug auf Darlehen hat.[60] Stünde ihm ein solches zu und würde er hiervon Gebrauch machen, hätte dies zu erheblichen Ausfällen bei den Anlegern führen können. Hiergegen sprach, dass zumindest bei über Refinanzierungsregister insolvenzfest abgetretenen Ansprüchen die Insolvenzmasse durch eine Wahl gegen die Durchführung des Darlehensverhältnisses nicht gemehrt würde.[61] Mittlerweile ist eine gesetzliche Klarstellung in § 108 Abs. 2 InsO erfolgt, demnach bereits valutierte Darlehen mit Wirkung für die Masse fortbestehen.[62] In der Beispieltransaktion wird diese Voraussetzung, also die Valutierung der Darlehen, durch die Bank garantiert (zur Beschaffenheitsgarantie in der Insolvenz sogleich).

4. Wahlrecht des Insolvenzverwalters bei Mangelhaftigkeit

Bei Übertragung des wesentlichen Ausfallrisikos (i. e. S.) hat die Zweckgesellschaft nach dem Vorbenannten ein Aussonderungsrecht hinsichtlich der abgetretenen Forderungen, deren Bestand nicht durch die Ausübung eines Wahlrechts des Insolvenzverwalter angegriffen werden kann und das nur im engen Maße insolvenzrechtlich

---

[57] Vgl. Fälle bei MüKo-InsO/*Kirchhof*, § 129 Rn. 122 m. w. N.

[58] MüKo-InsO/*Kirchhof*, § 133 Rn. 13 m. w. N.

[59] MüKo-InsO/*Kirchhof*, § 133 Rn. 22.

[60] Vgl. (ablehnend) *Pannen/Wolff*, ZIP 2006, 52 (55); *Fleckner*, DB 2005, 2733 (2736); *ders.*, ZIP 2004, 585 (594 ff.); *Obermüller*, ZInsO 2005, 1079 (1083); siehe auch MüKo-InsO/*Eckert*, § 108 Rn. 202 m. w. N.

[61] *Fleckner*, DB 2005, 2733 (2736 f.); *Obermüller*, ZInsO 2005, 1079 (1084 f.).

[62] *Fleckner*, WM 2007, 2272.

anfechtbar ist. Erweisen sich jedoch einzelne Forderungen als mangelhaft, lösen sie die durch den Originator übernommenen Beschaffenheitsgarantien aus. Infolgedessen wandelt sich – bei entsprechender Ausgestaltung wie in der Beispieltransaktion – das Vertragsverhältnis zwischen Zweckgesellschaft und Originator in ein vertragliches Rückabwicklungsverhältnis. In der Insolvenz des Originators gilt hier zunächst nichts Abweichendes. Insbesondere entsteht dem Insolvenzverwalter bei Mangelhaftigkeit einzelner Forderungen kein Wahlrecht gemäß § 103 InsO in Bezug auf den Rechtskaufvertrag, da zwar der Übertragungsanspruch auf eine mangelfreie Forderung nicht erfüllt ist, die Zweckgesellschaft aber ihrerseits die Kaufpreiszahlung i. d. R. bereits voll befriedigt hat. § 103 InsO fordert jedoch die ganze oder teilweise Nichterfüllung beider Hauptleistungspflichten.

Fraglich ist, ob dem Insolvenzverwalter ein Wahlrecht i. S. d. § 103 InsO hinsichtlich des vertraglich vereinbarten Rückabwicklungsverhältnisses zusteht und inwieweit der Anspruch auf den Rückkaufpreis voll oder nur quotal zu befriedigen ist. Zu berücksichtigen ist hierbei, dass die vertragliche Rückkaufvereinbarung an die Stelle der gesetzlichen Mangelgewährleistung tritt; nur unter der Voraussetzung dieser Rechtsfolgenregelung hat auch der Ausschluss der gesetzlichen Mangelgewährleistung Bestand.[63] Hinsichtlich des kaufrechtlichen Rücktrittsrechts geht die herrschende Ansicht von einer (analogen) Anwendbarkeit des § 103 InsO aus, da es sich zwar bei dem Rückabwicklungsverhältnis nicht um einen „gegenseitigen Vertrag" handele, es resultiere jedoch aus einem solchen vorangegangenen und sei i. d. R. ebenfalls nur Zug-um-Zug zu erfüllen.[64] Nichts anderes gilt dem Grundsatz nach, wenn das Rückabwicklungsverhältnis nicht aufgrund des gesetzlich eingeräumten Rücktrittsrechts, sondern aufgrund vertraglicher Sonderregelungen zur Entstehung gelangt.

Soweit der Insolvenzverwalter die Erfüllung wählt, wird der Anspruch auf den Rückkaufpreis zu einer Masseverbindlichkeit i. S. d. § 55 Abs. 1 Nr. 2 InsO, die Zug-um-Zug gegen Rückübertragung der mangelhaften Forderung zu erfüllen ist. Lehnt der Insolvenzverwalter hingegen die Erfüllung ab, bleibt die Zweckgesellschaft einerseits Inhaberin der mangelbehafteten Forderung – soweit diese noch besteht und nicht etwa wegen Widerrufs entfallen ist – und ist andererseits hinsichtlich einer Forderung wegen des Nichterfüllungsschadens nur Insolvenzgläubigerin, vgl. § 103 Abs. 1 Satz 1 InsO. Soweit nicht die mangelhafte Forderung wertmäßig den Rückkaufpreis übersteigt, wird es sich bei der Erfüllungsablehnung um den Regelfall handeln; der Insolvenzverwalter wird regelmäßig keinen Anlass sehen, sich mit dem zusätzlichen Verwertungsaufwand zu belasten. Damit begründet die Mangelhaftigkeit einzelner Forderungen aus dem verbrieften Portfolio in der Insolvenz des Originators ungeachtet des grundsätzlich bestehenden Aussonderungsrechts i. S. d. § 47 InsO ein eigenes Risiko, das durch die beschriebenen Beschaffenheitsgarantien nicht abgefedert wird.

---

[63] Vgl. Kap. 3, B.I.2.d) zu § 444 BGB.

[64] MüKo-InsO/*Huber*, § 103 Rn. 86; Uhlenbruck/*Wegener*, § 103 Rn. 77 f., 95; eine von *Wegener* a. a. O. unter Rn. 108 f. angenommene Rücktrittssperre bei vor Insolvenzeröffnung noch nicht ausgeübten Rücktrittsrecht besteht insoweit nicht, als dass der Nacherfüllungsanspruch wirksam abbedungen wurde.

II. Insolvenz der Zweckgesellschaft

Die Zweckgesellschaft wird so konzipiert, dass eine Insolvenz möglichst unwahrscheinlich ist, insbesondere indem ihr beruflicher Tätigkeitsbereich auf ein Minimum beschränkt und den Transaktionsbeteiligten die Stellung eines Insolvenzantrags vertraglich untersagt ist.[65] Gleichwohl besteht das Risiko, dass es zu einer Insolvenz der Zweckgesellschaft kommt, soweit diese zur Erfüllung ihrer Zahlungsverpflichtungen – gegenüber allen Gläubigern – auf die fristgerechte Weiterleitung der tatsächlichen Zahlungsströme aus dem verbrieften Portfolio angewiesen ist.[66] Das Bonitätsrisiko der Zweckgesellschaft entspricht grundsätzlich dem Ausfallrisiko des verbrieften Portfolios unter Berücksichtigung der eingesetzten Kreditverbesserungsmaßnahmen, ihr Funktionieren vorausgesetzt[67] sowie unter der Voraussetzung, dass ihr das verbriefte Portfolio im Falle der Insolvenz des Originators nicht wieder entzogen werden kann.[68]

Wurde, wie bei der Beispieltransaktion, eine Subordination der Zahlungsansprüche in Abhängigkeit von den zur Verfügung stehenden Finanzmitteln durchgeführt, so minimiert sich das Insolvenzrisiko der Zweckgesellschaft, soweit infolgedessen ihre Zahlungsverpflichtungen grundsätzlich zunächst nicht das tatsächlich vorhandene Kapital übersteigen können; für eine endgültige Begrenzung sorgt der regelmäßig vereinbarte Haftungsausschluss.[69] Jedoch können nicht sämtliche Ansprüche subordiniert werden; dementsprechend stehen öffentliche Gläubiger, wie insbesondere die Finanzämter, regelmäßig an der Spitze des Wasserfalls. Des Weiteren kommen Ansprüche gegen die Zweckgesellschaft etwa aufgrund vertraglicher Pflichtverletzungen oder wegen unerlaubter Handlungen von Dritten oder sogar der Anleger selbst in Betracht, die ihrerseits nicht subordiniert werden können, dabei aber auch regelmäßig nicht – mangels Vorhersehbarkeit – als vorrangige Position in Subordinationen berücksichtigt werden.[70] Ansprüche Dritter kommen dabei nur in Betracht, wenn sich die Zweckgesellschaft nicht an die Vorgabe hält, keine (weiteren) Vertragsbeziehungen zu diesen außerhalb der Verbriefungstransaktion aufzunehmen; dagegen werden etwaige Schadensersatzansprüche anderer Transaktionsbeteiligter teils an verhältnismäßig später Position subordiniert. Die Zweckgesellschaft ist folglich regelmäßig insolvenzfern konzipiert, nicht aber endgültig insolvenzfest.[71]

---

[65] *Knops*, BB 2008, 2535 (2537); *Rinze/Klüwer*, BB 1998, 1697 (1703).

[66] Insbesondere vor dem Hintergrund ihres geringen Eigenkapitals, vgl. *Knops*, BB 2008, 2535 (2537).

[67] Zum Insolvenzrisiko Dritter vgl. nachfolgend D.IV.

[68] Dazu bereits D.I.

[69] Hierzu Kap. 3, D.IV.

[70] So etwa im Falle von Ansprüchen der Anleger gegen die Zweckgesellschaft aufgrund eines fehlerhaften Prospekts, hierzu unten Kap. 5, E.

[71] *Rinze/Klüwer*, BB 1998, 1697 (1703).

1. Insolvenzrechtliche Behandlung der Zins- und Rückzahlungsansprüche

Der mit dem forderungsbesicherten Wertpapier gewährte, mangels Zeitablauf oder Kündigung noch nicht fällige Rückzahlungsanspruch gilt gemäß § 41 Abs. 1 InsO als fällig.[72] Ein Wahlrecht des Insolvenzverwalters gemäß § 103 InsO besteht nicht, da die Inhaberschuldverschreibung schon keinen gegenseitigen Vertrag darstellt;[73] bei anderer Einordnung ist zu berücksichtigen, dass die Wertpapierbedingungen regelmäßig außerordentliche Kündigungsrechte für den Fall der Insolvenz der Zweckgesellschaft vorsehen.[74] Bei dem durch Kündigung fälligen oder als fällig geltenden Rückzahlungsanspruch handelt es sich um eine gewöhnliche Insolvenzforderung nach § 38 InsO.[75] Ebenso sind die bereits vor der Eröffnung des Insolvenzverfahrens entstandenen Zinsansprüche als reine Insolvenzforderungen zu berücksichtigen, die entweder bereits fällig sind oder gemäß § 41 Abs. 1 InsO entsprechend des zuvor Ausgeführten als fällig gelten. Dagegen sind die prognostizierten Zinszahlungen, die aber aufgrund der Fälligkeit der Kapitalschuld nicht mehr zur Entstehung gelangen, im Insolvenzverfahren nicht zu berücksichtigen. Die Subordinationsabrede begründet keinen Nachrang der fälligen Forderungen i. S. v. § 39 Abs. 2 InsO.[76]

2. Weitere Folgen

Gemäß den §§ 115, 116, 117 InsO erlöschen mit der Eröffnung der Insolvenz die von der Zweckgesellschaft eingegangenen Geschäftsbesorgungsverträge und erteilten Vollmachten, somit insbesondere auch das Servicing Agreement mit dem Originator. Eine Rettung der Verbriefungstransaktion ist, außer im Falle einer Schuldnerersetzung, nicht mehr möglich.

III. Risiken im Hinblick auf den Servicer

Der Servicer ist derjenige, der den größten Einfluss auf das Zahlungsverhalten der Forderungsschuldner nehmen kann.[77] Dies gilt insbesondere dann, wenn es sich bei ihm, wie regelmäßig, um den Originator handelt, der weiterhin gegenüber seinen

---

[72] OLG Köln, Urt. v. 09.07.2015, Az.: 3 U 58/12, ZIP 2015, 1924 ff. = juris Rn. 70 f.

[73] Vgl. Kap. 3, D.III.1; so i. E. mit anderer Begründung auch Uhlenbruck/*Wegener*, § 103 Rn. 29; a. A. Gottwald/*Haas/Moos*, § 93 Rn. 50. Eine entsprechende Anwendbarkeit von § 108 Abs. 2 InsO, demnach das Darlehensverhältnis bei erfolgter Valutierung durch den Insolvenzschuldner als Darlehensgeber fortbesteht, kommt nicht in Betracht, da die Zweckgesellschaft Kapitalnehmerin ist, so i. E. auch *Cranshaw*, BKR 2008, 504 (510).

[74] Vgl. Kap. 6, A.I.

[75] *Cranshaw*, BKR 2008, 504 (509 f.).

[76] Vgl. Kap. 3, D.IV.1.

[77] *Buerger/Iseley* in: Zweig, S. 516.

Schuldner als Darlehensgeber auftritt und zugleich selbst Schuldner aus den maßgeblichen Verträgen ist. Er kann somit bei pflichtwidrigem Verhalten – über die Aufrechnung auch aus weiteren Geschäftsbeziehungen zum Darlehensnehmer – selbst den Anlass für einen verzögerten oder ausbleibenden Zahlungsfluss darstellen.

Besonders kritisch wird es, wenn der Servicer insolvent wird und seine Tätigkeit ruht oder angesichts der Vielzahl der zu erledigenden Aufgaben durch den Insolvenzverwalter vernachlässigt wird und damit die Realisierung der Ansprüche der Anleger gefährdet werden.[78] Insbesondere kann der dem Servicing zugrundeliegende Geschäftsbesorgungsvertrag durch den Insolvenzverwalters aufgrund seines Wahlrechts gemäß § 103 InsO beendet werden, was regelmäßig auch geschehen wird, da es aus seiner Sicht um die Eintreibung für ihn bzw. der Masse fremder Forderungen geht.[79] Zur Tabelle angemeldet werden kann dann gemäß § 103 Abs. 2 InsO der Nichterfüllungsschaden;[80] dies schafft jedoch keine Abhilfe für den Umstand, dass das Forderungsportfolio weiterhin zu verwalten ist. Ein ebensolches Risiko besteht, soweit zwar nicht die Insolvenz des Servicers eintritt, aber entweder der Servicer oder die Zweckgesellschaft den Servicingvertrag gemäß der §§ 313, 314 BGB kündigen.

Oftmals ist für diese Fälle ein Back-Up Servicer vorgesehen. Dieser muss jedoch nach deutschem Recht über eine Genehmigung nach dem Rechtsdienstleistungsgesetz verfügen.[81] Außerdem muss er die erforderlichen Strukturen für das Forderungsmanagement vorhalten und es darf zu keinen Verzögerungen bei der Überleitung der Servicing-Tätigkeit kommen. Die Qualitäten eines Originators, der die zu verwaltenden Verträge selbst begründet hat und von Beginn an im direkten Kontakt mit den Schuldnern stand, kann der Back-Up Servicer nicht mit sich bringen, so dass hier stets ein Risiko verbleibt, dass es zu Verzögerungen und Ausfällen aufgrund der Überleitung der Verwaltungstätigkeit kommt. Das Vorhalten einer entsprechenden Ersatzinfrastruktur ist zudem kostenintensiv.[82]

Bei einer Eintragung der verbrieften Vermögensgegenstände in ein Refinanzierungsregister besteht die Möglichkeit, alternativ zur Geltendmachung des Aussonderungsrechts i. S. d. § 47 InsO einen Sachwalter zu bestellen, der in Bezug auf im Register eingetragene Gegenstände eine dem Insolvenzverwalter entsprechende Stellung erhält, vgl. § 22n Abs. 2 Satz 1 KWG, und die Infrastruktur und Mitarbeiter des Originators übernimmt.[83]

In der Beispieltransaktion ist weder eine Eintragung der Forderungen in das Refinanzierungsregister erfolgt, noch wurde ein Back-Up Servicer bestimmt. In Verbriefungstransaktionen wie diesen besteht mithin das weitere Risiko, dass ein Back-Up Servicer nicht zeitnah verpflichtet werden kann und wenn, so ggf. nur zu verteuerten

---

[78] *Fleckner*, DB 2005, 2733 (2736); *Knops*, BB 2008, 2535 (2537).

[79] Schimansky/Bunte/Lwowski/*Sethe*, § 114a Rn. 84; *Pannen/Wolf*, ZIP 2006, 52 f.; *Fleckner*, ZIP 2004, 585 (597).

[80] *Pannen/Wolf*, ZIP 2006, 52 f.

[81] Vgl. Kap. 3, C.II.

[82] *Fleckner*, DB 2005, 2733 (2736); *ders.*, ZIP 2004, 585 (598).

[83] *Fleckner*, DB 2005, 2733 (2736); *Tollmann*, ZHR 169, 594 (612 ff.).

Konditionen. Die Zweckgesellschaft selbst eignet sich für die Sicherung der Forderungsverwaltung regelmäßig nicht, da sie weder über das notwendige Personal, noch über die sonstige hierfür erforderliche Infrastruktur verfügt.

IV. Risiken im Hinblick auf Sicherheits- und Liquiditätsgeber

Schließlich ergeben sich Risiken aus einer Insolvenz der Sicherheits- und Liquiditätsgeber, die eingesetzt werden, um einzelne andere Risiken aufzufangen. In der Insolvenz wandelt sich das abzusichernde Risiko somit in ein Insolvenzrisiko des Dritten bzw. lebt im Insolvenzfall unter Berücksichtigung der Insolvenzquote wieder auf. Die Insolvenz eines Sicherheits- oder Liquiditätsgebers muss zunächst nicht zwangsläufig zu einem Verlust bei den Anlegern führen, wenn sich das hierdurch abzusichernde Risiko nicht realisiert. Allerdings droht hierdurch zumindest die Herabsetzung des Ratings der forderungsbesicherten Wertpapiere.[84] Ebenso besteht das Risiko, dass die der Absicherung dienenden Verträge durch den betreffenden Dritten oder die Zweckgesellschaft gemäß der §§ 313, 314 BGB gekündigt werden. Soweit kein Ersatz gefunden wird, gilt das Vorstehende.

V. Die Bank als „multifunktionales Element"

Übernimmt eine als Originator tätige Bank in der Verbriefung, wie üblich, mehrere Funktionen, so erhöht sich das Risiko, dass mit ihrem insolvenzbedingten Ausfall einhergeht. Die Bank tritt regelmäßig auch als Servicer auf und gewährt darüber hinaus über verschiedene Mechanismen Sicherheiten und Liquidität. So ist die Bank in der Beispieltransaktion zugleich Originator und Servicer, gewährt eine Liquiditätsfazilität und ist Kontrahent im Zinsswap-Geschäft. Wenngleich die Insolvenz namhafter Banken angesichts der „too-big-to-fail"-Doktrin[85] als eher unwahrscheinlich angesehen wird, sind solche Fälle durchaus bereits vorgekommen,[86] zuletzt mit massiven Auswirkungen die Insolvenz der US-amerikanischen Investmentbank Lehman Brothers, ihrer Muttergesellschaft und zahlreicher Tochtergesellschaften, darunter auch in Deutschland.[87] Umso mehr Funktionen die Bank in einer Verbriefung übernimmt, desto höher ist angesichts verminderter Risikoverteilung das Risiko durch Insolvenz der Bank; dasselbe gilt, wenn andere Verbriefungsbeteiligte mehrere

---

[84] Dazu unten E.I.

[85] Hiernach ist regelmäßig davon auszugehen, dass Banken ab einer gewissen Größe (bei „Systemrelevanz") bei wirtschaftlichen Schwierigkeiten eine Unterstützung durch Staaten oder andere Großbanken erhalten, um das Finanzsystem insgesamt zu stabilisieren.

[86] So etwa 1974 die Insolvenz der Herstatt Bank (I.D. Herstatt KGaA) oder 1995 die Insolvenz des Bankhauses Fischer & Co.

[87] Lehman Brothers Inc. wurde als viertgrößte Investmentbank der USA gehandelt.

Funktionen übernehmen. Ebenso verschärft sich das personenbedingte Risiko, wenn verschiedene Verbriefungsbeteiligte demselben Konzern angehören und dieser in wirtschaftliche Schieflage gerät.

VI. Interessenkonflikte

Verbriefungsbeteiligte können Interessenkonflikten ausgesetzt sein, die sie dazu veranlassen, nicht im Interesse der Anleger zu handeln.

Ein solcher Fall kann insbesondere dann eintreten, wenn der Originator noch weitere Geschäftsbeziehungen zu Schuldnern der verbrieften Forderungen unterhält, so etwa neben dem verbrieften Konsumentendarlehen als Hausbank ein Girokonto, ggf. mit Dispositionsdarlehen und weiteren Darlehensverträgen. Gerät der Schuldner in Zahlungsschwierigkeiten, kann die Bank ihm auch bei der Zahlbarkeit der verbrieften Forderungen mit der Intention entgegenkommen, um so ggf. die Geschäftsbeziehung insgesamt aufrechtzuerhalten. Die damit einhergehende Verzögerung oder Verringerung eingehender Zahlungsströme ginge zulasten der Anleger. Dies gilt allerdings nur, soweit die Zweckgesellschaft als Forderungsinhaberin dem Originator als Servicer einen entsprechenden Handlungsspielraum z. B. hinsichtlich etwaiger Stundungen zugesteht.

Ebenso wie bereits hinsichtlich der oben angesprochenen Konzentration von Insolvenzrisiken spielen auch im Bereich der Interessenkonflikte wirtschaftliche Verflechtungen eine Rolle. So kann die Motivation der Zweckgesellschaft sinken, ausstehende Zahlungen aktiv bei der Bank einzufordern, wenn diese Tochtergesellschaft des Konzerns ist und ggf. sogar durch einen Geschäftsführer vertreten wird, der zugleich eine leitende Position bei der Bank innehält.[88]

Interessenkonflikte können auch bei der Ratingagentur bestehen. So ist es üblich, dass diese im Vorfeld der Verbriefung beratend tätig werden[89] und somit ggf. ein Interesse haben, das dort anvisierte Rating aufgrund ihrer Beratungstätigkeit letztlich auch zu gewähren.[90] Sie werden für ihre Analyse und Bewertung nicht durch den Interessenten, sondern durch die Zweckgesellschaft oder ggf. auch den Originator bezahlt (*„issuer-pays"*-Modell). Auch hierdurch kann ein Anreiz entstehen, die Erwartungshaltung des Vertragspartners zu erfüllen. Zumindest kann nicht von demselben Maß an Objektivität ausgegangen werden, wie wenn die Bezahlung durch diejenigen erfolgen würde, die schließlich das Rating zur Bewertung der Kapitalanlage heranziehen wollen. Ein Anreiz zur Objektivität ergibt sich allein aus Reputationsgesichtspunkten. Vergleichbares gilt für zur speziellen Bewertung herangezogene andere Beteiligte, wie Wirtschaftsprüfer, Rechtsanwälte

---

[88] Siehe hierzu auch nachfolgend G.I.

[89] Vgl. Kap. 2, D.

[90] Ob Ratingagenturen tatsächlich als eine Art „Anwälte der Anleger" gesehen werden können – so etwa Bonsall/*Smallman/Selby*, S. 250 –, ist daher fraglich.

oder Steuerberater, die ebenfalls für die Anbieterseite tätig werden und damit dem Anreiz ausgesetzt sein können, die Erwartungshaltung des Vertragspartners zu erfüllen und nicht lediglich interne, sondern ggf. im Prospekt veröffentlichte Bewertungen der Kapitalanlage als attraktiver oder risikoärmer darzustellen, als sie tatsächlich sind.

Die Vielzahl in Betracht kommender Interessenskonflikte ist für den Anleger meist gar nicht absehbar. Sie können bereits in der Konzeption angelegt sein oder sich über die Laufzeit ergeben. Ob und inwieweit Interessenkonflikte bestehen und sich auch zum Nachteil des Anlegers auswirken, kann durch diesen nur schwerlich nachvollzogen, geschweige denn bewiesen werden.

E. Umfeldbedingte Risiken

Umfeldbedingte Risiken sind Risiken, die etwa angesichts veränderter wirtschaftlicher Faktoren oder aufgrund per Rechtsprechung oder Gesetz veränderter rechtlicher Rahmenbedingungen bestehen, so z. B. hinsichtlich der Wirksamkeit der Vertragswerke oder der steuerlichen Konstruktion der Verbriefung.

I. Marktrisiken

Zu den Marktrisiken zählt z. B. das Risiko, dass der Verbriefungsgegenstand aufgrund äußerer Umstände als weniger werthaltig eingeschätzt wird. So haben etwa die zur Besicherung von US-amerikanischen Darlehen dienenden Hypotheken aufgrund einer negativen Entwicklung des Immobilienmarkts in den USA im Vorfeld der weltweiten Finanzkrise an Wert verloren, was u. a. zu immensen Einbußen bei den Inhabern forderungsbesicherter Wertpapierinhabern führte, da hiermit auch deren Werthaltigkeit als geringer eingeschätzt wurde.[91] Ebenso ist es denkbar, dass aufgrund einer allgemeinen Wirtschaftskrise die durchschnittliche Zahlungskraft von Darlehensnehmern negativ beeinflusst wird. Andererseits zählt hierzu das ebenfalls in der Finanzkrise zu Tage getretene Risiko, dass sich der Markt für forderungsbesicherte Wertpapiere generell zum Negativen verändert: Insbesondere, wenn in diesem Fall das Rating nicht aktualisiert wird, droht auch eigentlich noch gutlaufenden forderungsbesicherten Wertpapieren über den eintretenden Vertrauensverlust in das Produkt an sich die „Sippenhaft". In der Folge kann es zu Einschränkungen in der Fungibilität der forderungsbesicherten Wertpapier sowie zu erheblichen Kursabwertungen kommen.[92]

[91] Zu den Entwicklungen in der Finanzkrise siehe Kap. 1.

[92] Zu dem (allgemeinen) Risiko der eingeschränkten Fungibilität und Kursschwankungen siehe oben A.II.

II. Rechtsrisiken

Daneben besteht das Risiko, dass sich hinsichtlich der Vertragskonstruktionen in wesentlichen Einzelfragen die Rechtsprechung oder die Gesetzeslage ändert und ggf. sogar zur Unwirksamkeit einzelner Verträge führt.[93]

So bestand z. B. über eine lange Zeit rechtliche Unsicherheit hinsichtlich der Frage, ob der zustimmungsfreien Abtretung in der Verbriefung ein dingliches Abtretungsverbot gemäß § 399 Alt. 2 BGB entgegensteht. In diesem Falle entschied der BGH zugunsten der Abtretbarkeit.[94] Es bleibt das Risiko für langfristige Immobiliarkredite, dass deren Abtretung ein Abtretungsausschluss i. S. d. § 399 Alt. 1 BGB wegen Inhaltsänderung entgegensteht; für die in der Beispieltransaktion behandelten Konsumentendarlehen besteht ein vergleichbares Risiko jedoch nicht.[95] Im Übrigen lehnte der BGH die Insolvenzferne der Darlehensforderungen bzw. der für sie bestellten Sicherheiten durch das seinerzeit marktübliche Treuhandmodell ab; dagegen wurde diese Vorgehensweise nachfolgend durch die Schaffung der Refinanzierungsregister und im Falle ihrer Verwendung durch den Gesetzgeber legitimiert.[96] Ebenso wurde erst per Gesetzesänderung Klarheit hinsichtlich der Frage geschaffen, ob das Rechtsdienstleistungsgesetz (zuvor Rechtsberatungsgesetz) auf den als Servicer auftretenden Originator mit der Folge der Genehmigungspflicht zur Anwendung gelangt, wobei vereinzelt sogar als Folge die Unwirksamkeit der Abtretungsvorgänge gesehen wurde, also die Vereitelung der gesamten Verbriefungstransaktion.[97]

Rechtsunsicherheiten bestehen vor allem immer dann, wenn sich der BGH zu einer auslegungsbedürftigen Rechtsfrage noch nicht geäußert hat oder wenn eine BGH-Entscheidung zwar vorliegt, die Rechtsfrage aber europarechtlich relevant ist. Solche Rechtsfindungsprozesse dauern bekanntlich lange an. Im Zweifel ist die Inkaufnahme einer unbeantworteten Rechtsfrage dabei über die Laufzeit von größerem Nutzen, als auf eine forcierte, potentiell nachteilige Klärung.

Hinsichtlich potentieller Gesetzesänderungen ist das Folgende zu bedenken: In der Vergangenheit wurden Verbriefungen eher ermöglicht als erschwert, z. B. durch die Änderung des Rechtsdienstleitungsgesetzes oder die Einführung von Refinanzierungsregistern im KWG. Diese Gesetzesänderungen waren stark politisch motiviert, insbesondere vor dem Hintergrund, die Wettbewerbsfähigkeit des Finanzstandortes Deutschlands zu fördern. Ein sich änderndes politisches Umfeld kann dazu führen, dass Verbriefungen im Rahmen anstehender Gesetzesänderungen eher wieder erschwert werden, so wie dies nach der letzten Finanzkrise im aufsichtsrechtlichen Rahmen und insbesondere über die Erhöhung der Eigenkapitalanforderungen im

---

93 Vgl. *Buerger/Iseley* in: Zweig, S. 509, 511 f.

94 Vgl. Kap. 3, B.II.1.; zu Recht seinerzeit aufklärungspflichtiger Umstand nach *Knops*, BB 2008, 2535 (2537).

95 Vgl. Kap. 3, B.II.1.

96 Vgl. Kap. 2, B.

97 Vgl. Kap. 3, C.I.2.

Ansatz erfolgte. Zumindest nicht auszuschließen ist, dass Verbriefungen in der Zukunft auch auf andere Art und Weise fortschreitend reglementiert werden, so wie aktuell durch die zum 01.01.2019 anzuwendende STS-VO.

F. Bewertungsbedingte Risiken

Verbriefungstransaktionen basieren zum Großteil auf Bewertungen und Prognosen im Hinblick auf verschiedene Risiken, die mit ihr einhergehen. Es geht hierbei zum einen um die richtige Feststellung des „Ist-Zustandes", zum anderen, angesichts der meist langen Laufzeit von Verbriefungstransaktionen, um die richtige Prognose hinsichtlich der weiteren Entwicklung dieses Zustands, was nicht nur einer Feststellung von Risiken bedarf, sondern insbesondere die Bewertung der jeweiligen Wahrscheinlichkeit ihrer Realisierung. Hieraus resultieren Bewertungsrisiken in sämtlichen Bereichen, in denen Bewertungen durch externe Experten erforderlich werden, z. B. durch Steuer-und Wirtschaftsprüfer, Rechtsanwälte und Ratingagenturen.[98] Hier kommt es auf das Know How und die Zuverlässigkeit der Beteiligten an. Ebenso kann eine Bewertung aufgrund eines sich verändernden Umfelds oder neuer Bewertungsstandards unrichtig werden. Ggf. sind neue Bewertungen einzuholen, deren Kosten wiederum über die Zahlungsströme aus dem verbrieften Portfolio zu decken sind.[99]

Die Bewertung der Bonität der Darlehensnehmer, also des objektbedingten Ausfallrisikos i. e. S.,[100] erfolgt aufgrund des beim Originator etablierten Bewertungssystems. Eine mit den USA vergleichbare Situation, in denen im Vorfeld der Finanzkrise Darlehen durch Banken ganz ohne Bonitätsprüfung vergeben wurden,[101] besteht damit hierzulande derzeit nicht. Die durch den Originator vorgenommene Bewertung wird jedoch nicht durch die Zweckgesellschaft oder andere Beteiligte überprüft. Die durch die Ratingagentur vorgenommene Bewertung greift auf die durch den Originator vorgenommene Bewertung unter Berücksichtigung historisch-statistischer Erhebungen zurück,[102] ist aber keine erneute Einzelfallbewertung. Eine historisch-statistische Bewertung kann durch die Ratingagentur im Übrigen nur dann erfolgen, wenn hierfür auch hinreichende Vergleichsdaten zur Verfügung stehen. Das diesbezügliche Bewertungsrisiko ist auch in der Beispieltransaktion von besonderer Relevanz, da der Originator für spätere Veränderungen der Werthaltigkeit des verbrieften Portfolios nicht oder zumindest nicht mehr nach dem *Cut-off Date* (z. B. hinsichtlich mangelnder SCHUFA-Einträge) in Anspruch genommen werden kann.[103] Auch erfolgt keine spätere Einzelfallprüfung durch die

---

[98] Vgl. *Buerger/Iseley* in: Zweig, S. 509, 514 f.

[99] Siehe oben zum Kostenrisiko S. 89 f.

[100] Vgl. oben B.I.1.

[101] Zur Finanzkrise siehe Kap. 1.

[102] *Bund/Morlok*, Kreditwesen 2005, 969; *Langner*, ZfbF 2002, 656 (659).

[103] Vgl. Kap. 2, D.

Ratingagentur unter Berücksichtigung aller in Betracht kommender Parameter, so dass entsprechende Nachbewertungen und Ratingänderungen – soweit diese überhaupt erfolgen – gegenüber einer solchen stets oberflächlicher Natur bleiben, gleichwohl sie ein hohes Vertrauen genießen.[104]

Vergleichbares gilt für die Bewertungsrisiken im Hinblick auf objektbedingte Ausfallrisiken im rechtlichen Sinne.[105] Auch diese werden nicht im Einzelfall geprüft, so etwa, ob ein einzelner Darlehensnehmer ggf. bereits aufrechenbare Gegenansprüche gegen die Bank aus anderen Geschäftsbeziehungen innehat und somit ein Aufrechnungsrisiko besteht.[106] Die Bewertung dieser Risiken bleibt vergleichsweise oberflächlich. Bewertet die Ratingagentur etwa vertragliche Kompensationsmaßnahmen durch die Bank zum Abfedern des Aufrechnungsrisikos als hinreichend, so kann dieses Risiko durch eine unzutreffende Prognose hinsichtlich der Bonität der Bank wieder aufleben.[107]

Hinsichtlich der Verbriefungsstruktur obliegt es der Ratingagentur, alle vorgenommenen Strukturierungen für sich genommen sowie auch in Zusammenschau zu bewerten. Hierzu zählt, dass sie etwa die zeitliche Abfolge zwischen Sammelperiode und Fälligkeit der Zinszahlungen ebenso zu bewerten hat, wie Auslöser, die zu einer anderen zeitlichen Abfolge führen, ebenso wie das durch die Subordination innerhalb dieser Zinszahlungen zum Tragen kommende objektbezogene Ausfallrisiko in Zusammenschau mit dem strukturbedingten Ausfallrisiko.[108] Soweit andere Transaktionsbeteiligte in diese Prozesse eingebunden sind, wie etwa die Bank, die als Servicer mit der Weiterleitung der Zahlungsströme befasst ist, hat des Weiteren in diese Bewertung auch das Know How und die Zuverlässigkeit des Betreffenden einzufließen.

Neben der Struktur werden auch die personenbedingten Risiken einer Bewertung durch die Ratingagentur unterzogen, insbesondere in Form von Bonitätseinschätzungen. Diese können eigens für die Verbriefungstransaktion erstellt werden; ggf. kommt aber auch der Rückgriff auf ein zeitnah in anderem Kontext erstelltes Rating in Betracht. Die von den Ratingagenturen verwendeten Zahlen- und/oder Buchstabenkürzel sollen die Bonität unter festgelegten Gesichtspunkten wiederspiegeln (z. B. kurzfristig oder langfristig). Ergänzend hierzu ist angesichts des Verbriefungsvorhabens etwa zu bewerten, wie erfahren die Verbriefungsbeteiligten mit solchen oder vergleichbaren Strukturen sind und inwieweit potenzielle Interessenkonflikte bestehen. Solche Angaben werden durch die Ratingagentur regelmäßig nur übersichtsartig zur Verfügung gestellt; der gesamte Bewertungsprozess ist für Außenstehende nicht nachvollziehbar. Fehleinschätzungen können dazu führen, dass der einzelne Anleger i. E. eine Kapitalanlage erwirbt, dessen Risiken faktisch nicht mit dem verfolgten Anlageziel übereinstimmen.

---

[104] *Knops*, BB 2008, 2535 (2538).

[105] Vgl. oben B.II.

[106] Zum Aufrechnungsrisiko Kap. 3, D.II.

[107] Zum Insolvenzrisiko des Originators siehe oben D.I.

[108] Vgl Kap. 2, D; Beispieltransaktion, Kap. 2, F.IV.

Schließlich ist auch das aktuelle und zu erwartende Marktumfeld zu bewerten.[109] Während die aktuelle Situation noch verhältnismäßig gut festgestellt werden kann, ist zukunftsgerichteten Prognosen stets ein großer Unsicherheitsfaktor immanent. Hierbei können Trends und ggf. schon bestehende Marktanalysen ausgewertet werden, die jedoch regelmäßig aufgrund der zahlreichen unvorhersehbaren Markteinflüsse – verstärkt durch die fortschreitende Globalisierung – nur eine vage Richtung vorgeben können. Eine verlässliche Aussage über zukünftige Entwicklungen ist denklogisch ausgeschlossen. Ebenso geht auch eine große Unsicherheit mit der weiteren Entwicklung des rechtlichen Umfelds einher. Eine damit befasste Bewertung kann im Grunde nicht mehr darstellen, als eine Auswertung aktueller Rechtsunsicherheiten, Tendenzen in der Rechtsprechung und etwaig anstehender Reformen. Je nach Fortschritt der Klärung solcher Rechtsunsicherheiten kann der Bewertungspflichtige unwissentlich eine sich später als Mindermeinung herausstellende Ansicht vertreten oder sich auf erste Gerichtsurteile stützen, die später höchstrichterlich aufgehoben oder durch Gesetzesreformen obsolet werden.

Eine Herabsetzung des Ratings für die forderungsbesicherten Wertpapiere wirkt sich unmittelbar auf deren Werthaltigkeit aus. Das Risiko der Herabsetzung des Ratings[110] besteht z. B. bei strukturellen Mängeln, die erst später offensichtlich werden, bei sinkender Werthaltigkeit des verbrieften Portfolios oder bei der Bonitätsverschlechterung eines Sicherheits- oder Liquiditätsgebers. Damit wird auch die Werthaltigkeit der forderungsbesicherten Wertpapiere verringert und damit unmittelbar ihre Handelbarkeit bedroht.[111] Insofern sind für erhöhte Risiken auch erhöhte Risikoabschläge auf den Kaufpreis zu entrichten.[112] Ebenso stellt es ein Risiko für den Anleger dar, dass das Rating gerade nicht aktualisiert, also regelmäßig nicht herabgesetzt wird. Dann lässt sich der tatsächliche Wert des forderungsbesicherten Wertpapiers aus Sicht des Anlegers kaum noch feststellen und ist im besonderem Maße Spekulationen ausgesetzt, so dass hieraus ein eigenes Risiko folgt. Auch eigentlich werthaltige forderungsbesicherte Wertpapiere können bei fehlender Neubewertung z. B. aufgrund eines insgesamt schlechten Marktumfelds in „Sippenhaft" genommen werden und daraus folgend einen geringeren Marktpreis sowie eine praktisch eingeschränkte Fungibilität aufweisen.

G. Durchsetzungsrisiken

Durchsetzungsrisiko meint vorrangig das rechtliche Risiko der mangelnden Durchsetzbarkeit von Forderungen, die der gesetzlichen oder vertraglichen Haftungsverteilung entsprechen (z. B. Veritäts- oder Garantieansprüche der Zweckgesellschaft

---

[109] Vgl. oben E.I.

[110] Vgl. *Buerger/Iseley* in: Zweig, S. 505, 509, 521 ff.

[111] Vgl. *Buerger/Iseley* in: Zweig, S. 505.

[112] Für den Fall der Bonitätsverschlechterung eines beteiligten Monoliners (Wertpapierversicherer) vgl. *Knops*, BB 2008, 2535 (2537).

gegen den Originator oder etwaige Ansprüche der Anleger gegen die Zweckgesellschaft), können aber im weiteren Sinne auch im wirtschaftlichen Umfeld begründet liegen oder in der Komplexität von Verbriefungen an sich.

I. Durchsetzung von Forderungen der Zweckgesellschaft gegen den Originator

So mag es einer Zweckgesellschaft, die zugleich 100 %ige Tochtergesellschaft einer der Gruppe des Originators angehörenden Unternehmens aufgrund unternehmenspolitischer interner Entscheidungsvorgänge nur erschwert möglich sein, sich im Wege des ggf. gerichtlichen Rechtsstreits gegen den Originator zu stellen.[113] Dem kann etwa vorgebeugt werden, indem ein Treuhänder einer anderen Gruppe eingesetzt wird, dem etwaige Regressansprüche gegen den Originator zu treuen Händen übertragen werden und der zugleich die Interessen der Anleger wahrnimmt.[114] Eine darüber hinausgehende Kontrollinstanz besteht jedoch in aller Regel nicht und auch der Treuhänder, der noch andere Funktionen wahrnehmen mag oder einer Gruppe angehört, innerhalb derer wiederum andere Unternehmen andere Funktionen in der Verbriefung wahrnehmen, mag Interessenkonflikten ausgesetzt sein. Aus Sicht des Anlegers ist es nahezu unmöglich, Regressansprüche der Zweckgesellschaft gegen den Originator festzustellen und ggf. den Treuhänder sodann noch über den Rechtsweg dazu zu veranlassen, solche Regressansprüche auch durchzusetzen.

II. Risiko der Komplexität im Streitfall

Schon *Buerger* und *Iseley* brachten in ihrer Veröffentlichung im The Asset Securitization Handbook, herausgegeben von Philip L. Zweig im Jahr 1989, treffend zum Ausdruck, dass ein komplexes Produkt nicht aufhört komplex zu sein, nur weil es aufhört zu funktionieren.[115] Der Streitfall dürfte gegenüber Streitigkeiten über die Vielzahl einfacherer konzipierter Kapitalanlagen dementsprechend mehr Zeit und Geld kosten, viel Geld nicht zuletzt aufgrund der hohen Streitwerte sowie der Gebührenerhöhungssätze für die Komplexität der Sachlage, und letztlich nur sehr unsichere Erfolgsaussichten bieten.

Selbst wenn etwa in eigens für Kapitalanlagesachen gebildeten Kammern mittlerweile ein umfassendes Know How vorhanden ist, übersteigt die Komplexität von forderungsbesicherten Wertpapieren etwa die von einfacheren Zertifikaten und es kann nicht auf dieselben mannigfaltigen Erfahrungen und vorhandene Rechtsprechungsgrundsätze zurückgegriffen werden, wie sie mittlerweile etwa bei geschlossenen

---

[113] Siehe auch oben D.VI.

[114] Vgl. Kap. 2, B.

[115] *Buerger/Iseley* in: Zweig, S. 524: *„Unfortunately, investors will quickly discover that a complex financing does not stop being complex simply because it stops functioning"*.

Fondsbeteiligungen bestehen. Insbesondere, wenn forderungsbesicherte Wertpapiere in andere Strukturen, wie etwa die von Zertifikaten und Fondsbeteiligungen eingebunden bzw. hierbei als Basiswert oder Investitionsgegenstand genutzt werden, kann es vorgekommen, dass sich die Prüfung auf das Partizipationsvehikel und weniger auf die besonderen Risiken des forderungsbesicherten Wertpapiers fokussiert, ggf. auch ohne die Frage in Erwägung zu ziehen, inwieweit einem zwar vermögenden, aber auf diesem Gebiet unerfahrenem Privatanleger überhaupt die Investition in ein derart komplexes Produkt nahegelegt werden kann. Auch sind die mit der Beratung und Interessenvertretung betrauten Anwälte vor die große Herausforderung gestellt, wirksame Angriffs- und Verteidigungsstrategien zu entwickeln, hinsichtlich derer sie möglicherweise noch nicht auf ein großes Erfahrungsspektrum zurückgreifen können. Eine sinnvolle Ergänzung im Hinblick auf die wirtschaftlichen Zusammenhänge bieten Sachverständigengutachten, die jedoch kostenintensiv sind.

H. Wechselwirkungen

Verbriefungstransaktionen werden darauf ausgerichtet, das bestmögliche Rating zu erhalten, um die forderungsbesicherten Wertpapiere gut absetzen zu können und hierfür nur geringe Risikoaufschläge entrichten zu müssen. Daher werden sie über den Einsatz transaktionsinhärenter sowie transaktionsexterner Kreditverbesserungsmaßnahmen gegen die vorbenannten Risiken soweit es geht abgesichert. Ein „soweit es geht" ist dabei aber auch geprägt durch die zur Verfügung stehenden Mittel, die insbesondere für Dritte aufzubringen sind, die die Transaktion absichern sollen. Dabei kann der Originator selbst, auch wenn dies oftmals die kostengünstigere Alternative darstellen würde, nicht alle Absicherungsmaßnahmen treffen, da dies einerseits dem Prinzip der Risikostreuung widerspräche und das Rating nachteilig beeinflussen könnte, andererseits die mangelnde Bilanzwirksamkeit der Transaktion sowie die Umdeutung in ein Darlehen der Zweckgesellschaft im Insolvenzfall des Originators drohen könnte, was wiederum im Rating zum Ausdruck käme.

Realisiert sich eines der vorbenannten Risiken, kommt es dabei meist zu Wechselwirkungen und der Realisierung weiterer Risiken.[116] Stets droht eine Herabsetzung eines vormals positiven Ratings und damit verbunden die erschwerte Handelbarkeit der forderungsbesicherten Wertpapiere, für die angesichts der Komplexität und Mannigfaltigkeit der verbrieften Werte sowie der weiteren zu berücksichtigenden Faktoren das Rating der maßgebliche Wertindikator darstellt.

Darüber hinaus können, wie es sich in der Finanzkrise zeigte,[117] ökonomische Faktoren zu einer Vertiefung der Risiken für die Anleger führen. Handelt es sich bei ihnen um institutionelle Anleger, ist der drohende Vertrauensverlust nicht zu unterschätzen und kann letztlich Auswirkungen auf das gesamte Wirtschaftsgefüge haben.

[116] *Buerger/Iseley* in: Zweig, S. 509.

[117] Vgl. Kap. 1.

Kapitel 5: Schadensersatzansprüche des Anlegers

Der Anleger sieht sich durch den Erwerb eines forderungsbesicherten Wertpapiers, wie im vorherigen Kapitel thematisiert, mit einer Reihe von Risiken konfrontiert, die einander beeinflussen und bedingen können und in ihrer Variationsbreite der Komplexität der konkreten Verbriefungstransaktion entsprechen. Eine eigenverantwortliche Anlageentscheidung des Anlegers ist nur möglich, soweit ihm diese Risiken bekannt sind. Delegiert er die Entscheidung an einen Dritten, wie etwa einen Vermögensverwalter, so ist auch hier das entsprechende Risikobewusstsein des Dritten unter Berücksichtigung der Interessenlage des Anlegers gefragt. Im Übrigen bestehen zivilrechtliche Aufklärungspflichten vor allem aus Auskunfts- oder Beratungsverträgen sowie im Zusammenhang mit Prospekten.

A. Vorvertragliche Aufklärungspflichten der Zweckgesellschaft

Fraglich ist zunächst, ob die Zweckgesellschaft – außerhalb einer ebenfalls in Betracht kommenden Haftung für fehlerhafte Prospektangaben (vgl. unten E) – zur vorvertraglichen Aufklärung gemäß §§ 280, 311 Abs. 2 BGB im Hinblick auf die forderungsbesicherten Wertpapiere verpflichtet ist. Der eigentliche Vertragsschluss, durch den die Inhaberschuldverschreibung bzw. das mit ihr verbriefte Leistungsversprechen zur Entstehung gelangt, liegt in dem konkludenten Begebungsvertrag. Wie bereits erörtert kommt dieser zumeist mit einem emissionsbegleitenden Bankenkonsortium zustande, wie in Abb. 1 verdeutlicht:[1]

[1] Vgl. Kap. 3, D.I.

W. Wesser, *Die Verbriefung von Darlehensforderungen – Risiken des Anlegers*,
Bibliothek des Bank- und Kapitalmarktrechts 6,
https://doi.org/10.1007/978-3-662-58813-0_5

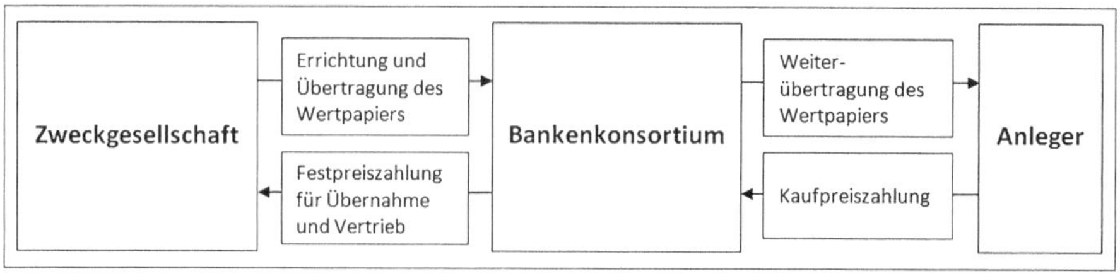

Abb. 1 Erwerb des Wertpapiers

Hinsichtlich der späteren Erwerber des Wertpapiers fehlt es mithin an einem weiteren Vertragsschluss mit der Zweckgesellschaft.[2] Im Vorfeld des mit dem ersten Nehmer geschlossenen Begebungsvertrag kommt es zwischen der Zweckgesellschaft und den Anlegern weder zu Vertragsverhandlungen nach § 311 Abs. 2 Nr. 1 BGB, noch hat die Zweckgesellschaft die Möglichkeit zur Einwirkung auf die Rechte, Rechtsgüter oder Interessen etwaiger Anlageinteressenten i. S. v. § 311 Abs. 2 Nr. 2 BGB. Auch ein ähnlicher geschäftlicher Kontakt nach § 311 Abs. 2 Nr. 3 BGB liegt außerhalb einer etwaigen Prospekthaftung nicht vor. Ein solcher kann nicht schon allein darin gesehen werden, dass die Zweckgesellschaft über das Bankenkonsortium ein Angebot an die Öffentlichkeit unterbreitet, ohne konkret Kontakt zu einzelnen Anlageinteressenten aufzunehmen.[3] Auch die Annahme durch die jeweiligen anderen Verträge mit der Zweckgesellschaft zugunsten der Anleger begründeten Rechte angesichts der Subordination[4] führt zu keinem anderen Ergebnis; ein über das eigene Forderungsrecht begründetes Vertrauensverhältnis besteht nicht und vorvertragliche Aufklärungspflichten bestehen allenfalls gegenüber dem am Vertragsschluss unmittelbar beteiligten Dritten.[5]

Nur wenn die Zweckgesellschaft selbst im Rahmen einer Privatplatzierung an ausgewählte Anleger herantritt, kann dies dem Grunde nach Aufklärungspflichten auslösen. Soweit dies überhaupt vorkommt, was angesichts der marginalen finanziellen wie personellen Ausstattung der Zweckgesellschaft einen eher unwahrscheinlichen Fall ausmachen dürfte, ist zu bedenken, dass es sich dann bei den Anlegern zumeist um besonders erfahrene Investoren handeln dürfte, die kaum noch einer Aufklärung bedürfen bzw. die insoweit die in dem regelmäßig zur Verfügung gestellten Angebotsschreiben („*Offering Circular*“) und weiteren Unterlagen Informationen selbst auszuwerten wissen.

---

[2] OLG Frankfurt, Beschl. v. 22.04.2015, Az.: 23 Kap. 1/13, Ziff. 23), juris Rn. 64.

[3] Hierfür greifen allein die Grundsätze der Prospekthaftung (spezialgesetzlich oder bei der Inanspruchnahme typisierten oder persönlichen Vertrauens), vgl. unten E; so auch BGH, Urt. v. 15.07.2014, Az.: XI ZR 100/13, AG 2014, 701 (703); Derleder/Knops/Bamberger/*Bartz*, 2. Aufl. 2009, § 58 Rn. 35, 114.

[4] Vgl. Kap. 3, D.IV.

[5] Vgl. *Schinkels* in: jurisPK-BGB, § 328 Rn. 13 m. w. N.

Soweit ausnahmsweise in diesem Fall gleichwohl Aufklärungspflichten durch die Zweckgesellschaft verletzt werden, gehen sich daraus ergebende Schadensersatzansprüche nicht automatisch mit den Hauptleistungsansprüchen aus der Inhaberschuldverschreibung auf den Zweiterwerber über.[6] Dies gilt insoweit nur für Sekundäransprüche, die an die Stelle des eigentlichen Leistungsinteresses treten.[7] Vorvertragliche Schadensersatzansprüche wegen Pflichtverletzung gemäß §§ 280, 311 Abs. 2 BGB, die gegenüber der Zweckgesellschaft zur vollumfänglichen Rückabwicklung berechtigen würden,[8] weisen aber keine derartige Nähe zum eigentlichen Leistungsversprechen auf und bedürfen daher einer gesonderten Abtretung nach § 398 BGB.[9] Eine solche wird auch nicht konkludent anzunehmen sein, denn grundsätzlich liegt es im Interesse desjenigen, bei dem solche Schadensersatzansprüche entstanden sind, sie selbst geltend zu machen und durch die Weiterveräußerung der Inhaberschuldverschreibung lediglich den eigenen Schaden zu minimieren. Dass für den konkreten Fall gleichwohl eine Abtretung solcher Schadensersatzansprüche gewollt war, wird durch den nachfolgenden Inhaber kaum nachzuweisen sein, es sei denn, es existiert eine schriftliche Dokumentation.

Soweit ausnahmsweise sogar die Voraussetzungen für eine arglistige Täuschung gemäß § 123 BGB vorliegen, gilt das Vorgenannte erst Recht für etwaige sich hieraus ergebende bereicherungsrechtliche Ansprüche. Die Anfechtung des Begebungsvertrags führt zwar zu dessen Nichtigkeit, die Inhaberschuldverschreibung wird hierdurch aber grundsätzlich nicht beseitigt, sondern besteht unter Rechtsscheingesichtspunkten fort.[10]

Letztlich bleibt die Möglichkeit, auch für Zweiterwerber an durch die Zweckgesellschaft über das veröffentliche Angebotsschreiben oder anderweitig verbreitete, fehlerhafte Informationen anzuknüpfen. Insoweit kommen Prospekthaftungsansprüche (vgl. unten E.) oder einzelfallbezogen unter engeren Voraussetzungen deliktische Ansprüche gemäß §§ 823 Abs. 2 BGB i. V. m. 263, 264a StGB oder § 826 BGB in Betracht.

Der Bereich der vorvertraglichen Aufklärungspflichten der Zweckgesellschaft und hieraus für die Anleger resultierender Ansprüche ist mithin äußerst gering und die Zweckgesellschaft auch angesichts ihrer marginalen finanziellen Ausstattung keine attraktive Anspruchsgegnerin, so dass mögliche Ansprüche gegen Dritte von besonderer Relevanz sind.

---

[6] BGH, Urt. v. 15.07.2014, Az.: XI ZR 100/13, AG 2014, 701 (703); OLG Frankfurt, Beschl. v. 22.04.2015, Az.: 23 Kap. 1/13, AG 2015, 674 (677).

[7] BGH, Urt. v. 15.07.2014, Az.: XI ZR 100/13, AG 2014, 701 (703 m. w. N.).

[8] Die Grundsätze der fehlerhaften Gesellschaft sind mangels gesellschaftlicher Verbundenheit der ebenfalls getäuschten Anleihegläubiger untereinander nicht anwendbar, vgl. z. B. zur zweigliedrigen stillen Gesellschaft BGH, Urt. v. 19.07.2014, Az.: II ZR 354/02, BB 2004, 2147 (2148 f.); die Gefahr eines Gläubigerwettlaufs ist in Kauf zu nehmen, vgl. BGH, Urt. v. 13.09.2004, Az.: II ZR 276/02, BB 2004, 2432 (2435).

[9] So i. E. auch BGH, Urt. v. 15.07.2014, Az.: XI ZR 100/13, AG 2014, 701 (703 m. w. N.).

[10] So die h. M., vgl. *Wilhelmi* in: Erman BGB, § 793 Rn. 8 m. w. N.

B. Vermögensverwaltung

Im Rahmen einer Vermögensverwaltung agiert der Vermögensverwalter mit eigenem Entscheidungsspielraum im Interesse seines Kunden. Er erwirbt und veräußert eigenständig Kapitalanlagen und entscheidet, wie lange welche Anlage gehalten wird. Zivilrechtlich handelt es sich bei der Vermögensverwaltung um einen entgeltlichen Geschäftsbesorgungsvertrag mit dienstvertraglichem Inhalt i. S. d. §§ 675 Abs. 1, 611 BGB.[11]

I. Einhaltung der Anlagerichtlinien

Innerhalb seines Entscheidungsspielraums hat der Vermögensverwalter das Vermögensportfolio seines Kunden unter Berücksichtigung von dessen Risikobereitschaft sowie dessen persönlicher Lebensumstände durch fortlaufende Investitionen in passende Finanzinstrumente zu optimieren; es besteht ein Dauerschuldverhältnis mit fortwährenden Überwachungs- und Handlungspflichten.[12] Hierbei treffen den Vermögensverwalter auch diesbezügliche Benachrichtigungspflichten gemäß §§ 675 Abs. 1, 666 BGB.[13] Die Reichweite seiner Handlungsfreiheit bestimmt sich durch die Vorgaben des Kunden zur Anlagestrategie, die in konkreten Anlagerichtlinien zum Ausdruck kommt.[14] In Betracht kommen ganz sicherheitsorientierte bis höchstspekulative Strategien sowie sämtliche dazwischen anzusiedelnde Mischformen. Regelmäßig geben Vermögensverwalter gewisse Richtlinienmodelle zur Auswahl vor. Allerdings dürfen solche Kategorisierungen nicht dazu führen, dass spezielle Vorgaben des Kunden missachtet werden. Sieht etwa eine vom Vermögensverwalter vorformulierte konservative Anlagerichtlinien vor, dass bis zu einem Anteil am Gesamtportfolio von 30 % Aktienwerte zur Beimischung erworben werden dürfen, äußert der Kunde aber, keinerlei Aktienwerte erwerben zu wollen, so muss der Vermögensverwalter diese Weisung beachten oder dem Kunden mitteilen, soweit er eine Vermögensverwaltung außerhalb der vorgegebenen Kategorien nicht durchführen will oder kann. Sind die Anlagerichtlinien nicht hinreichend konkretisiert, etwa dahingehend, in welchem prozentualen Verhältnis welche Art von Anlagen erworben werden können, ist die Anlagestrategie im Einzelfall durch Auslegung, § 133, 157 BGB, zu ermitteln.[15]

Der Erwerb von forderungsbesicherten Wertpapieren innerhalb von Vermögensverwaltungen dürfte bisher eher einen Ausnahmefall bilden, ist aber nicht auszuschließen. Zu berücksichtigen ist hierbei, dass forderungsbesicherte Wertpapiere

[11] *Möllers*, WM 2008, 93 (97 f.); *Berger* in: Erman BGB, § 675 Rn. 46 m. w. N.

[12] Vgl. *Möllers*, WM 2008, 93 f.

[13] BGH, Urt. v. 29.03.1994, Az.: XI ZR 31/93, BB 1994, 1101 (1102).

[14] BGH, Urt. v. 28.10. 1997, Az.: XI ZR 260/96 , BGHZ 137, 69 = BB 1998, 71 (72 f.).

[15] OLG Düsseldorf, Urt. v. 13.06.1990, Az.: 6 U 234/89, NJW-RR 1991, 308 (309).

bisher nur zu verhältnismäßig hohen Mindeststückelungen begeben werden, so dass es eines großen Volumens bedarf, um solche Investitionen unter Berücksichtigung der in der Portfolioverwaltung allgemein anerkannten Grundsätze der Risikodiversifikation[16] zu tätigen. Der alleinige oder überwiegende Erwerb von forderungsbesicherten Wertpapieren würde diesen Grundsätzen nicht gerecht werden. Des Weiteren kann ein Ankauf von forderungsbesicherten Wertpapieren nur erfolgen, soweit diese den jeweils vereinbarten Anlagerichtlinien entsprechen und somit auch von dem beim Kunden vorhandenen Risikobewusstsein bzw. von dessen Anlagestrategie gedeckt sind. Auch bei forderungsbesicherten Wertpapieren gibt es sicherere und weniger sichere Erscheinungsformen, etwa je nachdem, welche Forderungen verbrieft werden und ob es sich um ein Wertpapier aus einer Senior Tranche oder einer Junior Tranche einer Verbriefungstransaktion handelt. Angesichts der umfangreichen Risiken, die selbst bei Wertpapieren der Senior Tranche und dem Grunde nach werthaltigen Verbriefungsgegenständen bestehen können, kommt auch der Erwerb forderungsbesicherter Wertpapiere mit gutem Rating im Rahmen einer konservativen Anlagestrategie nach hiesiger Ansicht daher nicht in Betracht. Die Einschätzung, ob ein forderungsbesichertes Wertpapier in die jeweiligen Anlagerichtlinien passt, obliegt dem Vermögensverwalter; er muss zu diesem Zwecke die Risiken der konkreten Verbriefungstransaktion erfassen und zutreffend bewerten.

Der Vermögensverwalter haftet für die Verletzung der Anlagerichtlinien durch den Erwerb einer diesen widersprechenden Anlage gemäß §§ 675 Abs. 1, 280 Abs. 1, 249 ff. BGB. Darlegungs- und beweisbelastet für die Vertragspflichtverletzung ist nach den allgemeinen Grundsätzen der Beweislastverteilung der Kunde, eine sekundäre Darlegungslast des Vermögensverwalters besteht grundsätzlich nicht.[17] Gemäß § 280 Abs. 1 Satz 2 BGB ist das Verschulden des Vermögensverwalters zu vermuten. Die Einhaltung der Anlagerichtlinien ist eine wesentliche Vertragspflicht des Vermögensverwaltungsvertrags; diesbezüglichen kann sich ein Vermögensverwalter in seinen AGB auch nicht von leichter Fahrlässigkeit freizeichnen, da dies die Erreichung des Vertragszwecks gefährdet und daher den Kunden i. S. v. § 307 Abs. 1, Abs. 2 Nr. 2 BGB unangemessen benachteiligt.[18] Der Schaden liegt in dem Erwerb einer nicht den Anlagerichtlinien entsprechenden Kapitalanlage. Soweit die Investition in die Anlageform hiernach dem Grunde bis zu einem gewissen Anteil zulässig ist, realisiert sich der Schaden erst mit dem Erwerb, der erstmals den zulässigen Rahmen überschreitet. Die Kapitalanlage ist dann gemäß § 249 Abs. 1 BGB rückabzuwickeln. Ist sie bereits veräußert, etwa weil der Kunde aufgrund der Vertragsverletzung die Vermögensverwaltung insgesamt kündigt und zum Zwecke der Schadensminderung die fragliche Anlagen selbst veräußert, so richtet sich der Schadensersatzanspruch alternativ auf den Ausgleich des sodann konkret zu beziffernden Verlustes. Die Ansprüche verjähren

---

[16] Vgl. BGH, Urt. v. 29.03.1994, Az.: XI ZR 31/93, juris Rn. 22; OLG Frankfurt, Urt. v. 27.06.1995, Az.: 16 U 156/94, juris; LG Düsseldorf, Urt. v. 26.07.2005, Az.: 7 O 293/04, juris Rn. 47 f.

[17] BGH, Urt. v. 23.10.2007, Az.: XI ZR 423/06, MDR 2008, 253 f.

[18] OLG Düsseldorf, Urt. v. 13.06.1990, Az.: 6 U 234/89, NJW-RR 1991, 308 (309).

kenntnisabhängig innerhalb der regelmäßigen Verjährungsfrist des § 195, 199 BGB.[19] Da eine Vermögensverwaltung den Zweck verfolgt, die fortlaufende Überwachung des Vermögens an den Vermögensverwalter abzugeben, muss der Kunde die Konformität einzelner Transaktionen mit den Anlagerichtlinien nicht kontrollieren;[20] in der unterbliebenen Kontrolle von Abrechnungen liegt folglich auch keine grobfahrlässige Unkenntnis, die den Verjährungsbeginn auslösen könnte.

Des Weiteren kann auch eine Haftung gemäß §§ 675 Abs. 1, 280 Abs. 1, 249 ff. BGB für den Schaden in Betracht kommen, der entsteht, wenn der Vermögensverwalter seinen fortlaufenden Überwachungs- und Handlungspflichten trotz akutem Handlungsbedarfs nicht nachkommt. Denkbar wäre etwa eine Haftung für den Fall, dass ein forderungsbesichertes Wertpapier eine Ratingherabsetzung und enorme Kursverluste aufzeigt, zu diesem Zeitpunkt aber noch die Möglichkeit bestanden hätte, es am Zweitmarkt zu veräußern und eine Schadensvertiefung zu vermeiden. Gemäß §§ 675 Abs. 1, 666 BGB wäre der Vermögensverwalter gehalten, seinen Kunden über diese Entwicklung zu informieren.[21] Daneben können ihn bei fortlaufendem Wertverfall eigene Handlungspflichten treffen.[22] Der Schaden liegt grundsätzlich in dem Verlust, der sich zwischen dem Zeitpunkt, in dem der Vermögensverwalter erstmals zur Benachrichtigung oder zur Veräußerung verpflichtet gewesen wäre und dem Zeitpunkt, in dem die Veräußerung erfolgt oder das Wertpapier als wertlos auszubuchen wäre, realisiert. Es gilt die regelmäßige Verjährung der §§ 195, 199 BGB.

II. Beratungspflichten des Vermögensverwalters

Neben den zuvor benannten Pflichten können den Vermögensverwalter beim Abschluss des Vermögensverwaltungsvertrags oder jedenfalls vor dem Vollzug einer Anlageentscheidung auch strategie- und produktbezogene Beratungspflichten treffen.[23] Maßgeblich sind hier die Umstände des Einzelfalls; soweit sich ein verbriefungsspezifischer Beratungsbedarf ergibt, sei auf die nachfolgenden Ausführungen zur Anlageberatung verwiesen, die hier entsprechend gelten.[24] Soweit Investitionen in Verbriefungen in Betracht gezogen werden sollen, muss dem Kunden diese Anlageform zumindest in ihren Grundzügen zutreffend und hinreichend verdeutlicht werden. Der Schadenseintritt bei fehlerhafter Beratung liegt in dem ersten Erwerb einer Kapitalanlage, die bei gehöriger Beratung von der Vermögensverwaltung ausgenommen

---

[19] Mangels Beratungsbezug greift § 37a WpHG a. F. auch nicht für Altfälle, vgl. OLG Düsseldorf, Urt. v. 22.12.2005, Az.: I-6 U 50/05, juris Rn. 31.

[20] Vgl. BGH, Urt. v. 28.10. 1997, Az.: XI ZR 260/96, BGHZ 137, 69 = BB 1998, 71 (73), dort zur Genehmigungsfiktion der Nr. 32 Satz 2 AGB-Banken a. F.

[21] Vgl. BGH, Urt. v. 29.03.1994, Az.: XI ZR 31/93, BB 1994, 1101 (1102).

[22] Vgl. *Möllers*, WM 2008, 93 (94).

[23] BGH, Urt. v. 04.04.2002, Az.: III ZR 237/01, MDR 2002, 1081; *Hönn* in: jurisPK-BGB, § 675 Rn. 81 m. w. N.

[24] Vgl. unten D.

worden wäre.[25] Damit beginnt die absolute zehnjährige Verjährung gemäß § 199 Abs. 3 Nr. 1 BGB, sowie bei Kenntnis die regelmäßige dreijährige Verjährung gemäß §§ 195, 199 Abs. 1 BGB. Für Altfälle richtet sich die Verjährungsfrist nach § 37a WpHG a.F, die kenntnisunabhängig drei Jahre nach dem ersten Erwerb der den Interessen des Kunden widersprechenden Kapitalanlage endet.[26]

III. Besonderheiten bei institutionellen Anlegern nach CRR- und STS-VO

Handelt es sich bei dem Kunden um ein CRR-Institut i. S. v. Art. 4 Abs. 1, Ziff. 3; Ziff. 1 und 2 CRR-VO (CRR-Kreditinstitut und CRR-Wertpapierfirma), ist zu berücksichtigen, dass diesen gemäß Art. 406 CRR-VO selbständige, aufsichtsrechtliche Sorgfaltspflichtanforderungen in Bezug auf Verbriefungen, so wie etwa die Erfassung der verbriefungstypischen Risiken und die Einführung eines gewissen Monitoring treffen; die Missachtung dieser Sorgfaltspflichten kann mit einem erhöhten Risikogewicht sanktioniert werden, vgl. Art. 407 CRR-VO.[27] Eine Delegation dieser Sorgfaltsanforderungen an Dritte, wie einen Vermögensverwalter, ist hiernach noch nicht vorgesehen.[28] Dies macht eine professionelle Vermögensverwaltung, die auch auf den Ankauf von forderungsbesicherten Wertpapieren gerichtet ist, nicht unmöglich; allerdings ist im Interesse des Kunden bestenfalls schon im Rahmen der Anlagerichtlinien sicherzustellen, dass es von möglichen Investitionen rechtzeitig Kenntnis erlangt und die Einhaltung seiner Sorgfaltspflichtanforderungen sicherstellen kann. Die Aufgabe des Vermögensverwalters beschränkt sich in dieser Situation im Wesentlichen auf die Auswahl in Betracht kommender forderungsbesicherter Wertpapiere; einen weisungsunabhängigen Erwerb zu ermöglichen, dürfte sich dagegen eher nicht als zweckdienlich erweisen. Das Risiko, dass in Ermangelung entgegenstehender Anlagerichtlinien und ohne vorherige Rücksprache forderungsbesicherte Wertpapiere mit der Folge erworben werden, dass das Institut ggf. mit einem erhöhten Risikogewicht belastet ist, fällt in die Sphäre des Instituts, das selbst für die Einhaltung seiner gesetzlichen Sorgfaltspflichten Sorge zu tragen hat.

---

[25] Vgl. allgemein BGH, Urt. v. 08.03.2005, Az.: XI ZR 170/04, BB 2005, 1297.

[26] OLG Düsseldorf, Urt. v. 23.02.2005, Az.: I-15 U 106/04, 15 U 106/04, juris Rn. 27 ff.; OLG Düsseldorf, Urt. v. 22.12.2005, Az.: I-6 U 50/05, juris Rn. 30 ff.; OLG Frankfurt am Main, Urt. v. 02.08.2006, Az.: 23 U 287/05, MDR 2007, 349 f.; kritisch *Weck*, AG 2007, R58 f.

[27] Zu den Sorgfaltsanforderungen siehe auch nachfolgend D.I.3.

[28] Vgl. im Gegenteil CEBS Guidelines on the application of Article 122a of the Capital Requirements Directive (CRD), Nr. 96, abrufbar im Internet unter http://www.eba.europa.eu/cebs-archive/publications/guidelines/2010 (zugegriffen am 15.12.2018).: „*While it may be possible that a credit institution can outsource certain operational aspects of these due diligence requirements to an external firm (such as data gathering), the process should remain within the full responsibility and control of the institution, as this does not relieve it of the obligation of being able to understand and assess the risk of its securitisation positions.*“

Nach der ab dem 01.01.2019 anzuwendenden STS-VO gelten die vorstehenden, allerdings weiter gefassten Prüfungspflichten gemäß Art. 5 STS-VO für institutionelle Anleger i. S. v. Art. 2 Nr. 12 STS-VO (bestimmte Versicherungsunternehmen, Rückversicherungsunternehmen, Einrichtungen der betrieblichen Altersversorgung, Verwalter alternativer Investmentfonds (AIFM), OGAW-Verwaltungsgesellschaften, Kreditinstitute und Wertpapierfirmen). Die Missachtung dieser Sorgfaltspflichten durch einen institutionellen Anleger, der zugleich CRR-Institut ist, kann gemäß Art. 270a CRR-VO auch weiterhin mit einem erhöhten Risikogewicht sanktioniert werden. Art. 5 Abs. 5 STS-VO sieht vor, dass ein institutioneller Anleger, der einen anderen institutionellen Anleger dazu ermächtigt, Entscheidungen hinsichtlich der Anlageverwaltung zu treffen, mit denen er möglicherweise eine Verbriefungsposition eingeht, die verwaltende Partei anweisen kann, die Sorgfaltsanforderungen gemäß Art. 5 STS-VO einzuhalten; etwaige verwaltungsrechtliche und strafrechtliche Sanktionen sind dann gegen die verwaltende Partei zu richten. Für Vermögensverwalter, die selbst nicht als institutionelle Anleger einzuordnen sind, bleibt es damit bei dem Vorbenannten. Des Weiteren ist zu berücksichtigen, dass die Erhöhung des Risikogewichts gemäß Art. 270a CRR-VO, das weiterhin lediglich CRR-Institute betreffen wird, künftig das Vorliegen einer Fahrlässigkeit oder eines Unterlassen im Hinblick auf einen wesentlichen Punkt voraussetzen wird. Es bleibt abzuwarten, ob die Delegation der Sorgfaltsanforderungen in dieser Konstellation als gegen eine Fahrlässigkeit oder ein Unterlassen sprechender Umstand gewertet werden wird oder z. B. zu einer Reduktion auf ein Auswahlverschulden führt, was mit einer deutlichen Absenkung des gerade erst geschaffenen Niveaus der Eigenkapitalunterlegung einherginge. Soweit Art. 270a CRR-VO gleichwohl zum Tragen kommen wird, dürfte es sich für die verwaltende Partei als kaum tragfähige Gefahr erweisen, auf eine Schadloshaltung in Höhe der gestiegenen Eigenkapitalanforderungen in Anspruch genommen zu werden.

C. Vermögensbetreuung durch den Anlageberater

Bisher eher wenig Beachtung gefunden hat in der Rechtsprechung die zwischen der Vermögensverwaltung und der Anlageberatung anzusiedelnde sog. Vermögensbetreuung durch den depotverwaltenden Anlageberater.[29] Hierbei entscheidet der Anleger nach vorangegangener Beratung[30] selbst, ob und in welche Kapitalanlagen er investieren möchte, anders als im Falle der Vermögensverwaltung verbleibt die

[29] So aber *obiter dictum* angesprochen, z. B. OLG Bamberg, Urt. v. 22.10.2001, Az.: 4 U 62/01, OLGR Bamberg 2002, 459 (461) sowie abgrenzend zu einer konkreten Pflichtenübernahme im Zusammenhang mit dem Depotvertrag OLG Celle, Urt. v. 05.03.2003, Az.: 3 U 229/02, OLGR Celle 2004, 314 (316). Die Möglichkeit, fortlaufende Warn- und Überwachungspflichten zu vereinbaren, sieht auch das OLG Düsseldorf in zwei Entscheidungen, vgl. Urt. v. 08.07.1994, Az.: 17 U 14/94, WM 1994, 1468 (1469); Urt. v. 10.10.2002, Az.: 6 U 9/02, WM 2003, 1263 (1264).

[30] Zu dieser nachfolgend D.

Dispositionsbefugnis also bei ihm.[31] Der Anlageberater verpflichtet sich jedoch neben der ursprünglichen Beratungsleistung zu einer weiteren, fortlaufenden Marktbeobachtung sowie zu Mitteilungen und ggf. weiterer Beratung zu bedeutsamem Umständen.[32] Im Fokus stehen Zusagen des Anlageberaters, er werde das Depot oder die (konkret durch ihn vermittelten) Anlagen im Blick behalten und sich melden, wenn er Handlungsbedarf sehe.[33]

Für das Vorliegen eines Vermögensbetreuungsverhältnisses zeigt im Übrigen *Möllers* verschiedene Indizien auf: So erfolge eine Vermögensbetreuung zumeist gegen ein ausdrücklich vereinbartes Entgelt.[34] Tatsächlich ist diese Leistung wohl nicht mehr durch etwaige für die Beratung (meist indirekt über Provisionsleistungen im Zusammenhang mit dem nachfolgenden Erwerb) geleistete Vergütungen gedeckt.[35] Die Entgeltlichkeit kann jedoch nach der hier vertretenen Ansicht kein ausschließliches Kriterium sein; maßgeblich ist ein für den objektiven Dritten erkennbar zu Tage getretener Rechtsbindungswille des Anlageberaters, die Betreuung des Depots zu übernehmen. An solche Zusicherungen muss er sich auch bei Unentgeltlichkeit festhalten lassen. Diese steht dem Rechtsbindungswillen des Vermögensbetreuers auch nicht erkennbar entgegen, da dieser einerseits bereits durch die Depotgebühren vergütet wird und andererseits seinen wirtschaftlichen Vorteil aus der engeren Bindung des Anlegers an seine Person zieht.

Des Weiteren sei nach *Möllers* eine intensive Verbindung zwischen Kunden und Bank erforderlich, wie etwa bei der Vereinbarung von Anlagerichtlinien.[36] Auch dem kann nur bedingt gefolgt werden; bei einer ausdrücklich vereinbarten Vermögensbetreuung wird eine solch intensive Verbindung in Aussicht gestellt, ihr Ausbleiben beseitigt jedoch nicht die vorangegangene Absprache. Fraglich ist auch, ob es ausdrücklich vereinbarter Anlagerichtlinien bedarf. Die Anlagestrategie des Anlegers sollte dem Anlageberater bereits aus den jeweiligen Beratungsgesprächen bekannt sein.[37]

Schließlich ist auch der Ansatz fraglich, demnach bei einer aktiven Vermögensbetreuung der Anlageberater regelmäßig auf den Anleger zukäme, wohingegen es bei bloßen Anlageempfehlungen üblich sei, dass der Anleger auf den Anlageberater zugehe.[38] Es ist vielmehr nicht außergewöhnlich, dass ein Anlageberater auch von sich aus Anlageempfehlungen tätigt oder zumindest etwa im Rahmen sog. Jahresendgespräche allgemeine Beratung anbietet und dabei auch konkrete Investitionsvorschläge macht. Solche Kontaktaufnahmen seitens des Anlageberaters

---

[31] *Möllers*, WM 2008, 93 (95).

[32] *Möllers*, WM 2008, 93 (95).

[33] Ähnlich *Knappe*, AG 2004, R330. Etwaige Betreuungspflichten folgen ohne Sonderregelung nicht bereits aus dem Depotvertrag, vgl. BGH, Urt. v. 23.11.2004, Az.: XI ZR 137/03, MDR 2005, 522 (523 m. w. N.).

[34] *Möllers*, WM 2008, 93 (95).

[35] So meint es wohl *Möllers*, WM 2008, 93 (95).

[36] *Möllers*, WM 2008, 93 (95).

[37] Hierzu unten D.I.

[38] *Möllers*, WM 2008, 93 (95).

können regelmäßig erfolgen, aber punktueller Natur bleiben, ohne dass hieraus notwendigerweise eine fortlaufende Überwachung im Rahmen eines Dauerschuldverhältnisses erwachsen soll. Anders kann es sich dagegen darstellen, wenn der Anlageberater auch mit regelmäßigen Verkaufsempfehlungen in Bezug auf die durch ihn vermittelten Anlagen an den Anleger herantritt, die ansonsten gerade nicht mehr durch den ursprünglichen Beratungsvertrag gedeckt oder aus diesem geschuldet wären. Die durch *Möllers* benannten Indizien mögen dabei auch insgesamt für eine konkludent vereinbarte Vermögensbetreuung sprechen, sollte es an einer ausdrücklichen Abrede fehlen. Darlegungs- und beweisbelastet für die Existenz einer Vermögensbetreuung ist der Anleger.[39]

Die Vermögensbetreuung kann ebenso wie die Vermögensverwaltung rechtlich als Geschäftsbesorgungsvertrag mit dienstvertraglichem Charakter i. S. v. §§ 675 Abs. 1, 611 BGB oder in Ermangelung eines Entgelts als Auftrag gemäß § 662 BGB eingeordnet werden, die im Gegensatz zur Vermögensverwaltung aber regelmäßig durch weniger weitreichende Handlungspflichten geprägt ist. Hauptleistungspflicht des Vermögensbetreuers in diesem Sinne ist die fortlaufende Überwachung, während sich die Benachrichtigungspflicht aus §§ (675 Abs. 1,) 666 BGB ergibt.[40]

Ist demnach wie vorbenannt eine Vermögensbetreuung vereinbart, so richten sich die Überwachungs- und Mitteilungspflichten des Anlageberaters bzw. Vermögensbetreuers auch auf erworbene forderungsbesicherte Wertpapiere; ihm obliegt daher die Beobachtung sämtlicher wertrelevanter Faktoren, wie etwa die Kursentwicklung oder etwaige Ratingänderungen, aber auch Änderungen in der Bonität entscheidender Verbriefungsbeteiligter. Die Haftung richtet sich nach §§ 675 Abs. 1 bzw. 662, 280 Abs. 1, 249 ff. BGB; ein Schaden entsteht insoweit nur, wie der Anleger aufgrund hinzugedachter Benachrichtigung noch die Möglichkeit gehabt hätte, auf die negative Entwicklung zu reagieren, so etwa, wenn er das forderungsbesicherte Wertpapier noch am Zweitmarkt hätte veräußern können. Soweit aus der konkreten Vermögensbetreuung auch Handlungsempfehlungen geschuldet sind und die Veräußerung die einzig vernünftige Empfehlung gewesen wäre, streitet für den Anleger entsprechend der im Rahmen von Anlageberatungen entwickelten Grundsätze die Vermutung aufklärungspflichtigen Verhaltens, nach der widerleglich davon auszugehen ist, dass der Anleger der Empfehlung gefolgt wäre.[41] Etwaige Schadensersatzansprüche verjähren innerhalb der regelmäßigen Verjährungsfrist der §§ 195, 199 BGB; für Altfälle greift wegen des Informations- bzw. Beratungsbezugs § 37a WpHG a. F.[42]

---

[39] *Knappe*, AG 2004, R330 (R331).

[40] So auch schon bei Verlusten im Zusammenhang mit nur einem Wertpapier, vgl. *Möllers*, WM 2008, 93 (98).

[41] Ähnlich *Knappe*, AG 2004, R330 (R331), zur Vermutung aufklärungsrichtigen Verhaltens vgl. statt vieler BGH, Urt. v. 15.10.2013, Az.: XI ZR 51/11, juris Rn. 24.

[42] So auch *Knappe*, AG 2004, R330 (R331).

D. Anlageberatung und Anlagevermittlung

In Betracht kommt des Weiteren, dass ein Anlageberater oder -vermittler den Erwerb des forderungsbesicherten Wertpapiers vermittelt; dabei kann es sich neben Dritten, die solche Leistungen anbieten, insbesondere um Mitglieder des Bankenkonsortiums handeln. Seltener wird es sich hierbei um den Originator handeln, der die verbrieften Risiken schließlich auszulagern beabsichtigt oder gar die Zweckgesellschaft, die hierfür grundsätzlich schon nicht über die finanzielle und personelle Ausstattung verfügt. Anders als im Falle der Vermögensverwaltung verbleibt die Dispositionsbefugnis hierbei, wie auch bei der Vermögensbetreuung, allein beim Anleger. Pflichtenkreis und Haftung des Anlageberaters oder -vermittlers sind zivilrechtlich nicht speziell normiert und im Wesentlichen richterrechtlich geprägt. Je nach tatsächlichem Kontext kommen verschiedene Anspruchsgrundlagen in Betracht; während sich aus einem laufenden Geschäftsverhältnis Auskunfts- und Warnpflichten als Nebenpflichten i. S. d. § 241 Abs. 2 BGB ergeben können, kommt im Vorfeld eines erstmaligen Kontakts auch eine Begründung von vorvertraglichen Pflichten i. S. d. §§ 311 Abs. 2 (und Abs. 3), 241 Abs. 2 BGB in Betracht.[43] Vorrangig werden Auskunfts- und Beratungspflichten über die Fiktion eines oft konkludent geschlossenen, selbständigen Auskunfts- oder Beratungsvertrags erfasst, insbesondere, wenn ein sonstiger vertraglicher Kontakt nicht besteht. Der Anleger gibt ein Angebot auf dessen Abschluss ab, indem er deutlich macht, dass er hinsichtlich einer anstehenden Anlageentscheidung die besonderen Kenntnisse und Verbindungen der fraglichen Person in Anspruch nehmen will; dessen Aufnahme der gewünschten Tätigkeit stellt eine konkludente Annahme dar.[44] Die aufgrund des so zustande gekommenen Vertrags zu erteilenden Informationen müssen richtig und vollständig sein; nicht geschuldet ist nach der Rechtsprechung des BGH jegliche Information, vielmehr geht es um die Erteilung solcher Informationen, die für die konkrete Anlageentscheidung von wesentlicher Bedeutung sind oder sein können.[45] Hieraus resultiert zum einen die Begrenzung der Auskunftspflicht des Anlageberaters oder -vermittlers; zum anderen geht damit bereits ein Auswertungsprozess einher, der vermeiden kann, dass ein Anleger mit der Fülle an ungefilterten Informationen überfordert und ihm eine für seine Anlagezwecke richtige Anlageentscheidung erschwert wird.

Dabei ist die Anlageberatung abzugrenzen von der reinen Anlagevermittlung, an die im Ergebnis geringere Anforderungen zu stellen sind. Ein reiner Auskunfts- bzw. Vermittlungsvertrag kommt zustande, wenn dem Anleger bewusst ist, dass der werbende und anpreisende Charakter der Aussagen des Vermittlers im Vordergrund steht.[46] Der Anleger tritt dem Vermittler selbständiger gegenüber, als wenn er auch

---

[43] Vgl. *Kiethe/Hektor*, DStR 1996, 547 (548).

[44] St. Rspr., vgl. BGH, Urt. v. 22.03.1979, Az.: VII ZR 259/77, BGHZ 74, 103 = NJW 1979, 1449 f.; Urt. v. 04.03.1987, Az.: IV a ZR 122/85, BGHZ 100, 117 = NJW 1987, 1815 (1816); Urt. v. 06.07.1993, Az.: XI ZR 12/93 (Bond), BGHZ 123, 126 = BB 1993, 1903.

[45] BGH, Urt. v. 06.07.1993, Az.: XI ZR 12/93 (Bond), BGHZ 123, 126 = BB 1993, 1903 (1904).

[46] BGH, Urt. v. 25.11.1981, Az.: IVa ZR 286/80, NJW 1982, 1095 (1096).

eine Beratung sucht.[47] Durch den Auskunftsvertrag verpflichtet sich der Vermittler ebenso zu richtiger und vollständiger Information über die für die Anlageentscheidung wesentlichen Umstände.[48] Er muss das Anlagekonzept zu diesem Zwecke prüfen und etwaige schriftliche Vertragsunterlagen einer Plausibilitätsprüfung unterziehen;[49] mangelnde Kenntnisse sind von ihm offenzulegen.[50]

Ein Beratungsvertrag kommt dagegen durch die für den Vermittler erkennbar höheren Anforderungen des Anlegers zustande und ist durch ein besonderes Vertrauensverhältnis geprägt, das entsprechend höhere Pflichten mit sich bringt.[51] Die geschuldete Beratung setzt sich hier zusammen aus einem informatorischen Teil über anlagerelevante Informationen und einem empfehlenden Teil, bei dem die mitgeteilten Tatsachen vor dem Hintergrund der finanziellen Ziele und persönlichen Anlagesituation des Kunden fachmännisch interpretiert werden, sie ist also nicht lediglich auf die reine Auskunftserteilung ausgerichtet. Die Schlussfolgerungen, Prognosen und Werturteile des Anlageberaters müssen daher in einer dem Anleger klaren und verständlichen Verhaltensempfehlung münden. Anders als die reine Informationserteilung muss diese nicht „falsch“ oder „richtig“, sondern lediglich ex-ante vertretbar gewesen sein.[52] Das Risiko, dass sich eine auf Grundlage der Beratung getroffene Anlageentscheidung im Nachhinein als nachteilig erweist, trägt der Anleger.[53] Andererseits dürfen erteilte Informationen auch nicht durch den Anlageberater, ebenso wenig wie durch den Anlagevermittler, so sehr relativiert oder Risiken heruntergespielt werden, dass diese durch den Anleger faktisch nicht mehr in seiner Anlageentscheidung berücksichtigt werden.[54]

Ob ein reiner Auskunftsvertrag vorliegt oder ein Beratungsvertrag geschlossen wurde, kann nur anhand der Umstände des Einzelfalls bestimmt werden. Die Abgrenzung ist mithin schwierig; inwieweit heutzutage das Kriterium der Entgeltlichkeit noch herangezogen werden kann, ob also der Anleger oder der Anbieter des Anlageprodukts den Vermittler für seine Tätigkeit vergütet, ist mehr als fraglich.[55] Zwar kann insbesondere der Anleger, der durch seine Hausbank beraten wird, davon ausgehen, dass die Leistung über die von ihm im Rahmen der Geschäftsbeziehung insgesamt zu entrichtenden Vergütungen entlohnt wird. Faktisch erhält der Vermittler aber auch in solchen Fällen die für ihn ausschlaggebende Vergütung über Provisionszahlungen durch den Anbieter. Umgekehrt schließt auch die offensichtliche

---

[47] BGH, Urt. v. 25.11.1981, Az.: IVa ZR 286/80, NJW 1982, 1095 (1096).

[48] BGH, Urt. v. 25.11.1981, Az.: IVa ZR 286/80, NJW 1982, 1095 (1096).

[49] BGH, Urt. v. 17.02.2011, Az.: III ZR 144/10, NJW-RR 2011, 910 (911).

[50] BGH, Urt. v. 13.06.2002, Az.: III ZR 166/01, NJW 2002, 2641 (2642).

[51] BGH, Urt. v. 25.11.1981, Az.: IVa ZR 286/80, NJW 1982, 1095 f.

[52] BGH, Urt. v. 24.09.2013, Az.: XI ZR 204/12, BB 2013, 2831 (2832 m. w. N.); Schimansky/Bunte/Lwowski/*Siol*, § 43 Rn. 7.

[53] BGH, Urt. v. 24.09.2013, Az.: XI ZR 204/12, BB 2013, 2831 (2832 m. w. N.).

[54] Vgl. BGH, Urt. v. 09.05.2000, Az.: XI ZR 159/99 (Fokker), BB 2000, 1542 (1543 f.).

[55] So noch BGH, Urt. v. 25.11.1981, Az.: IVa ZR 286/80, NJW 1982, 1095 f.

Bezahlung durch den Anbieter das Zustandekommen eines Beratungsvertrags in der Rechtsprechung anerkanntermaßen nicht aus.[56]

Da sowohl der Anlageberatungsvertrag, als auch der Anlagevermittlungsvertrag zu einer vollständigen und zutreffenden Aufklärung über die wesentlichen Merkmale der Kapitalanlage verpflichten, kann für den Anlagevermittlungsvertrag hinsichtlich der konkreten Aufklärungspflichten auf nachfolgende Ausführungen zur anlagegerechten Beratung unter II. verwiesen werden, unter der Maßgabe, dass keine Prüfung der Anlegergerechtigkeit wie im Rahmen einer Beratung zu erfolgen hat und die Aufklärung daher – außer im Falle konkreter Nachfragen oder soweit besondere Umstände oder Interessen in der Anlagevermittlung anderweitig offensichtlich werden – inhaltlich oberflächlicher verlaufen darf. Des Weiteren kann auf die Ausführungen unter III. zur Aufklärung mittels Prospekten verwiesen werden,[57] jedoch ebenfalls nur unter der Maßgabe, dass der bloße Anlagevermittler keine eingehende Prüfung vollziehen muss, ob der Prospekt für den konkreten Anleger verständlich ist, sondern dass eine oberflächlichere Plausibilitätsprüfung und die Prüfung der Verständlichkeit des Prospekts aus Sicht eines Durchschnittsanlegers genügt.

Welche konkrete Information im Rahmen der Anlageberatung geschuldet wird, bestimmt sich nach einer Reihe von Faktoren, die sich nicht allein auf das Anlageobjekt, sondern vor allem auch auf die Person des Anlegers beziehen.[58] Nach der sog. Bond-Rechtsprechung des BGH schuldet ein Anlageberater daher eine anleger- und anlagegerechte Beratung.[59]

I. Anlegergerechte Beratung

1. Anlegergerechtigkeit nach der Bond-Rechtsprechung

Der Anlageberater handelt „anlegergerecht", soweit er den Wissenstand des Anlegers hinsichtlich der vorgesehen Anlageform, sowie auch dessen Risikobereitschaft und sein konkretes Anlageziel berücksichtigt.[60] Es geht mithin darum, den konkreten Aufklärungsbedarf festzustellen und gemessen an der jeweiligen Anlagestrategie eine hierzu passende Anlage zu finden. Empfiehlt der Berater eine

---

[56] Vgl. hierzu die umfangreiche Provisionsrechtsprechung des BGH, statt vieler BGH, Urt. v. 03.03.2011, Az.: ZR III 170/10, BB 2011, 1035 (dort vor allem 1036 f.; unterschieden wird nach Beratung durch ein Kreditinstitut einerseits und einen unabhängigen Anlagevermittler andererseits, das Zustandekommen eines Beratungsvertrags steht jedoch auch bei Bezahlung durch die Anbieterseite außer Frage).

[57] Vgl. unten E.

[58] BGH, Urt. v. 06.07.1993, Az.: XI ZR 12/93 (Bond), BGHZ 123, 126 = BB 1993, 1903; *Seichter* in: jurisPK-BGB, § 280 Rn. 107.

[59] BGH, Urt. v. 06.07.1993, Az.: XI ZR 12/93 (Bond), BGHZ 123, 126 = BB 1993, 1903.

[60] BGH, Urt. v. 06.07.1993, Az.: XI ZR 12/93 (Bond), BGHZ 123, 126 = BB 1993, 1903.

andere Anlage, muss er darauf hinweisen, dass diese nicht der gewünschten Anlagestrategie entspricht.[61]

Den Anlageberater treffen dabei hinsichtlich der für seine Beratungstätigkeit ausschlaggebenden Informationen Explorationspflichten, soweit sie ihm nicht bereits aus einer laufenden Geschäftsbeziehung bekannt sind.[62] Fehlen dem Anlageberater konkrete Informationen, ist er gehalten, nachzufragen. Andererseits kann auch der Anleger gehalten sein, Informationen beizubringen, etwa soweit sich eine Änderung in seiner bisherigen Anlagestrategie ergeben hat oder wenn er dem Grunde nach hinreichende Erläuterungen des Beraters nicht verstanden hat und dies objektiv nicht erkennbar ist.

Hinsichtlich des zu eruierenden Wissenstands kann der Berater bereits getätigte Investitionen des Anlegers berücksichtigen.[63] Dies entbindet ihn allerdings nicht von weiteren Aufklärungspflichten: So verbleibt ganz regelmäßig ein Aufklärungsbedarf, soweit sich die konkrete Funktionsweise sowie die speziellen Risiken der Anlage von einer vergleichbaren, bereits getätigten Investition unterscheiden. Allgemeine anlagespezifische Kenntnisse können überdies regelmäßig nicht aus der beruflichen Tätigkeit des Anlegers hergeleitet werden; so hat der BGH etwa bereits mehrfach entschieden, dass auch die berufliche Qualifikation des Kunden allein nicht ausreiche, um Kenntnisse und Erfahrungen im Zusammenhang mit Börsentermin- oder Optionsgeschäften zu unterstellen, solange keine konkreten Anhaltspunkte bestehen, dass er diese im Zusammenhang mit der Ausübung seiner beruflichen Tätigkeit tatsächlich erworben hat.[64] Ebenso wenig lässt eine risikoorientierte Strategie den Aufklärungsbedarf entfallen. So hat der BGH ebenso zutreffend festgestellt, dass auch ein Anleger mit grundlegenden Kenntnissen, der eine „chancenorientierte" Anlagestrategie verfolgt, im Rahmen einer Anlageberatung erwarten dürfe, dass er über die Risiken einer ihm bislang nicht bekannten Anlageform zutreffend unterrichtet wird.[65]

Hinsichtlich der Anlageziele und der hierbei vorhandenen Risikobereitschaft sind allein die konkreten Wünsche des Anlegers ausschlaggebend. Auch hier gilt, dass der Berater eine aus vorherigen Transaktionen bekannte Anlagestrategie zugrundelegen darf. Der Berater darf jedoch nicht aufgrund der bisherigen Anlagestrategie eine von der ausdrücklich anderslautenden Äußerung des Anlegers abweichende Risikobereitschaft annehmen.[66] Bei Änderungen in Risikobereitschaft oder Anlageziel ist dies durch den Anleger daher mitzuteilen; andernfalls darf der Berater davon ausgehen, seine Explorationspflichten bereits erfüllt zu haben.

---

[61] Vgl. BGH, Urt. v. 14.07.2009, Az.: XI ZR 152/08, BB 2009, 1996 (2000); LG Düsseldorf, Urt. v. 15.04.2010, Az.: 9 O 290/09, juris Rn. 40.

[62] BGH, Urt. v. 06.07.1993, Az.: XI ZR 12/93 (Bond), BGHZ 123, 126 = BB 1993, 1903.

[63] Vgl. BGH, Urt. v. 27.09.2011, Az.: XI ZR 178/10, NJW-RR 2012, 42 (45).

[64] BGH, Urt. v. 22.03.2011, Az.: XI ZR 33/10, BB 2011, 1674 (1676); Urt. v. 28.09.2004, Az.: XI ZR 259/03, NJW 2004, 3628 (3629); 21.10.2003, Az.: XI ZR 453/02, NJW-RR 2004, 203 (205).

[65] BGH, Urt. v. 06.03.2008, Az.: III ZR 298/05, VersR 2008, 920 (923).

[66] Vgl. BGH, Urt. v. 22.03.2011, Az.: XI ZR 33/10, BB 2011, 1674 (1676).

2. Verhältnis zu den Anlegerklassifizierungen in § 67 WpHG

Im Rahmen der durch die Bond-Rechtsprechung geprägten anleger- und anlagegerechten Beratung richtet sich die Eignung einer Kapitalanlage mithin nach den konkreten Umständen des Einzelfalls, hinsichtlich derer der Anlageberater Vorerfahrungen, Risikobereitschaft und Anlageziel ungeachtet der Person des zu Beratenden stets zu berücksichtigen hat. Damit weicht die Bond-Rechtsprechung ihrer Konzeption nach ab von den aufsichtsrechtlichen Vorschriften zur Anlageberatung, wie sie im Wesentlichen durch das Finanzrichtlinienumsetzungsgesetz (FRUG)[67] eingeführt und auf nationaler Ebene zuletzt durch das Zweite Finanzmarktnovellierungsgesetz (2. FiMaNoG)[68] geändert wurden. Diese sehen im Gegensatz abgestufte Wohlverhaltenspflichten gemessen an bestimmten Anlegertypen vor; so unterscheidet § 67 WpHG[69] zwischen geeigneten Gegenparteien, professionellen Kunden und Privatkunden mit einem in dieser Reihenfolge gesteigerten Schutzniveau.

a) Meinungsstand

Während vereinzelt angesichts des maximalharmonisierenden Charakters der dem WpHG zugrundeliegenden Markets in Financial Instruments Directive (MiFID)[70] und deren Durchführungsrichtlinie 2006/73/EG[71] eine horizontale Auswirkung auch auf das Zivilrecht dahingehend vertreten wurde, dass die Bond-Rechtsprechung aufgrund deren höherer Standards nunmehr europarechtswidrig und mithin überholt sei,[72] geht die wohl herrschende Meinung dahin, an der Bond-Rechtsprechung festzuhalten.[73] Zurecht wurde eingewandt, dass ein unterschiedliches Anlegerschutzniveau zwischen den mit der MiFID geregelten und anderen, dieser nicht unterliegenden Kapitalanlagen – zumindest durch den nationalen Gesetzgeber im

---

[67] Gesetz zur Umsetzung der Richtlinie über Märkte für Finanzinstrumente (RiL 2004/39/EG, MiFID) und der Durchführungsrichtlinie (RiL 2006/73/EG) der Kommission („FRUG"), BGBl. 2007, Teil 1 Nr. 31, S. 1330.

[68] Zweites Gesetz zur Novellierung von Finanzmarktvorschriften auf Grund europäischer Rechtsakte (Zweites Finanzmarktnovellierungsgesetz – 2. FiMaNoG), BGBl. 2007, Teil 1 Nr. 39, S. 1693.

[69] Gegenüber § 31a WpHG a. F. mit leicht veränderten Kundenkategorien, im Übrigen nur redaktionell geändert und neu nummeriert.

[70] Richtlinie 2004/39/EG des Europäischen Parlaments und des Rates vom 21. April 2004 über Märkte für Finanzinstrumente, zur Änderung der Richtlinien 85/611/EWG und 3/6/EWG des Rates und der Richtlinie 2000/12/EG des Europäischen Parlaments und des Rates und zur Aufhebung der Richtlinie 93/22/EWG des Rates.

[71] Richtlinie 2006/73/EG der Kommission vom 10. August 2006 zur Durchführung der Richtlinie 2004/39/EG des Europäischen Parlaments und des Rates in Bezug auf die organisatorischen Anforderungen an Wertpapierfirmen und die Bedingungen für die Ausübung ihrer Tätigkeit sowie in Bezug auf die Definition bestimmter Begriffe für die Zwecke der genannten Richtlinie.

[72] *Mülbert*, WM 2007, 1149 (1155 ff.).

[73] OLG Düsseldorf, Urt. v. 16.12.2010, Az.: I-6 U 191/09; *Elixmann*, BB 2009, 241 (242); *Podewils/Reisich*, NJW 2009, 116 (119 f.); *Veil*, WM 2007, 1821 (1825, Fn. 68 m. w. N.); Derleder/Knops/Bamberger/*Frisch*, § 54 Rn. 160 m. w. N.

Rahmen des FRUG – kaum beabsichtigt sein dürfte.[74] Sinn und Zweck der aufsichtsrechtlichen Änderungen sei es zudem, den Anlegerschutz zu stärken, eine durch die MiFID nicht ausdrücklich vorgeschriebene Absenkung desselben sei hiermit nicht vereinbar.[75] Vergleichbares gilt für die durch die Richtlinie 2014/65/EU (MiFID II)[76] eingeführten Änderungen, die ebenso eine weitere Stärkung des Anlegerschutzes verfolgt, ohne sich hierbei zu zivilrechtlichen Auswirkungen zu äußern.[77]

b) Eigene Ansicht

Der herrschenden Ansicht ist zu folgen. Ihre Argumentation wird gestützt durch die Rechtsprechung des BGH, hierunter u. a. dessen Urteil aus 2013, demnach sich eine zivilrechtliche Haftung, sei es vertraglich, sei es deliktisch, weder aus den Regelungen des WpHG, noch aus der MiFID i. V. m. der Durchführungsrichtlinie herleiten ließe, wenn hierin enthaltene Vorgaben verletzt würden.[78] Die vorbenannten Regelungen seien rein öffentlich-rechtlicher Natur und wirkten deshalb nicht auf das zivilrechtliche Schuldverhältnis zwischen Wertpapierdienstleistungsunternehmen und Kunden ein.[79] Dies gelte einerseits für das WpHG, das ausdrücklich auf eine aufsichtsrechtliche Regelung abziele,[80] andererseits aber auch für die MiFID, in deren Erwägungsgrund 41 (Satz 2) es insofern heiße: „In Bezug auf die Form, den Inhalt und die Erfüllung von Verträgen über die Erbringung von Wertpapier- oder Nebendienstleistungen legt die RiL jedoch keine weiteren Pflichten fest".[81] Daneben bezieht sich der BGH in seinem o. g. Urteil auf eine Entscheidung des EuGH aus dem Jahr 2013,[82] demnach die Richtlinie nicht bestimme, dass die Mitgliedstaaten vertragliche Folgen für den Abschluss von Verträgen vorsehen müssen, in denen Verpflichtungen aus der MiFID i. V. m. der Durchführungsrichtlinie missachtet

[74] Vgl. Derleder/Knops/Bamberger/*Frisch*, § 54 Rn. 17 und 160, je m. w. N.

[75] MiFID Erwägungsgründe 2 und 31; Derleder/Knops/Bamberger/*Frisch*, § 54 Rn. 160; *Podewils/Reisich*, NJW 2009, 116 (120).

[76] Richtlinie 2014/65/EU des Europäischen Parlaments und des Rates vom 15. Mai 2014 über Märkte für Finanzinstrumente sowie zur Änderung der Richtlinien 2002/92/EG und 2011/61/EU.

[77] Vgl. *Buck-Heeb/Poelzig*, BKR 2017, 485 (494 ff.).

[78] BGH, Urt. v. 17.09.2013, Az.: XI ZR 332/12, BKR 2014, 32 (33 ff., m. w. N.).

[79] BGH, Urt. v. 17.09.2013, Az.: XI ZR 332/12, BKR 2014, 32 (33).

[80] BGH, Urt. v. 17.09.2013, Az.: XI ZR 332/12, BKR 2014, 32 (34) unter Hinweis auf BT-Drucks. 16/4028, S. 53 und BT-Drucks. 16/4899, S. 12.

[81] BGH, Urt. v. 17.09.2013, Az.: XI ZR 332/12, BKR 2014, 32 (35); offen bleibt, inwieweit der BGH in seinem Urt. v. 03.06. 2014, Az.: XI ZR 147/12 , BGHZ 201, 310 = NJW 2014, 2947 (2949 f.) eine neue Richtung einschlägt; das zivilrechtliche Schuldverhältnis bliebe hiernach durch die öffentlich-rechtlichen Regelungen des WpHG unberührt, andererseits dürfe der Anleger erwarten, dass sich die Bank an die aufsichtsrechtlichen Vorgaben halte; vgl. auch *Buck-Heeb/Poelzig*, BKR 2017, 485 (494 ff.).

[82] EuGH, Urt. v. 30.03.2013, Az.: C-604/11, ZIP 2013, 1417.

werden.[83] Schließlich könne auch auf eine entsprechende Einschätzung der Europäischen Kommission Bezug genommen werden.[84]

Die vorbenannten Argumente sind im Umkehrschluss ebenso auf die Begrenzung der bisherigen zivilrechtlichen Haftung zu übertragen. Es kann nicht einerseits das durch die MiFID eingeführte und MiFID II ausgebaute Schutzniveau für das nationale Zivilrecht versagt werden, andererseits aber das nationale Schutzniveau hierdurch beschränkt werden; damit ginge eine starke Verkürzung des Anlegerschutzes einher, die von MiFID und MiFID II nicht beabsichtigt war. Zu Befürworten ist mithin der Standpunkt, nach dem sich diese Regelungen weder ausweitend, noch einschränkend auf die Bond-Rechtsprechung auswirken.[85] Dementsprechend wird der Einwand von Anlageberatern, der Kunde sei als professioneller Kunde einzuordnen und müsse daher nicht im gleichen Maße beraten werden, wie ein Privatkunde, auch in der unterinstanzlichen Rechtsprechung abgelehnt.[86] Das Festhalten an der Bond-Rechtsprechung, i. E. somit auch in Bezug auf die Anlegergerechtigkeit, erscheint auch sachgerecht; pauschalisierende Anlegerklassifizierungen nehmen keine Rücksicht auf tatsächlich vorhandene Informationsasymmetrien, die ungeachtet der Person bzw. ihrer Tätigkeit bestehen können. Aktuell wird diesen mit der individualisierten Anlageberatung nach der Bond-Rechtsprechung am Effektivsten begegnet.[87]

3. Verhältnis zu den Sorgfaltsanforderungen an institutionelle Anleger nach CRR- und STS-VO

Während direkte Auswirkungen der MiFID auf das deutsche Verständnis der zivilrechtlichen Anlageberatung in Literatur und Rechtsprechung kontrovers diskutiert und durch die herrschende Ansicht abgelehnt werden, eröffnet sich in Bezug auf Verbriefungen die bisher unbehandelte Parallelfrage hinsichtlich der CRR-VO, die als Verordnung unmittelbare Wirkung entfaltet und entsprechend zu umfangreichen Anpassungen des nationalen Rechts geführt hat, so wie auch hinsichtlich der ab dem 01.01.2019 anzuwendende STS-VO. Hiervon betroffen sind insbesondere auch die vormals bereits in den §§ 1b, 18a und 18b KWG a. F. geregelten Bestimmungen zu Verbriefungen, die neben dem hiermit erstmals eingeführten Selbstbehalt bestimmte

---

[83] BGH, Urt. v. 17.09.2013, Az.: XI ZR 332/12, BKR 2014, 32 (35).

[84] BGH, Urt. v. 17.09.2013, Az.: XI ZR 332/12, BKR 2014, 32 (35), unter Hinweis auf die Veröffentlichung der Europäische Kommission vom 08.12.2010, Public Consultation, Review of the Markets in Financial Instruments Directive, S. 63, wo es heißt: „*While investment firms are subject to possible administrative sanctions by the competent authorities if they infringe MiFID rules, the directive does not deal with the liability of firms towards clients in cases where infringement of MiFID rules causes damage.*“

[85] Vgl. BGH, Urt. v. 17.09.2013, Az.: XI ZR 332/12, BKR 2014, 32 (34).

[86] Vgl. z. B. LG Frankfurt am Main, Urt. v. 02.02.2012, Az.: 3-4 O 50/10, juris Rn. 66 f.; OLG Koblenz, Urt. v. 14.01.2010, Az.: 6 U 170/09, BKR 201, 197 (201 f.).

[87] So i. E. auch *Elixmann*, BB 2009, 241 (242); OLG Düsseldorf, Urt. v. 16.12.2010, Az.: I-6 U 191/09, juris Rn. 49.

Sorgfaltspflichten und spiegelbildliche Offenlegungspflichten von institutionellen Anlegern i. S. d. KWG und Originatoren, Sponsoren und ursprünglichen Kreditgebern regelten. Die entsprechenden Regelungen gehen nun aus den Art. 404 ff. CRR-VO und künftig aus der STS-VO hervor.

Besondere Bedeutung für eine ggf. von der Anlegergerechtigkeit abweichenden Anlegerklassifizierung könnten die Art. 406 CRR-VO bzw. Art. 5 STS-VO und 409 CRR-VO bzw. Art. 7 STS-VO haben: Art. 406 CRR-VO bestimmt im Wesentlichen, dass dem CRR-Institut i. S. v. Art. 4 Abs. 1, Ziff. 3; Ziff. 1 und 2 CRR-VO die Durchführung einer *Due-Diligence*-Prüfung in Bezug auf verschiedene Aspekte der Verbriefung obliegt, u. a. hinsichtlich des einzuhaltenden Selbst- oder Risikobehalts, der Risikomerkmale der Verbriefung, der ihnen zugrundeliegenden Risikopositionen und aller strukturellen Merkmale der Verbriefung, die wesentlichen Einfluss auf die Wertentwicklung der Verbriefungsposition haben können. Daneben sind regelmäßige Stresstests durchzuführen. Entsprechendes gilt ab dem 01.01.2019 nach Art. 5 STS-VO für institutionelle Anleger i. S. v. Art. 2 Nr. 12 STS-VO. Diese Anforderungen werden vervollständigt durch die spiegelbildliche Offenlegungspflicht des Originators, Sponsors bzw. ursprünglichen Kreditgebers in Art. 409 CRR-VO, demnach diese die hinsichtlich der vorbenannten Umstände „wesentlichen einschlägigen Daten“ problemlos zugänglich zu machen haben bzw. künftig durch die Transparenzanforderungen an Originator, Sponsoren und Verbriefungszweckgesellschaften nach Art. 7 STS-VO, der einen umfangreichen Katalog an bereitzustellenden Informationen umfasst. Gemäß Art. 407 CRR-VO kann ein Verstoß des CRR-Instituts gegen Sorgfalts- und Offenlegungspflichten mit der Erhöhung des Risikogewichts sanktioniert werden, mithin mit gesteigerten Anforderungen an die Eigenkapitalunterlegung; nach dem künftig anzuwendenden Art. 270a CRR-VO erfordert dies jedoch eine zunächst festzustellende Fahrlässigkeit oder ein Unterlassen des CRR-Instituts in einem wesentlichen Punkt.

Während die Offenlegungspflichten insbesondere des Originators eine Rolle spielen könnten, soweit dieser zugleich als Berater auftritt, im Übrigen aber noch unter Umständen die im Weiteren aufzugreifende Prospekthaftung beträfe,[88] stellt sich hinsichtlich der an den institutionellen Anleger gestellten Sorgfaltsanforderungen die Frage, ob hierdurch eine Anpassung der „Anlegergerechtigkeit“ im Rahmen der Bond-Rechtsprechung erforderlich sein könnte. Hintergrund dieser Überlegung ist, dass die durch die Bond-Rechtsprechung geforderte Aufklärung sich weitestgehend mit der durch institutionelle Anleger nachzuweisenden Kenntnis decken könnte. Anders als nach der Konzeption deutschen Rechts besteht insoweit jedoch keine bzw. nur eine beschränkte „Bringschuld“ der Anbieterseite, sondern auch eine aktive „Holschuld“ des institutionellen Anlegers. Dieser muss die zugänglich gemachten Informationen selbst einholen und auswerten. Insbesondere fällt es auch in dessen Aufgabenbereich, die Anlegergerechtigkeit einzuschätzen; ihm obliegt also die Beurteilung, ob die Kapitalanlage für seine Zwecke geeignet ist und ob ihm die für eine diesbezüglich eigenverantwortliche Anlageentscheidung erforderlichen Informationen vorliegen. Vor diesem Hintergrund ist zu prüfen, ob institutionelle

[88] Zu dieser unten E; insbesondere E.II.3.

Anleger, die folglich selbst verpflichtet sind, Informationen einzuholen, überhaupt i. S. d. Bond-Rechtsprechung aufklärungsbedürftig sein können oder ob hierin eine den europarechtlichen Anforderungen bzw. deren *effet utile* widersprechende Abwälzung auf Dritte läge.

Um diese Frage zu klären, sind der Harmonisierungsanspruchs beiden Verordnungen (Harmonisierungsintensität) sowie der Sinn und Zweck der gewählten Konzeption zu klären: Nur soweit zivilrechtliche Auswirkungen generell zu bejahen sind (Harmonisierungsreichweite), schließt sich die Frage an, inwieweit die jeweiligen Informationspflichten tatsächlich deckungsgleich sind und ob bei einer bestehenden Abweichung ein Anwendungsspielraum für die Bond-Rechtsprechung verbleiben könnte.

a) Harmonisierungsintensität

In Erwägungsgrund 8 der CRR-VO wird die Divergenz zwischen nationalen Rechtsvorschriften aufgrund der bisherigen Möglichkeit strengerer nationaler Regelungen bemängelt, was die Niederlassungsfreiheit beeinträchtigen und das reibungslose Funktionieren der Binnenmärkte behindern könne. In Erwägungsgrund 9 wird daher auf die Notwendigkeit eines einheitlichen Regelwerks für alle Marktteilnehmer abgestellt, wobei „aufsichtsrechtliche Mindestvorschriften größtmögliche Harmonisierung" gewährleisten sollten. Hierfür wird die Verordnung für das geeignete Mittel gehalten, wie aus Erwägungsgrund 11 hervor geht. In den Erwägungsgründen 12 und 13 werden dagegen Ausnahmen thematisiert, für die strengere Regelungen eingeführt werden können, die jedoch nicht durch die CRR-VO geregelt sind. Der als Verordnung erlassenen CRR-VO kann somit eine in wesentlichen Teilen maximalharmonisierende Wirkung zugesprochen werden.[89]

Die ab dem 01.01.2019 anzuwendende STS-Verordnung knüpft an die bisherigen Regelungen der CRR-VO an und versteht sich als weiteren Schritt zu einer fortschreitenden Harmonisierung, vgl. dessen Erwägungsgrund Nr. 38. Auch aus Erwägungsgrund Nr. 46 geht dieses Ziel hiervor, nämlich die Festlegung eines allgemeinen Rahmens für Verbriefungen und die Schaffung eines spezifischen Rahmens für STS-Verbriefungen, das sich auf Unionsebene besser verwirklichen ließe.

b) Harmonisierungsreichweite

Fraglich ist, ob die aufsichtsrechtlichen Regelungen eine Ausstrahlungswirkung auf das deutsche Zivilrecht, hier in Gestalt der Bond-Rechtsprechung, haben. Dass es sich bei den Verordnungen zunächst um eine rein aufsichtsrechtliche Konzeption handelt, zeigt deren Wortlaut, der keine Hinweise auf nationales Zivilrecht oder

---

[89] Vgl. auch Bundesministerium der Finanzen, Monatsbericht vom 21.10.2013, abrufbar im Internet unter https://www.bundesbank.de/resource/blob/691424/a5c7a588449d387e08b609e5ebcb436f/mL/1997-07-asset-backed-securities-data.pdf (zugegriffen am 15.12.2018).

andere Rechtsgebiete enthält und allein allgemeine Aufsichtsanforderungen statuiert.[90] Allerdings könnte das nationale Recht den aufsichtsrechtlichen Regelungen zuwiderlaufen, soweit der institutionelle Anleger seine Sorgfaltspflichten auf den Anlageberater als Dritten abwälzen und sich auf dessen Einschätzung verlassen könnte. So hieß es bereits in Nr. 96 der „CEBS[91] Guidelines on the application of Article 122a of the Capital Requirements Directive (CRD)" ,[92] die als Leitlinie zur wortgleichen Vorgängerregelung von Art. 406 CRR-VO veröffentlicht wurde, sinngemäß: „Während es ggf. möglich ist, dass Kreditinstitute gewisse operative Aspekte dieser Sorgfaltsanforderungen an externe Unternehmen (wie solche zur Datenerfassung) auslagern, sollte der Prozess in der vollen Verantwortung und Kontrolle dieses Instituts bleiben, da dies das Institut nicht aus der Verpflichtung entlässt, fähig zu sein, die Risiken von Verbriefungspositionen zu verstehen und einzuschätzen."[93]

Die Regelungen zu Verbriefungen zielen gemäß Erwägungsgrund 57 der CRR-VO darauf ab, den institutionellen Anleger durch hinreichende Informationen zu schützen, ihm soll eine sorgfältige Abwägung möglich sein; dem stehen die in Erwägungsgrund 59 der CRR-VO anvisierten Offenlegungspflichten gegenüber. Damit soll vermieden werden, dass ein institutioneller Anleger ungedeckte Risiken hält, die er nicht überblicken kann. Dementsprechend wird die mangelnde Informiertheit eines institutionellen Anlegers, der zugleich CRR-Instituts ist, mit einem erhöhten Risikogewicht sanktioniert, es ist demnach mehr Eigenkapital vorzuhalten. Damit geht es zwar auch um den Schutz des institutionellen Anlegers vor nicht kalkulierten Verlusten, damit einhergehend aber insbesondere auch um den mittelbaren Schutz seiner Gläubiger, vor allem, soweit es sich bei diesen um Anleger und Einleger handelt (vgl. Erwägungsgrund 7 der CRR-VO), sowie den Schutz des Marktes insgesamt, insbesondere, wenn dem institutionellen Anleger „Systemrelevanz" zukommt. Dass zur Erfüllung dieses Zweckes vorrangig an den institutionellen Anleger angeknüpft wird, geschieht vornehmlich vor dem Hintergrund, dass die strengeren Vorgaben dort zum Tragen kommen, wo das Verlustrisiko besteht.[94] Daneben ist so sichergestellt, dass auch außerhalb der EU platzierte Verbriefungen vom Regelungsgehalt der CRR-VO umfasst sind.[95] Diese grundsätzliche Systematik besteht auch ab dem 01.01.2019 gemäß der STS-VO und Art. 270a CRR-VO fort.

---

[90] Abgestellt wird auf aufsichtsrechtliche Vorschriften, zur CRR-VO vgl. z. B. Erwägungsgrund 34, so zudem ausdrücklich auch in Art. 1 CRR-VO.

[91] Committee of European Banking Supervisors; Ausschuss für europäische Bankenaufseher, nunmehr ersetzt durch die Europäische Bankaufsichtsbehörde (European Banking Authority, EBA).

[92] Abrufbar im Internet unter http://www.eba.europa.eu/cebs-archive/publications/guidelines/2010 (zugegriffen am 15.12.2018).

[93] CEBS Guidelines Nr. 96: *„While it may be possible that a credit institution can outsource certain operational aspects of these due diligence requirements to an external firm (such as data gathering), the process should remain within the full responsibility and control of the institution, as this does not relieve it of the obligation of being able to understand and assess the risk of its securitisation positions."*

[94] *Kreppel/Baierlein,* BKR 2011, 228 (230) zu § 18a, b KWG a. F.

[95] Ähnlich *Kreppel/Baierlein,* BKR 2011, 228 (230) zu § 18a, b KWG a. F., allerdings unter Hinweis auf die hierdurch entstehende eingeschränkte Handelbarkeit solcher Schuldtitel an den internationalen Kapitalmärkten.

Die Anknüpfung an den institutionellen Anleger erfolgt damit vorrangig aus Gründen einer aufsichtsrechtlichen Lenkungsfunktion, der eine anderweitige zivilrechtliche Haftung jedoch grundsätzlich nicht entgegen steht.[96] Eine Absenkung des für den institutionellen Anleger greifenden Schutzniveaus, über das das nationale Zivilrecht hinausginge, ist damit gerade nicht beabsichtigt. Dagegen soll eine endgültige Auslagerung der Sorgfaltspflichten auf Dritte vermieden werden, um sicherzustellen, dass der institutionelle Anleger selbst über hinreichende Informationen zur Beurteilung der Risiken verfügt. Die Anlageberatung zielt indes gerade darauf ab, ihm diese zu verschaffen. Die nationale zivilrechtliche Haftung des Anlageberaters hindert die mit der aufsichtsrechtlichen Regelung verfolgten Zielsetzungen nicht, soweit der institutionelle Anleger, der zugleich CRR-Institut ist, sich nicht mit Hinweis auf die ggf. unvollständige oder fehlerhafte Beratungstätigkeit des Anlageberaters von der aufsichtsrechtlichen Sanktion befreien kann. Dies ist aber auch nicht der Fall und droht nach hiesiger Einschätzung auch nicht unter der ab dem 01.01.2019 anzuwendenden STS-Verordnung und § 270a CRR-VO. Anders als im Rahmen der gemäß Art. 5 Abs. 5 STS-VO eröffneten Delegation von Sorgfaltsanforderungen an einen (institutionellen) Vermögensverwalter trifft die eigentliche Anlageentscheidung weiterhin der institutionelle Anleger, so dass sich auch etwaige verwaltungsrechtliche und strafrechtliche Sanktionen gegen ihn zu richten haben. Eine Aushöhlung des dann noch mit Art. 270a CRR-VO verbundenen Schutzniveaus ist nicht zu befürchten, solange die Begriffe der Fahrlässigkeit und des Unterlassens mit entsprechendem Verständnis ausgelegt werden und von dem hiesigen nationalen, zivilrechtlichen Verständnis unbeeinflusst sicherlich auch demgemäß ausgelegt werden können.

c) Zwischenergebnis

Weder Art. 406 CRR-VO, noch Art. 5 STS-VO führen zu einer partiellen Europarechtswidrigkeit der bisherigen Bond-Rechtsprechung in Bezug auf Verbriefungen. Zwar geht mit den hierin enthaltenen Anforderungen auch eine Stärkung der Eigenverantwortlichkeit institutioneller Anleger einher, indem sie einen gewissen Grad der Informiertheit nachweisen können müssen; wie sie diesen erlangen, ist jedoch für die Schutzrichtung der Regelung letztlich ohne Belang. Sie können sich hierzu auch eines Beraters bedienen. Erfüllt dieser seine Aufklärungspflichten nicht und weist er auch nicht darauf hin, dass er die wesentlichen Informationen nicht beibringen kann, so bleibt es bei dessen Haftung. Der institutionelle Anleger kann sich seinerseits verwaltungsrechtlichen oder strafrechtlichen Sanktionen sowie, handelt es sich bei ihm zugleich um ein CRR-Institut, einer Erhöhung des anzusetzenden Risikogewichts ausgesetzt sehen, soweit er die Verbriefungsposition weiter hält. Eine darüber hinausgehende zivilrechtliche Sanktionierung erscheint nicht erforderlich.

---

[96] Inwieweit die mit der Geltendmachung von Schadensersatzansprüchen regelmäßig anvisierte Übertragung des forderungsbesicherten Wertpapiers auf den Berater aus solchen aufsichtsrechtlichen Erwägungen heraus noch zu überdenken ist, wird an späterer Stelle thematisiert, vgl. unten D.IV.3.

Mit diesem Ergebnis erübrigen sich weitere Erwägungen hinsichtlich der Deckungsreichweite zwischen den europarechtlichen, aufsichtsrechtlichen Anforderungen und in der Bond-Rechtsprechung geforderter Informiertheit.

4. Fazit

Die Bond-Rechtsprechung des BGH ist weder vor dem Hintergrund von MiFID-Richtlinien und ihrer Umsetzung im WpHG, noch angesichts der speziellen Verbriefungsregelungen in der CRR- bzw. STS-VO europarechtlich überholt bzw. nur eingeschränkt anzuwenden. Damit bleibt es dabei, dass sich die Anlegergerechtigkeit einer Beratungsleistung allein nach den durch die Exploration zu erzielenden Erkenntnisse des Beraters hinsichtlich der im Einzelfall bestehenden Vorerfahrungen, der Risikobereitschaft und dem konkreten Anlageziel zu richten hat; von pauschalen Anlegerklassifizierungen, die per se von einer am Einzelfall orientierten Aufklärung über die für die Anlageentscheidung wesentlichen Umstände befreien sollen, ist abzusehen.

Dieses Ergebnis erscheint auch sachgerecht: Zwar verfügen institutionelle und z. T. auch andere professionelle Anleger regelmäßig über ein größeres Know How, Chancen und Risiken eines Geschäfts auch ohne Beratungsleistung besser einschätzen zu können. Hierauf nimmt die Bond-Rechtsprechung Rücksicht, indem der insoweit geringere Aufklärungsbedarf nach entsprechender Exploration auch in geringeren Aufklärungspflichten münden kann. Andererseits bleiben die konkreten Parameter einer Verbriefungstransaktion selbst dann aufklärungspflichtig, wenn bereits Erfahrungen mit anderen Verbriefungstransaktionen vorliegen, da sich die jeweiligen Transaktionen in wesentlichen Punkten voneinander unterscheiden können. Insoweit ist die oben angesprochene Rechtsprechung des BGH auch für institutionelle Anleger zu berücksichtigten, demnach weder die berufliche Qualifikation, noch eine hier ggf. eher vorliegende chancenorientiertere Anlagestrategie eine vertraglich geschuldete Aufklärung per se obsolet werden lassen.[97] Der gänzliche Wegfall des Aufklärungsbedarfs ist mithin nur denkbar, wenn die Strukturen der konkreten Verbriefungstransaktion etwa aus einer vergleichbaren Vorgänger-Transaktion bereits bekannt sind und sich keine wesentlichen Änderungen ergeben haben, insbesondere auch die wesentlichen Verbriefungsbeteiligten dieselben geblieben sind.

Auch im Hinblick auf Privatanleger bietet die Bond-Rechtsprechung des BGH die erforderliche, einzelfallbezogene Flexibilität. Insoweit handelt es sich bei dem direkt investierenden Privatanleger angesichts der meist hohen Mindeststückelungen der forderungsbesicherten Wertpapiere nicht um den typischen Kleinanleger, der sein Vermögen allein schon aus Gründen der Risikodiversifikation eher in Aktien, Unternehmensanleihen, Zertifikate oder Unternehmensbeteiligungen mit kleineren

[97] Vgl. BGH, Urt. v. 22.03.2011, Az.: XI ZR 33/10, BB 2011, 1674 (1676); Urt. v. 28.09.2004, Az.: XI ZR 259/03, NJW 2004, 3628 (3629); Teilversäumnisurt. v. 21.10.2003, Az.: XI ZR 453/02, NJW-RR 2004, 203 (205) zu beruflichen Qualifikation; BGH, Urt. v. 06.03.2008, Az.: III ZR 298/05, VersR 2008, 920 (923) zu Aufklärungspflichten bei „chancenorientierter" Anlagestrategie.

Nennwerten investieren wird. Gleichwohl wird man einen Privatanleger nicht einfach in einen professionellen Anleger „umqualifizieren“ können, da maßgebliches Unterscheidungskriterium nicht allein die Investitionshöhe sein kann und da Marktzugang, Kenntnisse und Erfahrungen sowie die Fähigkeit, selbst die Chancen und Risiken der Anlage einschätzen zu können, hier sehr verschieden ausfallen können. Hierauf reagiert die Bond-Rechtsprechung in angemessener, einzelfallbezogener Art und Weise.

II. Anlagegerechte Beratung

Für eine „anlagegerechte“ Beratung ist die umfassende, wahrheitsgemäße, sorgfältige und vollständige Information über anlagerelevante Tatsachen einschließlich (etwaiger Verlust-)Risiken erforderlich.[98] Ziel der Beratung ist es, dem Anleger einen Kenntnis- und Wissensstand zu vermitteln, der ihn dazu befähigt, eine fundierte, eigenverantwortliche Anlageentscheidung zu treffen.[99] Den Anlageberater treffen zu diesem Zwecke Plausibilitätsprüfungspflichten;[100] irreführende, widersprüchliche oder falsche Informationen etwa in schriftlichen Verkaufsunterlagen sind durch ihn richtig zu stellen. Fehlen dem Berater entsprechende Kenntnisse, muss er dies gegenüber dem Anleger offenlegen.[101] Ebenso muss er negative Meldungen in der Wirtschaftspresse im Zusammenhang mit der Anlage berücksichtigen und den Anleger auch darauf hinweisen, soweit die Information für diesen wesentlich ist.[102] Bei Informationserteilung hat der Anlageberater die zuvor im Rahmen der anlegergerechten Beratung bekannten oder erfragten Kriterien zu berücksichtigen; er schuldet insoweit eine fachmännische Interpretation und Beurteilung der Anlage im Hinblick auf diese Kriterien.[103] Entsprechend des Vorbenannten muss es ihm aber auch möglich sein, seine mangelnde Fähigkeit zur abschließenden Beurteilung offenzulegen und seine Haftung insoweit zu vermeiden.

Die Frage nach der „Wesentlichkeit“ gewisser Informationen für die konkrete Anlageentscheidung gestaltet sich mitunter schwierig und wird auch durch die Gerichte oft unterschiedlich beurteilt. Besondere Schwierigkeiten ergeben sich hinsichtlich der Aufklärungspflichtigkeit „ganz fernliegender“ Risiken. Es geht mithin um die Frage, ob ein Risiko auch dann für eine Anlageentscheidung wesentlich sein kann, wenn mit seinem Eintritt mit an Sicherheit grenzender Wahrscheinlichkeit nicht zu rechnen ist. Angesichts der Zusammenschau von positivem Rating einerseits und

---

[98] Vgl. *Seichter* in: jurisPK-BGB, § 280 Rn. 107.

[99] Auch bei höchstkomplexen Produkten, vgl. BGH, Urt. v. 22.03.2011, Az.: XI ZR 33/10, BB 2011, 1674 (1676).

[100] BGH, Urt. v. 04.03.1987, Az.: IV a ZR 122/85, BGHZ 100, 117 = NJW 1987, 1815 (1817); Urt. v. 06.07.1993, Az.: XI ZR 12/93 (Bond), BGHZ 123, 126 = BB 1993, 1903 (1904).

[101] BGH, Urt. v. 06.07.1993, Az.: XI ZR 12/93 (Bond), BGHZ 123, 126 = BB 1993, 1903 (1904).

[102] BGH, Urt. v. 06.07.1993, Az.: XI ZR 12/93 (Bond), BGHZ 123, 126 = BB 1993, 1903 (1905).

[103] BGH, Urt. v. 06.07.1993, Az.: XI ZR 12/93 (Bond), BGHZ 123, 126 = BB 1993, 1903 (1904).

Umfang der Risiken andererseits ist diese Frage für Verbriefungen von übergeordneter Relevanz.

In der Rechtsprechung des BGH findet sich die Aufklärungspflichtigkeit fernliegender Risiken im Grunde bestätigt: Während unterinstanzliche Gerichte vereinzelt die Aufklärungspflicht hinsichtlich des Emittentenrisikos bei Inhaberschuldverschreibungen mit der Begründung verneinten, es handele sich um ein „rein theoretisches" Risiko, das erst bei konkreten Anzeichen seiner drohenden Realisierung aufklärungspflichtig werde,[104] stellte der BGH klar, dass es als wesentliches Risiko einer Inhaberschuldverschreibung stets aufklärungspflichtig sei, es sei denn, die diesbezügliche Kenntnis läge bereits vor.[105]

Auch nach der hier vertretenen Ansicht muss die generelle Aufklärungspflichtigkeit „fernliegender" Risiken im Ergebnis zu bejahen und ihre „Wesentlichkeit" im Einzelnen zu überprüfen sein; das häufig angebrachte Argument, der Anleger hätte sich auch in Kenntnis des Risikos für die Anlage entschieden, da sich dieses ex-ante nicht zu realisieren drohte, ist dabei dogmatisch nicht auf der Ebene der Pflichten, sondern vielmehr der Kausalität zu verorten. Andernfalls würde die Risikoaufklärung in vielerlei Hinsicht obsolet werden, da sich eine Vielzahl der Anlagerisiken zu Beginn der Laufzeit noch nicht zu realisieren drohen. Um eine eigenverantwortliche Anlageentscheidung treffen zu können, muss sich der Anleger aber auch unwahrscheinlicherer Risiken bewusst sein. Zudem läge in einer anderweitigen Betrachtung eine Umgehung der Beweislastumkehr durch die Vermutung aufklärungsrichtigen Verhalten.[106]

Im Übrigen bleibt es zwar eine Frage des Einzelfalls, welche Umstände für den jeweiligen Anleger im Rahmen einer Anlageberatung „wesentlich" und damit im konkreten Verhältnis aufklärungspflichtig sind; gleichwohl kann zwischen grundsätzlich aufklärungspflichtigen und grundsätzlich nicht aufklärungspflichtigen Umständen unterschieden werden.

Insoweit legten bereits die der „CEBS Guidelines on the application of Article 122a of the Capital Requirements Directive (CRD)"[107] in Nr. 86 ff. gewisse allgemeingültige Kriterien für die Sorgfaltsanforderungen an institutionelle Anleger fest, die ebenso wie die anlagegerechte Beratung nach der Bond-Rechtsprechung gewährleisten sollen, dass diesem die wesentlichen Informationen zukommen, die er zur Beurteilung der mit der jeweiligen Verbriefungstransaktion einhergehenden Risiken benötigt. Diese Kriterien blieben verhältnismäßig oberflächlich: So sollen etwa zu den erforderlichen Kenntnissen hinsichtlich der Verbriefungsposition (hier: dem forderungsbesicherten Wertpapier) nach Nr. 87 das Verhältnis zu anderen Tranchen zählen, das Zahlungsprofil, das Rating, historische Performance-Daten von

---

[104] Vgl. z. B. LG Essen, Urt. v. 25.08.2010, Az.: 11 O 42/10, juris Rn. 35.

[105] BGH, Urt. v. 27.09.2011, Az.: XI ZR 178/10, NJW-RR 2012, 43 (45); Urt. v. 27.09.2011, Az.: XI ZR 182/10, NJW 2012, 66 (68).

[106] Zu dieser unten D.IV.2.

[107] Abrufbar im Internet unter http://www.eba.europa.eu/cebs-archive/publications/guidelines/2010 (zugegriffen am 15.12.2018).

vergleichbaren Tranchen, Wertpapierbedingungen und Absicherungsmaßnahmen. Nach Nr. 90 zählen zu den zu kennenden strukturellen Merkmalen der Verbriefung, die wesentlichen Einfluss auf die Wertentwicklung der Verbriefungsposition haben können, u. a. vertragliche Wasserfall-Strukturen und damit verbundene Auslöser, Liquiditätsverbesserungen, Swap-Geschäfte, Reservekonten und Garantien. Die CEBS Guidelines stellen somit klar, dass zu einer hinreichenden Informiertheit (u. a.) die vorbenannten Parameter bekannt sein müssen. Wie genau die Kenntnis hinsichtlich dieser Parameter ausfallen muss, definieren sie jedoch nicht weiter. So wird aber zumindest erkennbar, dass man sich europarechtlich – wie nunmehr auch aus Art. 406 und 409 CRR und dem ab dem 01.01.2019 anzuwendenden Art. 5 und 7 STS-VO ersichtlich – nicht etwa damit begnügt, dass der institutionelle Anleger das Rating, die Rendite und das generelle Totalverlustrisiko des forderungsbesicherten Wertpapiers kennt.[108]

Dies muss dem Grunde nach auch für andere Anlegertypen gelten: Zwar sind die aufsichtsrechtlichen Regelungen an den institutionellen Anleger adressiert, nach der ihn besondere Pflichten wie etwa auch das fortlaufende Monitoring und die Durchführung von Stresstests treffen. Zur Erfüllung dieser Pflichten ist dessen Informationsbedürfnis durch das Aufsichtsrecht größer, als das anderer Anleger. Diesen wäre auch mit gewissen Informationen für institutionelle Anleger gar nicht gedient, soweit sie für deren Anlageentscheidung ggf. nicht wesentlich sind und sie das Beratungsgespräch nur unnötig überfrachten würden. Allerdings ist im Übrigen eine Entscheidung des BGH aus 2013 zu berücksichtigen, demnach der Anleger – auch der unerfahrene – insbesondere bei hoch komplexen Anlageprodukten durch den Anlageberater im Wesentlichen auf dessen Kenntnis- und Wissenstand zu bringen ist, weil dem Anleger nur so eine eigenverantwortliche Entscheidung möglich sei.[109]

Vor dem Hintergrund des Vorbenannten werden im Folgenden die einzelnen Aspekte der Verbriefung unter Berücksichtigung der zuvor in „Kapitel 4: Risiken des Anlegers“ herausgearbeiteten Verbriefungsrisiken genauer auf ihre generelle Aufklärungspflichtigkeit hin untersucht; dabei ist zu berücksichtigen, dass die festgestellten Aufklärungspflichten bei entsprechender Erfahrenheit des konkreten Anlegers wieder entfallen können.

[108] Eine zivilrechtliche Bedeutung kommt den in Art. 409 CRR und künftig Art. 7 STS-VO statuierten Offenlegungspflichten über die vorstehende Wertung, die insoweit indiziellen Charakter haben mag, im Übrigen nicht zu. Sie richten sich an den Originator, Sponsor und Zweckgesellschaft der Verbriefungstransaktion, die untereinander jedoch wählen können, wer diese Pflichten erfüllt, vgl. Art. 7 Abs. 2 Satz 1 STS-VO. Die Parallelität zwischen Aufklärungs- und vorbenannten Offenlegungspflichten hängt somit zugleich doppelt vom Zufall ab, wenn denn den Originator im Rahmen des Vertriebs zugleich Aufklärungspflichten treffen. Eine auch zivilrechtliche Bindungswirkung lässt sich demgemäß nicht herleiten.

[109] BGH, Urt. v. 22.03.2013, Az.: XI ZR 33/10, NJW 2011, 1949 (1952); den Kenntnis- und Wissenstand muss sich der Anlageberater aufgrund seiner Plausibilitätsprüfungspflichten entsprechend selbst aneignen oder auf seine mangelnden Kenntnisse hinweisen; er kann sich nicht damit exkulpieren, er habe es selbst nicht besser gewusst.

1. Aufklärungspflichtigkeit der grundlegenden Funktionsweise

Ein Verständnis des forderungsbesicherten Wertpapiers erfordert zunächst die Kenntnis seiner Funktionsweise. Hieraus folgt die obligatorische Nennung der Verbriefungsbeteiligten, der zeitliche Ablauf der Transaktion inklusive der wesentlichen Elemente der Portfolio-Zusammenstellung, die Übertragung auf die Zweckgesellschaft und deren Begebung der Wertpapiere, etwaige Tranchenbildung und sonstige Subordinationen sowie die hinzugezogenen Absicherungsmaßnahmen auf den verschiedenen Ebenen.

2. Aufklärungspflichtigkeit allgemeiner Risiken

Je nach Erfahrungsgrad sind sämtliche allgemeine Risiken des Wertpapiers grundsätzlich aufklärungspflichtig.[110] Soweit diese dem Grunde nach bereits bekannt sind, kann es genügen, sie namentlich zu erwähnen oder sogar nur die Parameter offenzulegen, aus denen sich die vorbenannten Risiken ergeben, so etwa die Art der Verzinsung, die Laufzeit des forderungsbesicherten Wertpapiers und ggf. vorhandene Kündigungsoptionen der Emittentin. Auch aus Sicht eines unerfahreneren Anlegers ergibt sich das Zinsänderungsrisiko bei einer an einen Referenzzinssatz gekoppelten Verzinsung regelmäßig schon aus der bloßen Nennung der Parameter.[111] Besteht dagegen ein fester Zinssatz ohne Referenzbezug, so kommt es, ebenso wie im Hinblick auf die Fungibilität und Kurschwankungen, darauf an, welche Vorstellungen der Anleger hinsichtlich der Laufzeit und der Veräußerbarkeit seiner Investition hat: Ist er darauf eingestellt, das forderungsbesicherte Wertpapier bis zum Ende der ihm mitgeteilten Laufzeit zu halten, erscheinen die den zwischenzeitlichen Kurswert beeinflussende Faktoren aus seiner Sicht als nicht unbedingt wesentlich für die Anlageentscheidung. Kommt es ihm dagegen darauf an, sich vorzeitig von der Anlage lösen zu können, ist grundsätzlich auch auf das Risiko eines geringen Marktpreises bei Verkauf hinzuweisen. Dagegen bedarf es ohne weiteres Nachfragen keiner konkreten Ausführungen mehr dazu, welche Faktoren den Marktpreis im Einzelnen beeinflussen können, wenn dem Anleger das mögliche Ausmaß des Risikos insoweit bereits hinreichend verdeutlicht wurde. Zu dem Verdeutlichen zählt jedoch auch der Umstand, dass ein Zweitmarkt ggf. gar nicht zustande kommt oder die Zugangsmöglichkeiten erschwert sind.

Je nach Erfahrungsgrad unterscheidet sich auch, ob etwa ein Währungsrisiko als solches zu benennen ist, ob sich dies für den konkreten Anleger schon aus der Existenz zweier Währungen ergibt oder ob darüber hinaus sogar zu erläutern ist, dass sich ein Verlust aus dem nachteiligen Verhältnis der jeweiligen Währungen zueinander

---

[110] Zu diesen siehe oben Kap. 4, A.

[111] Aufzuklären ist über den Referenzzinsatz, Zinsauf- und abschläge und etwaige Höchst- und Mindestsätze (*Caps* und *Floors*), vgl. MüKo-HGB/*Ekkenga*, Bd. 6, Anhang I, Effektengeschäft, Rn. 338.

ergeben kann, je nach der Entwicklung der Devisenkurse.[112] Dagegen erscheint das allgemeine Inflationsrisiko grundsätzlich nicht gesondert aufklärungspflichtig, sondern darf aus der allgemeinen Lebenserfahrung eines verständigen Dritten heraus als bekannt vorausgesetzt werden.

Kündigungsrechte der Zweckgesellschaft oder der Anleger können – etwa über alternative Wasserfälle – zu einer Veränderung der Rückzahlungsbedingungen sowie dem Wegfall der Verzinsung des forderungsbesicherten Wertpapiers führen und sind dann schon allein als Teil der Funktionsweise des Wertpapiers aufklärungspflichtig. Aber auch im Übrigen kann die Kündigung zu Verlusten führen, insbesondere wenn die Kündigung durch die Zweckgesellschaft erfolgt oder die Wertpapierbedingungen die Gesamtfälligstellung der Wertpapiere durch die Kündigung eines einzelnen Anlegers ermöglichen.[113] Die hierzu zum Teil vertretene Ansicht, dass außerordentliche gesetzliche Kündigungsrechte, die in den Wertpapierbedingungen konkretisiert wurden, nicht aufklärungspflichtig seien,[114] ist abzulehnen. Zwar ist es zutreffend, dass es sich zumeist nur um ein ausnahmsweise verwirklichendes Risiko des Anlegers handelt; allerdings ist hierzu auf obige Ausführungen zur „Wesentlichkeit“ zu verweisen. Im Übrigen stellt sich nicht das ggf. bestehende Kündigungsrecht selbst als aufklärungspflichtig dar, sondern die aus seiner Ausübung resultierenden Gefahren.[115]

Schließlich ist wegen der weitreichenden Folgen auch auf die Möglichkeit in den Wertpapierbedingungen vorgesehener Mehrheitsbeschlüsse und damit einhergehender nachteiliger Auswirkungen zulasten der Anleger hinzuweisen. Soweit aufgrund einer solchen Beschlussfassung der Anleger ggf. sogar einen Großteil seines Rückzahlungsanspruchs verlustig gehen kann, liegt die Wesentlichkeit dieses Umstands für die Anlageentscheidung des Anlegers auf der Hand.

3. Aufklärungspflichtigkeit objektbedingter Risiken

Bonitätsbedingte Liquiditäts- und Ausfallrisiken[116] sind als wesentlicher Bestandteil des forderungsbesicherten Wertpapiers stets aufklärungspflichtig. Zwar war schon im Zusammenhang mit dem Emittentenrisiko einer Inhaberschuldverschreibung zu

[112] Nach *Ekkenga* ist überdies über das Verhältnis zwischen Übernahme des Währungsrisikos und einer entsprechend höheren Risikovergütung durch höhere Zinsen aufzuklären, vgl. MüKo-HGB/*Ekkenga*, Bd. 6, Anhang I, Effektengeschäft, Rn. 338. Dagegen ist dieser Zusammenhang nach der hier vertreten Ansicht nicht aufklärungspflichtig; dies würde bei konsequenterweise Übertragung auf andere Risiken und deren Kompensation in den Zinsen zu einer umfassenden Offenlegung der Preisgestaltung führen und damit die Aufklärungsanforderungen an den Berater überspannen. Einen informatorischen Mehrgewinn bedeutet die Offenlegung dieses Zusammenhangs für den Anleger nicht, der nach der Aufklärung über das Risiko selbst entscheiden kann, ob ihm die dafür gewährte Vergütung über die Zinsen genügt.

[113] Vgl. Kap. 4, A.V.

[114] So z. B. die Beklagtenseite in einem Fall des LG Hamburg, vgl. Urt. v. 19.12.2011, Az.: 330 O 476/10, juris Rn. 45.

[115] Vgl. BGH, Urt. vom 25.11.2014, Az.: XI ZR 480/13, BKR 2015, 163 ff.; LG Hamburg, vgl. Urt. v. 19.12.2011, Az.: 330 O 476/10, juris Rn. 65 ff.

[116] Vgl. Kap. 4, B.I.

diskutieren, ob das Insolvenzrisiko eines Schuldners nicht als allgemein bekannt unterstellt werden könne. So könnte es hier auch in Bezug auf die Bonitätsrisiken der Darlehensnehmer gesehen werden. Allerdings ist insoweit zutreffend höchstrichterlich festgestellt worden, dass das Emittentenrisiko als wesentlicher Bestandteil der Funktionsweise einer Inhaberschuldverschreibung grundsätzlich stets aufklärungspflichtig ist; der Anleger dürfe zudem nicht allein auf dieses Risiko durch bloße Nennung hingewiesen werden, ihm müssten zudem auch die Folgen, mithin das bestehende Totalverlustrisiko verdeutlicht werden.[117] Dies lässt sich auf das dem Verbriefungsgegenstand immanente Ausfallrisiko übertragen: Dieses wird über die Verbriefung an den Anleger weitergegeben, es rechtfertigt die im Vergleich zu anderen Anleiheformen meist höheren, in die Verzinsung spiegelbildlich eingespeisten Risikoaufschläge und ist das prägende Risiko der Transaktion aus Sicht des Anlegers. Die nicht oder nicht zeitgerechte Tilgung und/oder Verzinsung der Darlehen kann zu einer Verzögerung der Leistungen an den Anleger führen oder diese partiell oder ganz ausfallen lassen.

Fraglich ist, inwieweit Absicherungsmaßnahmen einen Einfluss auf den Grad der Aufklärungspflichtigkeit des bonitätsbedingten Ausfallrisikos haben können. So wird regelmäßig versucht, die Wahrscheinlichkeit von Ausfällen durch die Auswahl bonitätsstärkerer Darlehensschuldner in zudem guter Diversifikation[118] zu verringern. Realisieren sich andere Risiken, wie etwa ein negatives Marktumfeld im Hinblick auf eine variable Verzinsung der Darlehen (Zinsänderungsrisiko) oder steigende Arbeitslosigkeitszahlen, sind indes auch Ausfälle bonitätsstarker Schuldner denkbar. Ausschlaggebend für die Aufklärungspflichtigkeit ist nach der hier vertretenen Ansicht nicht, dass sich die Wahrscheinlichkeit des Risikoeintritts minimiert, sondern die Reichweite des Risikos und damit dessen „Wesentlichkeit"; im Falle des Risikoeintritts drohen jedoch ungeachtet der Schuldnerwahl und Diversifikation erhebliche Verluste für den Anleger, so dass das Ausfallrisiko uneingeschränkt aufklärungspflichtig bleibt.

Daneben kommen weitere transaktionsinhärente und -externe Absicherungsmaßnahmen zum Einsatz, die Ausfall- und Liquiditätsrisiken minimieren sollen, wie etwa die in der Beispieltransaktion gewählte Tranchenbildung und Subordination (allein zugunsten der höheren Tranchen), „Übersicherung", Beschaffenheitsgarantien, die den Verbriefungsgegenstand vertraglich konkretisieren, Liquiditätsfazilitäten und Reservekonten. Auch diese Maßnahmen nehmen Einfluss auf die Wahrscheinlichkeit der Risikorealisierung, schaffen das Risiko indes nicht ab und vermindern daher nicht die Aufklärungspflichtigkeit des bonitätsbedingten Ausfallrisikos. Auch kann der ergänzende Hinweis, das Ausfallrisiko werde durch verschiedene Maßnahmen abgesichert, für sich genommen nicht ausreichen, ohne auf die möglichen Schwachstellen dieser Maßnahmen hinzuweisen; ansonsten würde das Ausfallrisiko in unbilliger Art und Weise heruntergespielt werden. Werden konkrete Absicherungsmaßnahmen benannt, so ist auf Umfang und Nachhaltigkeit der Maßnahme einzugehen; so ist etwa auf die

[117] BGH, Urt. v. 27.09.2011, Az.: XI ZR 178/10, NJW-RR 2012, 43 (45); Urt. v. 27.09.2011, Az.: XI ZR 182/10, NJW 2012, 66 (68).

[118] Vgl. Kap. 2, B.I.; Beispieltransaktion Kap. 2, F.IV.

Laufzeit der gewährten Liquiditätsfazilitäten hinzuweisen und zumindest gegenüber dem unerfahreneren Anleger auf die Folgen ihrer Fälligkeit, die sich auf spätere Leistungen an den Anleger über die Subordination der Zahlungsansprüche verringernd auswirkt.[119] Ebenso ist dem bereits erfahreneren Anleger jedenfalls die Person des Liquiditäts- oder Sicherheitsgebers mitzuteilen, so dass dieser ggf. über ihn weitere Informationen einholen kann; der unerfahrenere Anleger ist zudem über dessen Insolvenzrisiko zu informieren.[120]

Des Weiteren sind auch etwaige Zinsänderungsrisiken der verbrieften Darlehensforderungen aufklärungspflichtig, da sie ebenso zu einer Verringerung der Liquidität und sogar zu Zahlungsausfällen bei den Anlegern führen können.[121] Hier reicht grundsätzlich der Hinweis auf die Variabilität der Darlehenszinsen und die Parameter ihrer Berechnung. Konkrete Markttendenzen (z. B. ein stark sinkendes oder stark steigendes Zinsniveau) können aber ihrerseits aufklärungspflichtig sein.[122] Auch etwaige Konzentrationsrisiken[123] können als grundsätzlich aufklärungspflichtig eingeordnet werden. Sie sind ein wesentlicher Parameter des Ausfallrisikos und sollten daher als potentiell die Ausfallwahrscheinlichkeit steigernder Umstand in der Beratung thematisiert werden.

Fraglich ist dagegen die Aufklärungspflichtigkeit verschiedener Veritätsrisiken:[124] So könnte zunächst jedes sich aus den Rechten des Darlehensnehmers ergebende Risiko zu erwähnen sein, das Einfluss auf das Zahlungsprofil der zugrundeliegenden Darlehen haben kann. Ungeachtet der sich hieran anschließenden Frage, wie tiefgehend, ggf. auch unter Bezugnahme auf die Rechtsgrundlagen und etwaige Streitstände, solche Risiken zu erläutern sind, ist fraglich, ob die Aufklärungspflichtigkeit entfällt, soweit diese Risiken durch die eigens für die konkrete Verbriefungstransaktion eingeführte Vertragshaftung zwischen Originator und Zweckgesellschaft abgefedert werden. So wurden etwa in der Beispieltransaktion verschiedene Beschaffenheitsgarantien vereinbart, die dazu führen, dass der Originator zum Rückkauf solcher Forderungen verpflichtet ist, bei denen sich bestimmte Rechtsrisiken realisieren.[125] Durch diese Regelung wird zum einen das neue Risiko begründet, dass infolge des Rückkaufs der Nennwert partiell getilgt wird und sich die zukünftige Verzinsung der forderungsbesicherten Wertpapiere in der Folge verringert. Dieses Risiko erscheint schon als Teil der Funktionsweise des Wertpapiers aufklärungspflichtig. Zum anderen ist aber auch zu berücksichtigen, dass der Originator im Falle der Insolvenz seinen aus der Rückkaufvereinbarung folgenden Verpflichtungen ggf. nicht mehr Folge leisten kann oder der Insolvenzverwalter insoweit von seinem Wahlrecht Gebrauch macht.[126] Im Ergebnis erscheinen daher etwaige Veritätsrisiken trotz vorhandener

---

[119] Zur Aufklärung über die Subordination siehe unten D.II.4.

[120] Siehe auch D.II.5.

[121] Vgl. Kap. 4, B.I.3.

[122] Vgl. nachfolgend D.II.6.

[123] Vgl. Kap. 4, B.I.4.

[124] Vgl. Kap. 4, B.II.

[125] Vgl. Beispieltransaktion Kap. 2, F. II.; Kap. 3, B.I.2.

[126] Vgl. Kap. 4, D.I.4.

Absicherungsmaßnahmen über die Vertragshaftung aufklärungspflichtig. Dem Anleger muss durch ihre Erläuterung bewusst werden, dass sich das Zahlungsprofil durch verschiedene Ursachen verändern kann und eine Abfederung dieser Risiken von der Bonität des Originators abhängt; eine Auseinandersetzung mit sämtlichen Veritätsrisiken erscheint hingegen nicht erforderlich bzw. würde dies das Beratungsgespräch unnötig überfrachten.

4. Aufklärungspflichtigkeit strukturbedingter Risiken

Die Strukturierung der Verbriefungstransaktion ist schon als Teil der Funktionsweise des forderungsbesicherten Wertpapiers aufklärungspflichtig. Über deren Parameter hinausgehend muss ein Anleger jedoch auch die speziellen Risiken verstanden haben, die mit der Strukturierung einhergehen.

Dies gilt vor allem für den Umstand des Kostenrisikos sowie der Tranchenbildung (aus Sicht niederer Tranchen) im Rahmen der Subordination.[127] Sie stellen ein wesentliches Merkmal der forderungsbesicherten Wertpapiere dar, da sie insoweit großen Einfluss auf deren Zahlungsprofil haben können. Kommt ein „Wasserfall" oder sogar mehrere „Wasserfälle" zum Einsatz, so ist der Anleger zumindest hinsichtlich der vor ihm zu bedienenden Gläubiger aufzuklären, wie etwa öffentliche Gläubiger sowie ausgewählte Sicherheits- und Liquiditätsgeber.[128] Dies gilt erst Recht in Bezug auf die der Höhe nach noch nicht feststehenden Ansprüche.[129] Hierbei ist zu Beginn einer Transaktion etwa meist nicht vorhersehbar, ob und in welchem Ausmaß Liquiditätsfazilitäten in Anspruch genommen werden müssen und wann diese fällig werden. Erwerber von Wertpapieren niederer Tranchen sind zudem auf die vorrangige Befriedigung höherrangiger Tranchen hinzuweisen. Auch diese Position ist nur bedingt vorhersehbar, je nachdem, wie etwa die Entwicklung einer referenzwertbezogenen Verzinsung ist und welche Zahlungsströme insgesamt aus den zugrundeliegenden Darlehen vereinnahmt werden könnten. Zwar wird es nicht erforderlich sein, dass dem Anleger in Zusammenhang mit der Subordination die konkrete Ausgestaltung eines jeden vorrangig zu berücksichtigen Vertragsverhältnisses mitgeteilt wird. Andererseits reicht es auch nicht, dem Anleger den „Wasserfall" vorzulegen, ohne zumindest gegenüber den in Bezug auf vergleichbare Verbriefungen unerfahrenen Anleger ergänzend darauf hinzuweisen, dass es je nach der Höhe eingehender Zahlungsströme und sonstiger Entwicklung zu Verlusten in unbestimmter Höhe kommen kann, erst Recht, wenn sich der Anleger auf einer

[127] Vgl. Kap. 4, C.

[128] Benachteiligungen gegenüber anderen Fremdkapitalgebern sind aufklärungspflichtig, vgl. auch MüKo-HGB/*Ekkenga*, Bd. 6, Anhang I, Effektengeschäft, Rn. 338.

[129] Zu Recht wurde allerdings in Bezug auf Zertifikate auf Junior Notes aus einer Mezzanineverbriefung angenommen, dass die mangelnde konkrete Bezifferung vorrangiger Ansprüche nicht bereits eine Aufklärungspflichtverletzung begründen kann, vgl. LG Frankfurt am Main, Urt. v. 25.10.2010, Az.: 2-19 O 435/09, BKR 2011, 169 (171).

verhältnismäßig niederen Auszahlungsebene befindet.[130] Bereits feststehende vorrangige Ansprüche sind dem Anleger im Besonderen mitzuteilen, soweit rechnerisch schon absehbar ist, dass sich diese vermindernd auf seine Zahlungsansprüche auswirken werden, wenn etwa nur eine geringe „Übersicherung" gewählt wurde. Die Folgen aus einer Subordination sind dann sowohl als abstraktes Risiko, als auch daneben ggf. als konkretes Risiko gegenüber dem Anleger als für eine Anlageentscheidung wesentlicher Umstand aufklärungspflichtig. Keiner weiteren Aufklärung bedarf dagegen der die Subordination ergänzende Haftungsausschluss für den Fall, dass kein Kapital mehr vorhanden und keine weiteren Zahlungseingänge mehr realisierbar sind,[131] da sich dieses Risiko mit dem insoweit aufklärungspflichtigen Emittentenrisiko als Fall der Zahlungsunfähigkeit deckt.[132]

5. Aufklärungspflichtigkeit personenbedingter Risiken

Hinsichtlich der personenbedingten Risiken ist zu untersuchen, in welchem Umfang insbesondere Insolvenzrisiken zu thematisieren sind und in Bezug auf welche Personen.

Wesentlich für den Erfolg der Verbriefungstransaktion ist hierbei zunächst die Person des Originators.[133] Während dessen abstraktes Insolvenzrisiko durchaus als Teil allgemeiner Lebenserfahrung als bekannt unterstellt werden könnte, gilt dies in Bezug auf dessen mögliche Auswirkungen jedoch zumeist nicht. Solche potentiellen Auswirkungen müssen aber auch im Bereich des Möglichen liegen – sind sie selbst theoretisch nicht zu befürchten, erübrigt sich der Hinweis auf das Insolvenzrisiko des Originators. Die Aufklärungspflichtigkeit beurteilt sich demnach nach den konkreten Umständen der jeweiligen Verbriefungstransaktion: So kann eine Aufklärungspflicht angesichts einer durch den Originator übernommenen, weitreichenden echten Bonitätshaftung entstehen, wenn insoweit Nachteile in dessen Insolvenz zu befürchten sind.[134] Das Anfechtungsrisiko bei vorsätzlicher Benachteiligung, § 133 InsO,[135] setzt dagegen einen Missbrauch des Originators voraus, der nicht als Regelfall gesehen werden darf und damit – außer bei konkreten Anhaltspunkten – nicht aufklärungspflichtig ist. Aufklärungspflichtig ist dagegen wiederum das Wahlrecht des Insolvenzverwalters im Falle der Insolvenz des Originators im Hinblick auf eine getroffene Rückkaufvereinbarung,[136] da dieses dazu führen kann, dass die ursprünglich von dem Originator übernommenen Beschaffenheitsgarantien entwertet werden und sich durch nicht vertragsgemäße Forderungen Verluste bei den Anlegern kompensationslos

[130] Dies verkennt das LG Frankfurt am Main in seinem Urt. v. 25.10.2010, Az.: 2-19 O 435/09, BKR 2011, 169 (171).

[131] Vgl. Kap. 3, D.IV.3.

[132] Zu diesem nachfolgend unter D.II.5.

[133] Zum Insolvenzrisiko des Originators vgl. Kap. 4, D.I.

[134] Vgl. Kap. 4, D.I.1.

[135] Vgl. Kap. 4, D.I.2.

[136] Vgl. Kap. 4, D.I.4.

realisieren. Im Ergebnis ist das Verschweigen des abstrakten Insolvenzrisikos des Originators nicht per se ein Beratungsfehler, allerdings dann doch, wenn die konkrete Konzeption der Verbriefungstransaktion wie zuvor aufgezeigt Anlass zur Aufklärung gebietet. Ebenso wird auch von einer Aufklärungspflicht bei einem bereits konkret bestehenden Insolvenzrisiko auszugehen sein, selbst wenn keine unmittelbaren Auswirkungen auf die Zahlungsansprüche der Anleger zu befürchten sind, die Insolvenz des Originators aber dazu geeignet ist, sich aus Reputations- bzw. diesbezüglichen Spekulationsgründen nachteilig auf die Verbriefungstransaktion auszuwirken.

Fraglich ist sodann die Aufklärungspflichtigkeit des allgemeinen Emittentenrisikos bei forderungsbesicherten Wertpapieren.[137] Nach höchstrichterlicher Rechtsprechung ist das Emittentenrisiko als wesentlicher Bestandteil der Funktionsweise einer Inhaberschuldverschreibung grundsätzlich stets aufklärungspflichtig; konkret hatte sich der BGH dabei mit einem als Inhaberschuldschreibung ausgestaltetem Zertifikat zu beschäftigen.[138] Anders als bei einer herkömmlichen Unternehmensanleihe oder einem Zertifikat könnte die allgemeine Bonität der Emittentin vorliegend jedoch eine andere Bedeutung haben, soweit sie nicht über ein operatives Geschäft mit den sich daraus ergebenden Chancen und Risiken verfügt, sondern sie ihr Vermögen zum ganz überwiegenden Teil – abgesehen von hiermit im Zusammenhang stehenden Zahlungen seitens Sicherheits- und Liquiditätsgebern – nur aus den eingehenden Zahlungsströmen der Verbriefung bezieht. Ihr Insolvenzrisiko deckt sich also zunächst augenscheinlich ganz wesentlich mit dem (stets aufklärungspflichtigen) Ausfallrisiko der verbrieften Forderungen.[139] Dies gebietet aber gleichsam den ergänzenden Hinweis, dass sich das Vermögen der Zweckgesellschaft auf die Zahlungsströme aus diesen Forderungen beschränkt und dass deren Ausfall zur Zahlungsunfähigkeit und folglich zur Insolvenz der Zweckgesellschaft führt. Dies gilt vor allem vor dem Hintergrund, dass auch Ansprüche außerhalb einer Subordination die aus den Zahlungsströmen resultierende Haftungsmasse schmälern können; insoweit wäre es nicht damit getan, dem Anleger allein das objektbedingte Ausfallrisiko sowie das strukturbedingte Kosten- und Subordinationsrisiko zu erläutern. Ebenso ist in Betracht zu ziehen, dass die Insolvenz der Zweckgesellschaft sich nicht aus dem Ausfall oder einem subordinationsgemäßen „Vorabverbrauch“ der Zahlungsströme ergibt, sondern angesichts etwaiger Zahlungsansprüche außerhalb der Subordination aus ihrer Überschuldung. Anders als im ersten Fall würde hier nicht ein etwaig vereinbarter Haftungsausschlusses greifen,[140] sondern die Ansprüche würden sich hiervon unbeeinflusst am Insolvenzverfahren beteiligen, wodurch sich die durch das Insolvenzverfahren typischen Gefahren (Abzug der Verfahrens-

---

[137] Zum Insolvenzrisiko der Zweckgesellschaft vgl. Kap. 4, D.II.

[138] Zur Aufklärungspflicht über das abstrakte Emittentenrisiko BGH, Urt. v. 27.09.2011, Az.: XI ZR 178/10, NJW-RR 2012, 43 (45); Urt. v. 27.09.2011, Az.: XI ZR 182/10, NJW 2012, 66 (68); über das konkrete Emittentenrisiko bereits BGH, Urt. v. 06.07.1993, Az.: XI ZR 12/93 (Bond), BGHZ 123, 126 = WM 1993, 1455 (1456).

[139] Zur Aufklärungspflichtigkeit des objektbedingten Ausfallrisikos vgl. oben D.II.3.

[140] Zu diesem Kap. 3, D.IV.3.

kosten und Quotelung) realisieren. Auch dieser Umstand rechtfertigt nach der hier vertretenen Ansicht eine eigenständige Aufklärungspflicht, dass im Falle der Insolvenz der Zweckgesellschaft ein Totalverlust des eingesetzten Kapitals droht, da dieses Risiko im Ergebnis nicht abschließend deckungsgleich mit dem ebenfalls aufklärungspflichtigen objektbedingten Ausfallrisiko ist.

Des Weiteren erscheint auch das Insolvenzrisiko des Servicers aufgrund seiner besonderen Bedeutung für die Verbriefung als aufklärungspflichtig.[141] Darüber hinaus ist auch der Umstand, dass ein Back-Up Servicer noch nicht verpflichtet wurde, gesondert aufklärungspflichtig.

Fraglich ist dagegen, inwieweit das Insolvenzrisiko von Sicherheits- und Liquiditätsgebern aufklärungspflichtig ist.[142] Nach höchstrichterlicher Rechtsprechung kann neben dem Insolvenzrisiko der Emittentin auch das Insolvenzrisiko der Schuldnerin aus einer den Anlegern gegenüber eingeräumten Garantie aufklärungspflichtig sein kann, wenn ihre Bonität maßgeblich für die Leistung der Zahlungsansprüche ist; andererseits wurde in demselben Zusammenhang auch festgestellt, dass eine fehlende Einlagensicherung dann nicht aufklärungspflichtig ist, wenn bereits über das Totalverlustrisiko aufgeklärt wurde.[143] Eine der vorbenannten Garantiegeberin vergleichbare Position nehmen die Sicherheits- und Liquiditätsgeber in Verbriefungen grundsätzlich nicht ein; zwar sichern sie partiell die aus den verbrieften Forderungen folgenden Zahlungsströme ab, allerdings besteht diese Verpflichtung nur gegenüber der Zweckgesellschaft und nicht auch gegenüber den Anlegern. Wurde dem Anleger das Ausfall- und Liquiditätsrisiko hinsichtlich der verbrieften Forderungen hinreichend verdeutlicht, so bringt es ihm keinen Wissenszuwachs, wenn er zudem erfährt, dass sich das vorbenannte Risiko auch im Falle der Insolvenz einzelner Sicherheits- und Liquiditätsgeber realisieren kann. Wird allerdings hervorgehoben, Sicherheits- und Liquiditätsgeber würden zur Abfederung der Ausfall- und Liquiditätsrisiken eingesetzt werden, so geht damit eine Relativierung der vorbenannten Risiken einher, die spiegelbildlich eine Aufklärung über die Insolvenzrisiken erforderlich macht, damit die Chancen und Risiken des forderungsbesicherten Wertpapiers noch zutreffend eingeschätzt werden können. Da Absicherungsmaßnahmen als Teil der Funktionsweise stets aufklärungspflichtig sind, ist eine grundsätzliche Aufklärungspflicht mithin zu bejahen. Bei erfahreneren Anlegern wird diese Kenntnis regelmäßig anzunehmen sein. Unerfahreneren Anlegern gegenüber scheint der Hinweis ausreichend, dass die Insolvenz von Sicherheits- und Liquiditätsgebern Verluste begründen können. Eine tiefergehende Aufklärung erscheint dagegen nur erforderlich, sollten sich hinsichtlich des fraglichen Transaktionsbeteiligten bereits konkrete Anhaltspunkte ergeben haben, dass Zahlungsschwierigkeiten vorliegen könnten, also im Falle eines konkreten Insolvenzrisikos.

---

141 Zum Insolvenzrisiko des Servicers siehe oben Kap. 4, D.III.

142 Zum Insolvenzrisiko der Sicherheits- und Liquiditätsgeber siehe oben Kap. 4, D.IV.

143 BGH, Urt. v. 27.09.2011, Az.: XI ZR 178/10, NJW-RR 2012, 43 (45 f.); Urt. v. 27.09.2011, Az.: XI ZR 182/10, NJW 2012, 66 (68 f.).

Übernimmt die Bank neben ihrer Funktion als Originator und ganz regelmäßig auch Servicer weitere Aufgaben,[144] ist ihr Insolvenzrisiko im Hinblick auf die beiden erstbenannten Funktionen wie vorstehend dargestellt bereits für sich genommen aufklärungspflichtig. Ihr Ausfallrisiko erscheint als „Klumpenrisiko" jedoch zusätzlich gesteigert; es macht ihren Ausfall nicht wahrscheinlicher, aber folgenträchtiger für die Transaktion. Gleichwohl ist eine Konzentration vieler Aufgaben auf die Bank nicht gesondert aufklärungspflichtig; auch dem unerfahreneren Anleger ist es zuzumuten, dies bei gehöriger Aufklärung über die funktionsbezogenen Risiken selbst zu erkennen.

Schließlich ist auch die Aufklärungspflichtigkeit von Interessenkonflikten fraglich.[145] Hier kann darauf abzustellen sein, ob Handlungsspielräume bestehen, die insoweit zum Nachteil der Anleger ausgenutzt werden können. So könnte ein dem Servicer eingeräumter Handlungsspielraum hinsichtlich der Eintreibung ausstehender Forderungen als aufklärungspflichtig zu beurteilen sein, wenn dieser zugleich als Originator Vertragspartner der den verbrieften Forderungen zugrundeliegenden Darlehen ist und insoweit einem Interessenkonflikt ausgesetzt ist. Die Zweckgesellschaft würde keine mit dem forderungsbesicherten einhergehenden Pflichten verletzen, soweit dieser Handlungsspielraum offizieller Teil der Verbriefungskonstruktion und der auf deren Grundlage begebenen Inhaberschuldverschreibung wäre. Der Umstand, dass ein Servicer zum Zweck der bestmöglichen Eintreibung ggf. z. T. auf die Forderungen verzichtet oder abgeänderte Ratenzahlungen vereinbart, dürfte aus dem Vergleich zu der Tätigkeit herkömmlicher Inkasso-Unternehmen allgemein bekannt sein. Dass der Servicer aber überdies aus eigenem Interesse und aufgrund eigener Verflechtungen mit dem Schuldner zu solch einem Entgegenkommen motiviert sein könnte, begründet ein potentielles Handeln zum Nachteil der Anleger und ist mithin aufklärungspflichtig.

Unbillig erschiene es dagegen, der Zweckgesellschaft gegenüber den Anlegern eine vorprogrammierte Pflichtwidrigkeit hinsichtlich einer zeitnahen Geltendmachung ihrer Ansprüche gegen den ggf. personell verflochtenen Originator zu unterstellen; insoweit ist sie zumindest über den der Inhaberschuldverschreibung immanenten Vertragszweck gehalten, die entstandenen Forderungen vollumfänglich und zeitnah einzuziehen bzw. einziehen zu lassen. Interessenskonflikte durch personelle Verflechtungen zwischen Zweckgesellschaft und Originator sind daher nicht unbedingt aufklärungspflichtig.

Eine Aufklärungspflicht ist zudem zu verneinen, wenn es um den Interessenskonflikt der Ratingagentur geht. Dem Anleger ist bekannt, dass er diese nicht beauftragt hat und somit keine allein in seinem Interesse stehende Bewertung erfolgt ist. Andererseits darf der durch die Anbieterseite beauftragten Ratingagentur nicht per se unterstellt werden, sie habe – im Ergebnis ihrem Auftrag zuwiderlaufend – eine unangemessen positive Bewertung abgegeben. Der insoweit durch die Beauftragung seitens der Anbieter allgemein drohende Interessenskonflikt ist auch für Verbriefungen nicht speziell aufklärungspflichtig.

---

[144] Vgl. Kap. 4, D.V.

[145] Zum Risiko vgl. Kap. 4, D.VI.

6. Aufklärungspflichtigkeit umfeldbedingter Risiken, insbesondere von Rechtsrisiken

Gegenüber dem unerfahreneren Anleger kann hinsichtlich des Marktumfelds etwa mitzuteilen sein, ob sich dieses tendentiell eher positiv oder negativ verändert, etwa ob der Leitzins als Richtwert für variabel verzinsliche Darlehen steigt oder sinkt oder ob eine Verringerung der Zahlungskraft durch steigende Lebenshaltungskosten zu befürchten ist.[146] Bei einem erfahreneren Anleger können solche Kenntnisse dagegen regelmäßig vorausgesetzt werden. Dagegen kann auch diesem nicht per se juristische Fachkenntnis unterstellt werden; soweit etwa rechtliche Meinungsstände oder konkret anstehende Steuerreformen die Durchführung der Verbriefungstransaktion insgesamt erschweren oder sogar verhindern könnten, ist ein solches Risiko stets aufklärungspflichtig.[147] Dabei muss im Rahmen der Erläuterung von Rechtsrisiken wohl nicht auf jede erdenkliche Mindermeinung Rücksicht genommen werden; bestehen jedoch grundsätzliche und in der Konsequenz weitreichende Bedenken z. B. gegen die Wirksamkeit transaktionswesentlicher Merkmale und fehlt es insbesondere noch an höchstrichterlicher Rechtsprechung zum Streitstand, so sind diese Bedenken besonders aufklärungspflichtig. Hierzu zählt auch die ggf. unwirksame Abtretung von Darlehensforderungen aus langfristigen Immobiliarkrediten wegen eines Abtretungsausschlusses gemäß § 399 Alt. 1 BGB.[148]

7. Aufklärungspflichtigkeit bewertungsbedingter Risiken

Um die Bewertungsrisiken richtig einschätzen zu können, nützt es dem Anleger, Informationen über die Erfahrungen, insbesondere mit vorangegangenen Verbriefungstransaktionen und den Ruf des Bewertenden zu erhalten. Darüber hinaus kann es sich als zweckdienlich erweisen, wenn auch hinsichtlich etwaiger Bewertungsmethoden und Sorgfaltsanforderungen des Bewertenden Auskunft erteilt wird. Dies soll jedoch nicht darin münden, dass der Anleger die Bewertung seinerseits bis ins Letzte nachzuvollziehen und zu kontrollieren hat. Eine Aufklärungspflicht kann im Allgemeinen wohl nur dahingehend bejaht werden, dem Anleger, wenn mit der Bewertung geworben wird, die Person des Bewertenden mitzuteilen, sowie bei konkreten Anhaltspunkten gesondert darauf hinzuweisen, wenn es sich um eine besonders unerfahrene Person handelt oder noch nicht erprobte Bewertungsmodelle zugrunde gelegt werden. Im Übrigen ist der Anleger gehalten, nähere Informationen selbst nachzufragen.

---

146 Zum marktumfeldbedingten Risiko vgl. Kap. 4, E.I.

147 Zu solchen Risiken vgl. Kap. 4, E.II.

148 Ebenso aufklärungspflichtig, wie es die Rechtsunsicherheit hinsichtlich eines Abtretungsverbots nach § 399 Alt. 2 BGB vor höchstrichterlicher Klärung war, so seinerzeit schon angenommen von *Knops*, BB 2008, 2535 (2537).

8. Aufklärungspflichtigkeit von Durchsetzungsrisiken

Durchsetzungsrisiken in Bezug auf die Durchsetzung von Forderungen der Zweckgesellschaft gegen den Originator sind, ebenso wie in Bezug auf diesbezügliche Interessenskonflikte insoweit nicht aufklärungspflichtig, als dass es unbillig erschiene, der Zweckgesellschaft per se ein pflichtwidriges Verhalten gegenüber den Anlegern zu unterstellen.[149]

Das in Bezug auf die Durchsetzung eigener Ansprüche der Anleger bestehende Risiko,[150] etwa ggf. von Erfüllungs- oder Schadensersatzansprüchen gegen die Zweckgesellschaft, aber insbesondere auch gegen den Berater oder sonstige aufklärungspflichtige Personen, wird ebenso wenig als aufklärungspflichtig eingeordnet werden dürfen. Die Komplexität des Produkts sollte sich dem Anleger schon aus der sonstigen Beratung erschließen. Im Übrigen handelt es sich bei einem erst einzutretenden „Störfall" im jeweiligen Verhältnis, der eine außergerichtliche oder gerichtliche Durchsetzung erforderlich machen kann, nicht um ein wesentliches Merkmal eines forderungsbesicherten Wertpapiers.

9. Aufklärungspflichtigkeit von Wechselwirkungen

Schließlich ist auch im Hinblick auf etwaige Wechselwirkungen eine Aufklärungspflicht grundsätzlich zu verneinen. Wurde etwa auf das bei Forderungsausfall bestehende Verlustrisiko hingewiesen, erübrigt sich der Hinweis, dass sich bei dessen fortschreitender Realisierung die Attraktivität des forderungsbesicherten Wertpapiers auf dem Markt verringert und damit ggf. nur noch geringere Verkaufspreise erzielt werden können; diese Kenntnis ist Teil der allgemeinen Lebenserfahrung.

10. Aufklärungspflichten bei indirekten Investitionen

Wie bereits erwähnt werden forderungsbesicherte Wertpapiere den Anlegern nicht nur direkt, sondern auch zur indirekten Investition z. B. über sog. ABS-Fonds und Zertifikate zugänglich gemacht.[151] Solche Angebote richten sich insbesondere auch an vermögendere Privatanleger, die meist nicht über einen dem institutionellen Anleger zukommenden Erfahrungshorizont verfügen. Hier mag der Aufklärungsbedarf noch weitreichender sein, als bei Direktinvestitionen. Allerdings ist je nach gewählter Konzeption zu unterscheiden: Bei Zertifikaten steht der Basiswert, also das konkrete forderungsbesicherte Wertpapier, grundsätzlich bereits vor Emission und zum Zeitpunkt der Beratung fest. Dagegen trifft dies auf Fondskonzeptionen nicht unbedingt zu; z. T. sind bereits konkrete forderungsbesicherte Wertpapiere zum

---

[149] Zum Risiko vgl. Kap. 4, G.I.

[150] Vgl. Kap. 4, G.II.

[151] Vgl. Kap. 2, E.

Erwerb vorgesehen, oftmals handelt es sich aber auch um sog. Blind Pools, bei denen die konkreten Erwerbsobjekte erst nach der Auferlegung des Fonds ausgewählt werden.[152]

In beiden Fällen ist der Anleger zunächst über die gewählte Anlageform, hier also über die Eigenarten eines Zertifikat oder einer Fondsbeteiligung aufzuklären, die die Partizipation ermöglichen soll. Insbesondere bei Fonds wird regelmäßig auf eine eingeschränkte Fungibilität sowie das unternehmerische Risiko hinzuweisen sein,[153] während die markantesten Risiken eines Zertifikats regelmäßig das Emittentenrisiko und die Ausgestaltung des Rückzahlungsanspruchs sind.[154] Stehen das konkrete Basis- oder Erwerbsobjekt bereits fest, so ist auch diesbezüglich eine nach obigen Grundsätzen entsprechende Aufklärung geschuldet, da der Anleger nur so die Risiken und Chancen des Partizipationsmodells erfassen kann. Handelt es sich dagegen um einen Blind-Pool, ggf. auch um einen, bei dem einzelne, aber nicht sämtliche über die Laufzeit in Betracht kommende forderungsbesicherten Wertpapiere feststehen, so ist der Anleger zumindest über die Grundzüge einer Verbriefungstransaktion zu informieren, d. h. die grundsätzliche Funktionsweise sowie die typischen Risiken solcher Transaktionen, insbesondere die Abhängigkeit der Zahlungsströme von den verbrieften Forderungen und deren Ausfall- und Liquiditätsrisiken.

III. Aufklärung mittels Prospekten

Verwendet der Berater einen Prospekt zur Aufklärung des Anlegers und macht sich somit dessen Inhalt zu Eigen, so hat er den Anleger auf eine etwaige Unvollständigkeit oder Fehlerhaftigkeit des Prospekts hinzuweisen, ebenso wie über die nach der Prospektveröffentlichung eingetreten Umstände oder falsche Informationen außerhalb des Prospekts. Zu diesem Zweck treffen ihn eigene Plausibilitätsprüfungspflichten hinsichtlich des im Prospekt dargestellten Anlagekonzepts.[155]

Erfüllt der Berater diese Anforderungen, kann er etwaige Prospekte nicht nur ergänzend zu seinen Ausführungen heranziehen, sondern hat bei rechtzeitiger Übergabe derselben ggf. bereits vollumfänglich seine Beratungspflichten erfüllt. So ist in ständiger Rechtsprechung des BGH anerkannt, dass es als Mittel der Aufklärung genügen könne, wenn dem Anlageinteressenten statt einer mündlichen Aufklärung ein Prospekt über die Kapitalanlage überreicht wird, sofern dieser nach Form und Inhalt geeignet ist, die nötigen Informationen wahrheitsgemäß und verständlich zu vermitteln, und dem Anlageinteressenten so rechtzeitig vor dem

---

[152] Innerhalb gewisser Anlagerichtlinien.

[153] Zur eingeschränkten Fungibilität z. B. BGH, Urt. v. 20.03.2013, Az.: III ZR 293/12, juris Rn. 7.

[154] Zum Emittentenrisiko siehe BGH, Urt. v. 27.09.2011, Az.: XI ZR 178/10, NJW-RR 2012, 43 (45); Urt. v. 27.09.2011, Az.: XI ZR 182/10, NJW 2012, 66 (68); siehe im Übrigen auch MüKo-HGB/*Ekkenga*, Bd. 6, Anhang I, Effektengeschäft, Rn. 338.

[155] BGH, Urt. v. 04.03.1987, Az.: IVa ZR 122/85, BGHZ 100, 117 = NJW 1987, 1815 (1817); Urt. v. 06.07.1993, Az.: XI ZR 12/93 (Bond), BGHZ 123, 126 = BB 1993, 1903 (1904).

Vertragsschluss übergeben wird, dass sein Inhalt noch zur Kenntnis genommen werden kann.[156] Nimmt der Anleger die ihm somit zur Verfügung gestellten Informationen nicht zur Kenntnis, geht dies grundsätzlich zu seinen Lasten. Andererseits ist er nicht gehalten, eigene und insoweit ggf. abweichende Aussagen des Beraters anhand des Prospekts auf ihre Richtigkeit hin zu überprüfen: Der Anleger misst den mündlichen Aussagen aufgrund des regelmäßig bestehenden Vertrauensverhältnisses meist besonderes Gewicht bei, wohingegen die Prospektangaben in den Hintergrund treten.[157] Verletzt der Anlageberater seine Aufklärungspflichten, indem er eine nicht geeignete Anlage empfiehlt oder insoweit falsche Angaben tätigt, ist dem Anleger daher auch nicht bereits durch hiervon abweichende, zutreffende Angaben im Prospekt die für den Verjährungsbeginn maßgebliche Kenntnis oder Möglichkeit zur Kenntnisnahme zu unterstellen.[158]

Die Übergabe eines Prospekts oder vergleichbarer schriftlicher Verkaufsunterlagen spielt in der Beurteilung einer ordnungsgemäßen Risikoaufklärung somit eine wesentliche Rolle. Er ist zumeist die maßgebliche Arbeitsgrundlage des Anlageberaters oder Anlagevermittlers und kann nach der Rechtsprechung des BGH, wie soeben dargestellt, auch eine persönliche Beratungspflicht entfallen lassen. Der Erhalt des Prospekts wird meist mit entsprechendem Hinweis auf dem unterzeichneten Zeichnungsschein formularmäßig dokumentiert; für die tatsächlich unterlassene Prospektübergabe ist der Anleger dann ebenso beweisbelastet, wie für den Umstand mangelnder Rechtzeitigkeit.[159] In der gerichtlichen Auseinandersetzung ist mithin die Frage der Prospektübergabe – soweit dieser auch wahrheitsgemäß und vollständig ist – meist der erste Scheideweg hinsichtlich der Beurteilung etwaiger Aufklärungspflichtverletzungen. Gleichwohl auch der BGH den persönlichen Äußerungen des Aufklärungspflichtigen besondere Bedeutung zumisst, findet eine genauere inhaltliche Auseinandersetzung mit diesen, auch angesichts der damit verbundenen Beweisprobleme, oft kaum noch statt.[160] Vor diesem Hintergrund kommt der Frage, inwieweit auch im Falle der Verbriefung allein durch die Übergabe schriftlicher Informationen aufgeklärt werden kann, eine besondere prozessuale Bedeutung zu.

Dabei stellt sich insbesondere die Frage, wann der Prospekt „verständlich" ist. Je nach Erfahrung des Anlegers können die optische Gestaltung (Schriftart, Schriftgröße, Absatzsetzung, Hervorhebungen besonders relevanter Informationen etc.),

---

[156] St. Rspr., statt vieler für Anlageberatung: BGH, Urt. v. 19.11.2009, Az.: III ZR 169/08, BKR 2010, 118 (120); Urt. v. 05.03.2009, Az.: III ZR 302/07, NJW-RR 2009, 687 (688); Anlagevermittlung: BGH, Urt. v. 12.07.2007, Az.: III ZR 145/06, NJW-RR 2007, 1692; vgl. auch BGH, Urt. v. 04.04.2013, Az.: XI ZR 188/11; BGH, Urt. v. 21.03.2005, Az.: II ZR 140/03, BB 2005, 1018 (1022); insbesondere zur Rechtzeitigkeit vgl. BGH, Urt. v. 08.05.2012, Az.: XI ZR 262/10, BGHZ 193, 159 = NJW 2012, 2427 (2429).

[157] BGH, Urt. v. 08.06.2010, Az.: III ZR 249/09, BGHZ 186, 152 = BB 2010, 2005 (2008).

[158] BGH, Urt. v. 08.06.2010, Az.: III ZR 249/09, BGHZ 186, 152 = BB 2010, 2005 (2008); Urt. v. 08.06.2010, Az.: III ZR 249/09, BGHZ 186, 152 = BB 2010, 2005 (2008)

[159] Vgl. BGH, Urt. v. 11.05.2006, Az.: III ZR 205/05, NJW-RR 2006, 1345 (1346).

[160] Insoweit ist der Anleger für die Aufklärungspflichtverletzung beweisbelastet, wobei in Ermangelung weiterer Zeugen die tatrichterliche Würdigung von Parteivernehmung und Zeugenaussage des Beraters meist als non-liquet zulasten des Anlegers geht.

der inhaltliche Aufbau (Gliederung, zusammenhängende Darstellungen und Übersichten etc.) und der Umfang des Prospekts eine Rolle spielen; während ein erfahrenerer Anleger die für ihn wesentlichen Informationen ggf. auch aus einem unstrukturierten Fließtext entnehmen kann, kann dies einen unerfahreneren Anleger überfordern, zumal die Prospektangaben notwendig allgemein gehalten, detailliert und mit volks-, betriebswirtschaftlichen und steuerrechtlichen Fachausdrücken angereichert sind.[161]

Wird ein Prospekt im Rahmen einer Beratung zur Aufklärung verwendet, obliegt es dem Berater, im Streitfall dem Gericht, zu bewerten, ob der Prospekt für den konkreten Anleger auch in diesem Sinne „verständlich" und daher als Aufklärungsmittel geeignet ist. Insoweit sollte nach der hier vertretenen Ansicht das von der BGH-Rechtsprechung aufgestellte Kriterium der „Verständlichkeit"[162] im Rahmen der Anlageberatung subjektiv, also gemessen an den Umständen des Einzelfalls bzw. des Kenntnisstands des konkreten Anlegers bewertet werden.[163] Daher erübrigt sich regelmäßig auch ein Hinweis des Anlegers, er habe den Prospekt nicht verstanden, da der Berater im Rahmen seiner Explorationspflichten gehalten ist, selbst zu überprüfen, ob der Prospekt im Einzelfall bereits als geeignetes Aufklärungsmittel anzusehen ist. Ist die Verständlichkeit dagegen grundsätzlich zu bejahen, ist eine darüber hinausgehende Erläuterung der im Prospekt enthaltenen Informationen regelmäßig nur auf Nachfragen des Anlegers zu gewähren.[164]

Gemessen an den vorstehenden Erwägungen werden Prospekte in der Verbriefung regelmäßig nur für erfahrenere Anleger ein ausreichendes Aufklärungsmittel darstellen. Die hier überwiegend verwendeten Prospekte erreichen in ihrem Umfang meist weit über 150 Seiten, oft auch deutlich mehr.[165] Sie enthalten rechtliche oder andere Fachbegriffe, die nicht bzw. nur ihrerseits fachspezifisch im Glossar erläutert werden und konfrontieren den Anleger mit ungefilterten Informationen, die zum Teil unzusammenhängend wiederholt oder ergänzt werden und ohne erkennen zu lassen, welche dieser Informationen von besonderer Relevanz sind oder welche die konkret „notwendigen" Informationen sind, die den Anleger zu seiner eigenverantwortlichen Anlageentscheidung befähigen sollen. Ihre Darstellung erfolgt regelmäßig in Times New Roman mit nur wenigen optischen Hervorhebungen, die z. T. statt Fett- oder Kursivdruck durch wenig lesefreundliche, durchgängige Großschreibung erreicht wird. Ganz überwiegend liegen sie zudem nur in

---

[161] So auch BGH, Urt. v. 08.06.2010, Az.: III ZR 249/09, BGHZ 186, 152 = BB 2010, 2005 (2008).

[162] Vgl. z. B. BGH, Urt. v. 19.11.2009, Az.: III ZR 169/08, BKR 2010, 118 (120); Urt. v. 05.03.2009, Az.: III ZR 302/07, NJW-RR 2009, 687 (688).

[163] So etwa auch OLG Frankfurt am Main, Urt. v. 15.03.2013, Az.: 10 U 16/12, juris Rn. 84, das hinsichtlich der Verständlichkeit auf den Geschäftszweck der klagenden KG sowie vorhandene Anlageerfahrungen abstellt.

[164] Vgl. BGH, Versäumnisurteil v. 18.01.2007, Az.: III ZR 44/06, NJW-RR 2007, 621 (622).

[165] Vgl. z. B. *Offering Circulars* bei von der True Sale International GmbH zertifizierten Transaktionen, abrufbar unter https://www.true-sale-international.de/unser-leistungsangebot/zertifizierung/zertifizierte-transaktionen-der-tsi/ (zugegriffen am 15.12.2018). 300 bis 400 Seiten lt. Grundmann/Hofmann/Möslein/*Lutter*, S. 78 = ZIP 2009, 197 (198).

englischer Sprache vor. Im Ergebnis kann festgehalten werden, dass die optische Gestaltung der Prospekte im Bereich der Verbriefungen überwiegend auf den bereits sachkundigen Anleger ausgerichtet sind, weniger aber auf den noch unerfahrenen Anleger. Bei diesen besteht mithin regelmäßig ein über die bloße Prospektübergabe hinausgehender Aufklärungs- bzw. Beratungsbedarf.

IV. Haftung für Pflichtverletzungen

Sowohl der Anlageberater, als auch der von einem insoweit geringeren Pflichtenkreis betroffene Anlagevermittler haften bei der Verletzung ihrer Aufklärungspflichten unter der Maßgabe des § 280 Abs. 1 BGB auf Schadensersatz.

1. Verschulden

Die Zurechnung des Verschuldens von als Erfüllungsgehilfen eingesetzten Mitarbeitern erfolgt über § 278 BGB. Dieses wird wiederum gemäß § 280 Abs. 1 Satz 2 BGB gesetzlich vermutet; hierbei handelt es sich um eine echte Beweislastumkehr, demnach der Vermittler sowohl fehlenden Vorsatz, als auch fehlende Fahrlässigkeit zu beweisen hat.[166]

2. Kausalität

Im Rahmen der Kausalität streitet für den Anleger die ebenfalls die Beweislast umkehrende, widerlegliche Vermutung aufklärungsrichtigen Verhaltens, demnach davon auszugehen ist, dass eine unterbliebene Information bei pflichtgemäßer Erteilung auch entsprechend in der Anlageentscheidung berücksichtigt worden wäre.[167] Dabei kommt es nach neuer Rechtsprechung angesichts des Schutzzwecks der Beweislastumkehr nicht darauf an, ob sich der Anleger in einem Entscheidungskonflikt befunden, es also mehrere Möglichkeiten eines aufklärungsrichtigen Verhaltens gegeben haben könnte.[168]

---

[166] BGH, Urt. v. 12.05.2009, Az.: XI ZR 586/07, BB 2009, 1718 (1719).

[167] BGH, Urt. v. 15.10.2013, Az.: XI ZR 51/11, juris Rn. 24 f.; Urt. v. 09.02.2006, Az.: III ZR 20/05, NJW-RR 2006, 685 (688); Urt. v. 08.05.2012, Az.: XI ZR 262/10, BGHZ 193, 159 = NJW 2012, 2427 (2429 f.); vgl. auch BGH, Beschl. v. 01.04.1998, Az.: III ZR 193/91, juris.

[168] BGH, Urt. v. 15.10.2013, Az.: XI ZR 51/11, juris Rn. 25; Urt. v. 08.05.2012, Az.: XI ZR 262/10, BGHZ 193, 159 = NJW 2012, 2427 (2429 f.); in Abkehr von BGH, Urt. v. 16.11.1993, Az.: XI ZR 214/92, BGHZ 124, 151 = NJW 1994, 512 (514, keine volle Beweislastumkehr); vgl. vormals zum Entscheidungskonflikt Urt. v. 09.06.1998, Az.: XI ZR 220/97, BB 1998, 1811 (1812 m. w. N.); Urt. v. 13.07.2004, Az.: XI ZR 178/03, BGHZ 160, 58 = NJW 2004, 2967 (2969).

3. Rechtsfolgen

Der Schaden des Anlegers liegt bereits in dem Umstand, dass er ein Wertpapier erworben hat, hinsichtlich dessen er wesentliche Umstände nicht in seiner Anlageentscheidung berücksichtigen konnte und das für seine Zwecke nicht voll brauchbar ist.[169] Im Rahmen der Naturalrestitution gemäß § 249 BGB ist der Anleger folglich so zu stellen, als hätte er die Anlage nicht getätigt.[170] Der Anlageberater schuldet daher grundsätzlich die investierte Summe Zug-um-Zug gegen Übertragung der Anlage. Wurde das fragliche Wertpapier z. B. aus Schadensminderungsgründen bereits veräußert, so haftet der Anlageberater auf den Differenzbetrag. Von der Schadenssumme sind im Wege der Vorteilsanrechnung bereits erhaltene Zins- und Rückzahlungen in Abzug zu bringen.[171] Der Anleger ist zudem ggf. von etwaigen rechtlichen oder sonstigen wirtschaftlichen Nachteilen freizustellen und ihm sind etwaige Rechtsverfolgungskosten zu erstatten. Zum Schaden zählt des Weiteren auch der entgangene Gewinn gemäß § 252 BGB.[172] Verweigert der Anlageberater die Rückabwicklung der Anlage, so begründet er damit den Annahmeverzug i. S. d. § 293 BGB mit den in § 300 BGB genannten Folgen, sowie den Leistungsverzug hinsichtlich des zu erstattenden Betrags, der gemäß §§ 280 Abs. 2, 286 Abs. 1, Abs. 2, 288 BGB zur Entstehung von Verzugszinsen führt.

Im Falle der Rückabwicklung Zug-um-Zug ist der Anlageberater fortan mit den Risiken des forderungsbesicherten Wertpapiers belastet. Soweit das Verbriefungsgeschäft an sich selbst den Anspruch stellt, Risiken dorthin zu verlagern, wo sie vermeintlich besser getragen werden können,[173] ist schon fraglich, ob eine solche Umverlagerung von Risiken hierbei bedacht wurde. Es könnte dabei in Frage stehen, ob die aufsichtsrechtlichen Regelungen der Art. 406, 407 CRR-VO bzw. der ab dem 01.01.2019 anzuwendenden Art. 5 STS-VO und Art. 270a CRR-VO der zivilrechtlichen Haftungsfolge des Schadensersatzes in Form der Rückabwicklung Zug-um-Zug wegen des europarechtlichen *effet-utile* entgegenstehen könnten. Dies ist zunächst hinsichtlich solcher Anlageberater unproblematisch, bei denen es sich nicht um CRR-Institute handelt. Denn auch der Anleger, der sich bewusst für eine Investition entscheidet, aber selbst nicht Institut im Sinne der CRR-VO ist, unterfällt von

---

169 Vgl. BGH, Urt. v. 08.03.2005, Az.: XI ZR 170/04, BGHZ 162, 306 = NJW 2005, 1579 (1580 m. w. N.)

170 St. Rspr., statt vieler BGH, Urt. v. 13.01.2000, Az.: III ZR 62/99, BB 2000, 429 (431 m. w. N.).

171 Ein Vorteilsausgleich ist vorzunehmen, wenn das schädigende Ereignis den Vorteil adäquat verursacht hat, die Anrechnung zumutbar ist, dem Zweck des Schadensersatzes entspricht und den Schädiger nicht unbillig entlastet, vgl. *Edelmann* in: Assmann/Schütze, § 3 Rn. 133.

172 Zu den Anforderungen siehe aber etwa BGH, Urt. v. 24.04.2012, Az.: XI ZR 360/11, NJW 2012, 2266 f.

173 So bereits *Rosenthal/Ocampo*, S. 9: „*Credit securitization typically splits the credit risk into three or more ‚vertical' tranches and places it with institutions that are in the best position to absorb it*"; ähnlich Zweig/*Bryan*, S. 549.

Beginn an nicht den Regelungen von Art. 407 bzw. 270a CRR-VO. Hierbei kann es aber keinen Unterschied machen, ob die Eingehung von Verbriefungsrisiken gewollt ist oder auf der Grundlage eines Schadensersatzanspruchs erfolgt. Das marktwirtschaftliche Risiko, dass Verbriefungspositionen nicht stets durch entsprechende Eigenkapitalrücklagen gedeckt sind, ist der aktuellen Regelung auf aufsichtsrechtlicher Ebene immanent.

Anders könnte es sich jedoch im Hinblick auf beratend tätig werdende CRR-Institute darstellen. Denn fraglich ist, ob ein solcher Anlageberater die bei Rückabwicklung ggf. nachzuholenden Sorgfaltsanforderungen des Art. 406 CRR-VO bzw. Art. 5 STS-VO zu beachten hat, da er insoweit „ein Verbriefungsrisiko eingeht", wenngleich nicht freiwillig. Soweit auch eine Anwendbarkeit der Art. 407 bzw. 270a CRR-VO zu bejahen wäre, könnte dies in der Rechtspraxis dazu führen, dass CRR-Institute, die angesichts ihres Know How und ihrer Zugangsmöglichkeiten zu Marktinformationen wohl dem Grunde nach am qualifiziertesten für eine umfassende Anlageberatung wären, eine solche zu forderungsbesicherten Wertpapieren nicht mehr anbieten oder umfassende Haftungsausschlüsse formulieren, da sie im Haftungsfall mit dem zusätzlichen Risiko belastet wären, ein System für die Sorgfaltsanforderungen z. B. in Gestalt regelmäßiger Stresstests zu etablieren oder aber gemäß Art. 407 bzw. 270a CRR-VO ein höheres Risikogewicht in Kauf nehmen zu müssen. Trotzdem wäre die effektive Umsetzung der europarechtlichen Vorgaben hier wohl vorrangig über eine ggf. analoge Anwendung des Art. 406 bzw. 270a CRR-VO herzustellen, die überdies auch aus Gründen der Marktstabilität zu begrüßen wäre, statt über die Ablehnung von Übertragungen der forderungsbesicherten Wertpapiere im Rahmen nationaler zivilrechtlicher Schadensersatzansprüche; der Regelungsgehalt der Art. 407, 406 CRR-VO bzw. Art. 5 STS-VO und Art. 270a CRR-VO steht der Zug-um-Zug-Übertragung auf einen Berater als Rechtsfolge einer Falschberatung nach hiesiger Ansicht nicht entgegen.

4. Verjährung

Die Ansprüche verjähren gemäß §§ 195, 199 BGB innerhalb von drei Jahren seit Kenntnis der anspruchsbegründenden Tatsachen. Diese Kenntnis bzw. das Kennenmüssen entsteht nicht schon allein durch die Übergabe umfangreicher Prospekte, anhand derer der Anleger das Vorliegen einer Auskunftspflichtverletzung oder eines Beratungsfehlers hätte nachvollziehen können.[174] Für Altfälle gelangt § 37a WpHG a. F. zur Anwendung, der zur kenntnisunabhängigen Verjährung nach drei Jahren seit Anspruchsentstehung führte, im Regelfall also seit dem Erwerb des forderungsbesicherten Wertpapiers.[175]

---

[174] BGH, Urt. v. 14.04.2011, Az.: III ZR 27/10, NJW-RR 2001, 1139 f.; Urt. v. 08.06.2010, Az.: III ZR 249/09, BGHZ 186, 152 = BB 2010, 2005 (2008).

[175] Vgl. vorstehend D.IV.3.

V. Konkurrierende Anspruchsgrundlagen

Ob neben einer vertraglichen Haftung wegen Pflichtverletzung auch die Haftung für ein deliktisches Handeln des Anlageberaters in Betracht kommt, ist im Einzelfall zu prüfen und lässt sich für einzelne Aufklärungspflichtverletzungen nicht pauschalisiert festlegen. Mögliche Anspruchsgrundlagen für einen Schadensersatz bilden § 823 Abs. 2 BGB i. V. m. § 263 StGB wegen Betrugs, § 823 Abs. 2 BGB i. V. m. § 264a StGB wegen Kapitalanlagebetrugs, § 823 Abs. 2 BGB i. V. m. § 266 StGB wegen Untreue oder wegen sittenwidriger vorsätzlicher Schädigung gemäß § 826 BGB. Der Schadensersatzanspruch entsteht gegen den für ein vermittelndes Unternehmen tätigen Mitarbeiter persönlich;[176] das Unternehmen muss sich das deliktische Verhalten seines für ihn als Verrichtungsgehilfen tätigen Mitarbeiters unter der Maßgabe des § 831 zurechnen lassen, Organe des Unternehmens können ihrerseits gemäß § 31 BGB analog haften. Angesichts der höheren Beweisanforderungen, insbesondere im Rahmen des § 826 BGB hinsichtlich des bedingten Schädigungsvorsatzes, werden deliktische Ansprüche regelmäßig nur ergänzend zu vertraglichen Ansprüchen geltend gemacht. Liegt die schädigende Handlung in einer Aufklärungspflichtverletzung, so streitet die Vermutung aufklärungsrichtigen Verhaltens auch im Rahmen des § 826 BGB für den Anleger,[177] der jedoch weiterhin hinsichtlich der Sittenwidrigkeit der Handlung beweisbelastet bleibt.

VI. Ausblick: Vorgaben zum Vertrieb an Kleinanleger nach STS-VO

Selbst einfache Verbriefungstransaktionen sind für Kleinanleger in der Regel zu komplex. Sie weisen eine Vielzahl zu berücksichtigender Risiken auf, die selbst für erfahrenere Anleger kaum zu durchdringen sind. Die zum 01.01.2019 anzuwendende STS-VO erkennt diesen Umstand dem Grunde nach an[178] und reagiert hierauf mit gewissen aufsichtsrechtlichen Vorgaben, nicht aber mit dem Zugeständnis, dass Verbriefungen für Kleinanleger generell nicht geeignet seien oder gar einem generellen Verbot von Veräußerungen an Kleinanleger.[179]

---

[176] Vgl. z. B. OLG München, Urt. v. 19.12.2011, Az.: 19 U 2616/11, juris.

[177] Vgl. OLG Köln, Urt. v. 23.08.2011, Az.: 9 U 158/10, juris Rn. 72; OLG Hamm, Urt. v. 25.02.2011, Az.: 28 U 77/09, juris Rn. 40.

[178] STS-VO, Erwägungsgrund Nr. 15: Verbriefungen seien hiernach für Kleinanleger „in der Regel" nicht geeignet.

[179] Vgl. hierzu noch die allgemeine Ausrichtung des Europäischen Rats vom 30.11.2015, nach dessen vorgeschlagenem Erwägungsgrund Nr. 15a zur STS-VO Verbriefungen für Kleinanleger nicht geeignet seien und nachfolgend den Bericht des Europäischen Parlamentes vom 19.12.2016 zu 2015/0226(COD), Art. 2a, der nur einen Vertrieb an institutionelle Anleger vorsah; vgl. https://www.cep.eu/monitor/cep/reform-der-verbriefungsmaerkte-verordnung.html (zugegriffen am 15.12.2018).

Für die Begriffsbestimmung des hier gemeinten Kleinanlegers verweist Art. 3 STS-VO auf Art. 4 Abs. 1 Nr. 11 der Richtlinie 2014/65/EU. Auf nationaler Ebene sind diese und weitergehende Regelungen in § 67 WpHG umgesetzt. Kleinanleger i. S. d. STS-VO ist demnach der in § 67 Abs. 3 WpHG als Privatkunde[180] bezeichnete Kunde, der nicht professioneller Kunde i. S. v. § 67 Abs. 2 Satz 2 WpHG ist, soweit dieser nicht gemäß § 67 Abs. 5 WpHG als Privatkunde oder der Privatkunde gemäß § 67 Abs. 6 als professioneller Kunde aufgrund schriftlicher Vereinbarung eingestuft wurde.

Gemäß Art. 3 Abs. 1 STS-VO darf eine Verbriefungsposition, d. h. ein forderungsbesichertes Wertpapier, nur unter bestimmten Bedingungen an diesen verkauft werden. Hierzu zählt gemäß Art. 3 Abs. 1 a) STS-VO, dass der Verkäufer einen Eignungstest gemäß Art. 25 Abs. 2 der Richtlinie 2014/65/EU durchgeführt hat, der auf nationaler Ebene in § 64 Abs. 3 WpHG geregelt ist. Der Verkäufer muss hiernach von seinem Kunden alle Informationen einholen über Kenntnisse und Erfahrungen des Kunden in Bezug auf Geschäfte mit bestimmten Arten von Finanzinstrumenten oder Wertpapierdienstleistungen, über die finanziellen Verhältnisse des Kunden, einschließlich seiner Fähigkeit, Verluste zu tragen und über seine Anlageziele, einschließlich seiner Risikotoleranz, die erforderlich sind, um dem Kunden ein Finanzinstrument oder eine Wertpapierdienstleistung empfehlen zu können, das oder die für ihn geeignet ist und insbesondere seiner Risikotoleranz und seiner Fähigkeit, Verluste zu tragen, entspricht. Gemäß Art. 3 Abs. 1 b) STS-VO muss sich der Verkäufer davon überzeugt haben, dass das forderungsbesicherte Wertpapier für diesen Kleinanleger geeignet ist. Das Ergebnis des Eignungstests ist diesem gemäß Art. 3 Abs. 1 c) STS-VO unmittelbar in einem Bericht mitzuteilen.

Den Prüfungspflichten des Verkäufers steht gemäß Art. 3 Abs. 3 STS-VO die Verpflichtung des Kleinlegers gegenüber, dem Verkäufer präzise Informationen über sein Finanzinstrument-Portfolio i. S. v. Art. 3 Abs. 4 STS-VO (Bareinlagen und Finanzinstrumente mit Ausnahme von als Sicherheit hinterlegter Finanzinstrumente), einschließlich darin enthaltener Anlagen in Verbriefungspositionen, mitzuteilen. Diese Formulierung stellt sicher, dass nicht lediglich bereits vorhandene forderungsbesicherte Wertpapiere erfasst werden sollen, sondern sämtliche Anlagen, deren Investitionsgegenstand solche Wertpapiere sind. Dies umfasst insbesondere auch mittelbare Investitionen über Fonds oder Zertifikate, wobei offen bleiben kann, inwieweit der Kleinanleger hierüber seinerseits vollständig informiert ist. Im Zweifel ist von erhöhten Nachfragepflichten des Verkäufers auszugehen, der über die Benennung der im Portfolio benannten Produkte – soweit ihm diese nicht bereits als beratendes oder verwaltendes Institut selbst bekannt sind – den entsprechenden Investitionsgrad selbst feststellen kann.

Übersteigt das Finanzinstrument-Portfolio des Kleinanlegers den Betrag von EUR 500.000,00, ist den Anforderungen der STS-VO mit dem Vorstehenden genüge getan. Lediglich bei diesen Betrag unterschreitenden Portfolien ist der Verkäufer gemäß Art. 3 Abs. 2 STS-VO auf der Grundlage der ihm durch den Kleinanleger

---

[180] Die begriffliche Unterscheidung basiert auf unterschiedlichen Übersetzungen aus dem Englischen („*retail client*“).

gelieferten Informationen verpflichtet, dass der Kleinanleger keinen Gesamtbetrag von mehr als 10 % seines Finanzinstrument-Portfolios in Verbriefungspositionen anlegt und dass der in einer oder mehreren Verbriefungspositionen angelegte anfängliche Mindestbetrag EUR 10.000,00 beträgt.

Die Norm adressiert sich gemäß Art. 1 Abs. 2 STS-VO ausschließlich an institutionelle Anleger sowie an Originatoren, Sponsoren, ursprüngliche Kreditgeber und Verbriefungszweckgesellschaften. Eine weitergehende Definition des Begriffs des „Verkäufers" beinhaltet die STS-VO nicht, so dass davon auszugehen ist, dass sämtliche vorbenannten Personen hierfür in Betracht kommen. Damit treffen die Vorgaben auch institutionelle Anleger, die forderungsbesicherte Wertpapiere zunächst selbst erwerben und an Kleinanleger weiterveräußern, gleich ob es sich hierbei um Mitglieder des vertreibenden Bankenkonsortiums oder sonstige institutionelle Anleger handelt. Andere Anleger sind von den durch Art. 3 STS-VO statuierten Vorgaben nicht betroffen.

Die mit den vorstehenden Regelungen einhergehenden Einschränkungen dürften kaum Auswirkungen auf die bisherige Praxis haben. Sie bestärken jedoch die Rolle institutioneller Verkäufer, die zugleich als Anlageberater oder Vermögensverwalter auftreten und ohne deren Einschaltung das Gros der Kleinanleger i. S. d. STS-VO in der Regel ohnehin kaum dementsprechende Investitionen in Betracht ziehen wird. Entsprechendes gilt für institutionelle Dritte, soweit diese zu forderungsbesicherten Wertpapieren beraten oder diese im Rahmen einer Vermögensverwaltung für ihren Kunden erwerben und soweit die aus Art. 3 STS-VO folgenden Pflichten auf diese abgewälzt werden können.[181] Des Weiteren steht nunmehr zu befürchten, dass entsprechende Anbieter sich mehr auf diesen Markt ausrichten werden, scheint doch die zunächst vorherrschende Unsicherheit, ob es zu einem Verbot des Vertriebs an Kleinanlegern kommen könnte, beseitigt. Im Weiteren ist zu berücksichtigen, dass sich die Möglichkeit einer bloßen Anlagevermittlung insoweit zukünftig als nicht ausreichend erweisen wird.

E. Prospekthaftung

Eine wichtige Informationsquelle bilden neben etwaigen Angaben eines Anlageberaters ergänzend oder alternativ zur Verfügung gestellte schriftliche Unterlagen. Meist werden auch für forderungsbesicherte Wertpapiere Prospekte veröffentlicht oder anderweitige Verkaufsunterlagen wie Präsentationen oder Produktkurzinformationen zur Verfügung gestellt. Da sie sich an einen breiten Interessentenkreis richten, kann die Wesentlichkeit besonderer Informationen für eine einzelne Anlageentscheidung hierbei faktisch nicht berücksichtigt werden; dementsprechend umfangreich sind die Prospekte. Der Anleger erhält mit ihnen somit eine Vielzahl an für ihn zumindest potentiell wesentlichen Informationen, die er jedoch für sich gesondert auswerten muss.

---

[181] Hierzu äußert sich die STS-VO nicht.

Sowohl die Erstellung, als auch die Verwendung schriftlicher Informationen kann für verschiedene Personen Pflichten begründen. Diese werden einerseits spezialgesetzlich, andererseits richterrechtlich über die Grundsätze der bürgerlich-rechtlichen Prospekthaftung im engen und im weiten Sinne erfasst. Daneben spielen Prospekte auch in der Anlageberatung eine Rolle, soweit sie als Mittel zur Aufklärung genutzt werden.[182]

I. Richtigkeit und Vollständigkeit des Prospekts

Prospekt sowohl i. S. d. bürgerlich-rechtlichen, als auch im Rahmen der spezialgesetzlichen Prospekthaftung, meint eine marktbezogene, schriftliche Erklärung, die für die Beurteilung der angebotenen Anlage alle erheblichen Angaben enthält oder den Anschein eines solchen Inhalts erweckt.[183] Prospekte sollen dazu dienen, dem Erwerber die für die Anlageentscheidung erforderlichen Informationen zu liefern, damit er die Anlage beurteilen und die Risiken einschätzen kann.[184] Zu diesem Zwecke müssen sich Anleger auf ihre Richtigkeit und Vollständigkeit des Prospekts verlassen können; dementsprechend ist dessen Fehlerhaftigkeit oder Unvollständigkeit sowohl Haftungsgrund im Rahmen der spezialgesetzlichen, als auch der bürgerlich-rechtlichen Prospekthaftung im weiten wie im engen Sinne.[185]

Den Maßstab für Richtigkeit und Vollständigkeit des Prospekts bildet der objektive Empfängerhorizont.[186] Das bedeutet nach ständiger Rechtsprechung des BGH, dass der konkrete Anlegerkreis ausschlaggebend ist, an den sich das Angebot richtet.[187] Somit kann ein an erfahrene Anleger adressiertes Angebot in einem Prospekt richtig und vollständig sein, während es gegenüber unerfahreneren Anlegern ggf. als unrichtig zu werten wäre. Maßgeblich kann insoweit aber auch nur der beabsichtigte Vertriebskreis sein; es ginge zu weit, wenn sich ein unerfahrener Anleger darauf berufen könnte, der Prospekt sei für ihn nicht verständlich, obwohl ein Vertrieb

---

[182] Hierzu bereits oben D.III.

[183] BGH, Urt. v. 17.11.2011, Az.: III ZR 103/10, NJW 2012, 758 (759); die im Rahmen der bürgerlich-rechtlichen Prospekthaftung entwickelten Rechtsprechungsgrundsätze können auch im Rahmen der spezialgesetzlichen Prospekthaftung herangezogen werden, vgl. etwa zu § 3 Abs. 1 Satz 1 VerkProspG a. F. BGH, Urt. v. 18.09.2012, Az.: XI ZR 344/11, BKR 2012, 515 (517 m. w. N.). Die konkrete Reichweite des zivilrechtlichen Prospektbegriffs ist noch nicht abschließend geklärt, vgl. BGH, Urt. v. 02.06.2008, Az.: II ZR 210/06, BB 2008, 1978 (1979). Siehe hierzu auch *Assmann* in: Assmann/Schütze, § 5 Rn. 50 ff.; Schimansky/Bunte/Lwowski/*Siol*, § 45 Rn. 47 ff.

[184] BGH, Urt. v. 18.09.2012, Az.: XI ZR 344/11, BKR 2012, 515 (517); Urt. v. 12.02.2004, Az.: III ZR 355/02, juris Rn. 31.

[185] BGH, Urt. v. 18.09.2012, Az.: XI ZR 344/11, BKR 2012, 515 (517 m. w. N.); vgl. §§ 21, 22 WpPG: „unvollständige und unrichtige Angaben".

[186] NK-WpPG, § 21 Rn. 7 m. w. N.

[187] BGH, Urt. v. 18.09.2012, Az.: XI ZR 344/11, BKR 2012, 515 (517 f. m. w. N.).

an Anleger seines Kenntnisstandes gar nicht vorgesehen war und er nur zufällig zu den fraglichen Unterlagen kam und das Wertpapier daraufhin zeichnete.[188]

Die Unrichtigkeit des Prospekts kann sich aus unrichtigen Tatsachen, Werturteilen oder Prognosen ergeben, wobei für Werturteile und Prognosen gilt, dass sie hinreichend durch Tatsachen gedeckt und – ex-ante – kaufmännisch vertretbar sein müssen.[189] Darüber hinaus müssen auch Risiken richtig dargestellt werden, die der vorhergesagten Entwicklung entgegenstehen können.[190] Auch formale Mängel wie ein unübersichtlicher Aufbau können eine Unrichtigkeit des Prospekts begründen, wenn in ihm enthaltene Angaben hierdurch als irreführend zu werten sind;[191] ausschlaggebend für die Richtigkeit eines Prospektes ist das mit ihm vermittelte Gesamtbild.[192] Vollständig ist ein Prospekt dann, wenn er die an dem Adressatenkreis zu messenden wesentlichen Angaben enthält; ein unvollständiger Prospekt ist zugleich unrichtig.[193]

Somit ist festzustellen, dass sich die Richtigkeit und Vollständigkeit des Prospekts ähnlich wie die Anleger- und Anlagegerechtigkeit im Rahmen einer Beratung beurteilen. Tatsachen müssen zutreffend, Bewertungen ex-ante vertretbar sein, Risiken müssen genannt und dürfen nicht heruntergespielt oder irreführend dargestellt werden; insgesamt ist ein aussagekräftiges Gesamtbild zu zeichnen, anhand dessen – im Rahmen der Beratung der konkrete Anleger, im Rahmen der Prospekthaftung gemessen am Adressatenkreis – die für eine Anlageentscheidung wesentlichen Umstände deutlich werden. Je nach Kenntnissen und Erfahrungen des Adressatenkreises kann in Bezug auf diese Umstände die Nennung der ausschlaggebenden Parameter genügen oder eine darüber hinausgehende Erläuterung erforderlich sein. Vor dem Hintergrund des Vorbenannten kann hinsichtlich der für eine eigenverantwortliche Anlageentscheidung wesentlichen Angaben auf die obigen Ausführungen zur anlagegerechten Beratung entsprechend verwiesen werden.[194]

II. Spezialgesetzliche Prospekthaftung

Spezialgesetzlich ist die Prospekthaftung in den §§ 21 ff. WpPG geregelt. Gemäß § 1 Abs. 1 WpPG findet diese zunächst Anwendung auf die Erstellung, Billigung und Veröffentlichung von Prospekten für Wertpapiere, die öffentlich angeboten oder zum Handel an einem organisierten Markt zugelassen werden. Eine der

---

[188] Im Rahmen einer Beratung obliegt es insoweit dem Berater, die Vollständigkeit und Richtigkeit des Prospektes aus Sicht des konkreten Anlegers zu beurteilen und ggf. darüber hinaus entstehende, eigene Aufklärungspflichten zu berücksichtigen, vgl. oben D.III.

[189] NK-WpPG, § 21 Rn. 8 m. w. N.; Rn. 11.

[190] BGH, Urt. v. 12.07.1982, Az.: II ZR 175/81, juris.

[191] NK-WpPG, § 21 Rn. 8.

[192] BGH, Urt. v. 12.07.1982, Az.: II ZR 175/81, juris; NK-WpPG, § 21 Rn. 8.

[193] NK-WpPG, § 21 Rn. 9.

[194] Vgl. oben D.II.

Bereichsausnahmen des § 1 Abs. 2 liegt für forderungsbesicherte Wertpapiere nicht vor; allerdings fallen solche Wertpapiere aus dem Anwendungsbereich, die lediglich privat platziert werden. § 21 WpPG normiert die Haftung für den fehlerhaften Prospekt, wenn Wertpapiere aufgrund des Prospektes zum Börsenhandel zugelassen sind, vgl. § 21 Abs. 1 WpPG und geht somit einher mit der Veröffentlichungspflicht nach § 3 Abs. 4 WpPG. Dagegen umfasst die Haftung nach § 22 WpPG für den sonstigen fehlerhaften Prospekt, sowie nach § 24 WpPG für den fehlenden Prospekt nur solche Prospekte, für die eine Veröffentlichungspflicht nach § 3 Abs. 1 WpPG für öffentliche Platzierungen besteht. Für diese normiert § 3 Abs. 2 WpPG gewisse Ausnahmen, zu denen u. a. auch die Mindeststückelung des Wertpapiers von über EUR 100.000,00 zählt, wie sie bei Verbriefungen bisher noch der Regelfall sind. Ebenfalls von den Ausnahmen des § 3 Abs. 2 umfasst sind nach dessen Nr. 1 Angebote ausschließlich an qualifizierte Anleger, wie sie in § 2 Abs. 6 WpPG definiert sind.

1. Anspruchsgegner

Liegt ein Fall der spezialgesetzliche Haftung für einen fehlerhaften Prospekt vor, so kommen als Anspruchsgegner einerseits die Prospektverantwortlichen,[195] hier also insbesondere die Zweckgesellschaft, andererseits auch sog. Prospektveranlasser in Betracht, vgl. §§ 21 Abs. 1 Satz 1, 22 WpPG. Prospektveranlasser sind solche Personen, von denen der Erlass des Prospekts ausgeht und die typischerweise ein eigenes wirtschaftliches Interesse an der Emission haben.[196] Im Rahmen der Emission forderungsbesicherter Wertpapiere zählt hierzu typischerweise vor allem der Originator, der ggf. den Prospekt mit unterzeichnet und sich insoweit auch verantwortlich zeigt. Daneben kann auch ein emissionsbegleitendes Bankenkonsortium haften, soweit es an der Erstellung des Prospektes mitgewirkt hat.[197]

Bei einem entgegen der Veröffentlichungspflicht des § 3 Abs. 1 Satz 1 WpPG fehlendem Prospekt haften der Emittent, also die Zweckgesellschaft, und der Anbieter, vgl. § 24 Abs. 1 Satz 1 WpPG. Mangels Veröffentlichung kommt eine Anknüpfung an diejenigen, die sich für das Angebot verantwortlich zeigen, folgerichtig nicht in Betracht, da diese eben nicht über einen (nicht vorhandenen) Prospekt nach außen in Erscheinung treten. Daher beschränkt sich die Haftung auf den Emittenten und den Anbieter; allerdings ist der Begriff des Anbieters weit auszulegen, um Schutzlücken im Hinblick auf sog. Hintermänner so vermeiden.[198] Angesichts

[195] Emittent, Emissionshelfer und ggf. weitere Personen, die als verantwortlich angeführt werden, vgl. NK-WpPG, § 21 Rn. 16.

[196] Vgl. NK-WpPG, § 21 Rn. 17.

[197] *Knops*, BB 2008, 2535 (2537); Derleder/Knops/Bamberger/*Bartz*, 2. Aufl. 2009, § 58 Rn. 45.

[198] Baumbach/Hopt/*Kumpan*, § 24 WpPG, Rn. 2 m. w. N.

dessen ist auch auf der Grundlage des § 24 WpPG vor allem der Originator als möglicher Anspruchsgegner in Betracht zu ziehen.

Gibt es mehrere Anspruchsgegner, so haften sie gesamtschuldnerisch nach den §§ 421 ff. BGB.[199]

2. Haftung

Die Haftung für die Unrichtigkeit oder Unvollständigkeit sowie das Fehlen des veröffentlichungspflichtigen Prospekts erstreckt sich nur auf Erwerbsvorgänge nach Veröffentlichung des Prospekts und innerhalb von sechs Monaten nach erstmaliger Einführung der Wertpapier bzw. nach dem ersten öffentlichen Angebot der Wertpapiere im Inland, vgl. §§ 21 Abs. 1 Satz 1, 22 Nr. 1, 24 Abs. 1 Satz 1 WpPG. Des Weiteren sind für die Haftung bei Unrichtigkeit oder Unvollständigkeit die Haftungsausschlüsse des § 23 WpPG zu beachten; hierzu zählt auch eine von dem Anspruchsgegner nachzuweisende fehlende haftungsbegründende Kausalität, d. h. das Wertpapier muss aufgrund des Prospekts erworben worden sein, vgl. § 23 Abs. 2 Nr. 1 WpPG. Der Anspruchsgegner ist zudem auch beweisbelastet für mangelndes Verschulden in Form des Vorsatzes oder einer groben Fahrlässigkeit, vgl. § 23 Abs. 1 WpPG. Im Umkehrschluss aus § 23 Abs. 1 WpPG folgt zudem, dass der Anspruchsgegner nicht für leicht fahrlässige Unkenntnis haftet. Ob die Haftungsausschlüsse des § 23 WpPG auch für eine Haftung bei fehlendem Prospekt nach § 24 WpPG anwendbar sein sollen, ist z. T. umstritten. Die Beweislastumkehr des § 23 Abs. 1 Satz 1 WpPG wird z. T. analog auf § 24 WpPG angewandt; allerdings ist fraglich, inwieweit die Haftung Kausalität erfordert.[200] Angesichts der ohnehin geringeren Anwendungsrelevanz für forderungsbesicherte Wertpapiere wird von einer eingehenden Erörterung des Meinungsstands an dieser Stelle abgesehen.

Gehaftet wird schließlich entweder auf die Übernahme des Wertpapiers Zug-um-Zug gegen Erstattung des Erwerbspreises zzgl. der mit dem Erwerb verbundenen üblichen Kosten, vgl. § 21 Abs. 1 Satz 1, 22, 24 Abs. 1 Satz 1 WpPG, alternativ auf den Unterschiedsbetrag zwischen Erwerbs- und Veräußerungspreis zzgl. der mit dem Erwerb und dem Verkauf verbundenen üblichen Kosten, vgl. § 21 Abs. 2, 22, 24 Abs. 2 WpPG. Beide Haftungsalternativen sind begrenzt auf den ersten Ausgabe- bzw. Erwerbspreis; wurde das Wertpapier mithin nach Emission zu einem höheren Preis erworben, kann der Anleger die zum ersten Ausgabe- oder Erwerbspreis bestehende Differenz nicht verlangen. Eine weitere Haftung, wie etwa auf den entgangenen Gewinn, sieht das Gesetz nicht vor. Bereits erfolgte Ausschüttungen sind allerdings im Wege der Vorteilsanrechnung

---

[199] NK-WpPG, § 21 Rn. 15; Baumbach/Hopt/*Kumpan*, § 24 WpPG, Rn. 2.

[200] Baumbach/Hopt/*Kumpan*, § 24 WpPG, Rn. 4 m. w. N.; kausalitätsunabhängige Haftung nach OLG München, Urt. v. 02.11.2011, Az.: 20 U 2289/11, juris Rn. 34.

zu berücksichtigen. Dergestalt entstandene Ansprüche verjähren mittlerweile mangels spezialgesetzlicher Regelung innerhalb der Regelverjährung der §§ 195, 199 BGB.[201]

3. Verhältnis der Prospekthaftung von Originator und Zweckgesellschaft zu den Offenlegungspflichten nach CRR- und STS-VO

Wie im Rahmen der Beratung hinsichtlich der Sorgfaltsanforderungen von CRR-Instituten nach Art. 406 CRR-VO und künftig institutionellen Anlegern nach Art. 5 STS-VO bereits thematisiert, stellt sich auch in Bezug auf den Originator und künftig auch die Zweckgesellschaft die Frage der Auswirkung ihrer Offenlegungspflichten nach Art. 409 CRR-VO bzw. Art. 7 STS-VO auf ihre vorstehend beschriebene Haftung. Sie sind hiernach gehalten, die für die Erfüllung der Sorgfaltsanforderungen der institutionellen Anleger erforderlichen Daten zugänglich zu machen. Die Norm könnte daher zu berücksichtigen sein, wenn zu dem Adressatenkreis – wie wohl überwiegend zu bejahen – auch institutionelle Anleger zählen. Insofern könnte die Wesentlichkeit gewisser Angaben berührt sein, die gegenüber anderen Anlegern nicht unbedingt zu bejahen wäre. So muss ein nicht-institutioneller Anleger etwa nicht unbedingt in die Lage versetzt werden, im Vorfeld der Investition eigene Stresstests durchführen zu können.

Eine Auswirkung der Offenlegungspflichten auf die erforderlichen Prospektangaben ist jedoch zu verneinen. Insofern statuieren diese nicht, dass die Offenlegung über einen Prospekt zu erfolgen habe; selbst wenn der Prospekt insoweit ggf. als nicht vollständig einzuordnen wäre, erschiene es unbillig, den Originator oder die Zweckgesellschaft hierfür haften zu lassen, obwohl die Offenlegungspflichten ggf. auf andere Art und Weise erfüllt sind. Jedenfalls der Formulierung der STS-VO lassen sich auch diesbezügliche Anhaltspunkte entnehmen: So werden die in Art. 7 Abs. 1 b) aufgeführten Unterlagen neben einem in Art. 7 Abs. 1 b) i) genannten Prospekt verlangt. In Art. 7 Abs. 2 STS-VO ist überdies geregelt, dass die fraglichen Informationen über Verbriefungsregister oder, soweit ein solches nicht geführt wird, über eine Website zur Verfügung gestellt werden müssen.

Im Übrigen kann entsprechend auf die obigen Ausführungen zur Harmonisierungsintensität von CRR- und STS-VO verwiesen werden; diese beinhalten rein aufsichtsrechtliche Regelungen mit aufsichtsrechtlichen Zielen.[202] Dagegen sind die Mitgliedsstaaten nicht gehalten, strengere zivilrechtliche oder spezialgesetzliche Sanktionen zu schaffen. Ungeachtet dessen ist zu erwarten, dass Originatoren und Zweckgesellschaften versuchen werden, ihre Offenlegungspflichten auch über umfangreichere Prospektangaben zu erfüllen.[203]

---

[201] Die zuvor herangezogene Verjährungsvorschrift des mittlerweile aufgehobenen § 46 BörsG a. F. ist mithin nur noch für Altfälle von Relevanz, vgl. NK-WpPG, § 21 Rn. 28.

[202] Vgl. oben D.I.3.

[203] Dies erwarten auch *Kreppel/Baierlein*, BKR 2011, 228 (233).

III. Bürgerlich-rechtliche Prospekthaftung im engen Sinne

Die bürgerlich-rechtliche Prospekthaftung im engen Sinne wurde in Analogie zu den spezialgesetzlichen Prospekthaftungstatbeständen in § 45 BörsG a. F., § 20 KAGG a. F. und § 12 AuslInvestmG a. F., gestützt auf § 311 Abs. 2 und 3 BGB entwickelt und diente ursprünglich dazu, Regelungslücken insbesondere in Bezug auf den Personenkreis der Haftenden[204] sowie den sog. grauen Kapitalmarkt (insbesondere zuvor ungeregelte geschlossene Fonds)[205] zu schließen. Die daraus entwickelte bürgerlich-rechtliche Prospekthaftung knüpft allein an die Unrichtigkeit und Unvollständigkeit eines veröffentlichten Prospektes an, begründet aber, anders als die spezialgesetzliche Prospekthaftung, keine Haftung für einen fehlenden Prospekt; ausschlaggebend im Rahmen des § 311 Abs. 2 und 3 BGB ist die Anknüpfung an ein typisiertes Vertrauen.

1. Anspruchsgegner

Im Bereich der in Betracht kommenden Anspruchsgegner haben sich im Wesentlichen drei Fallgruppen herausgebildet. Dies sind zum einen die Gründer, Gestalter und Initiatoren, zum anderen sog. Hintermänner sowie des Weiteren die sog. beruflichen Sachkenner.[206]

Die Haftung der ersten Gruppe begründet sich mit einer aus ihrer Fachkunde und des von ihnen „typischerweise" in Anspruch genommenen Vertrauens hergeleiteten besonderen Garantenstellung.[207] Auch hier wird neben der Zweckgesellschaft wieder an den Originator zu denken sein, der die Verbriefungstransaktion einleitet, maßgeblich mitgestaltet und nicht selten Personen für die Gründung der Zweckgesellschaft stellt. Ebenfalls umfasst ist in diesem Sinne der Originator als sog. Hintermann.[208] Arbeitet der Originator mit einem externen Initiator zusammen, kann auch dieser haften, da er insoweit maßgeblich Einfluss auf die Gestaltung des Anlagekonzepts und damit auf den Prospekt hat, selbst wenn er nicht nach außen in Erscheinung tritt.[209] Ist ein Treuhänder an der Transaktion beteiligt, der hinsichtlich der Weiterleitung der Zahlungsströme die Interessen der Anleger wahrnimmt,[210] so haftet er nicht als Hintermann, soweit er nicht in die Gestaltung einbezogen ist, sondern erst später hinzugezogen wird; allerdings können ihn aus dem Treuhandverhältnis eigene

---

[204] *Seichter* in: jurisPK-BGB, § 280 Rn. 135 f.

[205] MüKo-BGB/*Emmerich*, § 311 Rn. 136.

[206] Vgl. BGH, Urt. v. 17.11.2011, Az.: III ZR 103/10, BB 2012, 210 (211 f., m. w. N.); ausführlich zudem MüKo-BGB/*Emmerich*, § 311 Rn. 141 ff.

[207] MüKo-BGB/*Emmerich*, § 311 Rn. 141 m. w. N.

[208] Zur Haftung als Hintermann siehe z. B. BGH, Urt. v. 17.11.2011, Az.: III ZR 103/10, BB 2012, 210 (211 m. w. N.).

[209] Vgl. MüKo-BGB/*Emmerich*, § 311 Rn. 143.

[210] Vgl. Kap. 2, B. (a. E.).

Aufklärungspflichten im Hinblick auf fehlerhafte oder unvollständige Angaben in dem Prospekt treffen.[211] Schließlich kommt eine Haftung der sog. Sachkenner in Betracht. Darunter sind solche Personen zu verstehen, die aufgrund ihrer besonderen beruflichen oder wirtschaftlichen Position eine Garantenstellung einnehmen und aufgrund ihrer nach außen in Erscheinung tretenden Mitwirkung am Prospekt einen besonderen Vertrauenstatbestand schaffen;[212] zu ihnen zählen Rechtsanwälte, Wirtschaftsprüfer, Steuerberater und sonstige Sachverständige, die jedoch nur für die Richtigkeit und Vollständigkeit ihrer eigenen Angaben einzustehen haben.[213] Im Rahmen von Verbriefungen kommen des Weiteren als Sachkenner in Betracht der Originator in Bezug auf Informationen zu historischen Daten für die Darlehensforderungen, der Servicer in Bezug auf Informationen zu dessen Sammlung und Weiterleitung von Zahlungsströmen sowie der Forderungs- und/oder Sicherheitentreuhänder, der Swap-Kontrahent und der Datentreuhänder, insbesondere dann, wenn diese im Prospekt ausdrücklich als für eigene Informationen verantwortlich bezeichnet werden.

2. Haftung

Das Verschulden wird gemäß § 280 Abs. 1 Satz 2 BGB vermutet; hierbei handelt es sich um eine Beweislastumkehr,[214] nach der sich der Haftende anders als im Rahmen der spezialgesetzlichen Prospekthaftung nicht nur für Vorsatz und grobe Fahrlässigkeit, sondern auch für leichte Fahrlässigkeit zu exkulpieren hat. Die Kausalität der fehlerhaften oder unvollständigen Prospektangaben für den Schaden wird ebenso vermutet, wie im Rahmen der Anlageberatung.[215] Der Ansicht, dass der Schaden in dem Erwerb einer vom Anleger nicht gewünschten Anlage liegt, die „den gezahlten Preis nicht wert" ist,[216] kann nur bedingt gefolgt werden; wird die Anlage in dem Prospekt etwa als besonders sicher dargestellt, obgleich tatsächlich immense Risiken bestehen, kann der Schaden aus Sicht des sicherheitsorientierten Adressatenkreises durchaus auch bejaht werden, wenn die Anlage tatsächlich wirtschaftlich positiv verläuft. Der Schaden liegt sodann nicht darin, dass die Anlage weniger wert ist, sondern, dass der Anleger mit ihm unliebsamen Risiken belastet ist. Die geschuldete Naturalrestitution nach § 249 BGB richtet sich auf die Erstattung des Kaufpreises, eines etwaigen Agios oder sonstiger im Zusammenhang mit dem Erwerb entstehender Kosten, Zug-um-Zug gegen Übertragung des Wertpapiers, im Falle des bereits erfolgten Verkaufs auf den Differenzbetrag zzgl. der Kosten für den Erwerb und den

---

[211] MüKo-BGB/*Emmerich*, § 311 Rn. 145.

[212] Vgl. BGH, Urt. v. 17.11.2011, Az.: III ZR 103/10, BB 2012, 210 (212 m. w. N.).

[213] MüKo-BGB/*Emmerich*, § 311 Rn. 146.

[214] BGH, Urt. v. 12.05.2009, Az.: XI ZR 586/07, BB 2009, 1718 (1719).

[215] MüKo-BGB/*Emmerich*, § 311 Rn. 156 m. w. N.; zur Anlageberatung siehe oben D.IV.2.

[216] BGH, Urt. v. 07.09.2000, Az.: VII ZR 443/99, BGHZ 145, 121 (131) = NJW 2001, 436; MüKo-BGB/*Emmerich*, § 311 Rn. 154 m. w. N.

Verkauf. Der Anleger muss sich im Wege der Vorteilsanrechnung schadensmindernde Ausschüttungen anrechnen lassen.[217]

Gemäß § 252 BGB kann überdies der entgangene Gewinn verlangt werden, der jedoch unter Umständen nur schwer zu beweisen sein wird; so wird sich ein Anleger, der ein forderungsbesichertes Wertpapier erworben hat, regelmäßig schwer tun, dazulegen, dass er ansonsten eine verzinsliche Festgeldanlage erworben hätte.[218] Höherverzinsliche Anlagen lassen aufgrund ihres damit einhergehenden höheren Risikos nur selten vermuten, dass eine entsprechende Rendite auch tatsächlich erzielt worden wäre. Dagegen kommt die Geltendmachung des entgangenen Gewinns insbesondere dann in Betracht, wenn die Investition in eine konkrete Alternativanlage glaubhaft gemacht werden kann, von der aufgrund der Investition in das forderungsbesicherte Wertpapier abgesehen wurde.

Die so entstandenen Ansprüche verjähren nach der Regelverjährung der §§ 195, 199 BGB.

3. Verhältnis zur spezialgesetzlichen Prospekthaftung

Angesichts der historischen Entwicklung der bürgerlich-rechtlichen Prospekthaftung, namentlich ihrer Herleitung aus spezialgesetzlichen Haftungstatbeständen,[219] ist fraglich, ob aus den letztgenannten nicht eine Sperrwirkung gegenüber der bürgerlich-rechtlichen Prospekthaftung erwächst, soweit diese den fraglichen Sachverhalt bereits erfassen.[220] Der Unterschied ist eklatant, die Frage daher von besonderer Relevanz: Die bürgerlich-rechtliche Prospekthaftung erweitert den haftenden Personenkreis, verzichtet auf den zeitlichen Zusammenhang zum Erstangebot, ebenso wie auf eine summenmäßige Begrenzung des Schadens und begründet eine Haftung auch für leichte Fahrlässigkeit.[221]

a) Meinungsstand

Die wohl überwiegende Meinung in der Literatur bejaht den Ausschluss der bürgerlich-rechtlichen Prospekthaftung bei Anwendbarkeit eines spezialgesetzlichen Tatbestands.[222] Das hierbei maßgebliche Argument zielt darauf ab, dass der

---

[217] MüKo-BGB/*Emmerich*, § 311 Rn. 154.

[218] Vgl. auch BGH, Urt. v. 24.04.2012, Az.: XI ZR 360/11, NJW 2012, 2266 f.

[219] Vgl. *Seichter* in: jurisPK-BGB, § 280 Rn. 135 f.; MüKo-BGB/*Emmerich*, § 311 Rn. 135 ff.

[220] Unproblematisch ist insoweit die Anwendung der bürgerlich-rechtlichen Prospekthaftung auf Sachverhalte, die von den spezialgesetzlichen Haftungstatbeständen nicht geregelt werden, vgl. MüKo-BGB/*Emmerich*, § 311 Rn. 137 m. w. N.

[221] Für Altfälle existierten überdies verschiedene Verjährungsvorschriften, vgl. MüKo-BGB/*Emmerich*, § 311 Rn. 157.

[222] Schwark/Zimmer/*Heidelbach*, VerkProspG, § 13 Rn. 37; *Groß*, WpPG, § 21 Rn. 92 m. w. N.; *Knops*, BB 2008, 2535 (2538).

bisher richterrechtlich geregelte Bereich nunmehr gesetzlich erfasst sei und stützt sich dabei im Umkehrschluss auf die Begründung zum Entwurf des Anlegerschutzverbesserungsgesetzes (BT-Drs. 15/3174), in der es auf Seite 44 heißt, dass „Ansprüche aus zivilrechtlicher Prospekthaftung im weiteren Sinne [...] nicht berührt" werden.[223] Entsprechend heißt es auch in dem vorliegend zur Anwendung gelangenden WpPG, in § 25 Abs. 1, dass weitergehende Ansprüche, die nach den Vorschriften des bürgerlichen Rechts auf Grund von Verträgen oder unerlaubten Handlungen erhoben werden können, unberührt bleiben. Der Aussagegehalt dieser Norm ist unklar. So wird hieraus ersichtlich, dass die spezialgesetzliche Prospekthaftung nicht abschließend ist. Neben Ansprüchen aus Verträgen werden auch vertragsähnliche Schuldverhältnisse unter die Norm subsumiert; andererseits hält die herrschende Meinung gleichwohl an der Sperrwirkung für die bürgerlich-rechtliche Prospekthaftung im engen Sinne fest.[224] Nicht gänzlich von der Hand zu weisen sind Gegenstimmen, demnach Gesetze, wie das „Anlegerschutzverbesserungsgesetz" darauf abzielten, den Anlegerschutz zu verbessern, wohingegen ein Ausschluss der bürgerlich-rechtlichen Prospekthaftung im engen Sinne dieses Ziel in sein Gegenteil verkehren würde.[225]

In der Rechtsprechung wird der Ausschluss der bürgerlich-rechtlichen Prospekthaftung im engen Sinne z. T. damit begründet, dass die Beschränkungen der spezialgesetzlichen Regelungen ansonsten ins Leere liefen.[226] Auch höchstrichterlich ist die Frage nicht abschließen geklärt; zwar hat der BGH festgestellt, dass die Anwendbarkeit einer spezialgesetzlichen Prospekthaftung eine auf § 311 Abs. 3 und 3 BGB gestützte Haftung (cic) nicht ausschließt, allerdings ging es in dem zugrundeliegenden Fall um die Inanspruchnahme persönlichen Vertrauens, so dass die darüber hinausgehende Frage typisierten Vertrauens und der Anwendbarkeit der bürgerlichrechtlichen Prospekthaftung um engen Sinne nicht entschieden werden musste.[227]

b) Eigene Ansicht

Ein generelles Nebeneinander beider Haftungsinstitute ist – trotz berechtigter, aber insoweit rein rechtspolitischer Bedenken hinsichtlich des Anlegerschutzniveaus – nach der hier vertreten Ansicht zu verneinen. Insoweit ist der herrschenden Meinung sowie der Rechtsprechung zuzugestehen, dass andernfalls die Einschränkungen der spezialgesetzlichen Regelungen ins Leere liefen. Es steht der Anwendbarkeit der bürgerlich-rechtlichen Prospekthaftung im engen Sinne im Konkurrenzfall die eindeutige gesetzgeberische Intention entgegen, wie sie auch in der Begründung

---

[223] Vgl. z. B. *Fleischer*, BKR 2004, 339 (343).

[224] Statt vieler NK-WpPG, § 25 Rn. 4 m. w. N.

[225] MüKo-BGB/*Emmerich*, § 311 Rn. 136.

[226] OLG Frankfurt, Urt. v. 17.12.1996, Az.: 5 U 178/95, NJW-RR 1997, 749, (750 f.); OLG Bremen, Urt. v. 21.05.1997, Az.: 1 U 132/96, AG 1997, 420 (421); LG Frankfurt, Urt. v. 26.06.1995, Az.: 3-01 O 222/94, WM 1996, 525.

[227] Vgl. BGH, Urt. v. 02.06.2008, Az.: II ZR 210/06, DStR 2008, 1891 ff.

zum Anlegerschutzverbesserungsgesetz zum Ausdruck gekommen ist.[228] Der Gesetzgeber hätte hier die Möglichkeit gehabt, die Prospekthaftung entsprechend der bürgerlich-rechtlichen Grundsätze auszugestalten, hat sich aber zum Teil dagegen entschieden.

Allerdings ist es abzulehnen, nunmehr generell die bürgerlich-rechtliche Prospekthaftung im engen Sinne für sämtliche in den Anwendungsbereich des WpPG fallende Wertpapiere zu verneinen, ohne nicht zuvor die Regelung, die insoweit immerhin eine folgenreiche Sperrwirkung entfalten soll, hinsichtlich ihrer Reichweite zu untersuchen. Ausschlaggebend könnte sein, dass die spezialgesetzliche Prospekthaftung überhaupt nur in den Fällen zum Tragen kommt, in denen eine Veröffentlichungspflicht nach § 3 Abs. 1 und 2 WpPG besteht oder nach § 3 Abs. 4, soweit es sich um einen Börsenzulassungsprospekt handelt, vgl. §§ 21 Abs. 1, 22, 25 Abs. 1 WpPG.

Im Bereich der börsennotierten Wertpapiere ist dies noch relativ unproblematisch, da eine Börsenzulassung für forderungsbesicherte Wertpapiere, die weder § 1 Abs. 2 WpPG noch § 4 Abs. 2 WpPG unterfallen, gemäß § 32 Abs. 2 Nr. 2 BörsG stets die Veröffentlichung eines Prospektes voraussetzt, vgl. auch § 3 Abs. 4 WpPG. Damit sind börsennotierte forderungsbesicherte Wertpapiere stets von der spezialgesetzlichen Prospekthaftung nach § 21 WpPG umfasst und mit ihr auch abschließend geregelt.

Dagegen ist im Hinblick auf öffentlich angebotene, nicht für den Handel an einer inländischen Börse vorgesehene Wertpapiere Folgendes zu beachten: §§ 22 und 25 Abs. 1 WpPG umfassen lediglich Prospekte, für die eine Veröffentlichungspflicht nach § 3 Abs. 1 WpPG besteht. Von dieser normiert insbesondere § 3 Abs. 2 WpPG gewisse Ausnahmen, wobei für den Bereich der forderungsbesicherten Wertpapiere vor allem dessen Nr. 1 und Nr. 4 von Relevanz sein können.[229] In diesen Fällen besteht keine Veröffentlichungspflicht, mithin gelangt auch die spezialgesetzliche Prospekthaftung nicht zur Anwendung. Fraglich ist nunmehr, ob es dem Gesetzgeber hierbei darum ging – was anzunehmen ist – für solche Fälle angesichts des typischen Adressatenkreises lediglich von der Veröffentlichungspflicht abzusehen, oder ob es ihm darüber hinaus auch darum ging, ungeachtet der Qualität etwaiger fehlerhafter Prospektangaben stets die Prospekthaftung gegenüber diesem Adressatenkreis auszuschließen. Die Konzeption des WpPG lässt einen solchen Rückschluss nicht unbedingt zu; daher ist es naheliegend, dass das Gesetz eine Haftung nur soweit konstituiert, wie es auch um im Übrigen durch es erfasste Prospekte geht, also z. B. auch hinsichtlich etwaiger Mindestangaben i. S. d. § 7 WpPG oder der Billigung durch die BaFin gemäß § 13 WpPG. Anders gesagt ist nicht ersichtlich, inwieweit das Gesetz auch Aussagen hinsichtlich der Haftung für fehlerhafte Angaben in Prospekten treffen wollte, deren Veröffentlichung es nicht für erforderlich hielt.

Wenn jedoch ungeachtet der mangelnden Veröffentlichungspflicht angesichts § 3 Abs. 2 WpPG ein als Prospekt einzuordnendes Dokument veröffentlicht wird, dieses Fehler enthält oder wesentliche Informationen entbehrt und der Anleger daraufhin

---

[228] BT-Drs. 15/3174, S. 44.

[229] Vgl. oben E.II.

zu einer aus seiner Sicht falschen Anlageentscheidung bewegt wird, ist nicht ersichtlich, weshalb sich Prospektverantwortliche sowie Prospektveranlasser und ggf. auch Sachkenner für ihr Fehlverhalten nicht gegenüber dem Anleger verantworten sollten. Zu berücksichtigen wäre hierbei, dass Angebote gegenüber qualifizierten Anlegern und wohl auch bei hohen Mindeststückelungen durch den hierdurch geprägten objektiven Empfängerhorizont insbesondere hinsichtlich der Verständlichkeit geringeren Anforderungen standhalten müssten, als gegenüber typischen Kleinanlegern. Jedoch erschiene es nicht gerechtfertigt, evidente Falschangaben oder fehlende wesentliche Informationen in Fällen kompensationsfrei zu lassen, in denen selbst der geschulte Anleger dies nicht durch eigene Bemühung hätte nachvollziehen können.

Vor diesem Hintergrund findet die bürgerlich-rechtliche Prospekthaftung im engen Sinne nach der hier vertreten Ansicht weiterhin Anwendung in den Fällen, in denen das WpPG zwar grundsätzlich zur Anwendung gelangt, aber allein in Ermangelung einer Veröffentlichungspflicht die spezialgesetzliche Prospekthaftung nicht greift. Um jedoch das unbillig erscheinende Ergebnis zu vermeiden, dass qualifizierte Anleger und Erwerber von Wertpapieren mit einer Mindeststückelung von über EUR 100.000,00 hierdurch einen weiteren Schutz erfahren, als solche, die sich allein auf die spezialgesetzliche Prospekthaftung berufen können, sind die im WpPG vorgesehenen Restriktionen entsprechend anzuwenden. Auch die Berufung auf einen fehlenden Prospekt bleibt in solchen Fällen weiterhin verwehrt, da im Rahmen der bürgerlich-rechtlichen Prospekthaftung bereits kein hierfür erforderliches Vertrauen geschaffen wird.

Weiterhin zur Anwendung gelangt die bürgerlich-rechtliche Prospekthaftung wie auch von der herrschenden Lehre befürwortet im Übrigen gegenüber dem sog. Sachkenner, da dessen Haftung nicht bereits über die §§ 21 und 22 WpPG erfasst wird; sie haben weder ein eigenes wirtschaftliches Interesse an der Emission des Wertpapiers, noch übernehmen sie die Gesamtverantwortung für den Prospekt, sondern allenfalls die für eigene Angaben.[230] Dasselbe gilt hinsichtlich privatplatzierter Wertpapiere, die ebenfalls nicht durch die spezialgesetzliche Regelung umfasst sind.[231]

IV. Bürgerlich-rechtliche Prospekthaftung im weiten Sinne

Anders als die bürgerlich-rechtliche Prospekthaftung im engen Sinne knüpft diejenige im weiten Sinne nicht an die Inanspruchnahme eines typisierten, aus der Prospektverantwortung oder Prospektveranlassung resultierenden, sondern der Inanspruchnahme persönlichen Vertrauens an. Das Verhältnis zwischen spezialgesetzlicher und bürgerlich-rechtlicher Prospekthaftung im weiten Sinne ist vor diesem

---

[230] MüKo-BGB/*Emmerich*, § 311 Rn. 146; Baumbach/Hopt/*Kumpan*, § 21 WpPG, Rn. 4 und 5 m. w. N.; vgl. auch LG Leipzig, Urt. v. 07.05.2008, Az.: 8 O 2934/07, ZIP 2008, 1733.

[231] Vgl. MüKo-BGB/*Emmerich*, § 311 Rn. 148.

Hintergrund geklärt, da insoweit der Regelungsgehalt ein anderer ist.[232] Entsprechend stellte auch der BGH fest, dass eine spezialgesetzliche Haftung die Haftung nach § 311 Abs. 2 und 3 BGB (cic) bei der Inanspruchnahme persönlichen Vertrauens nicht ausschließe.[233]

1. Anspruchsgegner

Ein direkter, persönlicher Kontakt zwischen Anlegern und Zweckgesellschaft besteht ebenso wie ein vertraglicher Kontakt regelmäßig nicht,[234] so dass hier vorrangig auf der Basis des § 311 Abs. 3 BGB die Haftung eines Dritten in Frage kommt, wenn dieser in besonderem Maße Vertrauen für sich in Anspruch genommen hat oder wenn er ein mittelbares, eigenes wirtschaftliches Interesse am Abschluss des Geschäfts hat.[235] Für die Annahme eines besonderen persönlichen Vertrauens ist dabei erforderlich, dass der Anspruchsgegner eine über das normale Verhandlungsvertrauen hinausgehende persönliche Gewähr für die Seriosität und ordnungsgemäße Erfüllung des Vertrags übernommen hat.[236] Dies spielt insbesondere im Hinblick auf Anlagevermittler und -berater eine Rolle.

2. Haftung

Hinsichtlich der Haftung ist auf obige Ausführungen zur bürgerlich-rechtlichen Prospekthaftung im engen Sinne zu verweisen, die hier ebenso gelten, jedoch ungeachtet etwaiger Beschränkungen durch die spezialgesetzliche Prospekthaftung.[237]

3. Verhältnis zur Haftung aus Beratungsvertrag

Der Anlageberater, der sich bei seiner Beratung eines Prospekts bedient, erfüllt im Regelfall die Voraussetzung der Inanspruchnahme persönlichen Vertrauens im Rahmen der bürgerlich-rechtlichen Prospekthaftung im weiten Sinne, da aufgrund seiner zu unterstellenden Sachkunde besonderes Vertrauen für sich in Anspruch nimmt. Er hat zudem ein zumindest mittelbares eigenes wirtschaftliches Interesse an dem Abschluss des Vertrags zwischen Anleger und Anbieter, da er hierfür ganz regelmäßig

---

[232] MüKo-BGB/*Emmerich*, § 311 Rn. 158; *Seichter* in: jurisPK-BGB, § 280 Rn. 138; vgl. auch BGH, Urt. v. 23.04.2012, Az.: II ZR 211/09, NJW-RR 2012, 937 (939).

[233] BGH, Urt. v. 02.06.2008, Az.: II ZR 210/06, DStR 2008, 1891 ff.

[234] Der dem ersten Nehmer nachfolgende Anleger ist nicht Vertragspartner, sondern Inhaber eines vertraglichen Anspruchs, vgl. oben A und Kap. 3, D.III.1.

[235] St. Rspr., statt vieler vgl. BGH, Urt. v. 04.05.2004, Az.: XI ZR 41/03, NJW-RR 2005, 24 (25 m. w. N.).

[236] BGH, Urt. v. 23.04.2012, Az.: II ZR 211/09, NJW-RR 2012, 937 (939).

[237] Vgl. oben E.II.2.

eine Vertriebsvergütung erhält.[238] Etwaige Ansprüche aus einem Auskunfts- oder Beratungsvertrag und solche aus der bürgerlich-rechtlichen Prospekthaftung im weiten Sinne stehen dabei nebeneinander.[239]

V. Prospekthaftung bei indirekten Investitionen

Für indirekte Investitionen in forderungsbesicherte Wertpapiere gelangen zum Teil andere spezialgesetzliche Prospekthaftungstatbestände zur Anwendung. Soweit es sich um Zertifikate auf forderungsbesicherte Wertpapiere handelt, gelten die obigen Ausführungen, da auch sie in den Anwendungsbereich des WpPG fallen. Für geschlossene Fonds galt vormals allein die bürgerlich-rechtliche Prospekthaftung, nunmehr sind auch diese als Vermögensanlagen i. S. d. § 1 Abs. 2 Nr. 1 VermAnlG in §§ 20, 21 VermAnlG spezialgesetzlich mit geregelt, die an die Veröffentlichungspflicht des § 6 VermAnlG anknüpfen. Dessen Regelungen sind im Wesentlichen vergleichbar mit den vorgestellten Regelungen des WpPG. Hinsichtlich der erforderlichen Prospektangaben kann auf die Aufklärungspflichten bei indirekten Investitionen bei Beratung entsprechend verwiesen werden.[240]

---

[238] Ein mittelbares wirtschaftliches Interesse allein genügt nicht, vgl. OLG Koblenz, Urt. v. 21.10.2005, Az.: 8 U 1295/04, juris Rn. 39.

[239] BGH, Urt. v. 22.03.1079, Az.: VII ZR 259/77, BGHZ 74, 103 = NJW 1979, 1449 (1450 m. w. N.).

[240] Vgl. oben D.II.10.

Kapitel 6: Kündigungsrechte des Anlegers

Soweit sich der Inhaber eines forderungsbesicherten Wertpapiers nicht ggf. über die im vorherigen Kapitel thematisierten Schadensersatzansprüche aus Falschberatung oder aus fehlerhaftem Prospekt wegen einer dem Erwerb vorangehenden fehlerhaften Risikoaufklärung schadlos halten kann, fragt sich im Falle von Störungen, welch andere Handlungsmöglichkeiten dem Anleger anheimgestellt sind. Hierzu zählt zum einen der Verkauf des forderungsbesicherten Wertpapiers, der jedoch einen bestehenden Zweitmarkt und das Vorhandenseins eines angemessenen Marktpreises voraussetzt. Des Weiteren ist die Kündigung des forderungsbesicherten Wertpapiers in Betracht zu ziehen, soweit diese überhaupt rechtlich möglich ist und hiernach mit einer angemessenen Zahlung zu rechnen ist. Insoweit sind die begrenzten Zahlungsmittel der Zweckgesellschaft zu berücksichtigen; diese werden schnell erschöpft sein, soweit eine Vielzahl von Rückzahlungen aus gekündigten Wertpapieren aus dem Forderungsportfolio zu begleichen sind oder sie sind zumindest mit einem Zuwarten auf weitere Zahlungseingänge verbunden. Etwaige Kündigungsrechte geben damit nur dem „schnellen“ Anleger ein Ausstiegsszenario an die Hand.

Gesetzliche ordentliche Kündigungsrechte ergeben sich dabei weder aus den §§ 780 ff. BGB, noch aus den §§ 793 ff. BGB.[1] Ordentliche Kündigungsrechte können sich mithin nur aus den Wertpapierbedingungen ergeben. In der Gruppe der forderungsbesicherten Wertpapiere sind jedoch keine vertraglich regelmäßig eingeräumten ordentlichen Kündigungsrechte der Anleger bekannt. Sie sind in der Regel bis zum Lautzeitende zu halten oder vorzeitig zu verkaufen, soweit dem Inhaber nicht ausnahmsweise außerordentliche Kündigungsrechte zustehen. Bei dementsprechenden Regelungen kann es sich um Klarstellungen oder Konkretisierungen zu aus den §§ 313, 314 BGB folgenden Kündigungsrechten handeln,[2] soweit diese

[1] Vgl. auch MüKo-BGB/*Habersack*, § 793 Rn. 12.

[2] So MüKo-BGB/*Habersack*, § 793 Rn. 12; *Horn*, ZHR 173, 12 (51).

W. Wesser, *Die Verbriefung von Darlehensforderungen – Risiken des Anlegers*,
Bibliothek des Bank- und Kapitalmarktrechts 6,
https://doi.org/10.1007/978-3-662-58813-0_6

überhaupt anwendbar sind. Dies wird im Folgenden zu prüfen sein, ebenso wie die Frage, ob die §§ 313, 314 BGB über die vertraglichen Regelungen hinausgehende Kündigungsrechte gewähren können.

A. Vertragliche Kündigungsrechte

Sämtliche Wertpapierbedingungen im Bereich der Verbriefungen regeln bestimmte, außergewöhnlich Ereignisse, meist als „*Event of Default*" bezeichnet, die auf eine vorzeitige Beendigung des Wertpapiers ausgerichtet sind. Das Sich-Berufen auf ein solches Ereignis gegenüber der Zweckgesellschaft löst nach den Bestimmungen in den Wertpapierbedingungen verschiedene Folgen aus, so aber insbesondere auch, dass der Rückzahlungsanspruch fällig wird, was die Einordnung dieser Erklärung als Kündigungserklärung erlaubt.

Eine Vielzahl von Wertpapierbedingungen sehen vor, dass diese Kündigung grundsätzlich nicht durch den betroffenen Anleger selbst, sondern durch einen Treuhänder auszusprechen ist. Erst wenn der Treuhänder seiner Verpflichtung, unter den gegebenen Voraussetzungen eine Kündigung gegenüber der Zweckgesellschaft auszusprechen, innerhalb einer bestimmten Frist, so z. B. binnen 10 Geschäftstagen, nicht nachkommt, soll eine Kündigungserklärung auch durch den jeweils betroffenen Anleger selbst möglich sein.[3]

Des Weiteren ist in den Wertpapierbedingungen regelmäßig bestimmt, dass die Kündigung des Treuhänders oder auch eines einzelnen Anlegers die Gesamtfälligkeit aller Wertpapiere in sämtlichen Tranchen zu dem noch ausstehenden Nennwert zuzüglich bereits fälliger Zinsansprüche bewirkt; gleichzeitig ist das Inkrafttreten eines alternativen Wasserfalls vorhergesehen.[4] Da die Anleger untereinander keinerlei Rechtsbeziehungen aufweisen und somit auch eine Abtretung eines zukünftigen Kündigungsrechts von einem Anleger an den anderen ausgeschlossen ist, kann die erfolgte Kündigungserklärung eines einzelnen Anlegers nach deutschem Recht hierbei als aufschiebende Bedingung i. S. v. § 158 Abs. 1 BGB erfasst werden, die

---

[3]Zu dieser Öffnungsklausel siehe z. B. das *Offering Circular* zur Transaktion A-Best 11 Auto der LBBW (Originator FCA Bank Germany GmbH), S. 80 f., abrufbar im Internet unter https://www.true-sale-international.de/unser-leistungsangebot/zertifizierung/zertifizierte-transaktionen-der-tsi/transaktionen/a-best-11/ oder den Prospekt zur Transaktion SC Germany Consumer 2017-1 von Santander und der UniCredit, S. 73, abrufbar im Internet unter http://unternehmen.santander.de/media/contents/pdf/reports/sc_germany_consumer_2017_1__ug/SCGC_17-1_Prospectus.pdf (jeweils zugegriffen am 15.12.2018).

[4]Vgl. z. B. das *Offering Circular* zur Transaktion PB Consumer 2009-1 der Deutschen Postbank AG, S. 45 und 50, abrufbar im Internet unter https://www.true-sale-international.de/unser-leistungsangebot/zertifizierung/zertifizierte-transaktionen-der-tsi/transaktionen/pb-consumer-2009-1/ (zugegriffen am 15.12.2018); vgl. auch vgl. auch „Asset Backed Securities leicht gemacht! Ein praktischer Leitfaden" der HVB, S. 67, abrufbar im Internet unter https://www.true-sale-international.de/fileadmin/tsi_downloads/ABS_Research/Informationsmaterial_und_Literatur/Einfuehrende_Handbuecher_und_Leitfaeden/ABS_Factbook_GERMAN.pdf (zugegriffen am 15.12.2018).

für sämtliche Anleger die Rückzahlung auslöst und für sämtliche Transaktionsbeteiligte einschließlich des kündigenden Anlegers und der übrigen Anleger eine neue Subordination anordnet.

Manche Wertpapierbedingungen verzichten auf eine Kündigungserklärung und sehen für ein bestimmtes *Event of Default* sogleich die veränderten Folgen vor; hier wird das fragliche Ereignis selbst zur aufschiebenden Bedingung i. S. v. § 158 Abs. 1 BGB. Allerdings bedarf es im Interesse der Rechtssicherheit hinreichend klarer Anknüpfungspunkte hierfür, so z. B. der förmlichen Stellung eines Insolvenzantrags.[5] Wenngleich es sich hierbei nicht um eine Kündigung im eigentlichen Sinne handelt, ist zu berücksichtigen, dass auch mit solchen Klauseln ausdrückliche Regelungen für potentielle Kündigungssachverhalte einhergehen.

Dass ein einzelner Anleger nur für sich kündigt und sofort eine vollständige Rückzahlung erhält, ist nach den gängigen Wertpapierbedingungen, die hier bekannt sind, nicht vorgesehen. Entsprechende Regelungen können mithin nur bedingt als Vorteil des Anlegers gewertet werden; eher gebietet sich ein Verständnis, dass das in solchen Situationen bestehende Kündigungsrisiko im Interesse aller Anleger, aber eben auch mit entsprechenden Nachteilen für den Einzelnen durch eine gleichmäßige Verteilung noch eingehender Zahlungen abgefedert wird.

I. Insolvenz der Zweckgesellschaft

Die Insolvenz der Emittentin einer Anleihe ist der klassische Anwendungsfall eines vertraglichen Kündigungsrechts und so taucht sie auch in den Wertpapierbedingungen forderungsbesicherter Wertpapiere auf. Mögliche Formulierungen für das zu definierende *Event of Default* sind (hier und nachfolgend in sinngemäßer Übersetzung aus dem Englischen) z. B.

> *„Der Emittent oder seine Vermögenswerte werden zum Gegenstand […] einer Insolvenz, eines Moratoriums oder ähnlicher Verfahren, die die Erbringung der aus den Wertpapieren folgenden Verpflichtungen beeinflussen oder es wird von der Durchführung des Verfahrens wegen mangelnder Vermögenswerte abgesehen"*,[6]

oder:

> *„Ein Insolvenzereignis tritt im Hinblick auf den Emittenten auf"*.[7]

---

[5] Vgl. z. B. das *Offering Circular* zur Transaktion Pure German Lion RMBS 2008 der ING-DiBa AG, S. 72, abrufbar unter https://www.true-sale-international.de/unser-leistungsangebot/zertifizierung/zertifizierte-transaktionen-der-tsi/transaktionen/pure-german-lion/ (zugegriffen am 15.12.2018).

[6] Vgl. das *Offering Circular* zur Transaktion Pure German Lion RMBS 2008 der ING-DiBa AG, S. 72, vgl. Fn. 5; hier allerdings als automatischer Beendigungsgrund ohne dazu erforderliche Kündigungserklärung ausgestaltet.

[7] Vgl. das *Offering Circular* zur Transaktion Bavarian Sky S.A. Comp. German Auto Loans 7 der BMW Bank GmbH aus dem Jahr 2017, S. 76, abrufbar im Internet unter https://www.true-sale-international.de/unser-leistungsangebot/zertifizierung/zertifizierte-transaktionen-der-tsi/transaktionen/bavarian-sky-sa-comp-german-auto-loans-7/ (zugegriffen am 15.12.2018).

Im letzten Fall finden sich eingehendere Erläuterungen zumeist bei den Begriffsbestimmungen, z. B. unter Bezugnahme auf die Insolvenzeröffnungsgründe.[8] Auslegungsbedürftig kann im Einzelfall sein – soweit hierzu in den Wertpapierbedingungen explizit nichts ausgeführt wird –, ob die Insolvenz für sich genommen zur Kündigung berechtigen oder ob darüber hinaus bereits ein Insolvenzantrag gestellt sein soll. Berücksichtigt man die insolvenzferne Konzeption der Zweckgesellschaft und einen ggf. vereinbarten Verzicht der Transaktionsbeteiligten auf die Möglichkeit einer Insolvenzantragsstellung, so würde dies den Anwendungsbereich eines solchen Kündigungsgrundes erheblich einschränken.

Eine Kündigung kommt im Übrigen nur in Betracht, wenn dessen Voraussetzungen hinreichend sicher vorliegen. Wann dies allerdings der Fall ist, lässt sich aus Sicht der Anleger nur schwer feststellen; das Ausbleiben fälliger Zahlungen ist grundsätzlich kein hinreichendes Indiz, da diese Möglichkeit im Rahmen der Subordination explizit vorgesehen ist.[9] Die Zweckgesellschaft wird aufgrund der insoweit auch zur Liquiditätsentlastung gewählten Subordination nicht allein deshalb zahlungsunfähig, weil sie nicht alle gegen sie gerichteten, an der Subordination teilnehmenden Forderungen fristgerecht begleichen kann. Allerdings kommt eine Zahlungsunfähigkeit dann in Betracht, wenn unvorhergesehene Zahlungsverpflichtungen auftreten, so z. B. wenn gegen die Zweckgesellschaft aufgrund von Prospektfehlern Schadensersatzansprüche geltend gemacht werden, die selbst nicht an der Subordination teilnehmen. Dasselbe gilt – vorbehaltlich eines genau für diesen Fall vereinbarten Haftungsausschlusses[10] – für den Fall, dass zum Ende der Transaktion noch Zahlungen ausstehen, aber keine weiteren Zahlungseingänge mehr zu erwarten sind.

II. Zahlungsausfälle

Regelmäßig ist in den Wertpapierbedingungen das Auftreten umfangreicher Zahlungsausfällen als Kündigungsgrund zu finden, wobei Einschränkungen auf Zahlungsausfälle in der Senior Tranche vorgenommen werden, so etwa wie folgt:

> *„Der Emittent fällt mit den fälligen und zahlbaren Zinszahlungsansprüchen einer Senior Tranche aus und dieser Ausfall dauert über eine Zeit von 5 Geschäftstagen oder länger an“.*[11]

---

[8] So z. B. – neben weiteren Alternativen – auch im *Offering Circular* zur Transaktion Bavarian Sky S.A. Comp. German Auto Loans 7 der BMW Bank GmbH, S. 233, vgl. Fn. 7.

[9] Zur Subordination vgl. Kap. 3, D.IV.1.

[10] Vgl. den in der Beispieltransaktion vereinbarten Haftungsausschluss Kap. 2, F.IV und Kap. 3, D.IV.3.

[11] Vgl. z. B. das *Offering Circular* zur Transaktion PB Consumer 2009-1 der Deutschen Postbank AG aus dem Jahr 2009, S. 50, abrufbar im Internet unter https://www.true-sale-international.de/unser-leistungsangebot/zertifizierung/zertifizierte-transaktionen-der-tsi/transaktionen/pb-consumer-2009-1/ (zugegriffen am 15.12.2018); ähnlich der Prospekt zur Transaktion SC Germany Consumer 2017-1 von Santander und der UniCredit aus dem Jahr 2017, S. 73, abrufbar im Internet unter http://unternehmen.santander.de/media/contents/pdf/reports/sc_germany_consumer_2017_1__ug/SCGC_17-1_Prospectus.pdf (zugegriffen am 15.12.2018).

Angesichts dessen, dass diese Tranchen die sichereren Tranchen einer Transaktion darstellen, erfordert das Vorliegen eines solchen Kündigungsgrunds erhebliche Ausfälle des verbrieften Portfolios oder das Hinzutreten unvorhergesehener Umstände, wie die außerplanmäßige Inanspruchnahme der Zweckgesellschaft durch Dritte bzw. aufgrund nicht subordinierter Forderungen.

III. Pflichtverletzungen gegenüber sonstigen Transaktionsbeteiligten

Des Weiteren kann als Kündigungsgrund die Missachtung sonstiger materieller Vertragspflichten durch die Zweckgesellschaft gegenüber anderen Transaktionsbeteiligten formuliert sein, etwa wie folgt:

> *„Der Emittent erfüllt oder beachtet die sich aus den Transaktionsdokumenten ergebenden Vertragspflichten nicht, der Treuhänder stellt aufgrund seiner professionellen Beurteilung fest, dass der Vertragsbruch zum materiellen Nachteil der Wertpapierinhaber gelangt und, wenn ein solcher Verstoß geheilt werden kann, dass die Heilung nicht zur Zufriedenheit des Treuhänders innerhalb von 30 Geschäftstagen beginnend ab dem Datum, zu dem der Verpflichtung erstmals nicht nachgekommen wurde, erfolgt ist“.*[12]

Die Verlagerung der zur Kündigung berechtigenden Umstände auf einen Dritten, insbesondere einen Treuhänder, ist zweckmäßig, da es dem einzelnen Anleger insoweit schon kaum möglich sein wird, entsprechende Pflichtverletzungen festzustellen.

IV. Rechtswidrigkeit der Vertragsdurchführung

Schließlich sehen manche Wertpapierbedingungen eine Kündigung für den Fall vor, dass die Durchführung der Verbriefungstransaktion in Teilen oder insgesamt rechtswidrig wird:

> *„Es ist oder wird für den Emittenten rechtwidrig, seine Verpflichtungen nach oder im Zusammenhang mit den Wertpapierbedingungen oder den Transaktionsdokumenten zu erfüllen“.*[13]

Dies mag insoweit von Relevanz sein, soweit Gesetzesänderungen zum Tragen kommen[14] oder soweit sich die herrschende Ansicht zu einer rechtlichen Fragestellung

---

[12] Vgl. das *Offering Circular* zur Transaktion PB Consumer 2009-1 der Deutschen Postbank AG, S. 50, vgl. Fn. 11; ähnlich das *Offering Circular* zur Transaktion A-Best 11 Auto der LBBW (Originator FCA Bank Germany GmbH) aus dem Jahr 2015, S. 208, abrufbar im Internet unter https://www.true-sale-international.de/unser-leistungsangebot/zertifizierung/zertifizierte-transaktionen-der-tsi/transaktionen/a-best-11/ (zugegriffen am 15.12.2018).

[13] Vgl. das *Offering Circular* zur Transaktion A-Best 11 Auto der LBBW (Originator FCA Bank Germany GmbH), S. 208, vgl. Fn. 12.

[14] Vgl. etwa das ab dem 01.01.2019 zu beachtende Verbot von Wiederverbriefungen nach der STS-VO, wobei dies nicht auf Altfälle anzuwenden sein wird s.o. Kap. 3, B. III.

ändert, so z. B. zur zustimmungsfreien Abtretbarkeit von Darlehensforderungen.[15] Problematisch wäre insbesondere in diesem Fall die Begleichung von Zahlungsansprüchen der Anleger, stünde doch das aus den verbrieften Darlehensforderungen fließende Kapital der Zweckgesellschaft zu deren Begleichung nicht mehr zur Verfügung. Solches könnte allenfalls aus einer bereicherungsrechtlichen Rückabwicklung der Portfolioübertragung, Zug-um-Zug gegen Zahlung von Wertersatz an die Zweckgesellschaft in Höhe des vormals an den Originator entrichteten Kaufpreises gemäß §§ 812 Abs. 1 Satz 1, Alt. 1, 818 Abs. 2 BGB zu erlangen sein, was jedoch faktisch auch die Verfügbarkeit entsprechender Liquidität bei dem Originator voraussetzen würde. Eine vollständige Rückabwicklung der gesamten Verbriefungstransaktion wäre hierbei kaum zu gewährleisten, angesichts der durch andere Transaktionsbeteiligten bereits erbrachten und vergüteten oder noch zu vergütenden Leistungen, die den Wertersatz und damit das für die Anleger zur Verfügung stehende Kapital schmälern würden. Eine dahingehende Entwicklung gestaltet sich nach derzeitigem Stand jedoch als eher unwahrscheinlich, nicht zuletzt angesichts der zeit- und kostenintensiven Bemühungen auf europarechtlicher Ebene, die Verbriefungsmärkte wiederzubeleben.[16] Tatsächlich dürfte dieser Kündigungsgrund damit von weiteraus geringerer Relevanz sein, als die vorbenannten, insoweit auch häufiger anzutreffenden Kündigungsgründe.

V. Zum abschließenden Charakter vertraglicher Kündigungsrechte

Eine abschließende Regelung durch vertragliche Kündigungsrechte, mit dem Ergebnis, dass das außerordentliche gesetzliche Kündigungsrecht nach § 314 BGB generell nicht mehr zur Anwendung gelangt, kann weder ausdrücklich vereinbart, noch durch Auslegung herbeigeführt werden.[17] Insoweit bedarf es zunächst überhaupt der Regelung vertraglicher Kündigungsrechte in den Wertpapierbedingungen, da es andernfalls schon an einem der Auslegung fähigen Anhaltspunkt fehlt, man habe die gesetzlichen Kündigungsrechte im Übrigen ausschließen wollen.[18] Im Übrigen ist zu berücksichtigen, dass § 314 BGB im Kern zwingendes Recht und folglich nicht im Ganzen abbedingbar ist.[19] Dies geht auch aus der gesetzgeberischen Wertung hervor.

Der Referentenentwurf zum Schuldverschreibungsgesetz sah in dessen § 22 (RefE) noch vor, die abschließende Regelung durch vertragliche Kündigungsrechte zuzulassen. In Abs. 1 war vorgesehen, die Kündigungsgründe beschränken zu können,

[15] Vgl. den Problemaufriss unter Kap. 3, B.II.1.

[16] Vgl. allein Erwägungsgrund Nr. 2 der STS-VO.

[17] Zu dessen Anwendbarkeit nachfolgend unter B.

[18] So zutreffend OLG Köln, Urt. v. 09.07.2015, Az.: 3 U 58/12, ZIP 2015, 1924 ff. = juris Rn. 85.

[19] OLG Köln, Urt. v. 09.07.2015, Az.: 3 U 58/12, ZIP 2015, 1924 ff. = juris Rn. 85; OLG Frankfurt, Urt. v. 17.09.2014, Az.: 4 U 97/14, AG 2015, 87 (88); LG Bonn, Urt. v. 25.03.2014, Az.: 10 O 299/13, juris Rn. 36; *Horn*, BKR 2009, 446 (450).

in Abs. 2 sollte der Ausschluss von Kündigungsrechten für bestimmte Schulverschreibungen erlaubt werden und in Abs. 3 war die Kündigung durch Anleihegläubigermehrheit geregelt.[20] Es wurde hierzu angeführt, dass Schuldverhältnisse zwar grundsätzlich zumindest aus wichtigem Grund gekündigt werden könnten, für das Schuldverschreibungsrecht sei dieser Rechtsgrundsatz aber einzuschränken, um dem Schuldner die nötige Rechtssicherheit und finanzielle Planungssicherheit zu geben. Insbesondere müsse sich der Schuldner darauf verlassen können, dass Anleihegläubiger nicht „das zugrundeliegende Rechtsverhältnis kündigen, sobald sich abzeichnet, dass sich das von ihnen übernommene Risiko voraussichtlich realisieren wird“.[21] Diese Regelung wurde jedoch letztlich nicht in das SchVG übernommen.[22] Damit geht eine klare gesetzgeberische Wertung einher, dass den Anleihegläubigern das Recht zur Kündigung aus wichtigem Grund auch weiterhin vertraglich nicht genommen werden können soll.[23]

Den Bedenken, Anleger könnten aufgrund einer drohenden Realisierung der ihnen zugewiesenen Risiken kündigen, ist im Übrigen entgegenzuhalten, dass die vertragliche oder gesetzliche Risikoverteilung im Rahmen des § 314 BGB ohnehin zu berücksichtigen ist. Abzulehnen ist folglich ein Verständnis, demnach das Vorhandensein vertraglicher, außerordentlicher Kündigungsrechte oder parallel ausgestalteter Trigger generell zu einem Ausschluss gesetzlicher Kündigungsrechte führt. Inwieweit eine ggf. auch konkludente Einschränkung für einzelne Kündigungsgründe zulässig ist, bleibt im Einzelfall zu prüfen.[24]

B. Zur Anwendbarkeit des § 314 BGB

Bei Vorliegen eines wichtigen Grundes kommt eine Kündigung nach § 314 BGB in Betracht. In § 314 BGB wurde im Rahmen der Schuldrechtsmodernisierung der schon zuvor allgemein anerkannte Grundsatz normiert, dass die Vertragspartei eines Dauerschuldverhältnisses bei Eintritt einer schwerwiegenden Störung den Vertrag kündigen kann, wenn ihr das Festhalten am Vertrag unzumutbar ist.[25] Abzustellen ist folglich nicht allein auf ein Verschulden der anderen Vertragspartei, das weder erforderlich, noch ausreichend ist,[26] sondern auf die Zumutbarkeit für den Kündigenden unter Berücksichtigung aller Umstände und unter Abwägung der beiderseitigen

---

[20] Vgl. RefE SchVG, ZBB 2008, 200 (212).

[21] RefE SchVG, ZBB 2008, 200 (212).

[22] Bereits im Gesetzesentwurf war eine solche Regelung nicht mehr vorgesehen, vgl. BT-Drs. 16/12814.

[23] So wohl auch *Florstedt/von Randow*, ZBB 2014, 345 (347); Schimansky/Bunte/Lwowski/*Tetzlaff*, 4. Aufl. 2011, § 88 Rn. 39.

[24] Zu dieser generellen Möglichkeit OLG Frankfurt, Urt. v. 17.09.2014, Az.: 4 U 97/14, AG 2015, 87 (88).

[25] Gesetzesentwurf v. 14.05.2001, BT-Drs. 14/6040, S. 177; *Weth* in: jurisPK-BGB, § 314 Rn. 3.

[26] BT-Drs. 14/6040, S. 178.

Interessen, vgl. § 314 Abs. 1 BGB. Der wichtige Grund kann, muss aber nicht in einer Vertragspflichtverletzung i. S. d. § 314 BGB Abs. 2 BGB liegen.

Fraglich ist, ob § 314 BGB auf forderungsbesicherte Wertpapiere als Inhaberschuldverschreibungen i.S.d. § 793 BGB anwendbar ist. Die herrschende Ansicht in Literatur und Rechtsprechung geht von einer grundsätzlichen Anwendbarkeit aus, zum Teil jedoch ohne dies näher zu begründen.[27] Nach anderer Ansicht sei § 314 BGB aus verschiedenen Gründen nicht auf Inhaberschuldverschreibungen anwendbar; dies soll im Weiteren untersucht werden.

I. Vertragliches Schuldverhältnis

Angesichts der systematischen Verortung der Inhaberschuldverschreibung in Titel 24. des 8. Abschnitts im BGB wird durch *Maier-Reimer* bereits angezweifelt, ob es sich bei Inhaberschuldverschreibungen und den daraus entstehenden Rechtsverhältnissen überhaupt um solche aus Verträgen handelt.[28] Die Notwendigkeit eines Vertragsverhältnisses als Tatbestandsvoraussetzung ergibt sich einerseits aus der Verortung des § 314 BGB im Buch 2, Abschnitt 3 des BGB (Schuldverhältnisse aus Verträgen), andererseits knüpft auch der Wortlaut des § 314 BGB an ein bestehendes Vertragsverhältnis an.

Der Begriff des „Vertrags" ist in den §§ 793 ff. BGB nicht ausdrücklich genannt. Dem Grunde nach liefern diese Regelungen jedoch auch nur das Vehikel, das Forderungen dergestalt handelbar machen soll. Weiter auslegungsfähig im Sinne dieser Untersuchung ist mithin allein der Begriff des Leistungsversprechens in § 793 Abs. 1 Satz 1 BGB, während es ansonsten im Wesentlichen um die „Rahmenbedingungen" geht, die dessen Handelbarkeit gewährleisten sollen, so etwa durch die Beschränkung in Betracht kommender Einwendungen in § 796 BGB. Das Leistungsversprechen wiederum entsteht nach der herrschenden modifizierten Vertragstheorie[29] durch den Abschluss eines Begebungsvertrags zwischen dem Aussteller der Urkunde und

---

[27] Offengelassen, im Kern und jedenfalls für Schuldverschreibungen nach dem Schuldverschreibungsgesetz von 1899 aber doch bejaht BGH, Urt. v. 31.05.2016, Az.: XI ZR 370/15, BGHZ 210, 263 = juris Rn. 33; im Übrigen auch OLG Köln, Urt. v. 09.07.2015, Az.: 3 U 58/12, ZIP 2015, 1924 ff. = juris Rn. 82 ff.; OLG Frankfurt, Urt. v. 17.09.2014, Az.: 4 U 97/14, AG 2015, 87 (88); LG Bonn, Urt. v. 25.03.2014, Az.: 10 O 299/13, juris Rn. 35; LG Köln, Urt. v. 26.01.2012, Az.: 30 O 63/11, BB 2012, 1821 (1823); LG Nürnberg-Fürth, Urt. v. 21.12.2012, Az.: 10 O 3544/12, juris Rn. 78; LG Hamburg, Urt. v. 19.12.2011, Az.: 330 O 476/10, juris Rn. 68; LG Hamburg, Urt. v. 08.10.2007, Az.: 328 O 186/07; *Florstedt/von Randow*, ZBB 2014, 345 ff.; *Knops*, BB 2008, 2535 (2539); *Horn*, ZHR 173, 12 (50); *ders.* BKR 2009, 446 (450); *Podewils*, DStR 2009, 1914 (1916); RefE SchVG, ZBB 2008, 200 (212).

[28] *Maier-Reimer* in: Baums/Cahn, 129 (135); *Trautrims*, BB 2008, 1823 (1823); beide ohne nähere Begründung; offen gelassen BGH, Urt. v. 08.12.2015, Az.: XI ZR 488/14, BGHZ 208, 171 = juris Rn. 15.

[29] Vgl. BGH, Urt. v. 14.05.2013, Az.: XI ZR 160/12, BB 2013, 1870 (1871); BGH, Urt. v. 30.11.1972, Az.: II ZR 70/71, NJW 1973, 282 (283); MüKo-BGB/*Habersack*, Vorb. § 793 Rn. 24, 29; *Alfes/Eulenburg* in: jurisPK-BGB, § 793 BGB Rn. 73 f.

dem ersten Nehmer der Inhaberschuldverschreibung und zwar unabhängig von der näheren Ausgestaltung. Selbst folgte man der derweilen nicht mehr vertretenen Kreationstheorie,[30] die die verbriefte Forderung als einseitiges Rechtsgeschäft bereits durch den Skripturakt entstehen lässt, so handelte es sich doch unstreitig um ein – der Entstehung nach etwa der Auslobung nach § 657 BGB vergleichbares, einseitig begründetes – vertragliches Schuldverhältnis.[31]

Die vertragliche Begründung der Inhaberschuldverschreibung ist insoweit unumstritten. Auch im Falle der Nichtigkeit des Begebungsvertrags oder wenn dieser fehlt, führt dies zu keiner veränderten Wertung. Die modifizierte Vertragstheorie bedient sich für diesen Fall des durch die Ausstellung der Urkunde gesetzten Rechtsscheins,[32] genauer, es wird der Rechtsschein eines gültigen (Begebungs-)Vertrags gesetzt. Das Gesetz geht an mehreren Stellen von Rechtsscheinhaftungstatbeständen aus, genannt sei nur die Rechtsscheinhaftung nach § 172 BGB auf der Grundlage einer dem nicht vertretungsbefugten Dritten ausgehändigten Vollmachtsurkunde, so dass diese Lösung nicht systemwidrig erscheint. Sie stimmt auch mit der in § 794 Abs. 1 BGB getroffenen Regelung überein, demnach der Aussteller auch dann zur Leistung an den Inhaber verpflichtet ist, wenn sie ihm gestohlen worden, verloren gegangen oder sonst wie gegen seinen Willen in den Verkehr gelangt ist. Die Rechtsscheinhaftung begründet sich mit der Ausstellung der Urkunde, ebenso wie die Haftung des Vertretenen durch die Ausstellung der Vollmachtsurkunde. Für den Letztgenannten wird dies als hinreichende Willenskundgebung gewertet, mit der Folge, dass der Vertreter in seinem Namen Verträge abschließen kann, auch wenn der Vertretene das konkrete Geschäft tatsächlich nicht gewollt hat. Nichts anderes kann im Ergebnis für die Inhaberschuldverschreibung und den durch sie gesetzten Rechtsschein gelten; dieser ist in der Folge zumindest so zu werten, als gäbe es den Vertrag, mit der Folge, dass dieser auch kündbar sein muss, wenn die weiteren Umstände dies erlauben. Zutreffend ist aber, dass die Rechtswirkungen des Begebungsvertrags nicht automatisch auf den späteren Erwerber übergehen.[33] Auch die Rechtsscheintheorie geht nur davon aus, dass sich der spätere Erwerber auf den Rechtsschein eines wirksamen Begebungsvertrags hinsichtlich der Entstehung des Leistungsversprechens berufen kann, nicht aber, dass er selbst auf dieser Grundlage zum Partner der Begebungsvertrags wird.

Ungeachtet dessen handelt es sich auch bei dem verbrieften, abstrakten Schuldversprechen selbst um einen Vertrag. Die Annahme des auf den Abschluss des abstrakten Schuldversprechens gerichteten Angebots der Zweckgesellschaft durch den ersten Nehmer erfolgt ebenso konkludent im Rahmen des Einigseins über die schuldrechtliche Entstehung des Forderungsrechts auf der Grundlage des Begebungsvertrags.

---

[30] Vgl. MüKo-BGB/*Habersack*, Vorb. § 793 Rn. 25; *Alfes/Eulenburg* in: jurisPK-BGB, § 793 BGB Rn. 73.

[31] Vgl. MüKo-BGB/*Habersack*, Vorb. § 793 Rn. 25, 27; § 793 Rn. 2.

[32] Vgl. BGH, Urt. v. 14.05.2013, Az.: XI ZR 160/12, BB 2013, 1870 (1871); BGH, Urt. v. 30.11.1972, Az.: II ZR 70/71, NJW 1973, 282 (283); MüKo-BGB/*Habersack*, Vorb. § 793 Rn. 24; *Alfes/Eulenburg* in: jurisPK-BGB, § 793 BGB Rn. 75.

[33] BGH, Urt. v. 15.07.2014, Az.: XI ZR 100/13, AG 2014, 701 (703 m. w. N.).

Die vertragliche Natur des abstrakten Schuldversprechens ergibt sich unzweifelhaft aus dem Wortlaut des § 780 BGB. Dieses ist ebenso grundsätzlich kündbar.[34] Auch hier gilt aber, dass der Vertragsschluss allein zwischen der Zweckgesellschaft und dem ersten Nehmer erfolgt. Mängel des Begebungsvertrags wirken sich ebenso als Mängel des abstrakten Schuldversprechens aus, wobei hier wiederum auf vorbenannte Grundsätze der Rechtsscheinhaftung zurückzugreifen ist.

Während für das Rechtsverhältnis zwischen der Zweckgesellschaft und dem ersten Nehmer demnach in der Regel unproblematisch von dem Vorliegen eines Vertrags auszugehen ist, bleibt fraglich, ob auch zwischen den späteren Wertpapierinhabern und der Zweckgesellschaft ein vertragliches Verhältnis (fort-)besteht. Nach einhelliger Ansicht erfolgt die Übertragung der Inhaberschuldverschreibung durch Eigentumsübertragung der Urkunde oder eine Abtretung des verbrieften Forderungsrecht gemäß der §§ 398 ff. BGB.[35] Eine Vertragsübernahme erfolgt dagegen gerade nicht.

Dies steht der Kündbarkeit der Inhaberschuldverschreibung bzw. des mit ihr verbrieften abstrakten Schuldversprechens jedoch nicht entgegen, soweit die die hierin bereits angelegte grundsätzliche Kündbarkeit grundsätzlich ebenfalls auf den Erwerber der Hauptforderung übergehen kann. Dies gilt sowohl, soweit man hierin eine bloße, analog § 401 BGB mit dem Leistungsversprechen übergehende Fälligkeitskündigung sehe,[36] als auch, soweit man die Kündigung aus wichtigem Grund als Beendigungskündigung einordnen wolle,[37] die eine jedenfalls konkludente Abtretung gemäß §§ 413, 398 BGB erfordert. Denn auch im letztbenannten Fall wäre im Wege der Auslegung davon auszugehen, dass ein etwaiges Kündigungsrecht an nachfolgende Erwerber des Wertpapiers mit abgetreten werden solle.

Anders als im Falle eines Darlehens[38] trifft weder den ersten Nehmer noch nachfolgende Wertpapierinhaber eine Kapitalüberlassungspflicht; die Kapitalüberlassung an die Zweckgesellschaft ist rein wirtschaftlicher Natur und stellt rechtlich eine Kaufpreiszahlung dar.[39] Auch im Übrigen bestehen keine Verpflichtungen des ersten Nehmers aus dem abstrakten Schuldversprechen, es handelt sich um einen rein einseitig die Zweckgesellschaft verpflichtenden Vertrag. Hauptleistungspflichten der Zweckgesellschaft, die über das in den Wertpapierbedingungen festgelegte Leistungsprogramm hinausgehen, bestehen nicht, solche können sich allenfalls aus anderen Vertragsbeziehungen, wie etwa einem Übernahmevertrag ergeben. Somit

[34] So i. E. auch BGH, Urt. v. 15.07.2014, Az.: XI ZR 100/13, AG 2014, 701 (704) in Bezug auf die Anwendbarkeit von § 313 BGB.

[35] Vgl. Kap. 3, D.II.

[36] So in anderem Kontext etwa BGH, Urt. v. 08.12.2015, Az.: XI ZR 488/14, BGHZ 208, 171 = juris Rn. 18 ff. m. w. N.; LG Bonn, Urt. v. 12.01.2015, Az.: 9 O 153/14, juris Rn. 13 ff.; *Vogel*, ZBB 2016, 179 (184); *Seibt/Schwarz*, ZIP 2015, 401 (412); zu einem solch „automatischen“ Übergang des Kündigungsrechts auch *Baums*, ILF Working Paper Series No. 145/2015, S. 2.

[37] So wohl *Ostermann*, DZWIR 2015, 313 (315 ff.).

[38] Vgl. Kap. 3, B.II.3.

[39] Vgl. Kap. 3, D.III.1.

wird das abstrakte Schuldversprechen im Falle des (Rechts- oder Sach-)Kaufs der Inhaberschuldverschreibung quasi „restlos" auf den Erwerber übertragen. Dies ist konsequenterweise durch dazugehörige Kündigungsmöglichkeiten zu ergänzen. Dabei hat der erste Nehmer auch kein erkennbares, vor allem auch kein schützenswertes Interesse daran, die übertragene Inhaberschuldverschreibung bzw. das mit ihr verbriefte abstrakte Schuldversprechen noch selbst kündigen zu können; hierin liegt ein Unterschied zu etwaigen vorvertraglichen Schadensersatzansprüchen, an deren Erhalt gerade trotz der Übertragung der Inhaberschuldverschreibung, ggf. zwecks Schadensminderung, in der Regel noch ein wirtschaftliches Interesse besteht.[40] Aus Sicht des Emittenten ergibt sich ebenso kein schützenswertes Interesse daran, eine Kündigung nur des ersten Nehmers zu akzeptieren. Es liefe auch der im Schuldverschreibungsgesetz – insbesondere in § 4 SchVG – angelegten Austauschbarkeit von inhaltsgleich begebenen Anleihen und ihrer einheitlichen Marktpreisbildung zuwider, erwiesen sich einige von ihnen als grundsätzlich kündbar, andere aber nicht.

II. Dauerschuldverhältnis

Des Weiteren ist fraglich, ob es sich bei dem forderungsbesicherten Wertpapier um ein Dauerschuldverhältnis i. S. d. § 314 Abs. 1 BGB handelt. Ein Dauerschuldverhältnis ist ein Schuldverhältnis i. S. d. § 311 Abs. 1 BGB, das eine Verpflichtung zu einem fortlaufenden Tun, Unterlassen, Verhalten oder wiederkehrenden Leistungen begründet, wodurch während der Laufzeit des Dauerschuldverhältnisses ständig neue Erfüllungs-, Neben- und Schutzpflichten i. S. d. § 241 BGB entstehen.[41] Der Umfang aller Pflichten und Rechte ist erst über die Zeit bestimmbar.[42]

Dass es sich bei den meisten Inhaberschuldverschreibungen um Dauerschuldverhältnisse handelt, ist im Wesentlichen, sowohl in der Literatur als auch in der Rechtsprechung allgemein anerkannt, zumindest soweit es sich um eine darlehensähnliche Schuldverschreibung handelt.[43] Nach der von *Maier-Reimer* vertretenen Ansicht sei

---

[40] Zu diesen Kap. 5, A.

[41] Palandt/*Grüneberg*, § 314 Rn. 2; *Weth* in: jurisPK-BGB, § 314 Rn. 5 m. w. N.

[42] *Weth* in: jurisPK-BGB, § 314 Rn. 5 m. w. N.

[43] Vgl. BGH, Urt. v. 31.05.2016, Az.: XI ZR 370/15, BGHZ 210, 263 = juris Rn. 33; Urt. v. 01.07.2014, Az.: II ZR 381/13, BGHZ 202, 7 = juris Rn. 12; LG Nürnberg-Fürth, Urt. v. 21.12.2012, Az.: 10 O 3544/12, juris Rn. 78; LG Hamburg, Urt. v., Az.: 330 O 476/10, juris Rn. 68; OLG Köln, Urt. v. 28.12.1994, Az.: 2 U 74/94, OLGR Köln 1995, 220 (221); *Baums*, ILF Working Paper Series No. 145/2015, S. 12 ff.; *Seibt/Schwarz*, ZIP 2015, 401 (408 f.); *Knops*, BB 2008, 2535 (2539); *Horn*, ZHR 173, 12 (50); *ders.* BKR 2009, 446 (450); *Podewils*, DStR 2009, 1914 (1916); Palandt/*Grüneberg*, § 314 Rn. 5; für Hybridanleihen MüKo-BGB/*Gaier*, § 314 Rn. 6; *Weth* in: jurisPK-BGB, § 314 Rn. 8 m. w. N.; schließlich zeigt auch die Vereinbarung vertraglicher Kündigungsrechte, dass zumindest die Parteien von einem Dauerschuldverhältnis ausgehen. Offengelassen dagegen durch OLG Köln, Urt. v. 09.07.2015, Az.: 3 U 58/12, ZIP 2015, 1924 ff. = juris Rn. 87, da zumindest § 242 BGB heranzuziehen sei.

die Qualifizierung als Dauerschuldverhältnis hingegen zu verneinen: Das Dauerschuldverhältnis erfordere, dass ein wechselseitiges Austauschverhältnis vorläge, wohingegen es sich bei der Inhaberschuldverschreibung um ein einseitig verpflichtendes Schuldverhältnis handele.[44] Insoweit wird in der Literatur auch z. T. formuliert, dass sich über die Laufzeit immer wieder neue Rechte und Pflichten *beider* Parteien ergeben würden.[45] Dagegen bejaht *Drygala* das Dauerschuldverhältnis u. a. für Anleihen und Genussscheine, die regelmäßige Zins- oder Ausschüttungszahlungen vorsehen, sowie für Zerobonds (unverzinsliche Anleihen) aufgrund der von ihm angenommenen, nach der von *Maier-Reimer*[46] sowie der hier vertretenen Ansicht[47] aber im Ergebnis abzulehnenden Kapitalüberlassungspflicht des Anleihegläubigers.[48]

Der Gesetzgeber hat auf eine Definition des Dauerschuldverhältnisses i. S. d. § 314 BGB bewusst verzichtet, um künftige Entwicklungen nicht zu behindern.[49] Zu berücksichtigen ist auch die besondere Bedeutung des § 314 BGB im deutschen Rechtssystem als Ausprägung des Grundsatzes von Treu und Glauben gemäß § 242 BGB.[50] § 314 BGB ist zwingendes Recht und kann grundsätzlich auch nicht durch AGB abbedungen werden.[51] Er bildet dabei als ultima ratio[52] einen Auffangtatbestand, der eine für den Einzelnen bestehende unbillige Härte vermeiden soll. Dementsprechend ist auch der Begriff des Dauerschuldverhältnisses weit auszulegen. Aus Sicht des Kündigenden macht es jedoch keinen Unterschied, ob nur sein Vertragspartner eine „Dauerschuld" übernommen hat oder auch er selbst, da ihm unabhängig davon durch das einseitige Zuwarten auf die Fälligkeit seiner Forderung eine unbillige Härte treffen kann, zumal insoweit zumindest ein ggf. störanfälliges wirtschaftliches Austauschverhältnis zwischen Risikoübernahme und Risikovergütung vorliegt.

Zutreffend ist deshalb, dass ein Schuldverhältnis auch dann als Dauerschuldverhältnis zu qualifizieren ist, wenn auch nur eine Partei eine Verpflichtung mit

---

[44] Vgl. *Maier-Reimer* in: Baums/Cahn, 129 (135), der das Vorliegen eines Austauschverhältnisses zu Recht verneint, aber als Voraussetzung nicht hinterfragt; ebenso i. E. LG Frankfurt am Main Urt. v. 25.04.2014, Az.: 2-18 O 429/13, BeckRS 2016, 02837 unter II.5; ohne Begründung nun auch *Wansleben*, WuB 2016, 392 (394).

[45] MüKo-BGB/*Gaier*, § 314 Rn. 6; Hk-BGB/*Schulze*, § 314, Rn. 3; offener formuliert hingegen bei *Weth* in: jurisPK-BGB, § 314 Rn. 5; *Sutschet* in: BeckOK-BGB, § 241 Rn. 27.

[46] *Maier-Reimer* in: Baums/Cahn, 129 (135).

[47] Vgl. Kap. 3, D.III.1.

[48] Für Optionsscheine verneint *Drygala* das Dauerschuldverhältnis, da die Leistung nicht erst mit der Zeit bestimmbar wäre, vgl. S. 317 ff.

[49] Mit dem Hinweis, dass Dauerschuldverhältnisse auch außerhalb gegenseitiger Verträge in Betracht kämen, vgl. BT-Drucks. 14/6040 S. 177.

[50] *Horn*, ZHR 173, 12 (51); wohl direkt auf § 242 BGB rekurrierend daher OLG Köln, Urt. v. 09.07.2015, Az.: 3 U 58/12, ZIP 2015, 1924 ff. = juris Rn. 87.

[51] BGH, Urt. v. 26.05.1986, Az.: VIII ZR 218/85, juris Rn. 12 = ZIP 1986, 919 (920); *Ostermann*, DZWIR 2015, 313 (314); *Horn*, ZHR 173, 12 (50 f.); *Weth* in: jurisPK-BGB, § 314 Rn. 44.

[52] *Weth* in: jurisPK-BGB, § 314 Rn. 13.

„Dauerschuldcharakter" eingegangen ist.[53] Hierfür spricht auch die Einordnung anderer einseitig verpflichtender Vertragsverhältnisse als Dauerschuldverhältnis, so wie das der unentgeltlichen Leihe nach § 598 BGB.[54] Während bei diesem das Austauschverhältnis noch durch die Nebenpflichten des Entleihers begründet werden könnte, fehlt es an hieran – ungeachtet wirtschaftlicher Motive – bei der ebenfalls als Dauerschuldverhältnis zu klassifizierenden Bürgschaft nach § 765 BGB.[55] Ebenso stellt es sich bei der hier behandelten Inhaberschuldverschreibung dar; das Leistungsversprechen beinhaltet keine rechtlichen Leistungspflichten des Anlegers, das zugrundeliegende Äquivalenzverhältnis prägt sich allein wirtschaftlich durch den Austausch zwischen Risikoübernahme und dem in der Verzinsung enthaltenen Risikoaufschlag. Das Austauschverhältnis ist typisch für ein Dauerschuldverhältnis, aber nicht zwingend. Als geeigneteres Abgrenzungsmerkmal bietet sich dagegen der erst mit der Zeit quantifizierbare Leistungsumfang an; ob dieser Umstand vorliegt, kann für die Inhaberschuldverschreibung nicht pauschalisiert bejaht oder verneint werden, sondern ist je nach dessen konkreter Ausgestaltung im Einzelfall gesondert festzustellen. Bei darlehensähnlicher Ausgestaltung des Schuldversprechens wie im Falle des forderungsbesicherten Wertpapiers ist dies jedoch zu bejahen. Insoweit gelangt auch nach einer in der Literatur und Rechtsprechung vertreten Ansicht § 314 BGB zumindest dann zur Anwendung, wenn die mit der Schuldverschreibung verbrieften Gläubigerrechte einen darlehensähnlichen Charakter aufweisen.[56]

Die Zweckgesellschaft zumindest hat demnach eine Verpflichtung mit Dauerschuldcharakter übernommen: Die Zinsansprüche entstehen erst in Abhängigkeit von der Hauptschuld über die Laufzeit. Welche konkreten Zinsansprüche der Anleger hat, ergibt sich erst über die Laufzeit zu den jeweils festgelegten Bewertungstagen und in Abhängigkeit des noch als Rückzahlungsanspruch ausstehenden Kapitals.[57] Dächte man sich eine fiktive vorzeitige Beendigung hinzu, so sähe der Vertragswille beider Parteien nicht vor, die (insoweit klassische) Verzinsung im ursprünglich prognostizierten Umfang mit dem Rückzahlungsanspruch zusammen fällig werden zu lassen. Der Umfang der Leistungspflichten der Zweckgesellschaft ergibt sich mithin erst über die Zeit und ist nicht schon zu Laufzeitbeginn quantifizierbar.

---

[53] So i. E. auch *Pierson*, ZfPW 2017, 325 (338); *Vogel*, ZBB 2016, 179 (188); *Florstedt*, ZIP 2016, 646 (651).

[54] Aufgrund der „Überlassung", vgl. *Oetker*, S. 145; *Colling* in: jurisPK-BGB, § 605 Rn. 1.

[55] Aufgrund der „Leistungsbereitschaft" vgl. *Oetker*, S. 168 f.; MüKo-BGB/*Gaier*, § 314 Rn. 6 m. w. N.

[56] LG Köln, Urt. v. 26.01.2012, Az.: 30 O 63/11, BB 2012, 1821 (1823); LG Hamburg, Urt. v. 08.10.2007, Az.: 328 O 186/07, juris; *Knops*, BB 2008, 2535 (2539); *Horn*, ZHR 173, 12 (50); *ders.* BKR 2009, 446 (450).

[57] Vgl. oben Kap. 3, D.III.2.

Soweit in der Literatur schließlich Beispiele genannt werden, in denen eine Kündigung aus wichtigem Grund schlecht denkbar wäre,[58] ist dies keine Frage der generellen Anwendbarkeit des § 314 BGB, sondern eine Frage des konkreten Kündigungsgrunds. Eine pauschalisierte Ablehnung der Anwendbarkeit des § 314 BGB auf Inhaberschuldverschreibungen und die mit ihr verbrieften Ansprüche rechtfertigen solche Einzelfallbeispiele nicht.[59]

III. Keine „Verkaufsalternative"

Des Weiteren wird der Anwendbarkeit des § 314 BGB entgegengehalten, dass Wertpapiere stets handelbar und die Anleger deshalb nicht schutzwürdig seien, da sie das Wertpapier – quasi als „milderes Mittel" zur ultima ratio – zum Marktpreis veräußern können und nicht auf Kündigungsrechte angewiesen seien.[60] Dieses Argument verfängt schon deshalb nicht, da insbesondere bei forderungsbesicherten Wertpapieren, aber auch bei anderen Wertpapieren, das Zustandekommen eines Sekundärmarkts nicht gewährleistet werden kann.[61] Zudem ist zu berücksichtigen, dass im bereits eingetretenen Störfall der für Spekulationen anfällige Marktpreis kaum einen angemessenen Ausgleich bieten wird.[62]

IV. Kündigungsausschluss bei bereits initiierter Beschlussfassung entsprechend § 5 SchVG

Umstritten ist schließlich, ob Beschlussfassungen nach § 5 SchVG bzw. entsprechender Wertpapierbedingungen, so insbesondere bei Verzicht auf ein Kündigungsrecht oder dessen Beschränkung, auch Auswirkungen auf die Wirksamkeit bereits im Vorfeld erklärter Kündigungen haben können. Hierfür wird angeführt, dass der

---

[58] Vgl. *Maier-Reimer* in: Baums/Cahn, 129 (135 f. unter b) und unter d); ob der Schuldner etwa aufgrund eines veränderten Zinsumfelds kündigen kann, ist auch keine Frage veränderter Anforderungen an § 314 BGB, sondern der bloßen Anwendung im Rahmen des § 314 BGB anerkannter Rechtsgrundsätze wie etwa der Berücksichtigungsfähigkeit einer vertraglichen Risikoverteilung).

[59] So auch *Pierson,* ZfPW 2017, 325 (332).

[60] LG Frankfurt am Main Urt. v. 25.04.2014, Az.: 2-18 O 429/13, BeckRS 2016, 02837 unter II. 5.; *Alfes/Eulenburg* in: jurisPK-BGB, § 793 BGB Rn. 51 (zweiter Gliederungspunkt); *Seibt/Schwarz*, ZIP 2015, 401 (409); *Trautrims*, BB 2008, 1823 (1824); *Maier-Reimer* in: Baums/Cahn, 129 (136).

[61] So auch *Buchmann*, AG 2012, R341 (R342).

[62] So auch *Pierson*, ZfPW 2017, 325 (349 f.); *Vogel*, ZBB 2016, 179 (187); *Brenner/Moser*, NZI 2016,711 (712); *Florstedt/von Randow*, ZBB 2014, 345 (347); ähnlich *Baums*, ILF Working Paper Series No. 145/2015, S. 5; das LG Frankfurt am Main hatte in seinem Urt. v. 25.04.2014, Az.: 2-18 O 429/13, BeckRS 2016, 02837 unter II.5. ersichtlich nur den „räuberischen Anleihegläubiger" (Wortschöpfung von *Veranneman*, NJW 2016, 1178), nicht aber den redlichen, von Beginn an auch marktwirtschaftlich gewünschte Finanzierungsfunktionen tragenden Anleger (vgl. auch *Pierson*, ZfPW 2017, 325 (349)) im Blick.

Sanierungszweck der Regelungen unterlaufen würde, könne sich ein Anleger bei Bekanntwerden der zur Kündigung berechtigenden Umstände, insbesondere bei drohendem Vermögensverfall und einer daraufhin bereits initiierten Beschlussfassung, durch seine außerordentliche Kündigung der Unterwerfung unter die Wirkungen des Mehrheitsbeschlusses entziehen.[63] Durch die §§ 5 ff. SchVG habe der Gesetzgeber ein Leitbild geschaffen, demnach es den Anlegern zugemutet werde, sich einer kraft Mehrheitsbeschluss verbindlich festgelegten Sanierungsmaßnahme zu unterwerfen.[64] Ihm sei auch zuzumuten, auf eine Gläubigerversammlung zuzuwarten; kündige er zuvor, sei die Kündigung zur Unzeit erfolgt.[65]

Der vorstehenden Ansicht ist im Grundsatz beizupflichten. Angeknüpft werden sollte hierbei dogmatisch an die in §§ 313, 314 BGB vorausgesetzte Zumutbarkeitsprüfung und Interessenabwägung, in deren Rahmen auch eine gesetzliche oder vertragliche Risikoverteilung zu berücksichtigen ist.[66] Zu Bedenken ist zwar, dass im Vorfeld der Beschlussfassung eine für die konkret veränderte vertragliche Risikoverteilung zulasten der Anleger erforderliche Willensbildung per Mehrheitsbeschluss gerade noch nicht erfolgt ist.[67] Gleichwohl mag allein die in den Wertpapierbedingungen vorgesehene Möglichkeit, einen entsprechenden Beschluss zu fassen, die Zumutbarkeit des Festhaltens am Vertrag bei bereits initiierter Beschlussfassung rechtfertigen. Dabei kann die im SchVG angelegte Zumutbarkeit von Sanierungen als Ausdruck einer durch „*Opt In*" wählbaren gesetzlichen Risikoverteilung zulasten der Anleger zu berücksichtigen sein.[68] Erforderlich erscheint, dass innerhalb eines angemessenen Zeitraums ein schlüssiges Restrukturierungs- und Sanierungskonzept zu Beschlussfassung vorgelegt werde.[69] Allein das Vorliegen einer Sanierungsbedürftigkeit des Emittenten erscheint dagegen unzureichend, denn der im SchVG verankerte Sanierungsgedanke kommt erst dann und auch nur solange zum Tragen, als entsprechende Maßnahmen auch tatsächlich ergriffen werden könnten. Je nach den Umständen des Einzelfalls müssen vorstehende Erwägungen zudem

---

[63] Statt vieler *Seibt/Schwarz*, ZIP 2015, 401 (402, 407, 410); so der Sachverhalt bei BGH, Urt. v. 08.12.2015, Az.: XI ZR 488/14, BGHZ 208, 171 ff.

[64] *Alfes/Eulenburg* in: jurisPK-BGB, § 793 BGB Rn. 51 (zweiter Gliederungspunkt); *Seibt/Schwarz*, ZIP 2015, 401 (410); *Paulus*, WM 2012, 1109 (1112); *Trautrims*, BB 2008, 1823 (1824); kritisch *Pierson*, ZfPW 2017, 325 (340), jedoch im Hinblick auf damit begründete Treuepflichten der Anleihegläubiger untereinander, nicht aber hinsichtlich einer beim wichtigen Grund zu berücksichtigenden Risikoverteilung (hierzu im Weiteren).

[65] OLG Köln, Urt. v. 09.07.2015, Az.: 3 U 58/12, ZIP 2015, 1924 ff. = juris Rn. 98 ff.

[66] So i. E. auch BGH, Urt. v. 31.05.2016, Az.: XI ZR 370/15, BGHZ 210, 263 = juris Rn. 35 ff. m. w. N.; *Brenner/Moser*, NZI 2016,711 (712); anders hingegen noch BGH, Urt. v. 08.12.2015, Az.: XI ZR 488/14, BGHZ 208, 171 = Rn. 16 ff.: hiernach sei ungeachtet sich im Vorfeld ergebender Umstände maßgeblich an die Fortwirkung der kollektiven Bindung gem. § 4 SchVG im Falle eines sodann beschlossenen Kündigungsverzichts anzuknüpfen; wegen der (zu) weitreichenden Folgen einer solchen Einordnung wird auf nachstehende Ausführungen unter B.VIII verwiesen.

[67] So auch OLG Frankfurt, Urt. v. 17.09.2014, Az.: 4 U 97/14, AG 2015, 87 (90).

[68] So i. E. wohl auch BGH, Urt. v. 31.05.2016, Az.: XI ZR 370/15, BGHZ 210, 263 = juris Rn. 38 ff. im Anwendungsbereich des Schuldverschreibungsgesetzes 1899.

[69] Vgl. *Brenner/Moser*, NZI 2016,711 (712); so wohl auch OLG Köln, Urt. v. 09.07.2015, Az.: 3 U 58/12, ZIP 2015, 1924 ff. = juris Rn. 106.

auch hinter den Interessen des Anlegers zurückstehen können.[70] Anders kann die Interessenabwägung mithin ausfallen, stützt sich die konkrete Kündigung nicht auf einen mit der Sanierung in Zusammenhang stehenden Sachverhalt, sondern z. B. schwerwiegende Pflichtverletzungen, wie etwa strafbare, anlegerschädigende Handlungen der Geschäftsführung.

V. Inhaltliche Reichweite eines beschlossenen Kündigungsverzichts entsprechend § 5 SchVG

§ 5 Abs. 3 Nr. 8 SchVG erlaubt den Verzicht auf das Kündigungsrecht oder dessen Einschränkung durch Mehrheitsbeschluss, soweit diese Möglichkeit in den Wertpapierbedingungen vorgesehen oder durch einen Mehrheitsbeschluss gemäß § 24 Abs. 2 SchVG nachträglich umgesetzt wurde. § 5 Abs. 3 Nr. 8 SchVG betrifft zunächst nur Kündigungsrechte, die in den Wertpapierbedingungen vorgesehen sind.[71] Darüber hinaus kann auch ein auf denselben Grund gestütztes Kündigungsrecht nach § 314 BGB ausgeschlossen werden,[72] wobei sich dies im Regelfall bereits aus dem mit der Begrenzung auf das vertragliche Kündigungsrecht einhergehenden konkludenten Ausschluss einer Kündigung nach § 314 BGB ergibt, soweit dieser wirksam ist. Ein genereller Ausschluss von § 314 BGB kommt dagegen angesichts seines im Kern zwingenden Charakters nicht in Betracht; eine Begrenzung ist nur für spezielle Situationen zulässig.[73] Insoweit gebietet auch der Sanierungszweck der §§ 5 ff. SchVG nichts anderes; insbesondere muss das Kündigungsrecht für solche Fälle erhalten bleiben, die in keinem Zusammenhang mit dem eigentlichen Restrukturierungsverfahren oder der Sanierungsbedürftigkeit des Emittenten stehen, so etwa im Falle erheblicher Pflichtverletzungen durch den Emittenten im Restrukturierungsverfahren.[74]

VI. Zwischenergebnis

Der Charakter der Inhaberschuldverschreibung steht einer Kündigung des forderungsbesicherten Wertpapiers nach § 314 BGB nicht per se entgegen. Auch ein nach § 5 SchVG beschlossener Kündigungsverzicht vermag sie nicht gänzlich auszuschließen. Im Falle der Pflichtverletzung ist die Zweckgesellschaft gemäß § 314

[70] Zu Recht auch einzelfallabhängig wertend *Ostermann*, DZWIR 2015, 313 (314); vgl. allgemein *Pierson*, ZfPW 2017, 325 (346 ff.).

[71] OLG Frankfurt, Urt. v. 17.09.2014, Az.: 4 U 22/14, juris Rn. 60 m. w. N.

[72] OLG Frankfurt, Urt. v. 17.09.2014, Az.: 4 U 22/14, juris Rn. 61.

[73] *Vogel*, ZBB 2016, 179 (189); *Baums*, ILF Working Paper Series No. 145/2015, S. 20; *Horn*, BKR 2009, 446 (450).

[74] Offengelassen durch OLG Frankfurt, Urt. v. 17.09.2014, Az.: 4 U 22/14, juris Rn. 61.

Abs. 2 BGB zunächst abzumahnen, es sei denn, die Abmahnung ist entsprechend § 323 Abs. 2 BGB entbehrlich; des Weiteren kann die Kündigung gemäß § 314 Abs. 3 BGB nur innerhalb einer angemessenen Frist nach Kenntniserlangung vom Kündigungsgrund erfolgen.

VII. Kündigungsfolgen

Mit der fristgerechten Kündigung wird der Rückzahlungsanspruch fällig gestellt. Hiermit endet zugleich das Vertragsverhältnis mit Wirkung für die Zukunft (ex nunc); die bisherigen Leistungen bleiben unberührt, ebenso bleiben die bis zur Kündigung bereits fällig gewordenen Zinsansprüche bestehen.[75] Eine Kompensation noch nicht fälliger, aber angesichts ihrer materiellen Akzessorietät auch noch nicht entstandener Zinsansprüche,[76] findet dagegen nicht statt.

VIII. Keine Rückwirkung einer Beschlussfassung entsprechend § 5 SchVG

Umstritten ist, inwieweit eine bereits ausgesprochene Kündigungserklärung durch eine Beschlussfassung der Gläubigerversammlung nach den §§ 5 ff. SchVG, mit der auf das Kündigungsrecht gemäß § 5 Abs. 3 Nr. 8 SchVG verzichtet wird oder vergleichbare Maßnahmen getroffen werden, rückwirkend erfasst und diese damit hinfällig wird.[77] Dies spielt vor allem deshalb eine Rolle, da für diesen Fall, anders als bei einer Herleitung der Unwirksamkeit aus bereits initiierter Beschlussfassung, auch weit zurückliegende Kündigungen erfasst sein könnten.[78]

Weitgehende Einigkeit besteht zunächst dahingehend, dass die kollektive Bindung i. S. d. § 4 SchVG über die Kündigung der Schuldverschreibung hinauswirke.[79] Während nach der herrschenden Ansicht die Kündigung nur zu einer Fälligkeit

---

[75] Vgl. allgemein *Weth* in: jurisPK-BGB, § 314 Rn. 47.

[76] Vgl. auch Kap. 3, D.III.2.

[77] Dafür BGH, Urt. v. 08.12.2015, Az.: XI ZR 488/14, BGHZ 208, 171 = juris Rn. 16 ff.; LG Bonn, Urt. v. 12.01.2015, Az.: 9 O 153/14, juris Rn. 13 ff.; Veranneman/*Oulds*, § 4 Rn. 37; *Ostermann*, DZWIR 2015, 313 (315 ff.); *Seibt/Schwarz*, ZIP 2015, 401 (411 f.); offengelassen durch OLG Köln, Urt. v. 09.07.2015, Az.: 3 U 58/12, ZIP 2015, 1924 ff. = juris Rn. 107; kritisch *Florstedt*, ZIP 2016, 646 (648 ff.); *Wansleben*, WuB 2016, 392 ff.

[78] Vgl. *Ostermann*, DZWIR 2015, 313 (316) unter Hinweis auf den Sachverhalt bei BGH, Urt. v. 01.07.2014, Az.: II ZR 381/13, BGHZ 202, 7, betreffend eine Laufzeitverlängerung von Genussscheinen.

[79] BGH, Urt. v. 08.12.2015, Az.: XI ZR 488/14, BGHZ 208, 171 = juris Rn. 23 f.; LG Bonn, Urt. v. 12.01.2015, Az.: 9 O 153/14, juris Rn. 13 ff.; *Ostermann*, DZWIR 2015, 313 (315); *Seibt/Schwarz*, ZIP 2015, 401 (411 f.) *Horn*, BKR 2009, 446 (448); Veranneman/*Oulds*, § 4 Rn. 37; a. A. *Wansleben*, WuB 2016, 392 (393).

des Rückzahlungsanspruchs führe, die Anleihe aber im Übrigen „inhaltsgleich" zumindest bis zur vollständigen Zahlung fortbestehe,[80] geht die Gegenansicht von einer durch die Kündigung herbeigeführten Beendigung aus, die den weiteren Wirkungen von § 4 SchVG jedoch nicht entgegenstehen solle.[81] Maßgeblich ist nach wohl beiden Ansichten, dass die kollektive Bindung nur soweit fortwirken solle, wie es dessen Zweck erfordere.[82]

Soweit der BGH in einer Entscheidung aus dem Jahr 2015 im vorstehenden Zusammenhang darauf abstellt, das Ziel der Kernvorschriften von §§ 4, 5 SchVG liege darin, die Gläubiger einer Anleihe in der Krise des Schuldners auf der Grundlage vollständiger und richtiger Informationen sowie einem geordneten, fairen und transparenten Verfahren an dessen vorinsolvenzrechtlicher Sanierung gleichmäßig zu beteiligen, kann dem so nicht gefolgt werden. Denn vorstehende Erwägungen prägten zwar maßgeblich die Neuerungen des Schuldverschreibungsrechts, zielten dabei jedoch im Wesentlichen auf die hiermit eröffnete Möglichkeit von Mehrheitsbeschlüssen nach den §§ 5 ff. SchVG ab.[83] Der für die Reichweite der kollektiven Bindung i. S. v. § 4 SchVG maßgebliche Zweck liegt dagegen darin, dass nicht aus inhaltsgleich begebenden Schuldverschreibungen (§ 1 SchVG) verschiedene Rechte erwachsen können sollen, deren unterschiedliche Ausgestaltung für den Rechtsverkehr nicht zu erkennen ist und die einer einheitlichen Marktpreisbildung für diese Schuldverschreibungen entgegenstehen könnte. Insoweit heißt es auch in der Gesetzesbegründung vollständig:

> *„Die konkrete Reichweite der kollektiven Bindung kann durch den Gesetzgeber nicht abschließend bestimmt werden. Sie reicht jedenfalls so weit, wie es der mit ihr verfolgte Zweck gebietet. Zweck der kollektiven Bindung ist es, die rechtlich identische Ausgestaltung von Bestimmungen in Anleihebedingungen und damit die freie Handelbarkeit der Schuldverschreibungen zu einem einheitlichen Preis zu gewährleisten. Im Regelfall ist daher von der kollektiven Bindung auszugehen."*[84]

Der Zweck der kollektiven Bindung i. S. v. § 4 SchVG zielt damit auf den Schutz des Rechtsverkehrs ab, nicht dagegen – anders als die optional wählbaren §§ 5 ff. SchVG – auf den Schutz des Emittenten oder seiner Anleihegläubiger.[85] Aus Sicht des Rechtsverkehrs ist die Rückwirkung eines Kündigungsverzichts oder z. B. einer rückwirkenden Änderung in ein anderes Leistungsversprechen jedoch nicht erforderlich, um das Ziel einer Austauschbarkeit und einheitlichen Marktpreisbildung

---

[80] BGH, Urt. v. 08.12.2015, Az.: XI ZR 488/14, BGHZ 208, 171 = juris Rn. 21; *Seibt/Schwarz*, ZIP 2015, 401 (411 f.).

[81] *Ostermann*, DZWIR 2015, 313 (315 ff.).

[82] Vgl. auch BGH, Urt. v. 08.12.2015, Az.: XI ZR 488/14, BGHZ 208, 171 = juris Rn. 23 unter zutreffender Bezugnahme auf BT-Drs. 16/12814, S. 17.

[83] Vgl. den Zusammenhang bei BT-Drs. 16/12814, S. 13 f.; zu Recht kritisch im Übrigen *Florstedt*, ZIP 2016, 646 (648).

[84] Vgl. BT-Drs. 16/12814, S. 17, hier nicht im Allgemeinen, sondern ausdrücklich zu § 4 SchVG im Speziellen.

[85] So i. E. auch *Florstedt*, ZIP 2016, 646 (649).

sicherzustellen: Im Falle der Kündigung hat der Anleger über die Auszahlung hinaus keine Rechte mehr aus dem Wertpapier, die Leistung setzt gemäß § 797 BGB die Aushändigung der Urkunde voraus, mit der der Aussteller an ihr Eigentum, im Falle einer Globalurkunde Miteigentum erwirbt. Das gekündigte Wertpapier ist demgemäß dem Rechtsverkehr entzogen, ein weiterer Schutz desselben ist nicht erforderlich.[86]

Großen Bedenken begegnet im Übrigen der durch die nunmehr herrschende Ansicht vertretene Ansatz, demnach es sich bei dem Anleger, der die Kündigung bereits ausgesprochen hat, überhaupt noch um einen Gläubiger einer „inhaltsgleichen“ Anleihe i. S. v. §§ 4 i. V. m. 1 Abs. 1 SchVG bzw. derselben Anleihe i. S. v. § 5 Abs. 2 Satz 1 SchVG handele.[87] Mit der Kündigungserklärung wird von einem Gestaltungsrecht Gebrauch gemacht, das jedenfalls im Einzelfall angesichts mannigfaltiger Gestaltungsspielräume viel weitreichendere Auswirkungen, als nur eine Vorverlegung der Fälligkeit haben kann; vielmehr werden in einem solchen Fall die gesamten „Spielregeln“ außer Kraft gesetzt, die mit einem Wegfall der Verzinsung oder etwaigen Bonuszahlungen oder Verlustbeteiligungen einhergehen. Eine gekündigte Anleihe ist mit einer ungekündigten Anleihe allein schon deshalb nicht mehr „inhaltsgleich“ oder noch „dieselbe“.[88] Dies zeigt sich auch aus einem Umkehrschluss hinsichtlich der mit § 4 SchVG beabsichtigten, einheitlichen Marktpreisbildung; eine solche ist zwischen gekündigten und ungekündigten Anleihen schlichtweg nicht mehr herzustellen. Der sofort fällige Rückzahlungsanspruch, dessen Ergiebigkeit u. a. von den bei dem Emittenten (noch) verfügbaren Finanzmitteln und etwaigen Sicherheiten, einer etwaig erforderlich werdenden gerichtlichen Durchsetzbarkeit und damit verbundener Kosten- und Prognoserisiken sowie dem speziellen Interessentenkreis für solche Forderungen abhängt, bemisst sich nach ganz anderen Wertbildungsfaktoren, als eine ungekündigte Anleihe in fortlaufender Risiko-Rendite-Struktur, die bei missglückter Sanierung komplett ausfallen, aber ebenso in der Sanierung erhebliche Änderungen erfahren und/oder nach geglückter Sanierung sogar erfolgreicher denn je verlaufen kann. Schließlich bleibt zu berücksichtigen, dass es bei anderweitigem Verständnis allein der Emittent in der Hand hätte, zu bestimmen, wer Gläubiger „derselben“ Anleihe sei, indem sie Rückzahlungsansprüche nicht erfüllt.[89]

Selbst ginge man aber gleichwohl noch davon aus, dass es sich bei der gekündigten Anleihe um „dieselbe“ Anleihe i. S. v. § 5 Abs. 2 Satz 1 SchVG handele, stünde einer Herleitung der rückwirkenden Unwirksamkeit zunächst wirksamer

---

[86] So wohl auch OLG Frankfurt, Urt. v. 17.09.2014, Az.: 4 U 97/14, AG 2015, 87 (90).

[87] Statt vieler BGH, Urt. v. 08.12.2015, Az.: XI ZR 488/14, BGHZ 208, 171 = juris Rn. 18 ff. m. w. N.; LG Bonn, Urt. v. 12.01.2015, Az.: 9 O 153/14, juris Rn. 13 ff.; *Vogel*, ZBB 2016, 179 (184); *Seibt/Schwarz*, ZIP 2015, 401 (412).

[88] Ebenso *Pierson*, ZfPW 2017, 325 (345); *Wansleben*, WuB 2016, 392 (393); auch in der Gesetzesbegründung wird insoweit angeknüpft an dieselben Bedingungen und dieselben Rechte, vgl. BT-Drs. 16/12814, S. 18.

[89] *Wansleben*, WuB 2016, 392 (393).

Kündigungserklärungen die sich aus § 5 Abs. 5 SchVG ergebende Wertung entgegen. Dieser sieht – als einzige Regelung – in Satz 2 vor, dass die Wirksamkeit einer Kündigung entfällt, wenn die Gläubiger dies binnen drei Monaten mit Mehrheit beschließen, wobei nach Satz 3 für den Beschluss über die Unwirksamkeit der Kündigung die einfache Mehrheit der Stimmrechte genügt, aber in jedem Fall mehr Gläubiger zustimmen als gekündigt haben müssen. § 5 Abs. 5 SchVG gilt aber nur, wenn bereits in den Wertpapierbedingungen entsprechend § 5 Abs. 5 Satz 1 SchVG bestimmt ist, dass die Kündigung von ausstehenden Schuldverschreibungen nur von mehreren Gläubigern und einheitlich erklärt werden kann, wobei der für die Kündigung erforderliche Mindestanteil der ausstehenden Schuldverschreibungen nicht mehr als 25 Prozent betragen darf. Fraglich ist dabei schon, ob eine entsprechende Regelung, die zumeist mit der Benennung konkreter Kündigungsgründe einhergehen wird, sich überhaupt auch auf unbenannte, aber nicht abbedingbare Kündigungsgründe nach den §§ 313, 314 BGB erstrecken soll. Ohne dahingehende Hinweise in den Wertpapierbedingungen ist davon nicht ohne Weiteres auszugehen, Zweifel bei der Auslegung gehen insoweit auch zulasten des Verwenders, vgl. § 305c BGB.[90] Im Zweifel soll die für bestimmte Kündigungsgründe vorgesehene Kollektivkündigung Individualkündigungen aus wichtigem Grund, die vor allem auch personenbezogen und einer Kollektivkündigung gar nicht zugänglich sein können, nicht hindern oder kann dies auch angesichts des in § 314 BGB enthaltenen zwingenden Kerns nicht rechtswirksam. Individualkündigungen aber werden von § 5 Abs. 5 SchVG nicht erfasst.[91] Im Übrigen muss eine entsprechende Beschlussfassung unter Berücksichtigung der 3 Monatsfrist die Unwirksamkeit bereits bestehender Kündigungen explizit vorsehen, der bloße Kündigungsverzicht ohne Bezugnahme genügt dem Wortlaut des § 5 Abs. 5 SchVG nach nicht.[92] Auch eine weitergehende Rückwirkung ließe sich hiermit nicht begründen.

Soweit der BGH in seiner Entscheidung von 2015 darauf abstellt, dass es sich bei § 5 Abs. 5 SchVG um eine spezielle Restrukturierungsmaßnahme handele, die einen durch eine Minderheit verursachten Mittelabfluss vermeiden solle, des Weiteren aber unabhängig von § 5 Abs. 2 Satz 1 SchVG stehe, von dem auch Individualkündigungen erfasst seien, begegnet dieses Verständnis zwar grundsätzlich keinen

---

[90] Zu dessen Anwendbarkeit BGH, 13.05.2014, Az.: XI ZR 170/13, juris Rn. 34 = BB 2014, 1866 (1869); BGH, Urt. v. 28.06.2005, Az.: XI ZR 363/04, BB 2005, 1871 (1873).

[91] Vgl. OLG Köln, Urt. v. 09.07.2015, Az.: 3 U 58/12, ZIP 2015, 1924 ff. = juris Rn. 94; LG Bonn, Urt. v. 25.03.2014, Az.: 10 O 299/13, juris Rn. 39; a. A. wohl *Baums*, ILF Working Paper Series No. 145/2015, S. 19 f.; *Seibt/Schwarz*, ZIP 2015, 401 (412); *Paulus*, WM 2012, 1109 (1112); *Horn*, BKR 2009, 446 (450).

[92] So rät zumindest auch *Weissinger* für Individualkündigungen zumindest zu einer entsprechenden Beschlussfassung zur Rückwirkung auf bereits ausgesprochene Kündigungen, vgl. EWiR 2016, 197 (198); dagegen hält *Vogel* dies nicht für erforderlich, lässt jedoch Erklärungen vermissen, weshalb, vgl. ZBB 2016, 179 (185).

Bedenken.[93] Gleichwohl hat der Gesetzgeber aber insoweit das Problem bereits wirksam gewordener Kündigungen erkannt, jedoch ausdrücklich nur für den in § 5 Abs. 5 SchVG benannten Fall geregelt, obwohl eine vergleichbare Regelung auch für sonstige Kündigungen hätte geschaffen werden können, um insbesondere einen Liquiditätsabfluss auch durch gehäufte Individualkündigungen zu verhindern.[94]

Dessen ungeachtet würde eine sichere Umsetzung des mit § 5 SchVG verfolgten Sanierungszwecks zwar möglicherweise die rückwirkende Unwirksamkeit solcher Kündigungen erfordern, die noch vor der Erkennbarkeit einer konkreten Sanierungssituation ausgesprochen, auf die hin jedoch noch keine abschließenden Auszahlungen vorgenommen wurden. Nach den vorstehenden Ausführungen geböte dies aber eine Änderung des Schuldverschreibungsgesetzes. Gangbar, aber auch sachgerecht erscheint derzeit nur, nicht an der rückwirkenden Unwirksamkeit einer Kündigung, sondern über die nach § 314 BGB gebotene Zumutbarkeitsprüfung bzw. Interessenabwägung bereits schon auf der Tatbestandsebene anzusetzen.[95] Für den Fall, dass eine Sanierungslage des Emittenten zwar faktisch schon vorliegt, aber noch nicht erkennbar ist, wäre eine solche Wertung jedoch mit erheblichen Rechtsunsicherheiten für den Anleger verbunden, weshalb zumindest auf eine bereits initiierte Beschlussfassung und einer damit zum Ausdruck kommenden Sanierungsabsicht abgestellt werden sollte.[96]

---

[93] Vgl. BGH, Urt. v. 08.12.2015, Az.: XI ZR 488/14, BGHZ 208, 171 = juris Rn. 26, vgl. auch BT-Drs. 16/12814, S. 19.

[94] Insoweit überzeugt es auch nicht, dass § 5 Abs. 2, 3 SchVG einerseits und § 5 Abs. 5 SchVG andererseits einen abweichenden Regelungsgehalt aufweisen mögen, da entsprechende Folgen in ihrer Systematik auch für eine Vorschrift anderen Regelungsgehalts hätten getroffen werden können. So im Anschluss an BGH, Urt. v. 08.12.2015, Az.: XI ZR 488/14, BGHZ 208, 171 ff., allerdings *Moser*, NZI 2016, 467 (470); eine dahingehende Auseinandersetzung vermissen lassen auch *Vogel*, ZBB 2016, 179 (184 f.); *Weissinger* EWiR 2016, 197 (198); *Ostermann* DZWIR 2015, 313 (316) u. a. Vertreter dieser Ansicht. Auch dass der Anleihegläubiger sich gem. § 20 SchVG gegen unrechtmäßige Beschlüsse wehren könne, hilft ihm wohl kaum, wenn eine sich auf vormals wirksame Kündigungen erstreckende Beschlussfassung nicht als unrechtmäßig zu werten wäre; so aber *Moser*, NZI 2016, 467 (471). Richtig dagegen *Pierson*, ZfPW 2017, 325 (334), demnach die in § 5 Abs. 5 SchVG enthaltene, dem deutschen Recht bisher unbekannte Ausnahmeregelung gerade nicht ohne ausdrückliche Anordnung aus irgendeinem „Selbstverständnis" heraus auf das zwingende Recht des § 314 BGB übertragen werden könne; ebenso i. E. *Wansleben*, WuB 2016, 392 (393) – und zwar ohne, dass überhaupt geklärt wird, ob entsprechende Regelungen bereits in den Wertpapierbedingungen hinreichend klar und transparent i. S. v. § 3 SchVG enthalten waren, vgl. *Florstedt*, ZIP 2016, 646 (649).

[95] So i. E. auch *Pierson*, ZfPW 2017, 325 (358); *Florstedt*, ZIP 2016, 646 (651); jew. unter Benennung weiterer, grds. berücksichtigungsfähiger Umstände.

[96] Vgl. oben B.IV. Der durch den BGH mit Urt. v. 08.12.2015, Az.: XI ZR 488/14, BGHZ 208, 171 ff., zu entscheidende Fall des „räuberischen Anleihegläubigers" (vgl. *Veranneman*, NJW 2016, 1178) hätte sich somit auch im Sinne einer größeren Einzelfallgerechtigkeit lösen lassen, wie nachfolgend i. E. auch bei BGH, Urt. v. 31.05.2016, Az.: XI ZR 370/15, BGHZ 210, 263 = juris Rn. 34 ff. – wenngleich bei dort anwendbaren Schuldverschreibungsgesetz von 1988, aber auf das heutige Schuldverschreibungsrecht übertragbar – geschehen.

C. Zur Anwendbarkeit des § 490 Abs. 1 BGB

§ 490 Abs. 1 BGB, demnach im Falle einer eingetretenen oder drohenden wesentlichen Verschlechterung in den Vermögensverhältnissen des Darlehensnehmers oder in der Werthaltigkeit einer für das Darlehen gestellten Sicherheit, durch die die Rückzahlung des Darlehens, auch unter Verwertung der Sicherheit, gefährdet wird, gekündigt werden kann, ist auf Inhaberschuldverschreibungen – im Regelfall – nicht direkt anwendbar.[97] Es handelt sich bei ihnen jedenfalls im Hauptanwendungsfall einer Fremdemission nicht um Darlehen i. S. v. § 488 BGB.[98] Die Berücksichtigung des mit § 490 Abs. 1 BGB einhergehenden Wertungsgedankens, nicht „sehenden Auges einen Totalverlust in Kauf nehmen zu müssen",[99] ist aber im Rahmen von § 314 BGB möglich.[100]

Soweit dem bereits entgegen gehalten wird, der Gesetzgeber habe sich trotz des wirtschaftlichen Charakters der Inhaberschuldverschreibung als Darlehen bewusst dafür entschieden, diese in den §§ 793 ff. BGB getrennt von den §§ 488 ff. BGB zu regeln, womit ein Zugriff auf Bestimmungen des Darlehensvertrags nicht zulässig sei,[101] kann dem nicht gefolgt werden. Ein solcher Rückschluss ist schon deshalb unzulässig, da der Gesetzgeber mit den §§ 793 ff. BGB gerade nicht eine handelbare Alternative zum eigentlichen Darlehen normiert hat. Diese Ansicht berücksichtigt nur unzureichend, dass es sich bei dem Leistungsversprechen gemäß § 793 BGB um jede Leistung i. S. v. § 241 Abs. 1 BGB handeln kann. Vor allem der Optionsschein zählt vorbehaltlich spezieller Alternativoptionen zu solchen klassischen Inhaberschuldverschreibungen, die gerade keine grundsätzliche Nähe zum Darlehensrecht aufweisen.[102] Wenn aber § 793 BGB dergestalt offen für alle Leistungen ist, kann hieraus gerade kein Rückschluss auf die zu den §§ 488 ff. BGB getrennte Regelung gezogen werden.

Die Interessenlage des Inhabers einer darlehensähnlichen Inhaberschuldverschreibung ist mit der eines Darlehensgebers grundsätzlich vergleichbar. Die Zweckgesellschaft ist ebenso wie ein Darlehensnehmer, unter Heranziehung einer wirtschaftlichen Betrachtungsweise, zur Verzinsung und Rückzahlung des

---

[97] BGH, Urt. v. 31.05.2016, Az.: XI ZR 370/15, BGHZ 210, 263 = juris Rn. 31; *Brenner/Moser*, NZI 2016,711 (712).

[98] Hierzu ausführlich Kap. 3, D.III.1.

[99] BT-Dr. 14/6040, 254.

[100] OLG Köln, Urt. v. 09.07.2015, Az.: 3 U 58/12, ZIP 2015, 1924 ff. = juris Rn. 99; *Pierson*, ZfPW 2017, 325 (349); *Baums*, ILF Working Paper Series No. 145/2015, S. 9 ff.; *Knops*, BB 2008, 2535 (2539); so wohl auch MüKo-BGB/*Habersack*, § 793 Rn. 12; LG Köln, Urt. v. 26.01.2012, Az.: 30 O 63/11, BB 2012, 1821 (1822); *Buchmann*, AG 2012, R341 (R342); dazu kritisch *Trautrims*, BB 2008, 1823; ablehnend *Friedl*, BB 2016, 1680.

[101] OLG Frankfurt, Urt. v. 17.09.2014, Az.: 4 U 97/14, AG 2015, 87 (89); *Seibt/Schwarz*, ZIP 2015, 401 (408); *Trautrims*, BB 2008, 1823 (1823 f.).

[102] Zum Optionsschein siehe OLG Frankfurt, Urt. v. 05.06.2008, Az.: 16 U 205/07, juris Rn. 19 = WM 2008, 1917 f.; OLG Bamberg, Urt. v. 17.04.1989, Az.: 4 U 146/88, juris Rn. 33 = NJW-RR 1989, 1449 f., je m. w. N.

ursprünglich – im Falle der Inhaberschuldverschreibung ggf. durch einen anderen – investierten Kapitals verpflichtet, wobei sowohl der Anleger, als auch der Darlehensgeber mit Ausfallrisiken belastet sind.[103]

Gegenüber dem Darlehensgeber erweist sich der Anleger zunächst sogar als schutzbedürftiger: Im Gegensatz zum Wertpapierinhaber kann der Darlehensgeber sein Ausfallrisiko in der Regel wesentlich besser kalkulieren. Er kann SCHUFA-Auskünfte einholen und, wenn es sich bei ihm um einen professionellen Darlehensgeber wie etwa eine Bank handelt, auf eigene oder in Auftrag gegebene Bonitätseinschätzungen und etwa bei bestellten Sicherungsgrundschulden auf Wertgutachten zurückgreifen. Die Einschätzung des Ausfallrisikos des forderungsbesicherten Wertpapiers gestaltet sich dagegen weitaus komplizierter, da ihm zahlreiche Forderungen zugrunde liegen, die im Rahmen der Verbriefung nicht separat einer eigenen, aktuellen Bewertung unterzogen werden können. Die Bewertung erfolgt vielmehr durch Ratingagenturen und basiert im Wesentlichen auf empirisch-statistischen Datenerhebungen.[104] Der Ratingprozess ist dabei höchst komplex, unterliegt Interessenkonflikten, da die Ratings von Anbieterseite in Auftrag gegeben und die Ratingagenturen bereits vorab beratend tätig werden[105] und ist, wie es sich in der Finanzkrise gezeigt hat, insgesamt fehleranfällig.

Des Weiteren stehen dem Darlehensgeber im Vergleich zum Anleger die besseren Absicherungsmöglichkeiten gegen das Risiko zur Verfügung: Der Darlehensgeber kann sich Sicherheiten für das Darlehen einräumen lassen und die Höhe der Verzinsung inklusive entsprechender Risikoaufschläge verhandeln. Der einzelne Anleger hat keine solche Verhandlungsposition. Er profitiert von Sicherheiten wie etwa Garantien und Liquiditätslinien nur insoweit, wie sie in dem zugrundeliegenden Verbriefungsprogramm durch den Initiator vorgesehen werden. Er kann die Verzinsung nicht verhandeln, sondern muss sich darauf verlassen, dass die Zweckgesellschaft die in der Verzinsung enthaltenen Risikoaufschläge zutreffend hat berechnen lassen.

Fraglich ist jedoch, ob der entsprechenden Anwendbarkeit des § 490 Abs. 1 BGB auf eine darlehensähnlich ausgestaltete Inhaberschuldverschreibung nicht stets die vertragliche Risikoverteilung entgegenstehen könnte. Eine Kündigung aus wichtigem Grund ist ausgeschlossen, wenn die eingetretene Störung in die Risikosphäre des kündigenden Vertragspartners fällt.[106] Eine Kündigung kommt demnach grundsätzlich nur in Betracht, wenn das sich realisierende Risiko in die Sphäre der Zweckgesellschaft fällt oder weder der Zweckgesellschaft, noch dem Anleger zugeordnet

[103] Vgl. auch LG Köln, Urt. v. 26.01.2012, Az.: 30 O 63/11, BB 2012, 1821 (1822); *Baums*, ILF Working Paper Series No. 145/2015, S. 11.

[104] *Bund/Morlok*, Kreditwesen 2005, 969; *Langner*, ZfbF 2002, 656 (659).

[105] *Marsland-Shaw/Selzer* in: Bonsall, S. 145.

[106] BT-Dr. 14/6040, 178; *Weth* in: jurisPK-BGB, § 314 Rn. 21; MüKo-BGB/*Gaier*, § 314 Rn. 10; zur vertraglichen Risikoverteilung auch BGH, Urt. v. 01.06.1979, Az.: V ZR 80/77, NJW 1979, 1818 (1819), st. Rspr.

werden kann.[107] Als Indiz für eine vertragliche Risikozuweisung kann dabei auch der Umstand herangezogen werden, dass dem speziellen Risiko ein Entgelt gegenübersteht, hier in Gestalt von Risikoaufschlägen für eine etwaig schwächere Bonität des Emittenten.[108]

§ 490 Abs. 1 BGB nimmt dagegen für Darlehensverhältnisse selbst eine Verschiebung der Risikoverteilung zugunsten des Darlehensgebers vor und entlastet ihn hinsichtlich eines drohenden Totalverlustes. Das dahingehende Interesse des Darlehensgebers wird nach der gesetzlichen Wertung als voll schützenswert eingestuft. Auch der Darlehensgeber verlangt jedoch i. d. R., vor allem, wenn es sich bei ihm – wie typisch – um eine Bank handelt, eine höhere Verzinsung von bonitätsschwächeren Darlehensnehmern.[109] Somit greift die mit § 490 Abs. 1 BGB vorgenommene Risikoverteilung gerade für den Fall einer vertraglich anderweitig indizierten Risikoverteilung.[110] Soweit daher nicht weitere Umstände hinzutreten, aufgrund derer der Vermögensverfall des Emittenten als Risiko dem Anleger zugewiesen sein könnte, steht allein die an der Bonität gemessene höhere Verzinsung einer Inhaberschuldverschreibung der entsprechenden Anwendung des § 490 Abs. 1 BGB nicht entgegen.[111] Im Übrigen kommt in der Verzinsung auch nur die zum Laufzeitbeginn aktuelle Bonität des Emittenten zum Ausdruck; ist diese gut und sind die Risikoaufschläge hieran gemessen gering, kommt es dann aber gleichwohl zu einem Vermögensverfall, so ist dieser spätere Anstieg der Ausfallwahrscheinlichkeit gerade nicht mehr durch die anfängliche Verzinsung indiziert dem Anleger zugewiesen.[112]

Der Anwendbarkeit weiter entgegenstehen könnte der Umstand, dass eine Kündbarkeit wegen der Verschlechterung der Vermögensverhältnisse des Emittenten zu einem „Run“ auf den ohnehin geschwächten Emittenten führen könnte und dieser unter Umständen allein schon wegen zahlreicher Kündigungen Insolvenz anmelden

[107] Etwas unklar BGH, Urt. v. 31.05.2016, Az.: XI ZR 370/15, BGHZ 210, 263 = juris Rn. 37, demnach die Verschlechterung der Vermögensverhältnisse „nicht ausschließlich“ dem Risikobereich des Emittenten, sondern „auch“ dem Anleihegläubiger zuzuordnen sei.

[108] So für Anleihen auch BGH, Urt. v. 31.05.2016, Az.: XI ZR 370/15, BGHZ 210, 263 = juris Rn. 37; *Vogel*, ZBB 2016, 179 (189); *Seibt*, EWiR 2016, 457 (458); *Wansleben*, WuB 2016, 392 (394); nach *Brenner/Moser*, NZI 2016,711 (712) läge das Risiko dagegen allein beim Emittenten, der allein Einfluss auf seine eigene operationellem Ergebnisse habe; vgl. allgemein *Eidenmüller*, Jura 2001, 824 (826 f.).

[109] Diese Parallelität erkennt auch *Pierson*, ZfPW 2017, 325 (341).

[110] Mit diesen aus § 490 BGB etwaig auch bei § 314 BGB zu berücksichtigenden Wertungen setzt sich der BGH in seiner Entscheidung aus dem Jahr 2016 nicht auseinander, vgl. dessen Urt. v. 31.05.2016, Az.: XI ZR 370/15, BGHZ 210, 263 = juris Rn. 37.

[111] A. A. *Seibt/Schwarz*, ZIP 2015, 401 (409), der wohl auch Darlehen nur dann der in § 490 Abs. 1 BGB enthaltenen Wertung für kündbar hält, soweit in den AGB-Banken und AGB-Sparkassen ausdrücklich ein entsprechendes Kündigungsrecht geregelt ist. Aus der Nichtregelungen kann aber nicht auf einen konkludenten Ausschluss des in § 490 Abs. 1 BGB bestimmten dispositiven Rechts geschlossen werden. I. E. ebenso *Baums*, ILF Working Paper Series No. 145/2015, S. 7.

[112] Vgl. auch *Baums*, ILF Working Paper Series No. 145/2015, S. 7, 11.

müsste.[113] Die durch die Kündigung verursachte Insolvenz kann aber ebenso auf den Darlehensnehmer zutreffen und wird dort durch das Gesetz in Kauf genommen. Aus den Wertungen der §§ 5 ff. SchVG ergibt sich grundsätzlich nichts anderes. Eine generelle „Sanierungspflicht" wird durch diese nicht begründet[114]; vielmehr ist lediglich im Fall entsprechender Regelungen in den Wertpapierbedingungen vorgesehen, dass durch Mehrheitsbeschluss Mechanismen zur Entlastung des Emittenten, wie etwa ein Verzicht auf das Kündigungsrecht oder die Reduzierung des Rückzahlungsanspruchs, beschlossen werden können, was eine veränderte Risikoverteilung begründet, aufgrund derer sich die Fortsetzung der Inhaberschuldverschreibung trotz Wertverfalls als zumutbar erweisen kann.[115]

Es könnte der entsprechenden Anwendbarkeit von § 490 Abs. 1 BGB weiter entgegengehalten werden, dass sie dem weniger Schützenswerten einen Vorteil verschaffe. Von seinem Kündigungsrecht Gebrauch machen wird insoweit zunächst, wer dieses Recht überhaupt kennt, also juristisch vorgebildet oder beraten ist und wer gute Informationsquellen über die Vermögensverhältnisse des Emittenten hat, also ggf. auch schon vor einer Herabsetzung des Ratings von der Schieflage Kenntnis erlangt, mithin Insider und institutionelle Anleger. Die Kündigung einzelner Anleger führt dabei zu einer Schlechterstellung der verbleibenden Anleger. Am Ende bleibt derjenige übrig, der aufgrund eines schlechteren Zugangs zu Informationsquellen die eigentlich größte Schutzbedürftigkeit aufweist. Hier ist jedoch zu beachten, dass die Anleger untereinander nicht rechtlich verbunden sind. Die Annahme zwischen ihnen bestehender Treuepflichten ist daher abzulehnen.[116] Die Anleger sind, auch wenn ihre Ansprüche auf denselben Bedingungen basieren, nicht Teil- oder Gesamtgläubiger ein und desselben Anspruchs, sondern Einzelgläubiger vieler gleichartiger Ansprüche gegen die emittierende Zweckgesellschaft.[117] Auch sind sie nicht etwa als GbR rechtlich miteinander verbunden, da sie bei Anwendbarkeit der §§ 5 ff. SchVG im Krisenfall gemeinsam das Ziel einer Sanierung des Emittenten verfolgen können; denn dahinter stünde allein das übergeordnete Interesse, eine bestmögliche Befriedigung (nur) des eigenen Anspruchs zu erreichen und zu diesem Zweck ggf. Zugeständnisse zu machen. Den Grundsatz einer gleichmäßigen Gläubigerbefriedigung kennt im Übrigen nur das Insolvenzrecht, nicht aber das Zivilrecht[118]; auch aus dem Schuldverschreibungsgesetz lässt sich nichts Gegenteiliges entnehmen. Für die innerhalb des § 314 BGB vorzunehmende Abwägung sind dabei auf die Interessen des kündigenden Anlegers und des

---

[113] Dies erkennt auch das LG Köln, Urt. v. 26.01.2012, Az.: 30 O 63/11, BB 2012, 1821 (1823); kritisch daher auch *Florstedt/von Randow*, ZBB 2014, 345 (346).

[114] LG Bonn, Urt. v. 25.03.2014, Az.: 10 O 299/13, juris Rn. 41.

[115] Vgl. oben B.IV.

[116] Vgl. OLG Frankfurt, Urt. v. 17.09.2014, Az.: 4 U 97/14, AG 2015, 87 = juris Rn. 72; LG Köln, Urt. v. 26.01.2012, Az.: 30 O 63/11, juris Rn. 32; a. A. wohl BGH, Urt. v. 31.05.2016, Az.: XI ZR 370/15, BGHZ 210, 263 = juris Rn. 41; *Seibt*, EWiR 2016, 457 (458).

[117] Vgl. *Horn*, ZHR 173, 22 (46).

[118] Ähnlich *Horn*, ZHR 173, 22 (46 f.).

Emittenten und in diesem Verhältnis getroffene Regelungen, nicht aber auch darüber hinausgehend auf die Interessen anderer Anleger Rücksicht zu nehmen.[119]

Schließlich soll auch der wohl maßgebende Unterschied zwischen Darlehen und darlehensähnlicher Inhaberschuldverschreibung bedacht sein: Anders als ein Darlehensgeber gibt ein Anleger unter Umständen nicht das dem Rückzahlungsanspruch entsprechende Kapital hin. Er kauft die Inhaberschuldverschreibung im Regelfall von einem emissionsbegleitenden Bankenkonsortium oder einem anderen vorherigen Inhaber,[120] ggf. zu einem deutlich hinter dem Nennwert zurückbleibenden Marktpreis. Dies ändert jedoch nichts an dem Erwerb eines vollwertigen Anspruchs gegen den Emittenten; zu welchem Preis der Anspruch erworben wurde, betrifft das Verhältnis zwischen den Parteien des Kaufvertrags, nicht das Verhältnis zwischen Emittent und Anleger.[121] Gleichwohl kann die Interessenabwägung im Rahmen des § 314 BGB hier zulasten des Anlegers ausfallen, insbesondere, wenn er die Inhaberschuldverschreibung wegen dem bereits eingetretenen Vermögensverfall des Emittenten zu einem geringen Preis erworben hat und dann aus diesem Grund kündigt.[122] Dabei ist zu berücksichtigen, dass die Fortsetzung der Inhaberschuldverschreibung dann für den Anleger nicht unzumutbar erscheint, wusste er doch von Beginn an, worauf er sich einließ. Solche Bedenken greifen nur im Einzelfall und können zu einer Ablehnung des Kündigungsrechts führen, stehen aber einer grundsätzlichen Anwendbarkeit von §§ 314, 490 Abs. 1 BGB nicht entgegen. Insbesondere dann nicht, wenn Einstandspreis und Nennwert nur minimal voneinander abweichen oder erstbenannter aus völlig anderen Gründen gering ist, etwa, weil es ohnehin nur einen eingeschränkten Markt für die jeweilige Inhaberschuldverschreibung gibt oder wenn sich der Emittent ohne finanzielle Not als unzuverlässig erweist. Im Übrigen kann sich ein Kündigungsrecht auch dann aus abgeleitetem Recht ergeben, wenn bereits der vorherige Inhaber zur Kündigung berechtigt gewesen wäre. Der Emittent ist in diesem Fall nicht schützenswert; ob der vorherige Inhaber oder sein Rechtsnachfolger kündigt, ist für ihn ohne Belang, eine dementsprechende Kündigung auch nicht treuwidrig.[123]

Im Ergebnis sind die §§ 314, 490 Abs. 1 BGB auf darlehensähnliche Inhaberschuldverschreibungen grundsätzlich anwendbar; drohende ungerechtfertigte Ergebnisse sind in der konkreten Prüfung der Voraussetzungen zu korrigieren.

---

[119] Anders wohl BGH, Urt. v. 31.05.2016, Az.: XI ZR 370/15, BGHZ 210, 263 = juris Rn. 41 für das Schuldverschreibungsgesetz von 1899, wobei aber zu berücksichtigen ist, dass die in den nunmehr geltenden §§ 5 ff. SchVG vorgesehenen Beschlussfassungen rein optional sind, die Wertpapierbedingungen demnach entsprechende Regelungen nicht enthalten müssen; der Sanierungsgedanke bedarf damit einer ausdrücklichen Manifestation in dem Verhältnis zwischen Anleger und Emittentin.

[120] Vgl. Kap. 3, D. I und II.

[121] Ähnlich *Baums*, ILF Working Paper Series No. 145/2015, S. 11 f.

[122] So auch OLG München, Urt. v. 22.06.2015, Az.: 21 U 4719/14, juris Rn. 25; *Pierson*, ZfPW 2017, 325 (351); unter Rückgriff auf § 242 BGB auch *Vogel*, ZBB 2016, 179 (189 f.).

[123] So i. E. auch OLG Frankfurt, Urt. v. 17.09.2014, Az.: 4 U 97/14, AG 2015, 87 = juris Rn. 74 f.; *Baums*, ILF Working Paper Series No. 145/2015, S. 11 f.

D. Zur Anwendbarkeit des § 313 BGB

Ebenso wie die Kündigung aus wichtigem Grund wurde auch die Störung der Geschäftsgrundlage ursprünglich aus dem Grundsatz von Treu und Glauben gemäß § 242 BGB hergeleitet und im Rahmen der Schuldrechtsmodernisierung gesetzlich kodifiziert.[124] § 313 Abs. 1 BGB sieht zunächst eine Vertragsanpassung vor, wenn sich die „Umstände, die zur Grundlage des Vertrags geworden sind, nach Vertragsschluss schwerwiegend verändert" haben, die Parteien den Vertrag in Voraussicht dieser Änderung so nicht geschlossen hätten und einem Teil das Festhalten am unveränderten Vertrag unter Berücksichtigung einer umfassenden Interessenabwägung, insbesondere der vertraglichen und gesetzlichen Risikoverteilung,[125] nicht zugemutet werden kann. § 313 Abs. 2 BGB setzt der objektiven Veränderung der Umstände die subjektive Fehlvorstellung der Geschäftsgrundlage gleich. Erst im Falle der unmöglichen oder einem Teil nicht zumutbaren Vertragsanpassung kommt bei Dauerschuldverhältnissen gemäß § 313 Abs. 3 Satz 1 und 2 BGB eine Kündigung nach § 313 Abs. 3 Satz 2 BGB in Betracht.[126]

I. Keine Beschränkung auf den ersten Nehmer

Nach einer in der Literatur vertreten Ansicht sei § 313 BGB insgesamt nicht auf das Verhältnis zwischen Emittent und (den später erwerbenden) Anleger anwendbar, da zwischen ihnen keine vertraglichen Beziehungen bestünden.[127] Letztbenanntes ist zunächst zutreffend, schließt aber die Anwendbarkeit des § 313 BGB nicht aus.

Soweit hierbei auf die höchstrichterliche Rechtsprechung aus dem Jahr 2014 abgestellt wird,[128] wird nicht berücksichtigt, dass der BGH im fraglichen Fall nur die Darlegungslast des Klägers als nicht erfüllt ansah. Der BGH hat in seiner Entscheidung insoweit festgestellt, dass Inhaberschuldverschreibungen als Grundmodell abstrakte Schuldversprechen i. S. v. § 780 BGB zugrundelägen, für die auch § 313 BGB gelte.[129] In dem konkreten Fall berief sich der Kläger wegen der kriminellen Machenschaften eines leitenden Mitarbeiters einer Investmentmanagerin, wobei der von ihr verwaltete Dachfonds hieraus resultierend als auf „Null" lautender Basiswert für die

---

[124] *Pfeiffer* in: jurisPK-BGB, § 313 Rn. 1 f.

[125] Vgl. zu Schuldverschreibungen OLG Frankfurt am Main, Urt. v. 22.02.2013, Az.: 10 U 47/11, juris Rn. 102 ff. = ZIP 2013, 1560; OLG Köln, Urt. v. 28.12.1994, Az.: 2 U 74/94, OLGR Köln 1995, 220 (221).

[126] Zur Qualifikation des forderungsbesicherten Wertpapiers als Dauerschuldverhältnis vgl. oben B.II.

[127] Habersack, ZIP 2014, 1149 (1154); MüKo-BGB/*Finkenauer*, § 313 Rn. 47.

[128] So MüKo-BGB/*Finkenauer*, § 313 Rn. 47.

[129] BGH, Urt. v. 15.07.2014, Az.: XI ZR 100/13, AG 2014, 701 (704).

streitgegenständliche Inhaberschuldverschreibung zugrundegelegt war, auf eine zwischen ihm und dem Emittenten der Inhaberschuldverschreibung bestehende, gemeinsame anfängliche, subjektive Fehlvorstellung i. S. v. § 313 Abs. 2 BGB. Der BGH stellte zutreffend fest, dass der Kläger nicht Partei des Begebungsvertrags geworden sei und folglich nicht von einem gemeinsamen, sondern allenfalls von einem gleichlaufenden Irrtum auszugehen sei; ein gemeinsamer Irrtum sei damit nicht schlüssig vorgetragen.[130]

Die Rechtsprechung lässt eine Anwendung von § 313 BGB demnach durchaus zu. Insofern traf der BGH zunächst nur Feststellungen zu § 313 Abs. 2 BGB, nicht aber auch zu § 313 Abs. 1 BGB, den er im Gegenteil abgrenzend erwähnt.[131] Unstreitig dürfte auch sein, dass sich angesichts der Feststellung, dass § 313 BGB grundsätzlich auf § 780 BGB anwendbar sei, der erste Nehmer, also in der Regel das emissionsbegleitende Bankenkonsortium, auf eine Störung der Geschäftsgrundlage berufen können solle.

Wie bereits im Hinblick auf § 314 BGB gilt auch hier, dass der vormalige Wertpapierinhaber, insbesondere das emissionsbegleitende Bankenkonsortium im Falle der erfolgreichen Platzierung, also dem Verkauf der Inhaberschuldverschreibung an den Anleger, kein Interesse mehr daran hat, das Wertpapier, das er nicht mehr innehat, noch gemäß § 313 Abs. 1 (und 2) anpassen oder nach § 313 Abs. 3 Satz 2 BGB kündigen zu können. Es verbleiben insoweit im Verhältnis zwischen dem Emittenten und dem Bankenkonsortium auch keine im Zusammenhang mit dem abstrakten Schuldversprechen entstandenen Rechte und Pflichten, die von einer Anpassung oder einer Kündigung im Verhältnis zwischen dem Emittenten und dem Anleger noch betroffen sein könnten. Zutreffenderweise ist dabei, denn allein mit diesem gehen Anpassungsanspruch und Kündigungsrecht über, auf das abstrakte Schuldversprechen und nicht auf den Begebungsvertrag abzustellen.[132] Auch das abstrakte Schuldversprechen ist insoweit ein Vertrag, der einer Annahme bedarf, wenngleich dieser Vertragsschluss gleichlaufend mit dem Abschluss des Begebungsvertrags erfolgt. Nach alledem stehen Anpassungsanspruch und Kündigungsrecht dem jeweiligen Wertpapierinhaber zu. Allerdings ist hinsichtlich der Darlegungs- und Beweislast zu berücksichtigen, dass nicht auf eine Fehlvorstellung des Anlegers abzustellen ist, sondern auf die gemeinsame Fehlvorstellung zwischen Emittenten und Bankenkonsortium. § 313 BGB scheidet damit aus, soweit das Bankenkonsortium Kenntnis von den durch den Emittenten irrig angenommenen Umständen hatte und den Vertrag gleichwohl geschlossen hat. Im Weiteren bedarf es einer Einzelfallprüfung, ob die gemeinsame Fehlvorstellung zwischen Emittenten und Bankenkonsortium zu einer Unzumutbarkeit aus Sicht des Anlegers führen kann, am Vertrag (unverändert) festzuhalten; daran kann es insbesondere fehlen, wenn er die Inhaberschuldverschreibung erst zu einer Zeit erwirbt, in der der Irrtum bereits erkennbar zutage getreten ist.

---

[130] Zum Ganzen BGH, Urt. v. 15.07.2014, Az.: XI ZR 100/13, AG 2014, 701 (704 f).

[131] BGH, Urt. v. 15.07.2014, Az.: XI ZR 100/13, AG 2014, 701 (704).

[132] Anders ggf. BGH, Urt. v. 15.07.2014, Az.: XI ZR 100/13, AG 2014, 701 (705).

II. Verhältnis zu § 314 BGB

In den Fällen, in denen § 313 BGB anwendbar ist, wird zumeist auch ein wichtiger Grund i.S.d. § 314 BGB vorliegen.[133] Fraglich ist die Abgrenzung von § 313 Abs. 3 Satz 2 BGB zu § 314 BGB, die bei gemeinsamer Einschlägigkeit partiell verschiedene Regelungen vorsehen; im Rahmen des § 314 BGB ist eine Vertragsanpassung nicht vorgesehen, dagegen tritt hier das Erfordernis der Kündigung innerhalb einer angemessenen Frist seit Kenntniserlangung hinzu.[134]

Vertreten werden im Wesentlichen folgende Ansätze: Nach einer Ansicht ist § 313 Abs. 3 Satz 2 BGB lex specialis zu § 314 BGB, so dass zunächst stets eine Vertragsanpassung zu versuchen, eine Kündigungserklärungsfrist aber nicht zu beachten wäre.[135] Nach anderer Ansicht ist § 314 BGB bei Dauerschuldverhältnissen lex specialis zu § 313 Abs. 3 Satz 2 BGB, so dass keine Vertragsanpassung erfolgen, aber die Kündigung innerhalb einer angemessenen Frist ausgesprochen werden müsste.[136] Weiter wird auch vertreten, beide Regelungskomplexe stünden unabhängig und gleichrangig nebeneinander.[137] Eine weitere Ansicht geht schließlich davon aus, dass die Vertragsanpassung nach § 313 Abs. 1 BGB der Kündigung nach § 314 BGB vorginge, diese aber lex specialis für den Fall sei, dass die Vertragsanpassung unmöglich oder unzumutbar sei.[138]

Die letztbenannte Ansicht stützt sich im Wesentlichen auf den Wortlaut der Gesetzesbegründung zum Schuldrechtsmodernisierungsgesetz. So heißt es in der Begründung zu § 314 BGB, dass die Anpassung des Vertrags nach § 313 BGB „insoweit" Vorrang vor der Kündigung aus wichtigem Grund habe,[139] woraus im Umkehrschluss hergeleitet werden könnte, dass im Übrigen § 314 BGB vorgehe. Des Weiteren heißt es in der Begründung zu § 313 BGB, dass bei Dauerschuldverhältnissen anstelle des Rücktrittsrechts das „Recht zu Kündigung aus wichtigem Grund nach § 314" trete,[140] was als Hinweis auf eine Rechtsgrundverweisung verstanden werden könnte. Allerdings ist zu berücksichtigen, dass es sich hierbei um eine wortgleiche Fortschreibung der Begründung zum Diskussionsentwurf handelt, der in § 307 BGB-DiskE (§ 313

---

[133] MüKo-BGB/*Finkenauer*, § 313 Rn. 168; Hk-BGB/*Schulze*, § 314, Rn. 2; BT-Drucks. 14/6040, S. 177.

[134] MüKo-BGB/*Finkenauer*, § 313 Rn. 168; *Pfeiffer* in: jurisPK-BGB, § 313 Rn. 22.

[135] MüKo-BGB/*Finkenauer*, § 313 Rn. 170.

[136] *Eidenmüller*, Jura 2001, 824 (832).

[137] *Feldhahn*, NJW 2005, 3381 (3383), der jedoch verkennt, dass ein wichtiger Grund – wie sich dies schon aus § 314 Abs. 1 und 2 BGB ergibt, nicht stets in einer Pflichtverletzung liegt; Hk-BGB/*Schulze*, § 314, Rn. 2, hingegen für den Fall, dass die Störung der Geschäftsgrundlage und der wichtige Grund gleich schwer wiegen.

[138] Jauernig/*Stadler*, § 313 Rn. 12, § 314 Rn. 2.

[139] BT-Drs. 14/6040, S. 177; zum Vorrang der Vertragsanpassung im Übrigen schon RG, Urt. v. 03.02.1922, Az.: II 640/21 („Vigogne-Spinnerei"), RGZ 103, 328, 833 f., das hierbei explizit auch insoweit nur kündbare, langfristige Verträge bedacht hat (S. 833).

[140] BT-Drs. 14/6040, S. 176.

BGB) noch einen direkten Verweis auf § 308 BGB-DiskE (§ 314 BGB) enthielt.[141] Bezüglich dieser Änderung wird angeführt, der Gesetzgeber habe sich ausdrücklich gegen den Verweis entschieden, um das Missverständnis zu vermeiden, es läge eine Rechtsgrundverweisung auf § 314 BGB vor.[142] Diese Ansicht findet bereits Anhaltspunkte im Diskussionsentwurf, der hinsichtlich des Vorrangs des § 314 BGB auf die seinerzeit gängige Rechtsansicht hinweist; diesbezüglich wird u. a. Bezug auf ein Urteil des BGH vom 12.06.1987 genommen, demnach eine Vertragsauflösung bei grundlagengestörten Dauerschuldverhältnissen nur durch Kündigung bewirkt werden könne.[143] Der BGH hat aber in vorbenannter Entscheidung gerade nicht das Vorliegen weiterer Kündigungsvoraussetzungen thematisiert, sondern allein die Umsetzung der Vertragsauflösung in Gestalt der ex nunc wirkenden Kündigung.[144] Die – auch in der Gesetzesbegründung fortgesetzte –[145] Bezugnahme auf dieses Urteil zeigt in Zusammenschau mit der Umschreibung des Gesetzesentwurfs, dass eine Rechtsgrundverweisung durch den Gesetzgeber nicht unbedingt beabsichtigt war, sondern auch eine bloße Rechtsfolgenverweisung in Betracht kommt. Von einer solchen wäre die Kündigung innerhalb einer angemessenen Frist i. S. d. § 314 Abs. 3 BGB aber nicht umfasst, da es sich hierbei nicht um eine Rechtsfolge, sondern um eine Tatbestandsvoraussetzung handelt.

Damit ist der vorstehenden Ansicht in der durch sie vertretenen Auslegung der Gesetzeshistorie nur soweit zuzustimmen, dass dieser der Vorrang der Vertragsanpassung zu entnehmen ist; dies ergibt sich auch aus dem Wortlaut des § 313 Abs. 2 BGB, da das Kündigungsrecht an die Stelle des Rücktrittsrechts nach § 313 Abs. 3 Satz 1 BGB tritt, das seinerseits nur nach gescheiterter Vertragsanpassung zugestanden wird. Für einen Vorrang des § 314 Abs. 1 BGB gegenüber § 313 Abs. 3 Satz 2 BGB ergeben sich aus dem Gesetzeshistorie dagegen keine eindeutigen Anhaltspunkte.

Nach dem Wortlaut des § 313 Abs. 3 Satz 2 BGB liegt in seiner Gesetz gewordenen Fassung zumindest weder eine Rechtsgrund-, noch eine Rechtsfolgenverweisung vor; durch Streichung des Verweises auf § 314 BGB regelt § 313 Abs. 3 Satz 2 BGB seine Rechtsfolge nunmehr selbst. Auch ist die Kündigung aus wichtigem Grund nicht spezieller gegenüber der Kündigung wegen Störung der Geschäftsgrundlage, im Gegenteil stellt es sich im Hinblick auf die Kündigungsgründe genau umgekehrt dar. Die Frage einer Gesetzeskonkurrenz ist dabei nicht auf der Rechtsfolgen-, sondern auf der Tatbestandsseite zu entscheiden.[146] Demnach deutet einiges darauf hin, dass auch das Kündigungsrecht des § 313 Abs. 3 Satz 2 BGB gegenüber § 314 BGB den Vorrang genießt.

---

[141] Diskussionsentwurf eines Schuldrechtsmodernisierungsgesetzes, Stand 04.08.2000, S. 24, abrufbar im Internet unter http://www.jura.uni-mainz.de/groeschler/materialien/SchRMod/Vorarbeiten/DiskE.pdf (zugegriffen am 15.12.2018).

[142] MüKo-BGB/*Finkenauer*, § 313 Rn. 169.

[143] Diskussionsentwurf eines Schuldrechtsmodernisierungsgesetzes, Stand 04.08.2000, S. 360; vgl. BGH, Urt. v. 12.06.1987, Az.: V ZR 91/86, BGHZ 101, 143 (150) = NJW 1987, 2674 (2676).

[144] BGH, Urt. v. 12.06.1987, Az.: V ZR 91/86, BGHZ 101, 143 (150) = NJW 1987, 2674 (2676).

[145] BT-Drs. 14/6040, S. 176.

[146] So auch *Feldhahn*, NJW 2005, 3381 (3383).

Der dortige Verzicht auf eine Erklärungsfrist deckt sich insoweit auch mit dem Vorrang der Vertragsanpassung, wohingegen das Fristerfordernis des § 314 Abs. 3 BGB Verhandlungen zur Vertragsanpassung erschweren könnte, wenn eine Vertragspartei befürchten müsste, das im Falle des Scheiterns seine Kündigungsmöglichkeit durch Zeitablauf verstrichen wäre.[147] Insofern beginnt die Frist nach § 314 Abs. 3 Satz 2 BGB bereits mit „Kenntnis des Kündigungsgrund", wobei dies dahingehend ausgelegt wird, dass Kenntnis über die zur Kündigung berechtigenden Umstände positiv vorliegen muss, diese Umstände nicht aber auch zutreffend als Kündigungsgrund gewertet werden müssen.[148] Für den Fristbeginn würde mithin die Kenntnis über die Grundlagenstörung genügen, ohne dass es überdies auf etwaige Verhandlungen zur Vertragsanpassung ankäme.[149] Eine weitergefasste Auslegung würde das Fristerfordernis überdies ins Leere laufen lassen, da der Fristbeginn durch Verhandlungsversuche hinausgezögert werden könnte.[150]

Zwar können und werden Vertragsverhandlungen im Übrigen auch über die Bemessung der Frist berücksichtigt, die insoweit „angemessen" sein muss.[151] Dies schafft jedoch der subjektiven Wertung, nach der das weitere Zuwarten rechtlich zu riskant sein könnte, ggf. nur bedingt Abhilfe. Da anders als im Rahmen des § 314 BGB einvernehmliche Lösungen nicht nur im Sinne des Grundsatzes „*pacta sunt servanda*" erwünscht, sondern vielmehr gesetzlich in Form der Vertragsanpassung nach § 313 Abs. 1 BGB vorgeschrieben sind, ist diese Unsicherheit – vor allem ohne konkrete bzw. eindeutige Anhaltspunkte im Wortlaut, der Historie sowie angesichts des Grundsatz „lex specialis derogat legi generali" – nicht hinzunehmen. Soweit der Rechtssicherheit des anderen Teils genüge getan werden soll,[152] ist auf die Möglichkeit einer Verwirkung des Kündigungsrechts nach § 242 BGB zu verweisen.[153] Die für den wichtigen Grund aufgestellte Vermutung, die Situation sei aufgrund des längeren Zuwartens nicht unzumutbar,[154] kann bei Grundlagenstörungen bereits über die Zumutbarkeitsprüfung des § 313 Abs. 1 BGB berücksichtigt werden, ohne dass es einer hinzutretenden Konkretisierung über § 314 Abs. 3 BGB notwendigerweise bedürfe.[155] Damit ist § 313 BGB nach der hier vertretenen Ansicht insgesamt vorrangig gegenüber § 314 BGB.

---

[147] MüKo-BGB/*Finkenauer*, § 313 Rn. 170; kritisch auch *Feldhahn*, NJW 2005, 3381 (3383).

[148] BGH, Urt. v. 26.02.1996, Az.: II ZR 114/95, NJW 1996, 1403 f.; MüKo-BGB/*Gaier*, § 314 Rn. 21.

[149] A. A. *Schlüter*, ZGS 2003, 346 (352).

[150] MüKo-BGB/*Finkenauer*, § 313 Rn. 170.

[151] So eingewandt durch *Pfeiffer* in: jurisPK-BGB, § 313 Rn. 22; zur Angemessenheit siehe auch MüKo-BGB/*Gaier*, § 314 Rn. 20 m. w. N.; so schon zur Kündigungserklärungsfrist des § 626 BGB BGH, Urt. v. 05.06.1975, Az.: II ZR 131/73, NJW 1975, 1698 (1699).

[152] Vgl. Diskussionsentwurf eines Schuldrechtsmodernisierungsgesetzes, Stand 04.08.2000, S. 365; BT-Drs. 14/6040, S. 178; *Weth* in: jurisPK-BGB, § 314 Rn. 39.

[153] Zur Verwirkung siehe Palandt/*Grüneberg*, § 242 Rn. 87 ff.

[154] Vgl. Diskussionsentwurf eines Schuldrechtsmodernisierungsgesetzes, Stand 04.08.2000, S. 365; BT-Drs. 14/6040, S. 178; *Weth* in: jurisPK-BGB, § 314 Rn. 39.

[155] MüKo-BGB/*Finkenauer*, § 313 Rn. 170.

III. Vorrang der Vertragsanpassung und kollektive Bindung

Eine Kündigung des Anlegers nach § 313 Abs. 3 Satz 2 BGB kommt nur dann in Betracht, wenn eine Vertragsanpassung unmöglich oder einem Teil nicht zumutbar ist. Hieraus ergibt sich der Vorrang der Vertragsanpassung, der mit einem grundsätzlich direkt einklagbaren Anpassungsanspruch einhergeht.[156] Die denkbaren Möglichkeiten von Vertragsanpassungen bei forderungsbesicherten Wertpapieren sind begrenzt; Spielraum böte sich im Wesentlichen hinsichtlich der Zahlungsansprüche oder einer vorzeitigen Beendigung.[157] Soweit eine Änderung vorgenommen werden soll, bedarf sie, um wirksam zu werden, des Vollzugs in der Urkunde oder den Wertpapierbedingungen, vgl. § 2 Satz 3 SchVG. Solch nachträgliche Änderungen können jedoch rechtsgeschäftlich – ungeachtet der §§ 5 ff. SchVG – nur durch Vertrag mit sämtlichen Anlegern vorgenommen werden, vgl. § 4 Satz 1 SchVG. Die Schuldverschreibungen sollen vor dem Hintergrund der gesetzgeberischen Intention unter einer einheitlichen Preisbildung austauschbar und handelbar bleiben.[158]

Im Falle einer gerichtlichen Entscheidung wirkt diese aber nur *inter partes*, also nur zwischen der Zweckgesellschaft und dem klagenden Anleger. Die gerichtliche Entscheidung aufgrund einer Einzelklage ändert das zwischen den Parteien bestehende, in den Wertpapierbedingungen niedergelegte Verhältnis unmittelbar[159]; die Entscheidung ist folglich nicht auf den klagenden Anleger beschränkt, sondern knüpft vielmehr an das in der Folge mit den übrigen Schuldverschreibungen nicht mehr vergleichbare forderungsbesicherte Wertpapier an.[160] Der hierdurch begründete Konflikt zu den Zielen von §§ 2 und 4 SchVG, namentlich der Austauschbarkeit und damit einhergehenden Verkehrsfähigkeit gleichartiger Schuldverschreibungen, kann nicht allein dadurch gelöst werden, dass sich nun auch andere Anleger wegen des Gleichbehandlungsgebots aus § 4 Satz 2 SchVG auf diese Entscheidung berufen könnten. Das Erfordernis des Vollzugs nach § 2 Satz 3 SchVG wäre hiermit nicht gewahrt, es wäre vom Zufall abhängig, ob nachfolgende Anleger Kenntnis von der Entscheidung hätten oder nicht. Zudem bestünde die Gefahr unterschiedlicher Entscheidungen, womit unklar wäre, auf welches Urteil sich die übrigen Anleger

---

[156] Die sofortige Klage auf die angepasste Leistung ist statthaft, vgl. *Eidenmüller,* Jura 2001, 824 (830); *Finkenauer* in: MüKo-BGB, § 313 Rn. 127 m. w. N.; *ders.,* a. a. O., Rn. 128, jedoch kritisch, ebenso wie *Schlüter,* ZGS 2003, 346 (352), der eine Stufenklage präferiert.

[157] Z. B. hat das OLG Frankfurt am Main hinsichtlich eines Index-Zertifikats, bei dem der Investmentmanager den Basiswert manipulierte, eine hälftige Schadensteilung im Rahmen einer Rückübertragung der Zertifikate umgesetzt, vgl. Urt. v. 22.02.2013, Az.: 10 U 47/11, ZIP 2013, 1560; allerdings führte die Revision zur Aufhebung des Urteils, da sich der Kläger nicht auf § 313 BGB berufen konnte, vgl. BGH, Urt. v. 15.07.2014, Az.: XI ZR 100/13, AG 2014, 701 (704 f.). Das OLG Köln hat dem Kläger wegen der Aufhebung der Steuerfreiheit für unkündbare Sozialbriefe das Recht zuerkannt, binnen einer für die Beklagte angemessenen Frist die vorzeitige Rücknahme verlangen zu können, vgl. Urt. v. 28.12.1994, Az.: 2 U 74/94, OLGR Köln 1995, 220 f.

[158] Vgl. Schimansky/Bunte/Lwowski/*Tetzlaff,* 4. Aufl. 2011, § 88 Rn. 55.

[159] *Röh/Dörfler* in: Preuße, § 4 Rn. 37; Friedl/Hartwig-Jacob/*Friedl/Schmidtbleicher*, § 4 Rn. 48.

[160] Vgl. *Röh/Dörfler* in: Preuße, § 4 Rn. 38; Friedl/Hartwig-Jacob/*Friedl/Schmidtbleicher*, § 4 Rn. 50.

berufen dürften. Nach einer in der Literatur vertretenen Ansicht sei der Schuldner daher verpflichtet, ein rechtskräftiges Urteil, das ein Anleihegläubiger gegen ihn erstritten hat, auch zugunsten der übrigen Gläubiger anzuwenden.[161] Dies müsste demnach zu einer Verallgemeinerung der Rechtsfolgen des Urteils auf alle Anleger durch die für die „Anwendung" zwingend erforderliche Änderung der Anleihebedingungen führen. Ob eine solche Verallgemeinerung zulässig sei oder § 4 SchVG gar zu einem Ausschluss gerichtlicher Änderungen führen könne, wurde durch die Gesetzesbegründung explizit offen gelassen.[162] Sowohl in der Gesetzesbegründung, als auch in der hieraus folgenden Behandlung in der Literatur ging es jedoch im Wesentlichen um die Frage, wie mit den Folgen einer Inhaltskontrolle von Wertpapierbedingungen umzugehen sei.[163] Diese sind insoweit entweder wirksam oder unwirksam; im Übrigen gilt das Verbot der geltungserhaltenden Reduktion.[164]

Nach der hier vertretenen Ansicht kommt eine solche Verallgemeinerung zumindest, soweit es nicht um die Frage unwirksamer Wertpapierbedingungen geht, sondern die Frage einer Vertragsanpassung, bei der es eine Vielzahl von Wertungsmöglichkeiten geben mag, dagegen nicht in Betracht. Durch die Anwendung einer für den klagenden Anleger dem Grunde nach positiven Entscheidung auf alle Anleger wäre ausgeschlossen, dass nicht ein anderes Gericht eine ggf. noch vorteilhaftere Entscheidung für den Anleger treffen würde. Dem einzelnen Anleger kann die eigene gerichtliche Überprüfbarkeit vor diesem Hintergrund nicht versagt werden.[165]

Im Rahmen von § 313 BGB kann sich der betroffene Anleger daher zunächst stets auf seinen Anspruch auf Vertragsanpassung berufen und diesen auch einklagen. Zur ordnungsgemäßen Umsetzung der Entscheidung muss die Zweckgesellschaft die Zahlungsansprüche aber aus der Globalurkunde abvalutieren und in einer neuen Urkunde einzelverbriefen, ggf. unter hinreichender Bezugnahme auf die unverändert gebliebenen übrigen forderungsbesicherten Wertpapiere, so dass sie, bis auf die angeordnete Änderung, gleich blieben.[166] Stellt sich eine grundsätzlich für beide Seiten zumutbare Vertragsanpassung als für die Zweckgesellschaft wegen dem mit der notwendigen Einzelverbriefung verbundenem Aufwand als unzumutbar da, kann der Anleger gemäß § 313 Abs. 3 Satz 2 BGB kündigen. Dies mag auch

---

[161] Vgl. Veranneman/*Oulds*, § 4 Rn. 24 ff.; *Röh/Dörfler* in: Preuße, § 4 Rn. 50; Schimansky/Bunte/Lwowski/*Tetzlaff*, 4. Aufl. 2011, § 88 Rn. 55; Friedl/Hartwig-Jacob/*Friedl/Schmidtbleicher*, § 4 Rn. 52.

[162] Vgl. BT-Drs. 16/12814, S. 17.

[163] Vgl. BT-Drs. 16/12814, S. 17, angesichts des Hinweises auf die fragliche Anwendbarkeit der Verbraucherschutzrichtlinie 93/13/EWG und die RL 98/27/EG auf Anleihebedingungen; so wohl auch Veranneman/*Oulds*, § 4 Rn. 28, der insoweit ausführt: „*Hinsichtlich eines bestehenden rechtskräftigen Urteils zugunsten eines Gläubigers ist auch nicht erwarten, dass der entsprechende Präzedenzfall nicht grundsätzlich auch für die übrigen Gläubiger maßgebend sein soll.*"; ebenso unter Bezugnahme auf unwirksame Bestimmungen in den Anleihebedingungen Friedl/Hartwig-Jacob/*Friedl/Schmidtbleicher*, § 4 Rn. 47.

[164] St. Rspr., vgl. z. B. BGH, Urt. v. 13.12.2001, Az.: XI ZR 197/10, BGHZ 146,377 = BB 2001, 643 (644).

[165] So i. E. auch *Röh/Dörfler* in: Preuße, § 4 Rn. 37.

[166] Ähnlich *Röh/Dörfler* in: Preuße, § 4 Rn. 38.

einen Anreiz für die Zweckgesellschaft darstellen, außergerichtlich auf eine allgemeine Anpassung zugunsten aller Wertpapierinhaber hinzuwirken, insbesondere, wenn mehrere Kündigungen drohen.

IV. Kündigung und Kündigungsfolgen

Ein Konflikt zwischen dem nach § 313 Abs. 3 Satz 2 BGB gewährten Kündigungsrecht und dem Prinzip der kollektiven Bindung nach § 4 SchVG besteht nicht, da das Gestaltungsrecht unmittelbar aus dem Gesetz folgt und keiner weiteren rechtsgeschäftlichen Umsetzung im Vertragsverhältnis bedarf, so dass folglich auch keine Inhaltsänderung damit einherginge, die etwa zu einem Auseinanderfallen der kündbaren und nicht kündbaren forderungsbesicherten Wertpapiere führt. Hinsichtlich der Folgen im Falle der Kündigung nach § 313 Abs. 3 Satz 2 BGB sowie etwaige Auswirkungen des Schuldverschreibungsgesetzes kann auf obige Ausführungen zu § 314 BGB verwiesen werden, die hier entsprechend gelten.[167]

E. Einzelne Kündigungsgründe

Fraglich ist sodann, aus welchen konkreten Gründen unter der Maßgabe der vorstehenden Ausführungen das forderungsbesicherte Wertpapier gekündigt werden kann, inwieweit sich die gesetzlichen Kündigungsrechte durch vertragliche Kündigungsrechte einschränken oder für bestimmte Situationen ausschließen lassen und inwieweit zuvor eine Vertragsanpassung in Betracht zu ziehen ist. Nachfolgend werden zunächst mögliche Kündigungsrechte im Falle der Realisierung der allgemeinen und besonderen Risiken des forderungsbesicherten Wertpapiers erörtert, an der die Zweckgesellschaft kein Verschulden trifft. Sodann werden zur Kündigung berechtigende Pflichtverletzungen der Zweckgesellschaft behandelt.

I. Kündigung wegen der Realisierung allgemeiner Risiken

1. Zinsänderungsrisiko des Wertpapiers

Das im Falle einer variablen oder an einen Referenzzinssatz gekoppelten Verzinsung bestehende Risiko[168] trägt naturgemäß der Anleger; ihm obliegt es schon bei dem Erwerb des Wertpapiers zu prüfen, ob er sich auf die Konditionen der Verzinsung, die eine Hauptleistungspflicht der Zweckgesellschaft darstellt, einlassen will

---

[167] Vgl. oben B.VI.

[168] Vgl. Kap. 4, A.I.

oder nicht. Das Risiko ist ihm vertraglich bzw. aus abgeleitetem Recht zugewiesen. Etwas anderes kann sich in Ermangelung ausdrücklicher Regelungen daraus ergeben, wenn der Referenzzinsatz wider Erwarten endgültig eingestellt wird,[169] sich also auch nicht lediglich auf „Null" beläuft.[170] Hierbei handelt es sich um eine Störung der Geschäftsgrundlage gemäß § 313 Abs. 1 BGB, denn Zweckgesellschaft und der erste Nehmer, i. d. R. das emissionsbegleitende Bankenkonsortium, gehen bei dessen Auswahl davon aus, dass der Referenzzinssatz auch über die Laufzeit des forderungsbesicherten Wertpapiers existieren wird; etwas anderes widerspräche bereits der allgemeinen Lebenserfahrung, indizierte dann aber zumindest eine sittenwidrige Schädigung späterer Anleger gemäß § 826 BGB. Das unveränderte Festhalten an den bisherigen Wertpapierbedingungen wäre dem ersten Nehmer unzumutbar. Etwas anderes ergibt sich auch nicht daraus, dass das emissionsbegleitende Bankenkonsortium selbst nicht an einem Behalten des Wertpapiers interessiert ist und es ihm folglich gleichgültig sein könnte, ob die Verzinsung angemessen erscheint oder nicht. Denn im Falle eines Festpreisgeschäfts, wie es der Regelfall ist, ist das Konsortium gehalten, die Wertpapiere bei unvollständiger Platzierung im eigenen Bestand zu halten, so dass eigene Interessen bestehen, dann zumindest die avisierte Verzinsung zu erhalten. Dabei handelt es sich bei der Verzinsung immerhin um eine Hauptleistungspflicht. Die Einstellung eines Referenzzinssatzes führt zu einer tiefgreifenden Störung zwischen Risikoübernahme und Vergütung. Diese Störung ist dem Gläubiger der Inhaberschuldverschreibung auch nicht als Risiko vertraglich zugewiesen. Dem Anleger ist demgemäß ein auf ihn übergeleiteter Anpassungsanspruch gewährt. Eine Vertragsanpassung kommt auch grundsätzlich in Betracht, soweit statt an den bisherigen Referenzzinssatz an einen vergleichbaren, anderen Referenzzinssatz angeknüpft werden kann. Ist dies nicht der Fall, so steht es dem Anleger zu, gemäß § 313 Abs. 3 Satz 2 BGB zu kündigen.

2. Eingeschränkte Fungibilität und Kursschwankungen

Das Risiko der eingeschränkten Fungibilität und der Kursschwankungen, also eines auf dem Markt erzielbaren, nur geringen Kaufpreises für das von ihm gehaltene Wertpapier,[171] trägt der Anleger als Verkäufer des Wertpapiers. Dieses Absatzrisiko weist keinerlei Bezug zu dem Verhältnis zwischen ihm und der Zweckgesellschaft auf; vor allem gehört die Veräußerungsmöglichkeit grundsätzlich nicht zum Pflichtenprogramm. Gleichwohl forderungsbesicherte Wertpapiere als Inhaberschuldverschreibungen fungibel sein sollen und die Zweckgesellschaft sich gerade deshalb für diese Form entscheiden wird, gibt sie ohne ausdrückliche Regelung keine

---

[169] So etwa wie der 1999 durch den EURIBOR abgelöste FIBOR (Frankfurt Interbank Offered Rate).

[170] Denn hierin läge das typische Risiko einer gekoppelten Verzinsung vgl. ähnlich zum Basiswert eines Zertifikats OLG Frankfurt am Main, Urt. v. 22.02.2013, Az.: 10 U 47/11, juris Rn. 59 = ZIP 2013, 1560.

[171] Vgl. Kap. 4, A.II.

Gewähr für das Zustandekommen eines Zweitmarkts. Auch wenn sich Verluste durch den Verkauf des Wertpapiers realisieren, trägt dieses Risiko allein der Anleger, der sich insoweit auch gegen einen Verkauf entscheiden kann.

3. Währungs- und Inflationsrisiken

Auch etwaige Währungsrisiken[172] sind grundsätzlich durch den Anleger zu tragen. Dies kann auch bedeuten, dass die maßgebliche Währung, auf die sich die verbrieften Zahlungsansprüche belaufen, völlig verfällt oder abgeschafft wird. Die Realisierung des allgemeinen Inflationsrisikos[173] führt bei langfristigen Verträgen aufgrund des sog. Nominalwertprinzips grundsätzlich nicht zu einer Störung der Geschäftsgrundlage.[174] Es entspricht der üblichen Risikoverteilung, dass der Geldleistungsempfänger das Entwertungsrisiko trägt.[175] Anderes kann für unvorhersehbare, umstürzende Veränderungen der Währungsverhältnisse gelten.[176] Hier wäre eine Vertragsanpassung, etwa durch eine Aufstockung des Nennwerts oder den Ersatz der geschuldeten Währung, das Mittel der Wahl; mit einer Kündigung wäre dem Anleger bei bereits eingetretener Überschreitung vorbenannter Erheblichkeitsschwelle nicht gedient.

4. Kündigungsrisiken des Wertpapiers

Soweit andere Wertpapierinhaber massenhaft kündigen und dies zu einer wirtschaftlichen Entwertung der eigenen Zahlungsansprüche des noch nicht gekündigten Wertpapiers führt, ist dies der Kategorie des Vermögensverfalls der Zweckgesellschaft zuzuordnen, die an separater Stelle weiter erörtert wird.[177]

5. Mit den §§ 5 ff. einhergehende Risiken

Das Risiko einer nachträglichen, durch den fraglichen Anleger nicht mit befürworteten Änderung der Wertpapierbedingungen durch Mehrheitsbeschluss entsprechend der §§ 5 ff. SchVG[178] trägt der Anleger, soweit diese Möglichkeit bereits durch die Wertpapierbedingungen von Beginn an eröffnet war und der Anleger unter

---

[172] Vgl. Kap. 4, A.III.

[173] Vgl. Kap. 4, A.IV.

[174] BGH, Urt. v. 29.10.2010, Az.: V ZR 48/10, NJW 2011, 515 (518); *Böttcher* in: Erman BGB, § 313 Rn. 60 m. w. N.

[175] BGH, Urt. v. 14.10.1959, Az.: V ZR 9/58, NJW 1959, 2203 f.

[176] *Böttcher* in: Erman BGB, § 313 Rn. 60 m. w. N.

[177] Vgl. nachfolgend E.II.1.

[178] Vgl. Kap. 4, A.VI.

Maßgabe dieser Bedingungen gezeichnet hat. Dagegen sieht § 24 Abs. 2 SchVG für vor dem 05.08.2009 ausgegebene Schuldverschreibungen vor, dass auch bei diesen von den Möglichkeiten der §§ 5 ff. SchVG Gebrauch gemacht werden kann und zwar seinerseits durch Mehrheitsbeschluss. Stimmt der betreffende Anleger selbst für die Aufnahme der Änderungsmöglichkeit, so trägt er auch das fortan bestehende Risiko einer nachträglichen Änderung; die Situation stellt sich für ihn nicht anders dar, als würde eine nachträgliche Änderung auf einstimmiger Grundlage vollzogen. Stimmt er dagegen nicht zu, so realisiert sich für ihn ein erst durch die Änderung des Schuldverschreibungsgesetzes geschaffenes Risiko. Bis dato konnte von der zwischen der Zweckgesellschaft und dem ersten Nehmer bestehenden Geschäftsgrundlage ausgegangen werden, dass nachträgliche Änderungen ausschließlich auf einstimmiger Basis aller Anleger zustande kommen würden; erst mit der Änderung des Schuldverschreibungsgesetzes besteht die Möglichkeit, hierfür einen Mehrheitsbeschluss genügen zu lassen.[179] Die vorbenannte Geschäftsgrundlage ist somit gestört. Angesichts der gravierenden Eingriffsmöglichkeiten in die Rechte des Anlegers, insbesondere nunmehr auch in die Höhe des Rückzahlungsanspruchs als Hauptleistungspflicht, kann dem Anleger unter diesen Vorzeichen das weitere Zuwarten auf die Fälligkeit des Wertpapiers unzumutbar sein. Allerdings ist mit den durch den Gesetzgeber geschaffenen Eingriffsmöglichkeiten auch für bereits laufende Wertpapiere eine gesetzgeberische Wertung zum Ausdruck gekommen, demnach die Belange des einzelnen Anlegers hinter der beabsichtigten Sanierungsfähigkeit von Emittenten zurückstehen könnten. Denn könnte ein jeder Anleger, der selbst nicht zugunsten der Aufnahme §§ 5 ff. SchVG entsprechender Regelungen abgestimmt hat, sich auch im Nachfeld einer entsprechenden Beschlussfassung noch dem Sanierungskonzept durch eine auf § 313 BGB gestützte Kündigung entziehen, so würde dies der von dem Gesetzgeber gewünschte Sanierungsfähigkeit des Emittenten entgegenstehen bzw. diese zumindest erschweren. § 24 Abs. 2 SchVG ist dergestalt zugleich Ausdruck einer neu geschaffenen, gesetzlichen Risikoverteilung, die im Rahmen der Unzumutbarkeitsprüfung und dahin zu erfolgender Interessenabwägung zu berücksichtigen ist. Die mit den §§ 5 ff. SchVG einhergehenden Risiken sind daher aufklärungspflichtig, berechtigen aber den Anleger auch für Altfälle im Falle ihrer Realisierung nicht zur Kündigung.

II. Kündigung wegen der Realisierung besonderer Risiken

Die Gründe, wegen derer es insbesondere objektbedingt, also im Hinblick auf die verbrieften Forderungen, zu vorübergehenden oder endgültigen Ausfällen kommen kann, sind weit gestreut. Für sich genommen hat die Realisierung einzelner Risiken in Bezug auf einzelne Darlehensforderungen des fraglichen Portfolios keine große Bedeutung; spürbare Auswirkungen hat erst das Auftreten kumulierter Ausfälle, die

[179] So wohl auch *Paulus*, WM 2012, 1109 (1101).

dazu führen, dass die Zweckgesellschaft die gegen sie gerichteten Zahlungsansprüche nicht mehr befriedigen kann. Da es sich bei dem Forderungsportfolio um die faktisch maßgebende Haftungsmasse der Zweckgesellschaft handelt, stehen die Entwicklung dieses Forderungsportfolios und ihrer Bonität bzw. ihrem Insolvenzrisiko in einem untrennbaren Zusammenhang. Die Frage, ob und ab welchen Zeitpunkt der Anleger wegen eines Wertverfalls des Forderungsportfolios kündigen kann, lässt sich daher nur zusammen mit der Frage erörtern, ob und in welchem Stadium im Falle des Vermögensverfalls der Zweckgesellschaft gekündigt werden kann. In diesem Rahmen spielt auch die durch die Subordination gesetzte Risikoverteilung eine Rolle. Vor diesem Hintergrund werden objekt-, struktur- und – hinsichtlich der Zweckgesellschaft – personenbedingte Risiken nachfolgend unter der Überschrift „Vermögensverfall der Zweckgesellschaft" zusammengefasst behandelt. Davon getrennt zu betrachten bleiben hieran anschließend die personenbedingten Risiken im Hinblick Dritte sowie die umfeldbedingten Risiken.

1. Vermögensverfall der Zweckgesellschaft

a) Vermögensverfall wegen Wertverfalls des Portfolios

Eine Kündigung gemäß § 313 Abs. 1, Abs. 3 Satz 2 BGB kommt in Betracht, soweit hinsichtlich der Werthaltigkeit des Portfolios gewisse wirtschaftliche Parameter bei Vertragsschluss Geschäftsgrundlage geworden sind. Zu diesen Parametern zählen nicht bereits die durch den Originator erstellten Bonitätsbewertungen oder durch die Ratingagenturen erstellte Bewertungen anhand historischer Daten; diese sind die Basis für eine Prognose, jedoch ist nicht anzunehmen, dass sich die Prognose unbedingt bewahrheiten wird. Dass auch die Zweckgesellschaft und der erste Nehmer nicht hiervon ausgehen, zeigen die Maßnahmen zur Kreditverbesserung, derer es andernfalls nicht bedürfte. Die Möglichkeit, dass sich die Bonität einzelner Darlehensnehmer verschlechtert, ebenso wie ggf. die Werthaltigkeit etwaiger Sicherheiten, ist den Parteien bewusst. Im Rahmen des § 313 BGB ist das dergestalt berücksichtigte Risiko nicht Geschäftsgrundlage, sondern vielmehr Vertragsgegenstand.[180] Das Risiko des Wertverfalls des Portfolios ist, soweit es dem Anleger zugewiesen ist, demgemäß in der Verzinsung des forderungsbesicherten Wertpapiers eingepreist.

Fraglich ist allerdings, ob ausnahmsweise dann von einer Grundlagenstörung ausgegangen werden kann, wenn der Wertverfall oder das konkrete Risiko eines Wertverfalls das aufgrund historischer Daten und ggf. Bonitätsbewertungen des Originators ermittelte Ausfallrisiko bereits so sehr überschritten hat, dass dieses auch durch die Einpreisung des Risikos in die Verzinsung nicht einmal mehr im Ansatz gedeckt ist.[181] Vorauszusetzen wäre demnach eine tiefgreifende Äquivalenzstörung im Verhältnis zwischen Risikoübernahme und Risikovergütung. Der Fall

[180] Vgl. *Eidenmüller*, Jura 2001, 824 (826).

[181] Zum Indiz der Höhe des Entgelts vgl. *Pierson*, ZfPW 2017, 325 (359); *Eidenmüller*, Jura 2001, 824 (826 f.).

einer Grundlagenstörung kann hierbei zumindest bei krass veränderten Marktverhältnissen mit Auswirkung auf den Verbriefungsgegenstand bejaht werden, wenn zusätzlich auch die zur Absicherung des Risikos getroffenen Maßnahmen aufgrund eben solcher Entwicklungen gänzlich versagen, wie dies im Rahmen der US-amerikanischen Subprime-Krise hinsichtlich US-amerikanischer Verbriefungen geschah.[182] Möglichkeiten einer Vertragsanpassung sind für diesen Fall nicht ersichtlich.

Sind solch krass veränderte Marktverhältnisse nicht festzustellen, sondern realisiert sich nur das dem Portfolio auch unter normalen Marktverhältnissen immanente Ausfallrisiko, dass je nach Transaktion und Verbriefungsgegenstand geringer oder höher ausfällt, so handelt es sich nicht um einen Fall von § 313 Abs. 1 BGB, womöglich aber um einen wichtigen Grund i.S.d. § 314 Abs. 1 BGB. Ein wichtiger Grund könnte demnach vorliegen, wenn eine anspruchsgefährdende, wesentliche Verschlechterung der Werthaltigkeit des Portfolios eintritt oder einzutreten droht, da dieses prägendes Merkmal der Vermögensverhältnisse der Zweckgesellschaft ist. Der bereits eingetretene Wertverfall wäre dann anzunehmen, wenn erhebliche Zahlungen ausbleiben, was angesichts der mit der Subordination einhergehenden Durchsetzungssperre[183] jedoch keine Pflichtverletzung der Zweckgesellschaft i. S. v. § 314 Abs. 2 BGB begründen würde.[184] Von einem konkret drohenden Wertverfall kann insbesondere dann auszugehen sein, wenn die Zweckgesellschaft auf der Grundlage entsprechender Wertpapierbedingungen eine Beschlussfassung entsprechend der §§ 5 ff. SchVG initiiert, wobei diese Regelungen selbst einer Kündigung entgegenstehen können.[185]

Im Rahmen der vorzunehmenden Zumutbarkeitsprüfung und Interessenabwägung kommt als Ausdruck einer gesetzlichen Risikoverteilung zunächst der Wertungsgedanke des § 490 Abs. 1 BGB zum Tragen.[186] Fraglich ist aber, ob sich aus den Wertpapierbedingungen eine anderweitige, vertragliche Risikoverteilung entnehmen lässt. Hierbei ist zunächst die Subordination zu betrachten.[187] Durch sie werden die Liquiditäts- und Ausfallrisiken unter den Subordinationsteilnehmern, darunter die Anleger und andere Transaktionsbeteiligte, verteilt. Während sich das Risiko für Subordinationsteilnehmer in höherer Position verringert, erhöht es sich in niederer Position, je nach Umfang der randniederen oder ranghöheren Forderung. Der Übertragbarkeit des Wertungsgedankens von § 490 Abs. 1 BGB steht dies nicht entgegen. Denn auch der Darlehensgeber ist zunächst mit dem vollen Ausfallrisiko belastet, wofür § 490 Abs. 1 BGB gerade erst eine Durchbrechung schafft. Ob nun ein Darlehensgeber das Risiko allein trägt oder ob mehrere darlehensgeberähnliche Anleger das Risiko tragen, und nur verschieden verteilt, ist insoweit ohne Belang.

---

[182] Vgl. Kap. 1.

[183] Vgl. Kap. 3, D.IV.1.

[184] Hierzu auch nachfolgend E.III.1.

[185] Vgl. allgemeiner BGH, Beschl. v. 10.03.2009, Az.: XI ZR 492/07, juris Rn. 10, zur Indizwirkung einer Aufforderung des Darlehensnehmers, auf 30 % der Forderung zu verzichten; zu den möglichen Auswirkungen auf die Kündbarkeit vgl. oben B.IV.

[186] Vgl. oben C.

[187] Zu dieser Kap. 3, D.IV.1.

Auch die unterschiedliche Verzinsung der Tranchen in der Subordination führt zu keinem anderen Ergebnis. Sie sind Ausdruck eben dieser Risikoverteilung der Subordinationsteilnehmer untereinander, aber nicht einer darüber hinausgehenden Risikoverteilung zwischen diesen und der Zweckgesellschaft. Die Ansprüche gegen sie erlöschen nicht, sie werden nur in ihrer Durchsetzbarkeit zeitlich hinausgeschoben und dies auch nur bis zum Eintritt einer etwaigen Insolvenz. Dabei hat auch ein rangniederer Forderungsinhaber das berechtigte Interesse, sein Kapital noch zu erhalten. Risiko des Darlehensgebers und Risiko der Anleger bleiben mithin vergleichbar. Einer Kündigung wegen Wertverfalls des Portfolios steht die Subordination zudem auch nicht deshalb entgegen, da sie andere Subordinationsteilnehmer benachteiligen würde. Der kündigungswillige Anleger ist ihnen gegenüber rechtlich weder aus einer Gesellschafterstellung,[188] noch anderweitig verpflichtet. Die als schuldrechtlicher Vertrag zugunsten Dritter einzuordnende Subordination verpflichtet nur die Zweckgesellschaft, subordinationswidrige Zahlungen zu unterlassen.[189]

Fraglich ist, ob einer auf den Wertverfall des Portfolios gestützten Kündigung nach § 314 Abs. 1 BGB der Haftungsausschluss entgegensteht.[190] Denn hiermit wird das verbleibende wirtschaftliche Risiko der Zweckgesellschaft gegenüber einem herkömmlichen Darlehensnehmer deutlich begrenzt. Allerdings erfolgt hiermit eine Risikozuweisung an den Anleger gerade nur für den Fall, dass seine Ansprüche nach vorangegangener Befriedigung ranghöherer Forderungsinhaber zum Endfälligkeitszeitpunkt nicht mehr befriedigt werden können und auch keine weiteren Zahlungseingänge mehr zu erwarten sind. Nur unter diesen Voraussetzungen trägt er das volle Ausfallrisiko, wohingegen für die Zeit davor die Risikoverteilung zwischen Anleger und Zweckgesellschaft unberührt bleibt und insoweit das oben zur Subordination Ausgeführte fortgilt.

Hinsichtlich der von § 314 Abs. 3 BGB verlangten angemessenen Frist, innerhalb derer der Anleger nach Kenntniserlangung kündigen muss, ist zu beachten, dass sich aufgrund eines fortschreitenden Vermögensverfalls seit Kenntniserlangung die Vermögensverhältnisse in der Regel weiter verschlechtern werden, so dass der Anleger dann „erneut" zur Kündigung berechtigt ist und kündigen kann. Die Frist des § 314 Abs. 3 BGB bedeutet somit keine echte Hürde, vermag aber die Anforderungen an die Substantiierung zu erhöhen.

b) Vermögensverfall aus anderen Gründen

Ein Vermögensverfall der Zweckgesellschaft muss nicht allein aus dem Wertverfall des Portfolios resultieren. Eine weitere Gefahr besteht darin, dass aufgrund unvorhergesehener Forderungen, die nicht in die Subordination aufgenommen wurden, immense Verpflichtungen der Zweckgesellschaft auflaufen, die demgemäß zunächst vor allem die Liquidität belasten, aber aufgrund der durch das Portfolio begrenzten

[188] So bereits oben unter C.

[189] Vgl. Kap. 3, D.IV.1 a)ee).

[190] Zu diesem Kap. 3, D.IV.3.

Haftungslage schnell zu echten Ausfällen führen können. Diese Gefahr besteht vor allem im Falle eines fehlerhaften Prospektes, aber auch dann, wenn aufgrund anderer Entwicklungen Anleger das Wertpapier kündigen können und es hierbei zu einem Windhundrennen kommt. Von einer Geschäftsgrundlage, nach der die Zweckgesellschaft und der erste Nehmer von einem fehlerfreien Prospekt annehmen und den Vertrag andernfalls nicht geschlossen hätten, ist nicht auszugehen, so dass eine Vertragsanpassung oder Kündigung nach § 313 Abs. 1, Abs. 2 BGB ausscheidet. Auch ist nicht anzunehmen, dass Zweckgesellschaft und erster Nehmer die Möglichkeit anderer gegen die Zweckgesellschaft gerichteter Forderungen, etwa aufgrund von Kündigungen nach §§ 313, 314 BGB, ausschließen und dieser Ausschluss als Geschäftsgrundlage i. S. v. § 313 Abs. 1 BGB zu werten wäre.

In Betracht kommt wiederum – vorbehaltlich entsprechend der §§ 5 ff. SchVG entgegenstehender Regelungen in den Wertpapierbedingungen –[191] eine Kündigung aus wichtigem Grund gemäß § 314 Abs. 1 BGB unter Berücksichtigung des Wertungsgedanke des § 490 Abs. 1 BGB, demnach der Anleger nicht sehenden Auges einen Totalverlust seines Kapitals hinnehmen muss. Dies gilt hier erst recht, als dass diesbezüglich keinerlei erkennbare Risikozuweisung an den Anleger erfolgt. Solche unvorhersehbaren Forderungen sind schon von der Subordination nicht erfasst und werden auch nicht erkennbar in die Verzinsung eingepreist. Ungeachtet weiterer Ansprüche, seinerseits etwa wegen Prospekthaftung oder aus anderen Gründen, die auch die übrigen Anleger zur Kündigung berechtigen, steht es dem Anleger somit frei, sich auch allein auf massenhafte Anspruchserhebungen oder Kündigungen durch Dritte zu berufen und hierauf gestützt das Wertpapier gemäß § 314 Abs. 1, ggf. Abs. 2 BGB zu kündigen. Soweit es sich um eine weiter fortschreitende Entwicklung handelt, gilt hinsichtlich der Frist des § 314 Abs. 3 BGB das zuvor zum Wertverfall des Portfolios Ausgeführte entsprechend.[192]

c) Einschränkungen durch vertragliche Kündigungsrechte

Die Wertpapierbedingungen sehen regelmäßig ein vertragliches Kündigungsrecht einerseits für den Fall der Insolvenz der Zweckgesellschaft vor, andererseits für erhebliche Zahlungsausfälle in Bezug auf die an die Senior Tranchen zu entrichtenden Zinsansprüche.[193] Fraglich ist, inwieweit diese vertraglichen Kündigungsrechte geeignet sind, das gesetzliche Kündigungsrecht zu regeln und einzuschränken. Auch bei vertraglichen Kündigungsrechten handelt es sich um Allgemeine Geschäftsbedingungen gemäß der §§ 305 ff. BGB.[194] Diese sind zunächst gemäß § 305c Abs. 2 BGB auszulegen und sodann auf ihre Wirksamkeit nach § 307 BGB zu untersuchen.

Sowohl das Kündigungsrecht wegen Insolvenz, als auch das Kündigungsrecht wegen erheblicher Zahlungsausfälle, betreffen den Fall des Vermögensverfalls der

---

[191] Vgl. oben B.IV.

[192] Vgl. oben E.II.1.a) (a. E.).

[193] Vgl. oben A.I und II.

[194] OLG Frankfurt, Urt. v. 17.09.2014, Az.: 4 U 97/14, AG 2015, 87 = juris Rn. 38.

Zweckgesellschaft. Das vertragliche Kündigungsrecht ist insoweit auch als eine abschließende Regelung für diesen Fall zu verstehen; mit der Regelung kommt erkennbar zum Ausdruck, dass allein eine anspruchsgefährdende drohende oder bereits eingetretene Vermögensverschlechterung noch nicht zur Kündigung berechtigen soll. Der Kombination des Insolvenzfalls mit erheblichen Zahlungsausfällen bedarf es hierbei deshalb, da letztbenannte angesichts der Subordination keinen Verzug der Zweckgesellschaft und damit keine Zahlungsunfähigkeit begründen. Andererseits erkennen die Vertragsparteien durch diese Regelung die oben festgestellte gesetzliche Folge an,[195] dass der Anleger auch in solchen Fällen grundsätzlich zur Kündigung berechtigt ist. Angesichts dessen, dass die Senior Tranchen regelmäßig die größte Position im Rahmen gegen die Zweckgesellschaft gerichteter Forderungen innehalten, sind hierauf gerichtete, erhebliche Zahlungsausfälle mit dem Fall einer Zahlungsunfähigkeit, wie sie ohne die Subordination vorläge, vergleichbar.

Durch die Regelung in Form vertraglicher Kündigungsrechte handelt es sich selbst bei krassen Marktverhältnissen und einem damit einhergehenden Wertverfall des Portfolios nicht mehr um einen Fall der Grundlagenstörung, da die Zweckgesellschaft und der erste Nehmer den Vertrag ersichtlich auch unter der Möglichkeit geschlossen haben, dass Insolvenz der Zweckgesellschaft sowie Zahlungsausfälle bis zu einer gewissen Größenordnung – gleich aus welchen Gründen – eintreten. Auf diese Weise schließt die Regelung eine auf § 313 BGB gestützte Kündigung aus. Dabei geht mit der Regelung eine vertragliche Risikoverteilung einher, die grundsätzlich Sache der Parteien ist; zwingendes Recht enthält § 313 BGB insoweit nur hinsichtlich der Auslegung, wie die Risiken verteilt sein sollen.[196]

Andererseits betrifft die Regelung das im Kern unabdingbare Kündigungsrecht des § 314 BGB.[197] Allerdings kann die Kündigung nach § 314 BGB für einzelne Fälle auch durch AGB beschränkt bzw. erschwert werden.[198] Dies ist jedoch dann unwirksam, wenn die konkrete Einschränkung eine unangemessene Benachteiligung i. S. v. § 307 Abs. 1 BGB darstellt.[199] In Betracht kommt eine unangemessene Benachteiligung nach § 307 Abs. 1 Satz 1, Abs. 2 Nr. 1 BGB gemessen an den Geboten von Treu und Glauben, § 242 BGB. Dabei sind beide Kündigungsrechte – wegen Insolvenz und wegen erheblicher Zahlungsausfälle – gemeinsam zu betrachten, da sie nur zusammen das Maß der Einschränkung des gesetzlichen Kündigungsrechts erkennen lassen. Für die Regelung – und damit gegen eine unangemessene Benachteiligung des Anlegers – spricht, dass die Feststellung, ab welchem Stadium der Anleger bei Vermögensverfall der Zweckgesellschaft zur Kündigung berechtigt ist, mit erheblichen Unsicherheiten belastet wäre. Ebenso ist zu berücksichtigen, dass nach

---

[195] Vgl. oben E.II.1.a).

[196] Vgl. MüKo-BGB/*Finkenauer*, § 313 Rn. 51.

[197] Vgl. BGH, Urt. v. 26.05.1986, Az.: VIII ZR 218/85, juris Rn. 12 = ZIP 1986, 919 (920); *Ostermann*, DZWIR 2015, 313 (314); *Horn*, ZHR 173, 12 (50 f.); *Weth* in: jurisPK-BGB, § 314 Rn. 44.

[198] Vgl. *Horn*, BKR 2009, 446 (450); OLG Frankfurt, Urt. v. 17.09.2014, Az.: 4 U 97/14, AG 2015, 87 (88) = juris Rn. 37 f. m. w. N.

[199] Vgl. OLG Frankfurt, Urt. v. 17.09.2014, Az.: 4 U 97/14, AG 2015, 87 (88) = juris Rn. 37 f. m. w. N.

dem Wertungsgedanken des § 490 Abs. 1 BGB nicht bereits jede, sondern nur eine wesentliche Verschlechterung in den Vermögensverhältnissen zur Kündigung berechtigen soll, wenngleich dies grundsätzlich auch die Kündigung im Vorfeld einer Insolvenz ermöglichen würde. Insgesamt erscheint die vertragliche Regelung nicht als unangemessene Benachteiligung des Anlegers und ist daher wirksam. Anderes mag sich daraus ergeben, wenn etwa nur eine Kündigung wegen Insolvenz vertraglich vorgesehen, der Fall erheblicher Zahlungsausfälle dagegen nicht erfasst ist.

Schließlich stellt sich auch die Regelung einer Gesamtfälligkeit aller Wertpapiere und einer alternativ zur Anwendung gelangenden Subordinationsabrede für diese Fälle nicht als unangemessene Benachteiligung des kündigenden Anlegers dar.[200] Zwar muss dieser entgegen des sich aus § 314 BGB ergebenden Leitbilds weiterhin zuwarten, bis er seinen fälligen Rückzahlungsanspruch erhält und ggf. erhält er ihn auch nicht in voller Höhe. Die Wartezeit ist jedoch, anders als im Falle einer nur für ihn wirkenden Kündigung, durch die Gesamtfälligkeit ggf. verkürzt. Im Übrigen erscheint es auch nicht unangemessen, ihn weiterhin mit dem Risiko der Subordination zu belasten, das er über die Laufzeit gegen eine hieran gemessene Verzinsung grundsätzlich einzugehen bereit war.[201] Mit seiner Kündigung kann er gleichwohl der Geltendmachung unsubordinierter Forderungen zuvorkommen. Im Hinblick auf andere Anleger stellt sich die Regelung als aufschiebende Bedingung i. S. v. § 158 Abs. 1 BGB dar, die ihnen gegenüber aufklärungspflichtig ist,[202] sie jedoch aus vorstehenden Erwägungen ebenfalls nicht unangemessen benachteiligt.

2. Insolvenzrisiko des Originators

Soweit den Originator nicht eine echte Bonitätshaftung für die verbrieften Forderungen trifft, besteht in dessen Insolvenz ein Aussonderungsrecht der Zweckgesellschaft an den Forderungen. Auch die Wahrscheinlichkeit einer Anfechtung der Übertragung des Forderungsportfolios erscheint verhältnismäßig gering.[203] Führt eine solche aber doch ausnahmsweise zum Erfolg, so ist der Verbriefungstransaktion ihre Geschäftsgrundlage entzogen, die darin zu sehen ist, dass die Zweckgesellschaft rechtliche und wirtschaftliche Eigentümerin des Forderungsportfolios ist; hierauf basiert die gesamte Transaktion. Im Falle der Anfechtung kann die Transaktion nicht anderweitig fortgesetzt werden; insbesondere kann nicht auf den Kauf eines anderen Forderungsportfolios von einem anderen Originator ausgewichen werden, da der Zweckgesellschaft für dessen Erwerb keine hinreichenden Finanzmittel zur Verfügung stehen. Im Übrigen kann es als Bestandteil der Geschäftsgrundlage gewertet werden, dass Forderungen eines bestimmten Originators verbrieft werden. Vor diesem Hintergrund scheidet eine Vertragsanpassung gemäß § 313 Abs. 1 BGB im Regelfall aus. Dem Anleger stünde es frei, gemäß § 313

[200] Zu diesen Regelungen vgl. A.

[201] Die neue Subordinationsabrede wird zur bisherigen nur leicht variiert.

[202] Vgl. Kap. 4, A.II.2.

[203] Vgl. Kap. 4, D.I.2.

Abs. 3 Satz 2 BGB zu kündigen; dass ihm das vorstehende Risiko vertraglich zugewiesen wäre, ist nicht ersichtlich.

Wie dargestellt, kann es in der Insolvenz des Originators darüber hinaus zu einer Entwertung der Beschaffenheitsgarantien im Hinblick auf die übertragenen Forderungen kommen, mit dem Ergebnis, dass diese im Falle ihrer Mangelhaftigkeit nicht von dem Originator bzw. dem Insolvenzverwalter zurückgekauft werden.[204] Der Umstand, dass für mangelhafte Forderungen über die Beschaffenheitsgarantie eine Kompensation vorgesehen ist, kann ebenfalls als von der Zweckgesellschaft und dem ersten Nehmer vorausgesetzte Geschäftsgrundlage gewertet werden. Ebenso werden die Parteien regelmäßig davon ausgehen, dass eine Insolvenz des Originators ausbleibt, vor allem vor dem Hintergrund, dass sog. „systemrelevante" Banken gemäß §§ 10 f, 10 g KWG einer besonderen aufsichtsrechtlichen Kontrolle unterliegen und ihnen ein zusätzlicher Kapitalpuffer auferlegt werden kann. Kommt es entgegen dieser Annahme der Vertragsparteien gleichwohl zu einer Insolvenz des Originators, so berechtigt dies allein nicht bereits zur Kündigung durch den Anleger, insbesondere deshalb, weil eine Umsetzung der Beschaffensheitsgarantien hierdurch nicht bereits endgültig ausgeschlossen ist. Vielmehr muss sich auch das Risiko, dass es zu keiner Umsetzung kommt, verwirklichen und dies in einem Ausmaß, das es zu erheblichen Zahlungseinbußen bei den Anlegern kommt. Dies wiederum setzt voraus, dass sich überhaupt ein Großteil der Forderungen als mangelhaft erweist. Denn andernfalls bleiben die Auswirkungen für den Anleger so gering, dass ihm das weitere Festhalten an der Inhaberschuldverschreibung nicht unzumutbar ist. Ist diese Hürde überschritten, so scheitert eine Vertragsanpassung i. S. v. § 313 Abs. 1 BGB aus den oben genannten Gründen, so dass eine Kündigung gemäß § 313 Abs. 3 Satz 2 BGB in Betracht zu ziehen ist. Auch hier kann nicht davon ausgegangen werden, dass dem Anleger das vorbenannte Risiko auf der Grundlage der Wertpapierbedingungen explizit zugewiesen wäre.

3. Risiken im Hinblick auf den Servicer

Eine größere Relevanz kommt der Bank in ihrer Funktion als Servicer zu.[205] Die unbedingte Fortsetzung dieser Funktion ist jedoch, anders als wie zuvor beschrieben die des Originators, keine Geschäftsgrundlage, da die Wertpapierbedingung ganz überwiegend Bestimmungen hierzu treffen; der Fortfall des Servicing, sei es durch eine außerordentliche Kündigung, sei es durch eine Insolvenz, ist ausdrücklich geregelt. Die Vertragsparteien sehen mithin die mögliche Beendigung voraus und nehmen sie in Kauf. Eine auf § 313 Abs. 1 BGB gestützte Vertragsanpassung scheidet damit ebenso wie eine auf § 313 Abs. 3 Satz 2 BGB gestützte Kündigung aus. Allerdings kann dies den Anleger zu einer Kündigung aus wichtigem Grund nach § 314 Abs. 1 BGB berechtigen, wenn für den Servicer über eine längere Zeit kein Ersatz

[204] Vgl. Kap. 4, D.I.4; zu Beschaffenheitsgarantien vgl. Kap. 3, B.I.2.

[205] Vgl. Kap. 4, D.III.

gefunden wird. Dass dann die Zweckgesellschaft selbst ohne die entsprechenden Strukturen und quasi ohne Personal zur Forderungsverwaltung berufen wäre, macht dem Anleger das Festhalten an der Inhaberschuldverschreibung unzumutbar.

4. Risiken im Hinblick auf Sicherheits- und Liquiditätsgeber

Hinsichtlich der Sicherheits- und Liquiditätsgeber[206] ist zu unterscheiden: Kündigt ein Transaktionsbeteiligter, wie etwa der Liquiditätsgeber, aus wichtigem Grund nach § 314 Abs. 1, Abs. 2 BGB, weil etwa eine Rückzahlung der fälligen Liquiditätsfazilität trotz vorhandener Mittel ausbleibt, so ist das pflichtgemäße Verhalten der Zweckgesellschaft gegenüber solchen Transaktionsbeteiligten nicht als Geschäftsgrundlage zwischen dieser und dem ersten Nehmer des Wertpapiers und hieraus abgeleitet den Anlegern zu werten. Der Anleger kann aber seinerseits zur Kündigung aus wichtigem Grund gemäß § 314 BGB berechtigt sein. Stützt der Transaktionsbeteiligte seine Kündigung auf eine in diesem Verhältnis eingetretene Grundlagenstörung, etwa wegen gravierender Gesetzesänderungen, die dem Vertragszweck entgegenstehen, so kann es sich hierbei zugleich um eine Grundlagenstörung im Verhältnis zwischen der Zweckgesellschaft und dem Anleger handeln, soweit Zweckgesellschaft und erster Nehmer bei Vertragsschluss vorausgesetzt haben, dass der zur Absicherung gewisser Risiken mit einem Dritten abgeschlossene Vertrag auch rechtlichen Bestand haben wird. Hier wäre zunächst die Möglichkeit einer Vertragsanpassung zu untersuchen, insbesondere, ob der Abschluss vergleichbarer Verträge mit einem anderen Vertragspartner in Betracht käme, also etwa der Abschluss einer neuen Liquiditätsfazilität zu vergleichbaren Konditionen, wobei es wegen der Auswirkung auf das gesamte Programm der einstimmigen Zustimmung aller Anleger bedürfte. Ist die Beendigung des fraglichen Vertrags auf eine Insolvenz des Sicherheits- oder Liquiditätsgebers zurückzuführen, kann die Frage, ob die Parteien in Kenntnis dieser Möglichkeit den Vertrag geschlossen hätten, nur im Einzelfall beantwortet werden; das Ausbleiben solcher Umstände mag Teil der Geschäftsgrundlage bilden, wenn der Absicherung eine entscheidende Rolle zukommt und es sich bei dem Sicherheits- oder Liquiditätsgeber um eine systemrelevante Bank handelt. Sowohl bei einer auf § 313 BGB, als auch bei einer auf § 314 BGB gestützten Kündigung muss die Beendigung des fraglichen Vertrags generell von einem solchen Gewicht sein, dass sie dem Anleger die Fortsetzung des Wertpapiers unzumutbar macht. Im Falle einer gekündigten Liquiditätsfazilität, die lediglich vorübergehende Liquiditätsdefizite auffangen soll, wird hiervon regelmäßig nicht auszugehen sein. Anderes könnte gelten, bestünde für das Wertpapier eine auf den Nennwert laufende Garantie, die gekündigt würde; solche Absicherungen sind jedoch bei forderungsbesicherten Wertpapieren, anders als z. B. bei manchen Zertifikatstypen, nicht üblich.

---

[206] Vgl. Kap. 4, D.IV.

5. Realisierung von Marktrisiken

Realisieren sich Marktrisiken,[207] so wirkt sich dies auf die Veräußerbarkeit bzw. den zu erzielenden Marktpreis für die forderungsbesicherten Wertpapiere aus; zu einer Störung im eigentlichen Leistungsprogramm der Inhaberschuldverschreibung kommt es hierdurch nicht. Es kann daher auf obige Ausführungen zur eingeschränkten Fungibilität und Kursschwankungen verwiesen werden; das Risiko trägt der Anleger.[208]

6. Realisierung von Rechtsrisiken

Wesentliche Gesetzesänderungen,[209] eine geänderte höchstrichterliche Rechtsprechung,[210] etwa in Bezug auf den Verbriefungsgegenstand oder dessen Übertragbarkeit, steuerliche Änderungen, [211] aber ggf. auch etwaig veränderte Eigenkapitalvorschriften mit weiter erhöhten Anforderungen an institutionelle Anleger, können regelmäßig als Störung einer von anderweitigen Gegebenheiten ausgehenden Geschäftsgrundlage gemäß § 313 Abs. 1 BGB gewertet werden.

Exemplarisch sei bedacht, dass auch eine andere Rechtsprechung des BGHs im Hinblick auf die zustimmungsfreie Abtretbarkeit von Bankdarlehensforderungen[212] einen solchen Fall der Grundlagenstörung hätte darstellen können: Ohne diese Voraussetzung hätte die Zweckgesellschaft nicht emittiert, die Anleger hätten nicht erworben, die Transaktion, wie sie sich die Parteien vorgestellt hätten, wäre an der rechtlichen Unmöglichkeit der Forderungsabtretung gescheitert. Fraglich wäre gewesen, ob den Anlegern das Risiko einer solchen Rechtsentwicklung vertraglich zugewiesen werden konnte; zumindest wiesen einige Dokumentationen der Vergangenheit auf das bestehende Risiko hin. Hiervon dürfte jedoch nicht ohne Weiteres auszugehen sein. Insbesondere ist fraglich, ob das Risiko in die Risikoaufschläge eingepreist wurde, was ebenfalls eher zu verneinen sein dürfte. Somit hätte eine Rechtsprechung, die die zustimmungsfreie Abtretbarkeit verneint und die Transaktion mithin in ihrer Durchführung verhindert hätte, durchaus als Grundlagenstörung gewertet werden können. Das Risiko einer dahingehenden, wenngleich bei gleichbleibender Senatsbesetzung unwahrscheinlicher Rechtsprechungsänderung besteht fort, soweit es um langfristige Immobiliarkredite geht.[213] Sollte es zu einer solchen Änderung kommen, wäre der Transaktion die Grundlage entzogen und dem Anleger das weitere Festhalten an der Inhaberschuldverschreibung unzumutbar. Eine

---

[207] Vgl. Beispiele unter Kap. 4, E.I.

[208] Vgl. oben E.I.2.

[209] Vgl. MüKo-BGB/*Finkenauer*, § 313 Rn. 230 ff.; vgl. auch Kap. 4, E.2.

[210] Vgl. MüKo-BGB/*Finkenauer*, § 313 Rn. 237 f.

[211] Vgl. MüKo-BGB/*Finkenauer*, § 313 Rn. 233.

[212] Vgl. Kap. 3, B.II.1.

[213] Vgl. Kap. 3, B.II.1 (a. E.).

Vertragsanpassung käme nicht in Betracht, der Anleger könnte gemäß § 313 Abs. 3 Satz 2 BGB kündigen. Zumeist gewähren die Wertpapierbedingungen auch ein dementsprechendes vertragliches, außerordentliches Kündigungsrecht, dem insoweit klarstellender Charakter zukommt.

Dies gilt jedoch nur für solche Rechtsrisiken, derer sich die Parteien nicht bewusst waren. Sind dagegen ausdrücklich Risikohinweise im Prospekt enthalten, so zeigt dies, dass der Vertrag auch in Kenntnis dieser Risiken geschlossen wurde; die Abwesenheit solcher Risiken wurde gerade nicht vorausgesetzt. In solchen Fällen kann jedoch die Kündigung auf § 314 Abs. 1 BGB gestützt werden, wobei die Frist nach § 314 Abs. 3 BGB zu berücksichtigen ist, soweit nicht Anhaltspunkte dafür bestehen, dass das betreffende Risiko dem Anleger zugewiesen werden sollte.

7. Realisierung von Bewertungsrisiken

Eine Bewertung, die auf der Grundlage zutreffender Tatsachen, nach vertretbaren Bewertungsmethoden erstellt wurde und sich im Nachhinein als falsch herausstellt, berechtigt den Anleger für sich genommen nicht zur Kündigung. Es liegt in der Natur der Sache, dass sich eine Prognose im Nachhinein auch als falsch heraus stellen kann; das Risiko trägt der Anleger. Ob wegen der Umstände, wegen derer die Bewertung unzutreffend geworden ist, gekündigt werden kann, ist für sich genommen zu betrachten.[214] Anderes ergibt sich jedoch für den Fall, dass Bewertungen insbesondere der Ratingagentur, ggf. auch des Wirtschaftsprüfers oder Rechtsanwalts von Beginn an fehlerhaft waren, da etwa fehlerhafte Tatsachen, wie z. B. zu geringe historische Ausfalldaten vergleichbarer Darlehensforderungen zugrunde gelegt wurden. Bewertungen durch Dritte können hierbei als Teil der Geschäftsgrundlage einzuordnen sein; für den ersten Nehmer sowie spätere Anleger spielen solche Bewertungen eine maßgebliche Rolle, wobei davon auszugehen ist, dass höhere Risiken nur gegen einer höhere Verzinsung in Kauf genommen worden wären. Abzustellen ist auf die gemeinsame, subjektive Fehlvorstellung bei Vertragsschluss i. S. v. § 313 Abs. 2 BGB. Besonderheiten ergeben sich jedoch dann, wenn es sich bei dem ersten Nehmer um einen institutionellen Investor i. S. v. Art. 4 Abs. 1, Ziff. 3; Ziff. 1 und 2 CRR-VO oder (künftig) einen institutionellen Anleger i. S. v. Art. 2 Nr. 12 STS-VO handelt. Dieser ist aufsichtsrechtlich gehalten, eine eigene *Due-Diligence*-Prüfung vorzunehmen.[215] Eine Kündigung kommt deshalb dann nicht in Betracht, wenn diese Prüfung zu von der fraglichen Bewertung abweichenden Ergebnissen geführt hat und der Investor gleichwohl erwirbt. Denn dann mangelt es schon an einer diesbezüglich gemeinsamen Geschäftsgrundlage. Inwieweit ein solcher Anleger aufgrund eigener Prüfung Bewertungsrisiken grundsätzlich erkennen können muss, hängt von den Vorgaben des Art. 406 Abs. 1 CRR-VO bzw. Art. 5

[214] So kann eine Ratingverschlechterung Indiz für einen Vermögensverfall sein, wegen dem ggf. gekündigt werden kann, vgl. oben E.II.1.

[215] Vgl. Kap. 5, D.I.3.

STS-VO ab. Im Übrigen muss auch hier eine gewisse Erheblichkeitsschwelle überschritten sein. Dass sich das falsch bewertete Risiko realisiert, ist dagegen nicht zwingend erforderlich, soweit bereits das erhöhte Risiko das weitere Zuwarten unzumutbar macht.

III. Kündigung wegen erheblicher Pflichtverletzung

1. Kündigung wegen Zahlungsverzugs

Eine Kündigung nach § 314 Abs. 1, Abs. 2 BGB wegen Zahlungsverzugs der Zweckgesellschaft kommt auch bei erheblichen Zahlungsausfällen regelmäßig nicht in Betracht. Aufgrund der Subordination steht der Zweckgesellschaft ein Leistungsverweigerungsrecht zu, so dass die Zins- und Rückzahlungsansprüche nicht allein wegen ihrer Fälligkeit durchsetzbar sind. In der mangelnden Auszahlung durch die Zweckgesellschaft liegt daher keine Pflichtverletzung i. S. v. § 314 Abs. 2 Satz 1 BGB.[216]

Eine Pflichtverletzung liegt dagegen vor, soweit hinreichende Zahlungsströme eingehen, die Zweckgesellschaft aber gleichwohl ihre Zahlungsverpflichtungen gegenüber den Anlegern nicht oder nur mit erheblicher Verzögerung erfüllt. Dabei muss jedoch insbesondere bei erstmaliger Pflichtverletzung eine ausgeprägte Erheblichkeit vorliegen, während andererseits auch der geringere, aber wiederholte Zahlungsverzug ebenso zur außerordentlichen Kündigung berechtigen kann. Ausschlaggebend ist jeweils die fehlende Zumutbarkeit der Vertragsfortsetzung, vgl. § 314 Abs. 1 Satz 1 BGB. Regelmäßig ist hierbei zunächst eine Abmahnung zu erteilen bzw. eine Frist zur Zahlung gemäß § 314 Abs. 2 BGB zu setzen.

Fraglich ist, ob das gesetzliche Kündigungsrecht auch in diesem Fall eine vertragliche Einschränkung dadurch erfährt, dass nur bei erheblichen Zahlungsausfällen hinsichtlich der Zinsansprüche der Senior Tranche gekündigt werden können soll und ob die Regelung vor diesem Hintergrund unwirksam sein könnte. Betrachtet man die Hintergründe der Regelung in Bezug auf die Subordination, wie sie oben dargestellt wurde,[217] so ist dies zu verneinen. Es ist nicht erkennbar, dass die Zweckgesellschaft und der erste Nehmer hier den echten Zahlungsverzug der Zweckgesellschaft im Blick gehabt hätten, der nach der Konstruktion des Wertpapiers grundsätzlich ausgeschlossen sein soll und daher auch ein beträchtliches Maß an Missbräuchlichkeit bei der Zweckgesellschaft voraussetzen würde. Sähe man dagegen auch einen Ausschluss der Kündigung wegen Verzugs in der Regelung, so wäre dies gemäß § 307 Abs. 1 Satz 1, Abs. 2 Nr. 2 BGB unwirksam, da ein solcher Ausschluss die Erreichung des Vertragszwecks, dessen Missachtung insoweit sanktionslos bliebe, gefährden würde. Insoweit könnte ein Anleger nach der so verstandenen Regelung dann nicht kündigen, wenn er selbst zwar von erheblichen,

[216] Vgl. aber zur Kündigung nach § 314 Abs. 1 BGB oben E.II.1.

[217] Vgl. oben E.II.1.a).

verzugsbegründenden Zahlungsausfällen betroffen wäre, ein Großteil der Zinsansprüche der sonstigen Inhaber von Wertpapieren der Senior Tranche dagegen noch befriedigt worden wäre. Damit wäre nicht hinreichend berücksichtigt, dass ihm gegenüber gleichwohl eine erhebliche Pflichtverletzung vorläge.

2. Kündigung wegen subordinationswidriger Zahlungen

Die Zweckgesellschaft ist auf der Grundlage der Wertpapierbedingungen sowie hinsichtlich der Subordination gleichlaufender Verträge zugunsten Dritter mit anderen Transaktionsbeteiligten an die subordinationsgemäße Verteilung eingegangener Gelder gebunden; dem Anleger steht für den Fall der Zuwiderhandlung nicht lediglich ein an das Leistungsinteresse tretender Schadensersatzanspruch zu, sondern zugleich ein gegen die Zweckgesellschaft gerichteter Unterlassensanspruch auf der Basis der übrigen Verträge.[218] Daneben kommt auf der Grundlage der Verletzung der sich aus den Wertpapierbedingungen ergebenden Pflichten eine auf § 314 Abs. 1, Abs. 2 BGB gestützte Kündigung in Betracht. Maßgeblich ist der Umfang der subordinationswidrigen Zahlung oder ggf. ein wiederholtes Auftreten solcher Zahlungen. In Betracht kommt auch eine Kündigung, wenn die Zweckgesellschaft wiederholt subordinationswidrige Zahlungen vornimmt, ohne dass sich hierdurch ein Schaden bei dem kündigungswilligen Anleger einstellt; denn durch solche Vorgänge demonstriert die Zweckgesellschaft bereits eine Unzuverlässigkeit, die das weitere Festhalten an der Inhaberschuldverschreibung wegen des zerstörten Vertrauens unzumutbar machen kann. Handelt es sich um größere subordinationswidrige Zahlungen, so setzt die Kündigung gemäß § 314 Abs. 2 BGB eine Frist zur Abhilfe voraus, soweit diese nicht entbehrlich ist, etwa wenn eine Rückforderung durch die Zweckgesellschaft vom überzahlten Subordinationsbeteiligten aus rechtlichen Gesichtspunkten nicht umsetzbar ist.[219] Im Falle geringerer, aber wiederholt drohender subordinationswidriger Zahlungen ist die Zweckgesellschaft gemäß § 314 Abs. 2 BGB abzumahnen, es sei denn, solche Vorgänge haben bereits zum Zeitpunkt der Kenntniserlangung durch den Anleger ein erhebliches Maß erreicht. In einem solchen Fall kann wegen Wiederholung und Umfang der Pflichtverletzung auch eine abmahnungsfreie Kündigung in Betracht kommen; eine solche ist jedoch gemäß § 314 Abs. 3 BGB zeitnah zu erklären.

3. Kündigung wegen zweckwidriger Mittelverwendung

Die durch die Emission der forderungsbesicherten Wertpapiere eingenommen Mittel sind dem Vertragszweck nach gebunden. Sie dienen im Wesentlichen dem Erwerb des Portfolios. Daneben kommt die Verwendung auf eng mit der Absicherung der Transaktion verbundene Geschäfte in Betracht, wie etwa auf Zins- und Tilgungsleistungen im Zusammenhang mit einer in Anspruch genommenen Liquiditätsfazilität.

---

[218] Vgl. Kap. 3, D.IV.I.

[219] Vgl. Kap. 3, D.IV.1.a).

Schon vor dem Hintergrund der angestrebten Insolvenzferne und eines guten Ratings sind darüber hinausgehende Tätigkeiten der Zweckgesellschaften nicht vorgesehen. Dies wird auch in den Wertpapierbedingungen regelmäßig klar zum Ausdruck gebracht, die sich die Zweckgesellschaft von den Anlegern entgegenhalten lassen muss.

Vertragswidrig ist daher etwa die Verwendung der Mittel auf in der Transaktionsstruktur nicht von Beginn an vorgesehene Spekulationsgeschäfte. Auszunehmen sind hiervon wiederum anfänglich vorgesehene Zins-Swap-Geschäfte, die der Absicherung der Transaktion dienen sollen. Zu beachten sein wird auch, dass die Mittelverwendung für Absicherungsgeschäfte im Verhältnis zum Portfolio-Erwerb keinen zu großen Anteil einnimmt. Daneben sind sämtliche Geschäfte als vertragswidrig einzustufen, die in keinerlei Zusammenhang mit der Verbriefung der Forderungen stehen. So ist z. B. die Investition in verbriefungsfremde Sachwerte ebenso unzulässig, wie der Erwerb anderer Forderungen, soweit diese ggf. nicht nur im kleinen Umfang zur Risikodiversifikation hinzugenommen werden und die Wertpapierbedingungen dies von Beginn an zulassen. Auch eine Änderung der Risiken eines Marktes rechtfertigt es insoweit nicht, ohne Einbeziehung der zweckgebunden investierenden Anleger die Geschäftstätigkeit im erheblichen Maße auf einen etwaig risikoärmeren Markt zu verlagern.[220] Dies gilt vor allem dann, wenn der Alternativmarkt neue spezifische Risiken in sich birgt.[221] Insbesondere schließt dies etwa im Falle revolvierender Transaktionen den Erwerb von anderen Forderungen, als solchen, die den Beschaffenheitskriterien entsprechen, so etwa Leasing- statt Darlehensforderungen, aus.

Eine vertragswidrige Mittelverwendung stellt als Pflichtverletzung in der Regel einen wichtigen Grund i. S. d. § 314 Abs. 1, Abs. 2 BGB dar, wenn sie nicht nur im geringen Umfang erfolgt. Insoweit ist zumeist auch der Vertragszweck gefährdet, da die Mittel für den vertraglich vorgesehenen Erwerb von bestimmten Forderungstypen fehlen. Damit einher geht die Zerstörung der Vertrauensgrundlage.[222]

Fraglich ist, ob es für diesen Fall gemäß § 314 Abs. 2 BGB einer Fristsetzung zur Abhilfe oder einer Abmahnung bedarf. Gemäß §§ 314 Abs. 2 Satz 2, 323 Abs. 2 Nr. 1 und 2 BGB ist die Fristsetzung entbehrlich im Falle der ernsthaften und endgültigen Leistungsverweigerung, bei Fixgeschäften oder im Falle besonderer Umstände, die unter Abwägung der beiderseitigen Interessen die sofortige Kündigung rechtfertigen. Hier wird die Fristsetzung aufgrund besonderer Umstände entbehrlich sein: Die erfolgte vertragswidrige Investition lässt sich i. d. R. nicht rückgängig machen.[223] Der Erwerb des Portfolios ist zudem transaktionsbedingt an Termine gebunden, so dass im Rahmen der Abwägung zumindest der Wertungsgedanke des § 323 Abs. 2 Nr. 2 BGB zu berücksichtigen ist. Der vertraglich vorgesehene Forderungserwerb kann insoweit durch stark geschwächte Mittel zum maßgeblichen Zeitpunkt gefährdet werden, etwa wenn der Originator vor Abtretung der Forderungen und bei Kenntnis von seinem Zurückbehaltungsrecht nach § 320 BGB Gebrauch macht. Zur direkten Anwendung gelangt § 323 Abs. 2 Nr. 2 BGB dagegen nicht, da

---

[220] Vgl. LG Hamburg, Urt. v. 08.10.2007, Az.: 328 O 186/07, juris Rn. 19.

[221] Vgl. LG Hamburg, Urt. v. 08.10.2007, Az.: 328 O 186/07, juris Rn. 19.

[222] Vgl. *Weth* in: jurisPK-BGB, § 314 Rn. 15.

[223] Vgl. LG Hamburg, Urt. v. 08.10.2007, Az.: 328 O 186/07, juris Rn. 23.

der Vertragszweck keine im Gegenseitigkeitsverhältnis stehende Leistungspflicht begründet. Im Ergebnis wird das Erfordernis einer Fristsetzung oder Abmahnung aber auch im Rahmen des § 314 Abs. 2 BGB regelmäßig eher zu verneinen sein.

4. Kündigung wegen fehlerhafter Prospektangaben

Wie bereits dargestellt, bestehen Schadensersatzansprüche der Anleger wegen vorvertraglicher Aufklärungspflichtverletzung im Regelfall nicht.[224] Ebenso wenig kann daher eine Kündigung auf eine unterbliebene Aufklärung über wesentliche Risiken seitens der Zweckgesellschaft gestützt werden, soweit sie eine dahingehende Pflicht nicht trifft. Zur Aufklärung verpflichtet ist sie jedoch nach den Grundsätzen der spezialgesetzlichen Prospekthaftung oder, soweit eine Veröffentlichungspflicht nach dem WpPG nicht besteht, aber – wie im Regelfall – gleichwohl ein Prospekt veröffentlicht wird, nach den Grundsätzen der bürgerlich-rechtlichen Prospekthaftung im engen Sinne wegen der Inanspruchnahme typisierten Vertrauens.[225]

Fraglich ist, ob die Fehlerhaftigkeit des Prospekts unter den spezialgesetzlichen oder quasivertraglichen Maßgaben auch zur Kündigung berechtigt. Festzustellen ist dabei zunächst, dass Prospektfehlern nicht Umstände zugrunde liegen, die sich erst nachträglich ändern, die behaupteten Umstände bestehen gerade nicht. Auch soweit Prognosen enthalten sind, sind diese falsch oder zutreffend, nämlich auf zutreffenden Tatsachen und nach vertretbaren Bewertungsmethoden erstellt, oder nicht. Ob sich eine Prognose dagegen bewahrheitet, ist nicht ausschlaggebend und stellt keine Änderung der Geschäftsgrundlage dar. Eine auf § 313 Abs. 1 BGB gestützte Kündigung scheidet damit aus.

Dasselbe gilt auch für eine auf § 313 Abs. 2 BGB gestützte Kündigung; diese erfordert einen gemeinschaftlichen Irrtum der Zweckgesellschaft und des ersten Nehmers über einen für die Willensbildung wesentlichen Umstand.[226] Auch für den Fall, dass nur der erste Nehmer – aufgrund des fehlerhaften Prospekts – einer falschen Vorstellung unterliegt und die Zweckgesellschaft dem nicht widerspricht, ist deren Aufnahme in den gemeinsamen Geschäftswillen erforderlich.[227] Ungeachtet der meist mit nachfolgenden Anlegern nicht vergleichbaren Zielsetzung des ersten Nehmers und der daher womöglich anders zu bewertenden Fragen, was für diesen überhaupt ein wesentlicher Umstand war, scheitert die Aufnahme desselben in den gemeinsamen Geschäftswillen, also auch in den Geschäftswillen der Zweckgesellschaft immer dann, wenn die Zweckgesellschaft gerade wider besseren Wissens handelte, also wie sowohl spezialgesetzlich in § 23 Abs. 1 WpPG, als auch quasivertraglich in §§ 311 Abs. 2, 280 Abs. 1 Satz 2 BGB vorausgesetzt, die Fehlerhaftigkeit des Prospekts kannte oder hätte kennen müssen und sie daher ein Verschulden trifft.

---

[224] Vgl. Kap. 5, A.

[225] Hierzu im Einzelnen Kap. 5, E.

[226] Zu diesem *Böttcher* in: Erman BGB, § 313 Rn. 30.

[227] Vgl. *Böttcher* in: Erman BGB, § 313 Rn. 30.

Bei der Pflicht zur vollständigen und zutreffenden Aufklärung mittels eines veröffentlichten Prospekts handelt es sich auch nicht um eine Pflicht aus der Inhaberschuldverschreibung in Gestalt des abstrakten Schuldversprechens, sondern um eine spezialgesetzliche bzw. quasivertragliche Pflicht. Damit scheidet auch eine auf § 314 Abs. 1, Abs. 2 BGB gestützte Kündigung wegen erheblicher Verletzung einer Pflicht „aus dem Vertrag" aus.

In Betracht kommt daher allein eine auf § 314 Abs. 1 BGB gestützte Kündigung aus wichtigem Grund. Das weitere Festhalten an der Inhaberschuldverschreibung ist dem Anleger unzumutbar, da er aufgrund der fehlerhaften Prospektangaben ein Produkt erworben hat, dass nicht seinen Vorstellungen entspricht, wobei im Rahmen der Interessenabwägung dem Verschulden der Zweckgesellschaft eine entscheidende Rolle zukommt. Des Weiteren sind im Rahmen der Interessenabwägung auch die weiteren Restriktionen der spezialgesetzlichen und hieran entwickelten quasivertraglichen Haftung zu berücksichtigen. Dass eine solche Berücksichtigung geboten ist und die Fehlerhaftigkeit des Prospekts nicht unter allen Umständen zur Kündigung berechtigt, ergibt sich aus der spezialgesetzlich zum Ausdruck gekommenen Risikoverteilung. Demnach soll sich der Anleger nur unter den normierten Voraussetzungen schadlos halten können. Dies bedeutet insbesondere, dass eine Kündigung nur in Betracht kommt, wenn das fragliche Wertpapier durch den kündigenden Anleger innerhalb von sechs Monaten nach Prospektveröffentlichung bzw. bei fehlendem Prospekt nach § 24 WpPG innerhalb von sechs Monaten nach dem ersten öffentlichen Angebot erworben wurde. Mit der zeitlichen Beschränkung kommt insoweit u. a. der gesetzgeberische Wille zum Ausdruck, Rechtssicherheit zu schaffen und das Haftungsrisiko für Prospektverantwortliche zu verringern, die sich nicht nur Ansprüchen des gegenwärtigen, sondern auch eines früheren Inhabers ausgesetzt sehen können.[228] Dasselbe gilt auch im Rahmen der bürgerlich-rechtlichen Prospekthaftung im engen Sinne.[229] Die Kündigung hat gemäß § 314 Abs. 3 BGB innerhalb einer angemessenen Frist nach Kenntniserlangung zu erfolgen, anders als bei der Geltendmachung von Schadensersatzansprüchen kommt ein längeres Zuwarten, dort bis zu Verjährungsgrenze, mithin nicht in Betracht; dieses indizierte hier andernfalls die mangelnde Unzumutbarkeit für den Anleger.

Fraglich ist, ob die Kündigung nach § 314 Abs. 1 BGB durch die spezialgesetzliche und daran auszurichtende quasivertragliche Haftung gesperrt sein könnte. § 25 Abs. 2 WpPG besagt jedoch, dass weitergehende Ansprüche, die nach den Vorschriften des bürgerlichen Rechts auf Grund von Verträgen oder unerlaubten Handlungen erhoben werden können, unberührt bleiben. Die Regelung bezweckt

---

[228] Vgl. Gesetzesbegründung zu § 45 BörsG a. F. (als Vorgängerregelung zu den §§ 13, 13a VerkaufsProspG a. F., diese wiederum als Vorgängerregelung zu den §§ 21 ff. WpPG), BT-Drs. 13/8933, S. 76 f; Rechtssicherheit dient auch als Begründung für die Ausschlussfrist im VermAnlG, die höhere Frist von zwei Jahren rechtfertigt sich dort mit der geringeren Fungibilität und einem daher geringeren Haftungsrisiko für Prospektverantwortliche vgl. BT-Drs. 17/6051, S. 37.

[229] Vgl. zu deren Beschränkungen vgl. Kap. 5, E.III.3.

insbesondere, bei Einschlägigkeit der spezialgesetzlichen Prospekthaftung weitergehende Ansprüche aus bürgerlich-rechtlicher Prospekthaftung im weiten Sinne auszuschließen, um ein Unterlaufen der beabsichtigten Begrenzung des Haftungsrisikos für Prospektverantwortliche zu vermeiden.[230] Nicht berührt sind dagegen Ansprüche aufgrund zugleich bestehender schuldrechtlicher Sonderverbindung.[231] Bei dem aus der Kündigung des Anlegers resultierenden, fälligen Zahlungsanspruch handelt es sich jedoch um einen solchen Anspruch aus einer schuldrechtlichen Sonderverbindung, da das Kündigungsrecht zwar nicht aus einem Vertrag zwischen der Zweckgesellschaft und dem Anleger folgt, jedoch als Hilfsrecht mit der aus einer solchen schuldrechtlichen Sonderverbindung abgetretenen Forderung übergeht.[232] Seinen schuldrechtlichen Charakter verliert das Kündigungsrecht hierdurch nicht. Im Übrigen widerspricht dies auch nicht dem Zweck des Gesetzes: Eine Ausweitung des Haftungsrisikos ist im Falle einer Kündigung statt Geltendmachung von Schadensersatz zumindest nach dem oben zugrunde gelegten Verständnis im Hinblick auf die auch im Rahmen der Interessenabwägung bei § 314 Abs. 1 BGB zu berücksichtigende sechsmonatigen Ausschlussfrist nicht zu befürchten, sie wird durch die Beendigung des Wertpapiers vielmehr endgültig minimiert.

Letztlich stellt sich angesichts der bestehenden Schadensersatzansprüche, gegenüber denen die Kündigung demnach zunächst auch keinen Vorteil darzustellen vermag, die ausschlaggebende Frage, ob eine Kündigung auch dann noch in Betracht kommt, wenn Schadensersatzansprüche gegen die Zweckgesellschaft wegen der Prospektfehler bereits gemäß der §§ 195, 199 BGB verjährt wären. Eine besondere Rolle spielt hierbei die zehnjährige, kenntnisunabhängige Höchstfrist, denn soweit Kenntnis über die anspruchsbegründenden Tatsachen vorgelegen hat, wird auch die angemessene Frist gemäß § 314 Abs. 3 BGB verstrichen sein. Das Kündigungsrecht selbst unterliegt als Gestaltungsrecht nicht der Verjährung. Es kann aber verwirkt sein, wenn sich die Zweckgesellschaft wegen der Untätigkeit des Anlegers über einen gewissen Zeitraum hinweg (Zeitmoment) bei objektiver Beurteilung darauf eingerichtet hat, dieser werde von seinem Recht nicht mehr Gebrauch machen (Umstandsmoment) und die verspätete Geltendmachung daher gegen den Grundsatz von Treu und Glauben verstieße.[233] Das Zeitmoment liegt bei mehr als zehnjähriger Untätigkeit vor. Fraglich ist, ob die Zweckgesellschaft sich darauf einrichten darf, dass nach dem Ablauf der Verjährungshöchstfrist für Schadensersatzansprüche auch keine auf Prospektfehler gestützte Kündigung mehr erfolgen werde. Allein der Umstand, dass auch Schadensersatzansprüche

---

230 Vgl. Gesetzesbegründung zu § 48 BörsG-E = § 47 BörsG a. F. als Vorgängerregelung, BT-Drs. 13/8933, S. 81.

231 BT-Drs. 13/8933, S. 81.

232 Vgl. oben unter B.I.

233 Vgl. BGH, Beschl. v. 24.02.2015, Az.: II ZR 104/13, juris Rn. 31 zum Kündigungsrecht eines unter Verletzung einer Aufklärungspflicht zur Beteiligung veranlassten Anlegers gegenüber der Gesellschaft.

hätten geltend gemacht werden können, dies aber nicht geschah, begründet jedoch ebenso wenig wie der Umstand, dass das Wertpapier ggf. auch hätte verkauft werden können, ein schutzwürdiges Vertrauen der Zweckgesellschaft, dass die von ihr zu vertretene Fehlerhaftigkeit des Prospekts auch weiterhin folgenlos bleiben werde.[234] Möglich bleibt das Vorbringen weiterer Umstände durch die Zweckgesellschaft, die im Einzelfall die Verwirkung zu begründen vermögen.

---

[234] Ähnlich zu nicht geltend gemachten, anderen Ansprüchen BGH, Beschl. v. 24.02.2015, Az.: II ZR 104/13, juris Rn. 32.

Kapitel 7: Zusammenfassung und Schluss

A. Thesen

Die Ergebnisse dieser Arbeit sind im Wesentlichen wie folgt zusammenzufassen:

(1) Verbriefungsspezifische Ausfallrisiken ergeben sich bereits aus der rechtlichen Konstruktion des Verbriefungsgegenstands in Form von Veritäts- sowie Bonitätsrisiken. Bei Forderungen aus Verbraucherdarlehensverträgen zählen zu den Veritätsrisiken Folgen aus dem Verstoß gegen Schriftform und Pflichtangaben, dem Widerruf des Darlehensnehmers, etwaige Einwendungen und Einreden, insbesondere aus Aufrechnung, der vorzeitigen Erfüllung oder einer Kündigung. Der Umfang dieser auf die Anleger verlagerten Risiken hängt von dem zwischen dem Originator und der Zweckgesellschaft im Rahmen des Rechtskaufs gemäß §§ 453 Abs. 1, 433 BGB vereinbarten Haftungssystem ab.

(2) Solche vertraglichen Haftungssysteme modifizieren regelmäßig die gesetzliche Haftung nach den §§ 453 Abs. 1, 433, 437, 280 BGB zugunsten eigener Regelungen. Bei der in der Beispieltransaktion aufgezeigten Haftungskonzeption handelt es sich um selbständige Beschaffenheitsgarantien i. S. v. §§ 453 Abs. 1, 433, 443 Abs. 1, 1. Alt. BGB, die eigene Rechtsfolgen auslösen und die Übernahme von Veritätsrisiken weitestgehend ausschließen, so dass sich das Ausfallrisiko der verbrieften Forderungen maßgeblich auf Bonitätsrisiken der Darlehensnehmer beschränkt.

(3) Auf der Grundlage des Rechtskaufvertrags erfolgt die Abtretung des Forderungsportfolios an die Zweckgesellschaft gemäß § 398 BGB. Dem steht bei grundpfandrechtlich nicht besicherten Darlehensverträgen, soweit nicht vereinbart, kein generelles Abtretungsverbot gemäß § 399 BGB entgegen. Ordentliche Kündigungsrechte können mit der Hauptforderung zusammen abgetreten werden, nicht aber das außerordentliche Kündigungsrecht wegen Zahlungsverzugs, da es sich angesichts § 498 Satz 2 BGB um eine auch pflichtenbelastete Position handelt und die Abtretung das Recht entgegen § 399

W. Wesser, *Die Verbriefung von Darlehensforderungen – Risiken des Anlegers*,
Bibliothek des Bank- und Kapitalmarktrechts 6,
https://doi.org/10.1007/978-3-662-58813-0_7

Alt. 1 BGB aus seinem Pflichtenzusammenhang lösen würde. Im Falle einer gemäß Art. 8 STS-VO verbotenen Wiederverbriefung sind sowohl Rechtskaufvertrag, als auch die Abtretung von der Nichtigkeit gemäß § 134 BGB erfasst.

(4) Der Originator übernimmt die Verwaltung des Forderungsportfolios auf der Grundlage eines Geschäftsbesorgungsvertrag mit dienstvertraglichem Charakter gemäß §§ 675 Abs. 1, 611 BGB mit Einzugsermächtigung, aufgrund dessen er zum außergerichtlichen und gerichtlichen Forderungseinzug berechtigt ist. Ein an seine Stelle tretender Back-Up Servicer muss die Anforderungen des Rechtsdienstleistungsgesetzes erfüllen.

(5) Die Verlagerung der Risiken des Forderungsportfolios an die Anleger erfolgt i. d. R. über Inhaberschuldverschreibungen i. S. d. § 793 BGB, auf die des Weiteren auch das Schuldverschreibungsgesetz mit dem in § 4 SchVG verankerten Prinzip der kollektiven Bindung zur Anwendung gelangen. Das als Inhaberschuldverschreibung ausgestaltete forderungsbesicherte Wertpapier verbrieft den zumeist nur durch ein emissionsbegleitendes Bankenkonsortium oder einen vorherigen Inhaber an ihn abgetretenen Rückzahlungsanspruch des Anlegers, der als abstraktes Schuldversprechen i. S. d. § 780 BGB einzuordnen ist. Des Weiteren verbrieft sind Zinsansprüche, die materiell akzessorisch zum Rückzahlungsanspruch sind. Die Zahlungsansprüche unterliegen einer Subordination, die als schuldrechtlicher Vertrag gemäß §§ 311 Abs. 1, 241, 328 BGB ein Leistungsverweigerungsrecht der Zweckgesellschaft sowie Unterlassungsansprüche zugunsten Dritter gegen die Zweckgesellschaft begründet. Daneben können die Wertpapierbedingungen einen Haftungsausschluss vorsehen, der an das Ausbleiben weiterer Zahlungsströme oder vergleichbare Umstände anknüpft und als aufschiebend bedingter Erlassvertrag gemäß §§ 158 Abs. 1, 397 BGB einzuordnen ist.

(6) Je nach Konzeption bestehen für den Anleger allgemeine sowie verbriefungsspezifische Risiken des forderungsbesicherten Wertpapiers. Anhand der Beispieltransaktion herausgearbeitet, insoweit aber auch auf vergleichbare Verbriefungstransaktionen übertragbar, bestehen objektbedingte, strukturbedingte, personenbedingte und umfeldbedingte Risiken sowie Bewertungs- und Durchsetzungsrisiken, zwischen denen es überdies zu Wechselwirkungen kommen kann. Soweit transaktionsexterne und transaktionsinhärente Absicherungsmaßnahmen vorbenannte Risiken partiell abfedern sollen, bergen diese wiederum eigene Risiken, so etwa in der Insolvenz des Sicherungsgebers.

(7) Die Zweckgesellschaft ist dem Anleger gegenüber im Regelfall der Fremdemission über ein emissionsbegleitendes Bankenkonsortium nicht zur vorvertraglichen Aufklärung über die Risiken verpflichtet, da der Anleger insoweit lediglich einen gegen die Zweckgesellschaft gerichteten Anspruch erwirbt. Ein Vermögensverwalter, der ein forderungsbesichertes Wertpapier für einen Anleger erwirbt, hat die Risiken des forderungsbesicherten Wertpapiers selbst zu bewerten und die ihm vorgegebenen Anlagerichtlinien zu berücksichtigen. Ihn können darüber hinaus Aufklärungspflichten wie einen Anlageberater treffen. Gegenüber CRR-Instituten und künftig institutionellen Anlegern i. S. v. Art. 2 Nr. 12 STS-VO ist zu beachten, dass ihnen die Einhaltung der sie

betreffenden, aufsichtsrechtlichen Sorgfaltspflichten ermöglicht wird. Ist ein Vermögensbetreuer involviert, schuldet dieser nicht lediglich die Aufklärung über die Risiken, sondern auch die fortlaufende Beobachtung des forderungsbesicherten Wertpapiers und entsprechende Unterrichtung. Die Aufklärung des Anlegers über die Risiken kann des Weiteren über einen konkludent beauftragten Anlageberater erfolgen, dessen Aufklärung nach der Bond-Rechtsprechung des BGH im Rahmen eines konkludent abgeschlossenen Beratungsvertrags anleger- und anlagegerecht zu sein hat.

(8) Die Anlegergerechtigkeit bemisst sich nach Vorerfahrungen und Anlagezielen des Anlegers, die seinen konkreten Aufklärungsbedarf aufzeigen. Bei den §§ 31 ff. WpHG, die pauschalisierend Anlegergruppen herausbilden und die geschuldete Aufklärung an diesen bemessen, handelt es sich um rein aufsichtsrechtliche Regelungen, die keinen Einfluss auf die zivilrechtliche Regelung haben. Des Weiteren bleiben auch die Regelungen des Art. 406 CRR-VO und künftig Art. 5 STS-VO, aufgrund derer sich ein institutioneller Anleger die zur Risikobewertung erforderlichen Informationen selbst zu verschaffen hat, ohne Einfluss auf die nationale zivilrechtliche Regelung. Im Rahmen der weiterhin gültigen Anlegergerechtigkeit i. S. d. der Bond-Rechtsprechung kann sich ein geringerer Aufklärungsbedarf aufgrund des Know How und der Erfahrenheit institutioneller Anleger ergeben, dies bleibt aber im Einzelfall festzustellen, so dass diese nicht pauschal im Rahmen einer Beratung als nicht aufklärungsbedürftig eingestuft werden dürfen.

(9) In der Anlagegerechtigkeit der Beratung führt das Kriterium der „Wesentlichkeit" für die Anlageentscheidung dazu, dass auch unwahrscheinlichere Risiken aufklärungspflichtig sein können. Je nach Erfahrungsstand des Anlegers können folgende Aspekte (in der Reihenfolge der Untersuchung) aufklärungspflichtig sein:

- Funktionsweise und Strukturierungen, inklusive transaktionsinhärenter und transaktionsexterner Absicherungsmaßnahmen,
- allgemeine Risiken, wie Zinsänderungs-, Markt- und Marktpreis-, Währungs- und Kündigungsrisiken sowie die Möglichkeit, eine Änderung der Wertpapierbedingungen durch Mehrheitsbeschluss herbeizuführen,
- objektbedingte ökonomische Risiken, wie insbesondere das bonitätsbedingte Ausfallrisiko sowie objektbedingte Zinsänderungs- und Konzentrationsrisiken,
- objektbedingte rechtliche Risiken, vor allem im Hinblick auf konkrete rechtliche Unsicherheiten,
- Subordinationen als strukturbedingte Risiken, insbesondere bereits der Höhe nach feststehende vorrangig zu befriedigende Forderungen,
- im Rahmen der Insolvenz des Originators das Risiko des durch den Insolvenzverwalter ausgeübten Wahlrechts gegen eine Rückkaufvereinbarung im Falle mangelhafter Forderungen sowie das Ausfallrisiko des Originators im Hinblick auf durch ihn übernommene Absicherungsmaßnahmen,
- das Insolvenzrisiko der Zweckgesellschaft,

- das Insolvenzrisiko des Servicers sowie der Umstand, dass noch kein Back-Up Servicer bestimmt wurde,
- das Insolvenzrisiko von Sicherheits- und Liquiditätsgebern,
- ausnahmsweise Interessenkonflikte mit konkretem Missbrauchsspielraum,
- ggf. umfeldbedingt allgemeine marktspezifische Tendenzen sowie konkrete Risiken aus dem Marktumfeld oder Rechtsrisiken,
- bewertungsbedingte Risiken nur soweit hiermit explizit geworben wird und z. B. im Falle nicht erprobter Bewertungsmodelle und
- bei indirekten Investitionen die der jeweils gewählten Konstruktion immanenten speziellen Risiken, so etwa bei Zertifikaten das allgemeine Emittentenrisiko.

(10) Dagegen sind folgende Risiken in der Regel nicht aufklärungspflichtig:

- Der Haftungsausschluss, soweit er erst unter Umständen greift, in denen kein Kapital mehr bei der Zweckgesellschaft vorhanden ist und keine Zahlungseingänge mehr zu erwarten sind, soweit eine hinreichende Aufklärung über das Insolvenzrisiko der Zweckgesellschaft erfolgt ist,
- allgemeine Inflationsrisiken,
- allgemeine Interessenkonflikte ohne konkreten Missbrauchsspielraum und
- Durchsetzungsrisiken.

(11) Bedient sich der Anlageberater bei der Erfüllung seiner Aufklärungspflichten eines Prospektes oder vergleichbarer Verkaufsunterlagen, so hat er diese nicht nur auf ihre Plausibilität hin zu überprüfen, sondern muss des Weiteren prüfen, ob sie aus Sicht des konkret zu beratenden Anlegers verständlich und mithin zu dessen Aufklärung konkret geeignet sind.

(12) Bei Falschberatung haftet der Anlageberater in Form einer auf den unter Anrechnung erlangter Vorteile investierten Betrag lautenden Schadensersatzleistung Zug-um-Zug gegen Übertragung des forderungsbesicherten Wertpapiers. Art. 406 CRR-VO und künftig Art. 5 STS-VO stehen dem nicht entgegen. Neben der vertraglichen Haftung kommt im Einzelfall auch eine deliktische Haftung des Anlageberaters in Betracht, die auf dieselbe Rechtsfolge gerichtet ist.

(13) Daneben kann eine Aufklärung des Anlegers über ihm zur Verfügung gestellte Prospekte und vergleichbare Unterlagen erfolgen, deren Fehlerhaftigkeit oder Unvollständigkeit je nach den tatsächlichen Umständen zu einer spezialgesetzlichen Prospekthaftung und/oder einer bürgerlich-rechtlichen Prospekthaftung im engen wie im weiten Sinne gemäß § 311 Abs. 2 und 3 BGB führen kann. Als Haftungsadressaten kommen hier insbesondere der Originator und die Zweckgesellschaft in Betracht. Maßstab der Fehlerhaftigkeit oder Unvollständigkeit ist der bestimmungsgemäße Adressatenkreis, anhand dessen sich die erforderliche Aufklärungsintensität hinsichtlich der unter Ziff. 9 als grundsätzlich aufklärungspflichtig herausgestellten Umstände und Risiken bemisst.

(14) Die spezialgesetzliche Prospekthaftung wird allenfalls tatsächlich, nicht aber rechtlich durch die in Art. 409 CRR-VO und künftig Art. 7 STS-VO normierten aufsichtsrechtlichen Offenlegungspflichten des Originators und der

Zweckgesellschaft als Prospektverantwortlichen oder Prospektveranlasser beeinflusst; eine Pflicht, die Offenlegung im Wege der Prospektierung vorzunehmen, besteht nicht.

(15) Die bürgerlich-rechtliche Prospekthaftung im engen Sinne ist in weiten Teilen durch die spezialgesetzliche Prospekthaftung gesperrt. Sie bleibt aber anwendbar auf forderungsbesicherte Wertpapiere, für die keine Pflicht zur Veröffentlichung eines Prospektes gemäß § 3 Abs. 1 oder Abs. 4 WpPG besteht, wobei sie in analoger Anwendung der Einschränkungen der spezialgesetzlichen Prospekthaftung entsprechend einzuschränken ist. Des Weiteren findet die bürgerlich-rechtliche Prospekthaftung Anwendung auf den dem WpPG nicht unterstellten Sachkenner, wie z. B. Wirtschaftsprüfer.

(16) Etwaige Ansprüche aus bürgerlich-rechtlicher Prospekthaftung im weiten Sinne gegen den Anlageberater stehen neben Ansprüchen wegen Pflichtverletzung des Beratungsvertrags. Hinsichtlich indirekter Investitionen gelten die vorangegangenen Thesen entsprechend, wobei die spezialgesetzliche Prospekthaftung für Zertifikate ebenfalls aus dem WpPG folgt, wohingegen sich eine vergleichbare Regelung für Fonds im VermAnlG findet.

(17) Im Falle der Realisierung von Risiken des forderungsbesicherten Wertpapiers kann der Anleger durch vertragliche Kündigungsrechte zur außerordentlichen Kündigung berechtigt sein, so etwa im Falle einer Insolvenz der Zweckgesellschaft oder bei erheblichen Zahlungsausfällen. Ein abschließender Ausschluss von § 314 BGB ist durch vertragliche Kündigungsrechte nicht zu erreichen.

(18) Auf forderungsbesicherte Wertpapiere in Form von Inhaberschuldverschreibungen i. S. v. § 793 BGB ist das Kündigungsrecht nach § 314 BGB aus wichtigem Grund anwendbar. Anleger und Zweckgesellschaft schließen im Regelfall einer Fremdemission über ein emissionsbegleitendes Bankenkonsortium keinen Vertrag miteinander. Allerdings geht das Kündigungsrecht gemäß § 314 BGB bei dem Übergang von dem bisherigen auf den neuen Inhaber als Hilfsrecht automatisch mit über. Eine Dauerschuld liegt vor, da der Umfang der Leistungspflichten der Zweckgesellschaft angesichts der geschuldeten Zinsansprüche erst über die Zeit quantifizierbar ist. Auf den alternativen Verkauf des forderungsbesicherten Wertpapiers kann der Anleger nicht verwiesen werden. Eine entsprechend § 5 SchVG bereits initiierte Beschlussfassung kann der Kündigung entgegenstehen. Ein nach § 5 Abs. 3 Nr. 8 SchVG beschlossener Kündigungsverzicht führt nicht zu einem abschließenden Ausschluss von § 314 BGB. Bereits ausgesprochene und zu diesem Zeitpunkt noch wirksame Kündigungen sind durch eine spätere Beschlussfassung eines Kündigungsverzichts nicht rückwirkend betroffen.

(19) § 490 Abs. 1 BGB ist auf forderungsbesicherte Wertpapiere in Form von Inhaberschuldverschreibungen i. S. v. § 793 BGB nicht direkt anwendbar. Die wirtschaftliche Vergleichbarkeit der Interessenlage zwischen Darlehensnehmer und Anleger begründet jedoch die Berücksichtigung des Wertungsgedankens von § 490 Abs. 1 BGB im Rahmen von § 314 BGB. Eine gesetzlich bewusst unterschiedliche Behandlung von Darlehen und Inhaberschuldverschreibungen als „handelbare Darlehen" liegt nicht vor, da Gegenstand der

mit der Inhaberschuldverschreibung verbrieften Leistung auch sämtliche anderen Leistungspflichten gemäß § 241 Abs. 1 BGB sein können. Die Folgen sind auch vor dem Hintergrund der §§ 5 ff. SchVG in Kauf zu nehmen; diese begründen vorbehaltlich entsprechender Regelungen in den Wertpapierbedingungen weder eine generelle Sanierungspflicht des einzelnen Anlegers, noch ist dieser den übrigen Anlegern gegenüber zur Rücksichtnahme verpflichtet. Hat der Anleger das forderungsbesicherte Wertpapier zu einem günstigen Einstandspreis erworben und zöge er einen Gewinn aus der Kündigung, so kann ihm nur aufgrund der konkreten Umstände des Einzelfall die Kündigung wegen mangelnder Unzumutbarkeit verwehrt bleiben.

(20) Auf forderungsbesicherte Wertpapiere in Form von Inhaberschuldverschreibungen i. S. v. § 793 BGB ist des Weiteren auch das Kündigungsrecht nach § 313 Abs. 3 Satz 2 BGB anwendbar. Das Kündigungsrecht ist nicht auf den ersten Nehmer beschränkt, allerdings sind gesteigerte Anforderungen des kündigenden Anlegers an seine Darlegungs- und Beweislast zu stellen. So ist insbesondere im Falle einer Berufung auf eine anfängliche gemeinsame Fehlvorstellung zu beachten, dass eine solche nur zwischen der Zweckgesellschaft und dem ersten Nehmer bestanden haben kann. Im Verhältnis zu § 314 BGB genießt § 313 BGB bei Einschlägigkeit beider Normen insgesamt den Vorrang, so dass die auf § 313 Abs. 3 Satz 2 BGB gestützte Kündigung nicht innerhalb der Frist des § 314 Abs. 3 BGB erfolgen muss. Eine Kündigung kommt jedoch nur in Betracht, soweit eine Vertragsanpassung ausscheidet. Einer solchen steht das Gleichbehandlungsgebot nach § 4 SchVG nicht entgegen. Die angepasste Schuldverschreibung ist abzuvalutieren und neu zu verbriefen.

(21) Folgende Gründe können den Anleger (in der Reihenfolge der Untersuchung) unter Berücksichtigung der jeweiligen Umstände des Einzelfalls und deren Abwägung zur Kündigung berechtigen:

- die endgültige Einstellung des für die Verzinsung maßgebenden Referenzzinssatzes nach § 313 BGB, soweit kein Ersatz mit einem vergleichbaren Referenzzinsatz als Vertragsanpassung in Betracht kommt,
- unvorhersehbare, umstürzende Veränderungen der Währungsverhältnisse nach § 313 BGB, wobei hier eine angemessene Reaktion auf diese Veränderungen regelmäßig nur durch die vorrangige Vertragsanpassung erreicht werden kann,
- der Vermögensverfall der Zweckgesellschaft wegen des Wertverfalls des Forderungsportfolios in krassen Fällen nach § 313 BGB, im Übrigen nach §§ 314, 490 Abs. 1 BGB, soweit nicht bereits eine Beschlussfassung entsprechend § 5 SchVG initiiert ist oder soweit das Kündigungsrecht nicht vertraglich auf die Insolvenz und erhebliche Zahlungsausfälle begrenzt ist,
- der Vermögensverfall der Zweckgesellschaft aus anderen Gründen nach §§ 314, 490 Abs. 1 BGB, soweit nicht bereits eine Beschlussfassung entsprechend § 5 SchVG initiiert ist oder soweit das Kündigungsrecht nicht vertraglich auf die Insolvenz und erhebliche Zahlungsausfälle begrenzt ist,

- die Insolvenz des Originators, wenn dies zu einer Anfechtung des Übertragungsvorgangs auf die Zweckgesellschaft oder einer Entwertung der Beschaffensheitsgarantien durch die Entscheidung des Insolvenzverwalters gegen den Rückkauf mangelhafter Forderungen führt, nach § 313 BGB,
- die Insolvenz des Servicers nach § 314 BGB, wenn sich über eine längere Zeit kein geeigneter Back-Up Servicer findet,
- die Kündigung eines Liquiditäts- oder Sicherheitsgebers je nach Grund für dessen Kündigung nach § 313 BGB oder § 314 BGB, wenn der durch ihn gewährten Absicherung eine entscheidende Rolle zukommt,
- die Insolvenz eines Liquiditäts- oder Sicherheitsgebers nach § 313 BGB oder § 314 BGB, wenn der durch ihn gewährten Absicherung eine entscheidende Rolle zukommt,
- unvorhergesehene, wesentliche Gesetzesänderungen und Änderungen in der höchstrichterlichen Rechtsprechung, die nicht bereits im Prospekt antizipiert sind, nach § 313 BGB, soweit eine Vertragsanpassung ausscheidet, sonst nach § 314 BGB,
- anfänglich fehlerhafte Bewertungen wie insbesondere Ratings, von denen auch der institutionelle erste Nehmer trotz eigener Due-Diligence keine Kenntnis hatte, nach § 313 BGB,
- der echte Zahlungsverzug der Zweckgesellschaft trotz hinreichend vorhandener Mittel nach § 314 BGB, wobei ein vertragliches Kündigungsrecht wegen erheblicher Zahlungsausfälle, da es für die Subordination konzipiert ist, die Kündigung aus diesem Grund nicht einschränkt,
- subordinationswidrige Zahlungen durch die Zweckgesellschaft nach § 314 BGB, wobei eine Abmahnung nur im Falle, wiederholter, zunächst geringer Falschzahlungen erforderlich ist,
- die zweckwidrige Mittelverwendung durch die Zweckgesellschaft nach § 314 BGB, ohne dass es einer Abmahnung oder Fristsetzung zur Abhilfe bedarf und
- durch die Zweckgesellschaft zu vertretene, fehlerhafte Prospektangaben unter Maßgabe des jeweils einschlägigen Prospekthaftungstatbestands nach 314 BGB, auch über die Verjährung von Schadensersatzansprüchen nach §§ 195, 199 BGB hinaus, soweit nicht unabhängig hiervon Verwirkung eingetreten ist.

(22) In folgenden Situationen steht dem Anleger grundsätzlich kein Kündigungsrecht zu:

- Bei eingeschränkter Fungibilität oder Kursschwankungen, da dieses Risiko im vertragsrechtlichen Zusammenhang in die Sphäre des Anlegers fällt,
- aufgrund der mit § 24 Abs. 2 SchVG einhergehenden Möglichkeit, entgegen der Wertpapierbedingungen Änderungen derselben durch Mehrheitsbeschluss herbeizuführen, da dieses Risiko angesichts der gesetzgeberischen Ziele in die Sphäre des Anlegers fällt,

- bei Kündigung oder Insolvenz eines Liquiditäts- oder Sicherheitsgebers, wenn der durch ihn gewährten Sicherheit nur eine untergeordnete Rolle zukommt,
- bei geringeren Zahlungsausfällen, die wegen der Subordination keinen Verzug der Zweckgesellschaft begründen und
- bei unterbliebener Aufklärung der Anleger durch die Zweckgesellschaft außerhalb eines Prospekts, da eine solche nur dem ersten Nehmer geschuldet ist.

B. Schluss

Die Konzeption forderungsbesicherter Wertpapiere ermöglicht es Unternehmen, eigens begründete Forderungen mit den ihnen immanenten Risiken auszulagern, sich hierbei über die durch die Zweckgesellschaft zu entrichtende Kaufpreiszahlung weitestgehend zu kompensieren und verhältnismäßig kostengünstig zu refinanzieren. Für Institute nach der CRR-VO, die zum Schutz ihrer Gläubiger bzw. der ihnen anvertrauten Vermögenswerte in regulatorisch vorgegebener Höhe Eigenkapital vorzuhalten haben, geht diese Auslagerung von Risiken mit Anrechnungserleichterungen einher, die dazu führen, dass weniger Eigenkapital vorgehalten werden muss. Diese Institute können also dergestalt über die sofortige, aus der Kaufpreiszahlung folgenden Liquidität hinaus auch weitere Liquidität aus dem Eigenkapital freisetzen. Die Auslagerung erfolgt dabei zunächst auf Zweckgesellschaften, die ihrerseits nicht im vergleichbaren Maße dem Aufsichtsrecht unterliegen; insbesondere haben sie ihrerseits kein Eigenkapital vorzuhalten. Die vormals noch erfassten Risiken in diesen Forderungen werden daher den Eigenkapitalanforderungen und dem hiermit beabsichtigten Schutz entzogen.[1]

Selbst wenn es sich bei den Anlegern um Investoren handelt, auf die Eigenkapitalvorschriften zur Anwendung gelangen, werden die Risiken nicht mehr im vergleichbaren Maße mit entsprechendem Eigenkapital unterlegt, soweit der Investor nachweisen kann, die Risiken einschätzen zu können (vgl. Art. 406 CRR-VO bzw. künftig Art. 5 STS-VO). Erst wenn ihm dieser Nachweis nicht gelingt, wird er mit einem höheren Risikogewicht sanktioniert (vgl. Art 407 CRR-VO bzw. künftig Art. 270a CRR-VO). Der Originator, der die hierfür erforderlichen Informationen liefern soll (vgl. Art 409 CRR-VO bzw. künftig Art. 7 STS-VO), wird im Falle des Missachtens nicht entsprechend sanktioniert. Die Sorgfaltspflichtanforderungen gelten zudem nicht für Anleger, die ihrerseits nicht den Eigenkapitalvorschriften unterliegen. Inwieweit auf der Grundlage von Art. 32 STS-VO verwaltungsrechtliche Sanktionen durch die Mitgliedsstaaten für Verstöße durch Originatoren, Sponsoren,

---

[1] Ebenso kritisch bereits BFS-KWG/*Tollmann*, Vorb. zu §§ 22a ff. Rn. 12 f.; Deutsche Bundesbank, Monatsbericht Juli 1997, 57 (61), abrufbar im Internet unter https://www.bundesbank.de/resource/blob/691424/a5c7a588449d387e08b609e5ebcb436f/mL/1997-07-asset-backed-securities-data.pdf (zugegriffen am 15.12.2018); *Knops*, WM 2008, 2185 (2193); *Baums*, WM 1993, 1 (4).

ursprüngliche Darlehensgeber, Zweckgesellschaften und institutionelle Anleger eingeführt werden, bleibt abzuwarten; einer der höheren Eigenkapitalunterlegung vergleichbaren Absicherung kämen diese nicht gleich. So ist schon fraglich, ob die aktuell geltenden, aufsichtsrechtlichen Anforderungen dazu geeignet sind, ein mit der Eigenkapitalunterlegung von Risiken eigentlich beabsichtigtes, gesamtwirtschaftlich wirkendes Schutzniveau, wieder in hinreichendem Maße herzustellen.[2] Fragwürdig erscheint insoweit auch die in Art. 270a CRR-VO enthaltene, gegenüber dem bisherigen Wortlaut von Art. 407 CRR-VO weniger klare Regelung, demnach die Erhöhung des Risikogewichts künftig von einer Fahrlässigkeit oder einem Unterlassen hinsichtlich eines wesentlichen Punkts abhängig gemacht wird.

Die Bedeutung der sich im Zusammenhang mit Verbriefungen ergebenden Fragen wird in Zukunft wieder zunehmen. Die im Nachgang zur Finanzkrise ab 2007 eingebrochenen Verbriefungsmärkte steuern auf eine Erholung zu. Zwar sind die alten Zahlen lange nicht erreicht, es werden jedoch auf dem deutschen Markt zusehends wieder mehr forderungsbesicherte Wertpapiere emittiert.[3] Daneben bestehen ausdrückliche Bemühungen auf europarechtlicher Ebene, Verbriefungen wiederzubeleben.[4] Hierzu zählt die Kreation solcher Verbriefungen, die ab dem 01.01.2019 unter der Bezeichnung „STS" – „*simple, transparent and standardised*" – laufen und die durch verringerte Eigenkapitalanforderungen besonders privilegiert werden. Die in dieser Arbeit gewählte Beispieltransaktion, die vergleichsweise einfache Strukturen aufzeigt, zeigt, dass insbesondere die Umsetzbarkeit von Transparenz angesichts der gleichwohl aufgezeigten Fülle an Informationen, die es bei der Investitionsentscheidung zu bewerten gilt, zweifelhaft erscheint, vor allem, wenn neben institutionellen Anlegern auch vermögendere Privatanleger als Adressaten in den Fokus geraten. Zwar ist es begrüßenswert, im Bereich der Verbriefungen einfachere Produkte zu fördern. Die längerfristigen Auswirkungen solcher Entwicklungen sind jedoch nicht vorhersehbar.

Dabei ist zu beachten, dass die Bemühungen der EU-Kommission, Verbriefungen wieder „gesellschaftsfähig" zu machen, auch zu einer größeren Akzeptanz dieser Produkte bei Privatanlegern führen kann, so erst recht unter einem Siegel „STS". Je nachdem, wie diese Produkte längerfristig vom Markt angenommen werden, erscheint dann zumindest nicht ausgeschlossen, dass die Stückelungen zukünftig zurückgehen und auch vergleichsweise weniger vermögende Privatanleger forderungsbesicherte Wertpapiere direkt erwerben können. Durchaus zu begrüßen wäre insoweit ein Verbot des Vertriebs an Kleinanleger gewesen, dass sich jedoch im Gesetzgebungsverfahren zur STS-VO nicht hat durchsetzen können; inwieweit die

---

[2] Die seitens *Knops* bereits 2008 formulierte Forderung an Aufsichtsorgane und politisch Verantwortliche, entsprechend tätig zu werden, bleibt damit aktuell, vgl. WM 2008, 2185 (2193).

[3] Vgl. z. B. Überblick der True Sale International GmbH zum ABS-Markt in Deutschland, abrufbar unter https://www.true-sale-international.de/research/abs-markt-in-deutschland/ (zugegriffen am 15.12.2018).

[4] Vgl. insgesamt die Informationen der Europäischen Kommission, abrufbar unter https://ec.europa.eu/info/business-economy-euro/banking-and-finance/financial-markets/securities-markets/securitisation_en (zugegriffen am 15.12.2018) oder auch die Erwägungsgründe der STS-VO, insbesondere Erwägungsgrund Nr. 2.

in Art. 3 STS-VO vorgenommenen Vorgaben sich als ausreichend erweisen werden, bleibt abzuwarten. Des Weiteren bleibt ungewiss, welche Forderungen zukünftig verbrieft werden. Nachdem sog. NPL („*non performing loans*“, d. h. schlecht oder gar nicht mehr bediente Darlehen) lange Zeit nicht Gegenstand von Verbriefungen gewesen sein sollen, wird auch dieses Geschäft wieder bedient.[5] Soweit Verbriefungen als EU-geförderte, standardisierte Produkte an Akzeptanz gewinnen, mag dies auch die Verbriefung schlecht laufender, also besonders riskanter Darlehen längerfristig fördern, zumal diese den Banken die höchste Eigenkapitalentlastung in Aussicht stellen. Mit diesen Entwicklungen gehen auch weiterhin unüberschaubare Gefahren einher, die nicht nur den einzelnen Anleger, sondern die gesamten Märkte betreffen.

Vor diesem Hintergrund ist die Informiertheit der Anleger von übergeordneter Relevanz. Sie ist nicht allein aufsichtsrechtlich sicherzustellen, sondern auch zivilrechtlich zu fördern. Aus der höchstrichterlichen Rechtsprechung zur Risikoaufklärung im Allgemeinen ergeben sich dabei umfangreiche zivilrechtliche, im Rahmen dieser Arbeit herausgestellte Aufklärungspflichten insbesondere seitens Anlageberatern und -vermittlern sowie durch Prospektverantwortliche. Diese zivilrechtlichen Aufklärungspflichten können die aufsichtsrechtlichen Sorgfaltsanforderungen, wie sie indes nur an der CRR-Institute oder künftig die institutionellen Anleger i. S. v. Art. 2 Nr. 12 STS-VO gestellt werden, sinnvoll ergänzen. Zum einen bestehen noch Unsicherheiten, wie diese institutionelle Anleger ihre Sorgfaltsanforderungen überhaupt erfüllen sollen bzw. in welchem Umfang die Kenntnis welcher Informationen nachzuweisen sind. Zum anderen ist es die Aufgabe zivilrechtlicher Aufklärungspflichten, ein soweit möglich vergleichbares Maß an Informiertheit bei Anlegern außerhalb des Anwendungsbereichs der CRR- und STS-VO herzustellen. Daneben haben die Untersuchungen in dieser Arbeit gezeigt, dass der einzelne Anleger auch im Falle der Realisierung von Risiken nicht schutzlos gestellt ist, sondern sich in entsprechenden Situationen durch vertragliche oder gesetzliche Kündigungsrechte von dem forderungsbesicherten Wertpapier trennen kann.

Aufsichtsrechtliche Aufgaben lassen sich mit diesen Ergebnissen jedoch nicht lösen. Schadensersatzansprüche und Kündigungsrechte stärken nur die Position des Einzelnen. Wird hiervon Gebrauch gemacht, so verlagern sich die Risiken nicht auf die Zweckgesellschaft oder gar den Originator zurück; sie erhöhen sich vielmehr für die verbleibenden Anleger. Die These einer Entlastung der Märkte durch eine breiter gestreute Risikoverteilung[6] ist auch vor diesem Hintergrund in Frage zu stellen. Es bleibt abzuwarten, ob die aktuellen und beabsichtigten aufsichtsrechtlichen Bestimmungen auch längerfristig dazu geeignet sind, mit Verbriefungen einhergehende, gesamtwirtschaftliche Gefahren einzudämmen.

---

[5] Vgl. z. B. Pressemitteilung „GFKL-CFO Christoph Pfeifer: NPL-Verbriefungen sind wieder möglich“ v. 19.12.2013, abrufbar unter http://www.finance-magazin.de/geld-liquiditaet/alternative-finanzierungen/gfkl-cfo-christoph-pfeifer-npl-verbriefungen-sind-wieder-moeglich-1284431/ (zugegriffen am 15.12.2018).

[6] Vgl. Erwägungsgrund (4) des Verordnungsentwurfs (vgl. oben Fn. 4).

Literatur

Arbeitskreis „Finanzierung“ der Schmalenbach-Gesellschaft, Deutsche Gesellschaft für Betriebswirtschaft e.V. (zit. AK Finanzierung): Asset Backed Securities – ein neues Finanzierungsinstrument für deutsche Unternehmen?, ZfbF 44 (6/1992), 495–530.

Assmann, Heinz-Dieter/Schütze, Rolf A. (Hrsg.), Handbuch des Kapitalanlagerechts, 4. Aufl., München 2015 (zitiert: Bearbeiter in: Assmann/Schütze).

Auerbach, Dirk/Roth, Tilmann, Der Erwerb von Asset-Backed-Securities und Credit-Linked-Notes durch institutionelle Investoren, WM 2003, 230–237.

Bartsch, Andreas, Die Geister, die ich rief … – Das Trauerspiel der aktuellen Finanzmarktkrise in drei Akten, NJW 2008, 3337–3338.

Baumbach, Adolf / Hopt, Klaus J. u. a. (Hrsg.), Beck'scher Kurzkommentar zum Handelsgesetzbuch mit GmbH & Co, Handelsklauseln, Bank- und Börsenrecht, Transportrecht (ohne Seerecht), 37. Aufl., München 2016 (zitiert: Baumbach/Hopt/Bearbeiter).

Baums, Theodor, Asset-Backed Finanzierungen im deutschen Wirtschaftsrecht, WM 1993, 1–12.

Baums, Theodor, Kündigung von Unternehmensanleihen, in: Festschrift für Johannes Köndgen zum 70. Geburtstag, Köln 2016, S. 43–64, zugleich Institute for Law and Finance, Working Paper Series No. 145/15, www.ilf-frankfurt.de/fileadmin/user_upload/ILF_WP_145.pdf (zugegriffen am 15.12.2018; zitiert: Baums, ILF Working Paper Series No. 145/15)

Bechthold, Hartmut, Die Finanzkrise – Folgen für den Kredit- und Verbriefungsmarkt in Deutschland, Kreditwesen 2009, 924–926.

Beck, Hanno / Wienert, Helmut, Anatomie der Weltwirtschaftskrise: Ursachen und Schuldige, APuZ 2009, 7–12.

Becken, Michael, Die rechtlichen Grenzen der Veräußerung von Kreditportfolios – Einschränkungen bei der Übertragung von Kreditforderungen und Sicherungsgrundschulden an „Nicht-Banken“, Diss., Bremen 2016.

Becker, Johannes, „Negativzinsen“ als Folge von Zinsgleitklauseln bei Inhaberschuldverschreibungen? – zugleich Anmerkung zur Festsetzung des Basiszinssatzes durch die Bundesbank auf -0,38 % –, WM 2013, 1736–1742

Beck'scher Online-Kommentar BGB (Hrsg. Bamberger, Heinz Georg / Roth, Herbert / Hau, Wolfgang / Poseck, Roman), 44. Edition, München 2017 (zitiert: BeckOK-BGB/Bearbeiter).

Bhattacharya, Anand K. / Fabozzi, Frank J. (Hrsg.), Asset-Backed Securities, New Hope, Pennsylvania 1996 (zitiert: Bhattacharya/Fabozzi/Bearbeiter).

Böhm, Michael, Asset Backed Securities und die Wahrung des Bankgeheimnisses – Anmerkung zum Urteil OLG Frankfurt a.M. v. 25.5.2004 – 8 U 84/04, BB 2004, 1650, BB 2004, 1641–1644.

Bonsall, David C. (Hrsg.), Securitisation, London 1990 (zitiert: Bonsall/Bearbeiter).

W. Wesser, *Die Verbriefung von Darlehensforderungen – Risiken des Anlegers*,
Bibliothek des Bank- und Kapitalmarktrechts 6,
https://doi.org/10.1007/978-3-662-58813-0

Boos, Karl-Heinz / Fischer, Reinfrid / Schulte-Mattler, Hermann (Hrsg.), Kommentar zum Kreditwesengesetz, VO (EU) Nr. 575/2013 (CRR) und Ausführungsvorschriften, 5. Aufl., München 2016 (zitiert: BFS-KWG/Bearbeiter; BFS-CRR/Bearbeiter).

Bork, Reinhard, Anmerkung zum Urteil des BGH vom 5.3.2015, Az. IX ZR 133/14 – Zur Rechtsnatur eines qualifizierten Rangrücktritts, EWiR 2015, 219–220.

Bosak, Jan Michael / Weller, Michael, Aktuelle Rechtsfragen der Verbriefung, Kreditwesen 2006a, 1026–1028.

Bosak, Jan Michael, Asset Backed Securities – Rechtliche, Bilanzielle und Steuerliche Aspekte, Aachen 2008, zugleich Diss., Frankfurt am Main 2006b.

Boulkab, Rachid / Marxfeld, Jan / Wagner, Claus-Peter, Asset Backed Commercial Paper Conduits – Struktur, Risiken und Bilanzierung, IRZ 2008, 497–504.

Braun, Eberhard (Hrsg.), Insolvenzordnung, Kommentar, 7. Aufl., München 2017 (zitiert: Braun/Bearbeiter).

Bredow, Günther M. / Vogel, Hans-Gert, Kreditverkäufe in der Praxis – Missbrauchsfälle und aktuelle Reformansätze, BKR 2008, 271–281.

Brenner, Petra / Moser, Tobias, Anmerkung zur Entscheidung des BGH vom 31.05.2016 (Az: XI ZR 370/15) – Zur Frage des Kündigungsrechts wegen Verschlechterung der Vermögensverhältnisse des Emittenten, NZI 2016, 711–712.

Brocker, Till, Nutzen des Refinanzierungsregisters für ausländische Kreditinstitute in ABS-Transaktionen, BKR 2007, 60–65.

Bruchner, Helmut, Kein stillschweigender Abtretungsausschluss bei Bankforderungen, BKR 2004, 394–397.

Buchmann, Robert D., Die außerordentliche Kündigung einer Unternehmensanleihe aus wichtigem Grund, AG 2012, R341–R343.

Buck-Heeb, Petra / Poelzig, Dörte, Die Verhaltenspflichten (§§ 63 ff. WpHG n.F.) nach dem 2. FiMaNoG – Inhalt und Durchsetzung), BKR 2017, 485–495.

Bund, Stefan / Morlok, Markus, True-Sale-Verbriefung aus Sicht einer Rating-Agentur, Kreditwesen 2005, 969–972.

Caliebe, Gabriele, Asset-Backed-Securities-Transaktionen und ihre Vereinbarkeit mit dem Rechtsberatungsgesetz, BB 2000, 2369–2380.

Cahn, Andreas, Bankgeheimnis und Forderungsverwertung, WM 2004, 2041–2051.

Canaris, Claus-Wilhelm, Bankvertragsrecht, 3. Auflage, 2. Bearb., Berlin 1981, in: Handelsgesetzbuch, Großkommentar, begründet von Staub, Hermann; herausgegeben von Canaris, Claus-Wilhelm / Schilling, Wolfgang / Ulmer, Peter, Bd. 3, Teil 3 (zitiert: Canaris, Bankvertragsrecht 1981).

Canaris, Claus-Wilhelm, Der Zinsbegriff und seine rechtliche Bedeutung, NJW 1978, 1891–1989.

Carl, Uwe, Finanzgarantie-Versicherung im Rahmen der Securitization, VW 1992, 178–186.

Claussen, Carsten Peter, Wege aus der Finanzkrise, DB 2009, 999–1003.

Cranshaw, Friedrich L., Internationalisierung und Modernisierung – Bemerkungen zum geltenden und zum neuen Referentenentwurf eines neuen Schuldverschreibungsgesetzes (SchVG), BKR 2008, 504–511.

Danielewsky, Mike / Lehmann, Andreas, Internationale Asset-Backed-Securities-Transaktionen und das Rechtsberatungsgesetz – Rechtsprechung und Gesetzesänderungen, ZBB 2004, 127–137.

Derleder, Peter / Knops, Kai-Oliver / Bamberger, Heinz Georg (Hrsg.), Handbuch zum deutschen und europäischen Bankrecht, 2. Aufl., Berlin/Heidelberg 2009, sowie Deutsches und europäisches Bank- und Kapitalmarktrecht, 3. Aufl., Berlin/Heidelberg 2017 (zitiert: Derleder/Knops/Bamberger/Bearbeiter, [Altauflage]).

Derleder, Peter / Korte, Heike, Anspruch des Häuslebauers nach Auslaufen einer Zinsbindungsfrist auf Prolongation mit einem festen Zinssatz, VuR 2015, 123–130.

Dombret, Andreas R., Bankbetriebliche Strategien der Securitization, Kreditwesen 1987a, 692–696.

Dombret, Andreas R., Trends in der Securitization, Kreditwesen 1987b, 640–642.

Dombret, Andreas R., Securitization, Kreditwesen 1987c, 326–330.

Domke, Frank/Sperlich, Anika, Verkauf notleidender Darlehen – zivilrechtliche und strafrechtliche Fragestellungen, BB 2008, 342–348.

Dreyer, Gerhard/Schmid, Hubert / Kronat, Oliver, Bilanzbefreiende Wirkung von Asset-Backed-SecuritiesTransaktionen – Kritische Anmerkungen zur IDW Stellungnahme IDW RS HFA 8, BB 2003, 91–97.

Drygala, Tim, Die Inhaltskontrolle von Wertpapierbedingungen, Habil., Bonn 1999, https://handel.jura.uni-leipzig.de/publikationen/prof-dr-tim-drygala/ (zugegriffen am 15.12.2018).

Elixmann, Patrick J., Grundsätze der BGH-Rechtsprechung auch bei Empfehlung von Zertifikaten weiterhin gültig, BB-Kommentar zum Urteil des AG Leipzig vom10.11.2008, Az.: 115 C 3759/08, BB 2009, 241–242.

Eichholz, Rainer / Nelgen, Marcus, Asset Backed Securities – ein Finanzierungsinstrument auch für den deutschen Markt?, DB 1992, 793–797.

Eidenmüller, Horst, Der Spinnerei-Fall – Die Lehre von der Geschäftsgrundlage nach der Rechtsprechung des Reichsgerichts und im Lichte der Schuldrechtsmodernisierung, JURA 2001, 824–832.

Eidenmüller, Horst, Die Verjährung beim Rechtskauf, NJW 2002, 1625–1627.

Engellandt, Frank / Lütje, Gudrun, Rechtsnatur und Bilanzierung von Asset-Backed-Securities-Transaktionen, WPg 1996, 517–521.

Erman, Bürgerliches Gesetzbuch, Handkommentar mit AGG, EGBGB (Auszug), ErbbauRG, HausratsVO, LPartG, ProdHaftG, UKlaG, VAHRG und WEG (Hrsg. Grunewald, Barbara / Maier-Reimer, Georg / Westermann, Harm-Peter), 15. Aufl. Köln 2015 (zitiert: Bearbeiter in: Erman BGB).

Everling, Oliver, Asset Securitisation in Europa, Die Bank 1993, 82–86.

Fabozzi Frank J. / Davis Henry A. / Choudhry, Moorad, Introduction to Structured Finance, Hoboken, New Jersey 2006.

Fabozzi Frank J. / Kothari, Vinod, Introduction to Securitization, Hoboken, New Jersey 2008.

Feldhahn, Peer, Die Störung der Geschäftsgrundlage im System des reformierten Schuldrechts, NJW 2005, 3381–3383.

Findeisen, Klaus-Dieter, Asset-Backed Securities im Vergleich zwischen US-GAAP und HGB, DB 1998, 481–488.

Fleckner, Andreas M., Das Refinanzierungsregister – Rechtsfolgen der Eintragung und Vorschläge zur Verbesserung, WM 2007, 2272.

Fleckner, Andreas M., Die Refinanzierungstreuhand, DB 2005, 2733–2737.

Fleckner, Andreas M., Insolvenzrechtliche Risiken bei Asset Backed Securities – Zur Insolvenzfestigkeit „lediglich schuldrechtlicher Treuhandabreden", zur Abgrenzung von Forderungskauf und Darlehensgewährung sowie zum Anwendungsbereich des § 103 InsO – zugleich Besprechung von BGH, ZIP 2003, 1613, ZIP 2004, 585–598.

Fleischer, Holger, Prospektpflicht und Prospekthaftung für Vermögensanlagen des Grauen Kapitalmarkts nach dem Anlegerschutzverbesserungsgesetz, BKR 2004, 339–347.

Florstedt, Tim, Anleihekündigungen in Insolvenznähe, ZIP 2016, 646–653.

Florstedt, Tim / von Randow Philipp, Die Kündigung des Anleiheschuldverhältnisses aus wichtigem Grund, ZBB 2014, 345–356.

Friedl, Markus / Hartwig-Jacob, Mauricio (Hrsg.), Frankfurter Kommentar zum Schuldverschreibungsgesetz, Frankfurt am Main 2013 (zitiert: Friedl/Hartwig-Jacob/Bearbeiter).

Friedl, Markus J., BB-Kommentar „Die Entscheidung ist auch auf eine Kündigung nach dem SchVG 2009 begebenen Anleihe anwendbar", Anmerkung zu BGH, Urteil vom 08.12.2015 – XI ZR 488/14, BB 2016, 1680.

Früh, Andreas, Abtretungen, Verpfändungen, Unterbeteiligungen, Verbriefungen und Derivate bei Kreditforderungen vor dem Hintergrund von Bankgeheimnis und Datenschutz, WM 2000, 497–504.

Früh, Andreas, Asset Backed Securities – Securitization am Finanzplatz Deutschland, BB 1995, 105–109.

Gallandi, Volker, Strafrechtliche Aspekte der Asset Backed Securities, wistra 2009, 41–47.

Gehring, Babett, Asset-backed Securities im amerikanischen und deutschen Recht, Diss., Köln 1999.

Glebe, Dirk, Die globale Finanzkrise – Alle Informationen zur Wirtschaftskrise 2007–2009, dazu Geschichte und umfassendes Gesamtwissen zu den bisherigen Finanzkrisen dieser Welt. Ursachen, Auswirkungen, Reaktionen, Norderstedt 2008.

Gorton, Gary B., The Panic of 2007, NBER Working Paper Nr. 14358, Cambridge 2008, http://www.nber.org/papers/w14358 (zugegriffen am 15.12.2018).

Gorton, Gary B., Information, Liquidity and the (Ongoing) Panic of 2007, NBER Working Paper Nr. 14649, Cambridge 2009, http://www.nber.org/papers/w14649 (zugegriffen am 15.12.2018).

Gottwald, Peter (Hrsg.), Insolvenzrechts-Handbuch, 5. Aufl. München 2015 (zitiert: Gottwald/ Bearbeiter).

Groß, Wolfgang, Kapitalmarktrecht, Kommentar zum Börsengesetz, zur Börsenzulassungs-Verordnung und zum Wertpapierprospektgesetz, 6. Aufl., München 2016.

Grundmann, Stefan / Hofmann, Christian / Möslein, Florian (Hrsg.), Finanzkrise und Wirtschaftsordnung, Berlin 2009, (zitiert: Grundmann/Hofmann/ Möslein/Bearbeiter).

Habersack, Mathias, Haftung des Emittenten eines Zertifikats für die Verwirklichung von Risiken in Bezug auf den Basiswert?, ZIP 2014, 1159–1155.

Habersack, Mathias / Mülbert, Peter / Schlitt, Michael (Hrsg.), Unternehmensfinanzierung am Kapitalmarkt, 3. Aufl., Köln 2013 (zitiert: Habersack/Mülbert/Schlitt/Bearbeiter).

Häuselmann, Holger, Der Forderungsverkauf im Rahmen des Asset-Backed-Financing in der Steuerbilanz, DStR 1998, 826–832.

Hagen, Louis, Pfandbrief und MBS: Schluss mit den Vorurteilen!, Kreditwesen 2006, 1045–1046.

Helleiner, Eric, Die Finanzkrise und ihre Reaktionen – was bisher geschah, Internationale Politikanalyse der Friedrich Ebert Stiftung Januar 2009, library.fes.de/pdf-files/id/ipa/06057.pdf (zugegriffen am 15.12.2018).

Hoeren, Thomas, Das neue BDSG und der Handel mit „non-performing loans", ZBB 2010, 64–71.

Hopt, Klaus / Mülbert, Peter O., Die Darlehenskündigung nach § 609a BGB, WM 1990, Sonderbeilage Nr. 3, 3–20.

Horn, Norbert, Das neue Schuldverschreibungsgesetz und der Anleihemarkt, BKR 2009a, 446–453.

Horn, Norbert, Die Stellung der Anleihegläubiger nach neuem Schuldverschreibungsgesetz und allgemeinem Privatrecht im Licht aktueller Marktentwicklungen, ZHR 173 (2009b), 12-66.

Huber, Peter, Der Nacherfüllungsanspruch im neuen Kaufrecht, NJW 2002, 1004–1008.

Hüther, Michael / Jäger-Ambrozewicz, Manfred, Von der Finanzkrise zur Regulierungsfalle? Die Rolle der Banken als Intermediär, Kreditwesen 2010, 1012–1015.

Jauernig, Othmar, Bürgerliches Gesetzbuch mit Allgemeinem Gleichbehandlungsgesetz (Auszug), Kommentar, 16. Aufl., München 2015 (zitiert: Jauernig/ Bearbeiter).

Jeantin, Michel / Le Cannu, Paul / Granier, Thierry, Droit Commercial: Instruments de paiement et de credit, Titrisation, Paris 2005.

juris Praxiskommentar BGB, Bd. 2, Schuldrecht (Hrsg. Herberger, Maximilian / Martinek, Maximilian / Rüßmann, Helmut / Weth, Stephan / Würdinger, Markus), 8. Aufl. 2017 (zitiert: Bearbeiter in: jurisPK-BGB).

Kamlah, Klaus, Strukturierte Anleihen – Merkmale, Dokumentation und Börseneinführung, WM 1998, 1429–1439.

Kaufhold, Tim, Aktuelle Rechtsprobleme beim Erwerb eines Portfolios notleidender Darlehen, BB 2010, 2207–2212.

Kiethe, Kurt / Hektor, Doris, Haftung für Anlageberatung und Vermögensverwaltung, DStR 1996, 547–552.

Klee, Kenneth N. / Butler, Brendt C., Asset-Backed Securitization, Special Purpose Vehicles and Other Securitization Issues, UCC L.J. 35 (2002), 23–68.

Klüwer, Arne C., Asset-Backed Securitisation: Grundlagen und ausgewählte Rechtsfragen eines Finanzierungsmodells aus der Perspektive des deutschen und US-amerikanischen Rechts, Diss., Kiel 2001.

Knappe, Jan Christoph, Depotüberwachung von Anlageberatern, AG 2004, R330–R331.

Knops, Kai-Oliver, Schuldverschreibung und Kausalforderung – kündbar und widerruflich?, in: Recht und soziale Gerechtigkeit, Festschrift für Heinz-Georg Bamberger zum 70. Geburtstag, München 2017, S. 171–190 (zitiert: Knops in: FS Bamberger).

Knops, Kai-Oliver, Die Kündigung des vertragsgemäß bedienten Kredits wegen Vermögensverschlechterung, WM 2012, 1649–1657.

Knops, Kai-Oliver, Der Eintritt in den Sicherungsvertrag als Vollstreckungsvoraussetzung für Erwerber von grundschuldgesicherten Darlehen – zugleich Anmerkung zu BGH, Urt. v. 30.03.2010, WM 2010, 1022 – , WM 2010, 2063–2068.

Knops, Kai-Oliver, Neuregelungen zum Kredithandel durch das Risikobegrenzungsgesetz – Kein großer Wurf, VuR 2009, 286–294.

Knops, Kai-Oliver, Darlehensnehmerschutz bei der Verbriefung von Forderungen, WM 2008a, 2185–2194.

Knops, Kai-Oliver, Anlegerschutz im Anleihemarkt – insbesondere bei der Verbriefung von Kreditforderungen, BB 2008b, 2535–2540.

Kofner, Stefan, Finanzmarktkrise, WuM 2008, 653–655.

Kofner, Stefan, Hypothekenkrise, WuM 2007, 429–432.

Kofner, Stefan, Die Hypotheken- und Finanzmarktkrise, Frankfurt am Main 2009.

Kokemoor, Axel / Küntzer, André, Verbesserte Refinanzierungsmöglichkeiten für den Mittelstand durch die Einführung von Refinanzierungsregistern?, BB 2006, 1869–1873.

Kreppel, Ulf / Baierlein, Daniel, Des Kaisers neue Kleider: Der Risikoselbstbehalt bei Verbriefungen nach Art. 122a CRD bzw. §§ 18a, 18b KWG, BKR 2011, 228–235.

Kristen, Sebastian / Kreppel, Ulf, NPL-Transaktionen aus Sicht des Verkäufers – Risiken und Lösungsansätze, BKR 2005, 123–134.

Kronenberg, Sven, Gedeckte Wertpapiere in Deutschland – Erscheinungsformen und ökonomische Analyse, ZBB 2010, 241–251.

Kümpel, Thomas / Piel, Karin, Die Konsolidierung von Zweckgesellschaften vor dem Hintergrund der Subprimekrise – Was ändert sich im Rahmen des BilMoG?, DStR 2009, 1222–1226.

Küppers, Wolfhard / Brause, Christian, Asset-Backed Securities Transaktionen – Rechtliche, bilanzielle und steuerliche Aspekte, AG 1998, 413–420.

Kürn, Christoph, Mortgage-Backed Securities: rechtliche Voraussetzungen und Hindernisse, Diss., Konstanz 1997.

Kuhlmann, Jens / Ahnis, Erik, Konzern- und Umwandlungsrecht, 4. Aufl., Heidelberg/München/Landsberg/Frechen/Hamburg 2016.

Kusserow, Berthold / Dittrich, Kurt, Rechtsprobleme bei Asset-Backed-Securities-Transaktionen deutscher Kreditinstitute unter besonderer Berücksichtigung datenschutzrechtlicher Aspekte, WM 1997, 1786–1796.

Langner, Sabine, Asset Backed Securities, ZfbF 54 (2002), 656–673.

Lederman, Jess (Hrsg.), The Handbook of Asset-Backed Securities, New York 1990, (zitiert: Lederman/Bearbeiter).

Lerbinger, Paul, Asset Backed Securities am US-Kapitalmarkt, Die Bank 1987, 310–315.

Lindemann, Alexander / Schlikker, Guido / Omar, Sami, Verbriefungen Made in Germany – Lösung für die Liquiditätskrise?, FR 2009, 711–718.

Lutter, Marcus, Bankenkrise und Organhaftung, ZIP 2009, 197–201.

Maier, Arne, Kreditverkäufe: Abtretung einer Darlehensforderung an eine Nichtbank, Anmerkung zu BGH, Urt. v. 19.05.2011, Az.: XI ZR 256/10, VuR 2011, 382, VuR 2011, 383–384.

Maier-Reimer, Georg, Rechtsfragen der Restrukturierung, insbesondere der Ersetzung des Schuldners in: Baums, Theodor / Cahn, Andreas, Die Reform des Schuldverschreibungsrechts, Berlin 2004, S. 129–156 (zitiert: Maier-Reimer in: Baums/Cahn).

Maulshagen, Almut / Maulshagen, Olaf, Rechtliche und bilanzielle Behandlung von Swapgeschäften, BB 2000, 243–249.

Möllers, Thomas M. J., Vermögensbetreuungsvertrag, graue Vermögensverwaltung und Zweitberatung – Vertragstypen zwischen klassischer Anlageberatung und Vermögensverwaltung –, WM 2008, 93–102.

Moser, Tobias, Anmerkung zu dem Urteil des BGH vom 8.12.2015 (XI ZR 488/14): Zur Verbindlichkeit von Mehrheitsbeschlüssen der Gläubigerversammlung bei gekündigten Anleihen, NZI 2016, 470–471.

Mülbert, Peter O., Anlegerschutz bei Zertifikaten – Beratungspflichten, Offenlegungspflichten bei Interessenkonflikten und die Änderungen durch das Finanzmarkt-Richtlinie-Umsetzungsgesetzt (FRUG), WM 2007, 1149–1163.

Münchener Kommentar zum BGB (Hrsg. Säcker, Franz Jürgen / Rixecker, Roland / Oetker, Hartmut / Limperg, Bettina), Band 1, §§ 1–240 BGB, ProstG, AGG, 7. Aufl., München 2015; Band 2, §§ 241–432 BGB, 6. Aufl., München 2012 und 7. Aufl., München 2016; Band 3, §§ 433–534 BGB, Finanzierungsleasing, CISG, 7. Aufl., München 2016; Band 3a, §§ 491–515 BGB n.F., 7. Aufl., München 2017; Band 6, §§ 705–853 BGB, Partnerschaftsgesellschaftgesetz, Produkthaftungsgesetz, 7. Aufl., München 2017 (zitiert: MüKo-BGB/Bearbeiter, [Altauflage]).

Münchener Kommentar zum HGB (Hrsg. Schmidt, Karsten), Band 6, Bankvertragsrecht, 3. Aufl., München 2014 (zitiert: MüKo-HGB/Bearbeiter).

Münchener Kommentar zur Insolvenzordnung (Hrsg. Kirchhoff, Hans-Peter / Lwowski, Hans-Jürgen / Stürner, Rolf), Band 2: §§ 80–216, 3. Aufl., München 2013 (zitiert: MüKo-InsO/Bearbeiter).

Muñoz, David Ramos, The Law of Transnational Securitization, New York 2010.

Nobbe, Gerd, Der Verkauf von Krediten, ZIP 2008, 97–106.

Nobbe, Gerd, Bankgeheimnis, Datenschutz und Abtretung von Darlehensforderungen, WM 2005, 1537–1548.

NomosKommentar zum BGB, Handkommentar (Hrsg. Schulze, Reiner (Schriftleitung) /Dörner, Heinrich / Ebert, Ina / Hoeren, Thomas / Kemper, Rainer / Saenger, Ingo / Schreiber, Klaus / Schulte-Nölke, Hans / Staudinger, Ansgar), 9. Aufl., Baden-Baden 2017 (zitiert: Hk-BGB/Bearbeiter).

NomosKommentar zum Wertpapierprospektgesetz (Hrsg. Müller, Robert), 2. Online-Aufl., Baden-Baden 2017 (zitiert: NK-WpPG).

Obermüller, Manfred, Das Refinanzierungsregister, ZInsO 2005, 1079–1086.

Obermüller, Manfred, Kreditkündigung durch Banken angesichts einer Insolvenz – unter Berücksichtigung des Schuldrechtsmodernisierungsgesetzes, ZInsO 2002, 97–103.

Oechsler, Jürgen, Praktische Anwendungsprobleme des Nacherfüllungsanspruchs, NJW 2004, 1825–1830.

Oestreicher, Andreas, Die Berücksichtigung von Marktzinsänderungen bei Finanzierungsverträgen in der Handels- und Steuerbilanz, BB Beilage 1993, Nr. 12, 1–15.

Oetker, Hartmut, Das Dauerschuldverhältnis und seine Beendigung: Bestandsaufnahme und kritische Würdigung einer tradierten Figur der Schuldrechtsdogmatik, Tübingen 1994, zugleich Habil., Kiel 1993/94.

Ostermann, Ansgar, Kündigung von Inhaberschuldverschreibungen im Restrukturierungsfall – Unkalkulierbares Risiko für Emittenten?, DZWIR 2015, 313–317.

Palandt, Otto (Hrsg.), Bürgerliches Gesetzbuch, Beck'sche Kurzkommentare, 77. Aufl., München 2018 (zitiert: Palandt/Bearbeiter).

Pannen, Klaus / Wolff, Patrick, ABS-Transaktionen in der Insolvenz des Originators – das Doppeltreuhandmodell und die neuen Refinanzierungsregister, ZIP 2006, 52–58.

Paulus, Christoph G., Schuldverschreibungen, Restrukturierungen, Gefährdungen, WM 2012, 1109–1113.

Pavel, Christine A., Securitization, Chicago, Illinois 1889.

Peters, Klaus, Der vertragliche Rangrücktritt von Forderungen – Versuch einer Bestandsaufnahme, Teil I, WM 1988, 641–644; Teil II, WM 1988, 685–694.

Peters, Markus, Asset-Backed-Securities, Kreditwesen 1995, 750–753.

Pierson, Thomas, Die Kündigung aus wichtigem Grund nach § 314 BGB am Beispiel des Anleiheschuldverhältnisses – vom „Kautschukparagraphen" zur Generalnorm, ZfPW 2017, 325–359.

Podewils, Felix / Reisich, Dennis, Haftung für „Schrott"-Zertifikate? Aufklärungs- und Beratungspflichten nach BGB und WpHG beim Erwerb von Zertifikaten, NJW 2009a, 116–121.

Podewils, Felix, Neuerungen im Schuldverschreibungs- und Anlegerschutzrecht – Das Gesetz zur Neuregelung der Rechtsverhältnisse bei Schuldverschreibungen aus Gesamtemissionen und zur verbesserten Durchsetzbarkeit von Ansprüchen von Anlegern aus Falschberatung, DStR 2009b, 1914–1920.

Pollock, Philip R. / Stadum, Edward M. / Holterman, Gordon C., Die Sekuritisierung und ihre Zukunft in Deutschland, RIW 1991, 275–281.

Preuße, Thomas (Hrsg.), Gesetz über Schuldverschreibungen aus Gesamtemissionen, Berliner Kommentar, Berlin 2011 (zitiert: Bearbeiter in: Preuße).

Prüm, Thomas / Thomas, Sven, Die neuen Rahmenbedingungen für Verbriefungen, BKR 2011, 133–143.

Reifner, Udo, Der Verkauf notleidender Verbraucherdarlehen, BKR 2008, 142–154.

Reuter, Alexander / Buschmann, Marco, Sanierungsverhandlungen mit Krediterwerbern, ZIP 2008, 1003–1011.

Ricken, Stephan, Verbriefung von Krediten und Forderungen in Deutschland: Betriebswirtschaftliche Handlungshilfen, Hans-Böckler-Stiftung, Düsseldorf, April 2008, www.boeckler.de/pdf/mbf_finanzinvestoren_ricken_verbriefung.pdf (zugegriffen am 15.12.2018).

Rinze, Jens Peter / Klüwer, Arne Cornelius, Securisation und das Rechtsberatungsgesetz, BB 2000, 2483–2487.

Rinze, Jens Peter / Klüwer, Arne Cornelius, Securitisation – praktische Bedeutung eines Finanzierungsmodells, BB 1998, 1697–1704.

Rosenthal, J.A. / Ocampo, J., Securitization of credit, New York, 1988.

Rudolph, Bernd, Lehren aus den Ursachen und dem Verlauf der internationalen Finanzkrise, ZfbF 2008, 713–741.

Schalast, Christoph, Das Risikobegrenzungsgesetz – Konsequenzen für die Kreditvergabe und für Kredittransaktionen, BB 2008, 2190–2195.

Schellhammer, Kurt, Das neue Kaufrecht – Rechtsmängelhaftung, Rechtskauf und Verbrauchsgüterkauf, MDR 2002, 485–490.

Schimansky, Herbert / Bunte, Hermann-Josef / Lwowski, Hans-Jürgen (Hrsg.), Bankrechtshandbuch, 4. Aufl., München 2011 und 5. Aufl., München 2017 (zitiert: Schimansky/Bunte/Lwowski/Bearbeiter [Altauflage]).

Schlitt, Michael / Schäfer, Susanne, Die Restrukturierung von Anleihen nach dem neuen Schuldverschreibungsgesetz, AG 2009, 477–487.

Schlüter, Andreas, Leistungsbefreiung bei Leistungserschwerungen, Zur Konkurrenz der Befreiungstatbestände im neuen Schuldrecht (§§ 275, 313, 314 BGB), ZGS 2003, 346–354.

Schmalenbach, Dirk / Sester, Peter, Voraussetzungen und Rechtsfolgen der Eintragung in das neu geschaffene Refinanzierungsregister, WM 2005, 2025–2035.

Schmeisser, Wilhelm / Clausen, Lydia, Mezzanines Kapital für den Mittelstand zur Verbesserung des Ratings, DStR 2008, 688–695.

Schmeisser, Wilhelm / Leonhardt, Maik, Asset-Backed Securities – Forderungsverbriefung für den gehobenen Mittelstand als Finanzierungsalternative, DStR 2007, 169–174.

Schmidt, Maike / Schrader, Julia, Leistungsversprechen und Leistungsbestimmungsrechte in Anleihebedingungen unter Berücksichtigung des neuen Schuldverschreibungsgesetzes, BKR 2009, 397–404.

Schmidt, Karsten, Dogmatik und Praxis des Rangrücktritts – Das Urteil des BGH v. 05.03.2015-IX ZR 133/14, ZIP 2015, 5638 – ein großer Wurf des IX. Zivilsenats! ... auch ein Treffer??, ZIP 2015, 901–911.

Schmidt, Karsten, Eigenkapitalersatz und Überschuldungsfeststellung – Ein Diskussionsbeitrag gegen Fehlschlüsse aus der Insolvenzordnung, GmbHR 1999, 9–15.

Schneider, Uwe H. / Eichholz, Rainer / Ohl, Hanns-Peter, Die aufsichtsrechtliche Bewertung von Asset Backed Securities, ZIP 1992, 1452–1459.

Schön, Stephan / Cortez, Benjamin, Finanzmarktkrise als Vertrauenskrise – Special Purpose Entities und Ratingagenturen als Ursache für Informationsasymmetrien an den globalen Finanzmärkten, IRZ 2009, 11–17.

Schrell, Thomas / Kirchner, Andreas, Strukturelle und vertragliche Subordination – Vorstellung und Vergleich der beiden Konzepte zur Subordinierung von Gläubigern bei der Finanzierung von Unternehmensübernahmen, BKR 2004, 212–219.

Schürnbrand, Jan, Reichweite des Widerrufdurchgriffs bei Darlehensverträgen mit Restschuldversicherung, BKR 2011, 309–313.

Schuster, Gunnar / Sester, Peter, Zum Entwurf eines Pfandbriefgesetzes, ZBB 2004, 481–491.

Schwarcz, Steven L., Die Alchemie der Asset Securitization, DB 1997, 1289–1297.

Schwark, Eberhard / Zimmer, Daniel (Hrsg.), Kapitalmarktrechts-Kommentar, 4. Aufl., München 2010 (zitiert: Schwark/Zimmer/Bearbeiter).

Schwintowski, Hans-Peter / Schantz, Peter, Grenzen der Abtretbarkeit grundpfandrechtlich gesicherter Darlehensforderungen, NJW 2008, 472–476.

Seibt, Christoph H. / Schwarz, Simon, Anleihekündigung in Sanierungssituationen, ZIP 2015, 401–413.

Seibt, Christoph H., Anmerkung zum Urteil des BGH vom 31.05.2016, Az. XI ZR 370/15 – Zum Recht des Anleihegläubigers zur Kündigung aus wichtigem Grund bei Verschlechterung der wirtschaftlichen Lage der Schuldnerin, EWiR 2016, 457–458.

Serick, Rolf, Überschuldete Gesellschaft und konkursabwenden der Forderungsrücktritt eines Nichtgesellschafters, ZIP 1980, 9–16.

Sester, Peter, Transparenzkontrolle von Anleihebedingungen nach Einführung des neuen Schuldverschreibungsrechts, AcP 209 (2009), 629–667.

Shiller, Robert J., Understanding Recent Trends in House Pricing and Homeownership, Jackson Hole 2007, http://www.nber.org/papers/w13553 (zugegriffen am 15.12.2018).

Staudinger, Julius von (Hrsg.), Julius von Staudingers Kommentar zum Bürgerlichen Gesetzbuch mit Einführungsgesetz und Nebengesetzen, einschließlich bei juris veröffentlichter Updates, §§ 255–304 (Leistungsstörungsrecht 1; Neubearbeitung 2014, Updatestand 12.09.2017), §§ 397–432 (Erlass, Abtretung, Schuldübernahme, Schuldner- und Gläubigermehrheit; Neubearbeitung 2017, Updatestand 21.12.2017) §§ 488–490; 607–609 (Darlehensrecht; Neubearbeitung 2015), §§ 779–811 (Vergleich, Schuldversprechen, Anweisung, Schuldverschreibung; Neubearbeitung 2015), §§ 812–822 (Ungerechtfertigte Bereicherung; Neubearbeitung 2007), Berlin (zitiert: Staudinger-BGB/Bearbeiter).

Stiller, Dirk, Erneuerbare Energien drängen an den Kapitalmarkt – Projektfinanzierungsanleihen und Asset Backed Securities Transaktionen mit erneuerbaren Energien, ZNER 2005, 35–41.

Stiller, Dirk, Asset-Backed-Securities und das Bankgeheimnis – Zugleich Besprechung zu OLG Frankfurt/M, Urt. v. 25.5.2004 – 8 U 84/04, ZIP 2004, 1449, ZIP 2004, 2027–2032.

Stockmann, Frank / Zeller, Florian, Steuerliche Aspekte bei CDO-Transaktionen, BB 2007, 1249–1256.

Stöcker, Otmar, Refinanzierungsregister – zur Deckungsfähigkeit der insolvenzfesten Treuhand-Grundschuld, Kreditwesen 2005, 997–1001.

Stoll, Ralf, Die Abtretbarkeit von Darlehensforderungen durch eine Bank bzw. Sparkasse vor dem Hintergrund des Bankgeheimnisses und der §§ 134 BGB, 203 Abs. 2 S. 1 Nr. 2 StGB – Zugleich Besprechung von BGH, Urteil vom 27.10.2009 – XR ZR 225/08, DZWIR 2010, 130–144.

Stürner, Rolf, Verkauf und Abtretung von Darlehensforderungen, ZHR 173 (2009), 363–378.

Stürner, Rolf, Der Abschied von der „klassenlosen“ Insolvenz, NZI 2005, 597–598.

Tollmann, Claus, Die Bedeutung des neuen Refinanzierungsregisters für Asset Backed Securities, ZHR 169, 594–624 (2005a).

Tollmann, Claus, Die Sicherstellung der Insolvenzfestigkeit bei der Asset Backed Securitization nach dem neuen Refinanzierungsregister gemäß §§ 22a ff. KWG, WM 2005b, 2017–2025.

Toth-Feher, Geza M. / Schick, Olaf, Distressed Opportunities – Rechtliche Probleme beim Erwerb notleidender Forderungen von Banken, ZIP 2004, 491–497.

Trautrims, Christoph, Anmerkung zum Urteil des LG Köln vom 26.01.2012 (30 O 63/11; BB 2012, 1821) – Zur Kündigung einer Unternehmensanleihe aus wichtigem Grund, BB 2012, 1823–1824.

Uhlenbruck, Wilhelm / Hirte, Heribert / Vallender, Heinz (Hrsg.), Kommentar zur Insolvenzordnung, 14. Aufl., München 2015 (zitiert: Uhlenbruck/Bearbeiter).

Veil, Rüdiger, Anlageberatung im Zeitalter der MiFID – Inhalt und Konzeption der Pflichten und Grundlagen einer zivilrechtlichen Haftung, WM 2007, 1821–1827.

Veranneman, Peter (Hrsg.), Schuldverschreibungsgesetz einschließlich USA und England, 2. Aufl., München 2016a (zitiert: Veranneman/Bearbeiter).

Veranneman, Peter, Anmerkung zu einer Entscheidung des BGH, Urteil vom 08.12.2015 (XI ZR 488/14) – Zur Verbindlichkeit von Mehrheitsbeschlüssen für Inhaber gekündigter Anleihen, NJW 2016b, 1178.

Vogel, Hans-Gert, Anleihekündigung und kollektive Bindung nach dem Schuldverschreibungsgesetz, ZBB 2016, 179–190.

Vries Robbé, Jan Job de (Hrsg.), Securitization Law and Practise: In the Face of the Credit Crunch, Alphen aan den Rijn 2008 (zitiert: Vries Robbé/Bearbeiter).

Wansleben, Till, Anmerkung zum Urteil des BGH vom 08.12.2015 (XI ZR 488/14) – Zur Verbindlichkeit von Mehrheitsbeschlüssen nach § 5 SchVG für Gläubiger außerordentlich gekündigter Anleihen, WuB 2016, 392–394.

Waschbusch, Gerd, Asset Backed Securities – eine moderne Form der Unternehmensfinanzierung, ZBB 1998, 408–419.

Weber, Thorsten, True Sale und synthetischer Risikotransfer für Performing- und Non-Performing-Loans, Frankfurt am Main 2006.

Weck, Jochen, Verjährung von Schadensersatzansprüchen aus einem Vermögensverwaltungsvertrag, AG 2007, R58–R59.

Weissinger, Matthias, Anmerkung zum Urteil des BGH vom 08.12.2015, Az. XI ZR 488/14 – Zur Bindung des Anleihegläubigers an einen Mehrheitsbeschluss der Gläubiger trotz außerordentlicher Kündigung, EWiR 2016, 197–198.

Wiese, Götz Tobias, Steuerliche Behandlung von Securitisations, BB 1998, 1713–1720.

Willburger, Andreas, Bundesaufsichtsamt für das Kreditwesen – Veräußerung von Kundenforderungen im Rahmen von Asset-Backed-Securities-Transaktionen durch deutsche Kreditinstitute, WiB 1997, 782–783.

Witzani, Ernst, Steuerrechtliche Beurteilung von Asset Backed Securities – Transaktionen bei Kreditinstituten, BB 2000, 2125–2131.

Wulfken, Jörg / Weller, Michael, Securitisation als neue Finanzierungsform, Die Bank 1992, 644–647.

Zeising, Michael, Asset Backed Securities (ABS) – Grundlagen und neuere Entwicklungen, BKR 2007, 311–317.

Zimmermann, Jan, Forderungsverbriefung für die öffentliche Hand, WM 2008a, 569–576.

Zimmermann, Steffen, Geierfonds erwerben ungekündigte Darlehensverträge und Grundschulden ohne fiduziarische Zweckbindung – Zur Rechslage nicht notleidender Kreditengagements im Dreieck Kunde/ Investor/ Hausbank, BKR 2008b, 95–101.

Zweig, Phillip L. (Hrsg.), The Asset Securitization Handbook, Homewood, Illinois 1989 (zitiert: Zweig/Bearbeiter).

CPSIA information can be obtained
at www.ICGtesting.com
Printed in the USA
LVHW080840240619
622142LV00010B/355/P